歴史のなかの『夜明け前』

平田国学の幕末維新

宮地正人

吉川弘文館

本書の課題

著者宮地正人は、一九七三年四月東京大学史料編纂所入所より幕末維新期の史料蒐集・公開と当該期の史料編纂を業務とすることとなった。当然研究対象は幕末維新変革過程を総体として、換言すれば通史として組み立てることに向けざるを得なくなった。その時からの念願は、この時代を把握するためには、幕府・朝廷・大名・サムライといった幕末期日本の支配的諸集団とは別個に、被支配階級の人々が如何にペリー来航後の情報を収集し、判断し、主体性を模索の中で形成し、そして政治的な行動に出ていったのか、従来の用語を用いれば「草莽《そうもう》」層の試行錯誤と運動のありかたを社会的政治史として自己に納得させたいということであった。通史を構成化し流動させる上での必須の課題であるからである。

この課題での最適の対象地域は、文豪島崎藤村が自分の父島崎正樹をモデルにとり平田国学者青山半蔵を主人公として描き切った歴史文学『夜明け前』の木曽谷をはさむ東濃・南信の地域であることは当初より疑問の余地が無かった。この歴史小説は大名やサムライの介在なしに当該時期の総体を地域の視座から見事に形象化し得た作品だからである。

偶然の機会に好き案内者に導かれ、一九九八年八月より、島崎正樹が良き師を得、良き友を得た東濃恵那《えな》郡中津川《なかつがわ》の調査を始めることが出来、調査の対象地域は東濃・馬籠《まごめ》・南信、そして奥三河と次第に広がっていった。本書はこの間の調査報告なのである。そして『夜明け前』が明治一九年（一八八六）

一一月、座敷牢での青山半蔵の悲劇的な死を以て終えているのに従い、本書は幕末維新期の東濃・南信・奥三河の平田国学者と気吹舎《いぶきのや》門人の第一・第二世代がどのように自由民権期に対応・対処したのかまで言及することになったのである。

偶然の機会が一度ならず二度まで与えられることは研究者冥利に尽きるといえよう。二〇〇一年一〇月から、平田篤胤《あつたね》・銕胤《かねたね》・延胤《のぶたね》・盛胤《もりたね》気吹舎四代の厖大な平田国学資料の調査が東京代々木の平田神社によって許可され、調査の過程で、一八世紀末から一九世紀初頭、単一の世界史に編入され始めた時期の復古神道と平田国学形成・展開の動きが史料の中から詳細に明らかになってきた。とともに『夜明け前』地域の史料もその中から続々と発見され、「平田国学の幕末維新」段階を史料的裏づけを以て語ることが可能となってきたのである。

と同時に、気吹舎史料調査の中で、戦後歴史学では平田篤胤以上に冷遇されてきた年上の門人佐藤信淵《さとうのぶひろ》の、平田国学と復古神道に関して果たした大きな役割を著者は実証的に確認することにもなった。信淵の農業・生産技術論と生命論は気吹舎の活動の中にしっかりと組み込まれ、普及されていったのである。そしてこの生命論こそは復古神道も含めどのような本格的宗教においても、その信仰の根底を据え、信徒の自己確信を基礎づけるものなのである。

復古神道の佐藤信淵的ヴァリエーションが幕末維新期にどのような形をとったかを、本書では伊勢射和《いざわ》の大豪商で幕府為替方をも勤めた竹川竹斎《たけがわちくさい》に焦点を絞って考察を試みた。一般には日本最初の公共図書館の創設者として、また幕臣俊英勝麟太郎《かつりんたろう》のよきパトロンとしてこれまでも知られてきた商人知識人である。

通史に必要な思想史は思想家の全集によって論じられるべきものではなく、その需要者・需要集団の主体的欲求と彼または彼女らの精神的な身の丈から語られなければならない。木曽谷をはさんだ東濃・南信の地域においては平田国学と復古神道が幕末期としては例外的に「草莽」層の政治的主体化を可能とし、他方伊勢国射和では伊勢商人の江戸・大坂・京都での全国的展開とその出身村との安定的関係を創り出すのを可能とした。『夜明け前』世界の地域は今後とも幕末維新期草莽層のあり方と彼等の運動を考察する上での原点的存在でありつづけるはずであり、竹川竹斎の事例は、平田国学と復古神道がどのように展開しうるのかの可能性についての一つの事例研究となるだろう。後者の場合、日本各地で気吹舎門人・平田国学者が存在していただけ、その数だけ可能性検討の事例は豊富となるに相違ない。著者の願いは、幕末維新変革期という世界史的に見てもきわめて特異で興味深い時代における復古神道と平田国学が各地域でどのように展開していったかの実証研究の蓄積なのである。そのためにも本書の批判的活用を著者は切望する。

目　次

第二部　平田国学と佐藤信淵

第一章　気吹舎と四千の門弟たち……350

第四章 竹川竹斎と佐藤信淵 …… 421

第一部　『夜明け前』の世界と平田国学

第一章　小説『夜明け前』と中津川

はじめに

著者が一九九八年八月中津川《なかつがわ》を訪れ、中津川平田国学者の調査を開始した目的は、小説『夜明け前』の主人公、馬籠本陣《まごめほんじん》の当主青山半蔵（モデルは島崎藤村の父島崎正樹(1)）が学び、生涯の友を得た地である中津川を調べることによって、この歴史文学の傑作を産み出した歴史的背景を明らかにすることであった。それ以降の調査で、この目的に関しては、当初予期していた以上の豊かな収穫をあげることが出来た。半蔵のモデルとなった島崎正樹が中津川の人々とどのようにかかわっていたかが、きわめて明瞭になってきたのである。

と同時に、歴史的な諸事実と小説『夜明け前』とのくい違いもまた、非常に明白になった。ここでは、著者が重要だと考える相違点を小説に沿って指摘していき、結論として、小説『夜明け前』と史実との相違を、どのように理解すべきなのかについて、著者の現在の考えを述べることとする。

一　島崎正樹をめぐる中津川の人々

小説では、中津川の漢方医馬島靖庵《まじませいあん》をモデルとした宮川寛斎は、自分の弟子の青山半蔵、本陣の浅見景蔵（中津川本陣の市岡殷政《いちおかしげまさ》がモデル）、問屋の蜂谷香蔵（安政三年〈一八五六〉より、本家が有していた問屋の権利をひきつぐ中津川の豪商間半兵衛秀矩《はざまはんべえひでのり》がモデル）を愛弟子の「三蔵」と呼んでいる。「あの三人を寛斎が戯れに三蔵と呼んで見るのを楽しみにしたほど、彼の許へ本を読みに通って来たかず〳〵の若者の中でも、末頼母しく思った弟子達である」（第一部第四章の二）と藤村は叙述している。そして、この景蔵と香蔵のとることができた自由で積極的な国事周旋活動と、それと対照的に旧家の伝統に縛られ、養母に気遣い、友人たちの自由な活動を羨みながら、本陣としての家職を黙々とおこなう半蔵という強烈なコントラストを、廃藩置県に至るまでの全篇にわたって藤村は強調しているのである。

中津川の商人国学者達のそれなりの自由さと島崎正樹の被拘束性は、客観的には、中津川の場合、相当に広範な町の上中層部が平田国学を媒介に思想的に結合し、尾張藩対策、領主山村甚兵衛《やまむらじんべえ》家対策、そして複雑な中津川町政を相互に協力しあいながら集団的に処理し、国事活動への余力を自らの間で創出し保障しあったのに対し、馬籠では唯一島崎正樹のみが熱烈な平田国学者だったにとどまり、対外的活動の余裕が全くなかったことに大きくかかっているのだが、ここでは、その点に関しては論及はしない。歴史的事実に限ってみても、靖庵は文化八年（一八一一）生まれ、殷政は文化一〇年生まれ、そして小説では小野三郎兵衛となっている中津川の庄屋肥田九郎兵衛《ひだくろべえ》は文化一一年の生まれであり、他方正樹は天保二年（一八三一）の生まれ、両者の間には父と子ほどの年齢差があり、従って殷政を同門同学の友人関係とは到底呼ぶことは出来ない。もっとも正樹は本陣・庄屋・問屋の家職を文久二年（一八六二）に継ぐこととなり、それ以降は中山道の宿役人として、市岡や肥田とは先輩後輩関係となるし、また市岡とは中津川の和歌のサークルで、それ以前から文化的交流をもっていたことは事実である。

やはり、馬島を介して正樹が個人的に親しく兄事し、兄弟のように交わったのは間秀矩とであった。間は文政五年（一八二二）生まれなので、一〇年の年長、弘化三年（一八四六）、正樹が一六の年、中津川の馬島靖庵に学問を学ぶよう勧めたのはこの間であったし[2]、そして馬島の妻は間秀矩の姉おきくであった。この勉強を勧める以前から、おそらく正樹は中津川の間家に出入りしていたと思われる。歌の友人となっていたのである。正樹の歌集「松が枝」[3]にも、間との関係はくり返し詠まれている。

しはす十日はかり間秀矩かもとに
あい見まくほしき明日をふる雪の
　われこそまされいやますますに

また、家督を継ぐ以前に使用していた禎三郎という差出し名を以て、正樹は次のような書状[4]を秀矩に出している。

伊勢物語長々拝借（中略）、且又消息文例と申物、御所持御座候ハヽ、何卒拝借仕度、貴君様も御手透も御座候ハヽ、御遊来可被下候
　梅が花さきてちりぬる春の日を
　　相見さるまにすくしつるかな

歌の史料は、年を確定しにくいものが多いが、珍しくわかるものもある。秀矩と正樹は「秋夕」という題で歌を詠んでいるのである。判者は、この時中津川に滞在していた有名な放浪歌人で、またすぐれた万葉学者でもあった安藤野雁《あんどうぬかり》、従って嘉永三年（一八五〇）、秀矩が二九歳、正樹が二〇歳の時のものである。(5)

今さらにいつちゆかましそむきつる
　よかわの奥の秋のゆふくれ（秀矩）
誰かまたよそにはみらむ満萩ちり
　うつらなく成あきの夕くれ（正樹）

判者の野雁は、「左（秀矩歌）四句の奥と云もじ、二句にひびきて感情ふかかるべし、右（正樹歌）もいうなるものから、一二句猶いまだしここちす」と両句を批評している。(6)

二　正樹と秀矩はある時期義兄弟

ただし、正樹は馬籠の本陣、秀矩は中津川の豪商（牛方騒動で本家杢右衛門家の問屋を引きうけるのは安政三年〈一八五六〉八月のことである）という、地域の名望家同士の文化的学問的交流のレヴェルにとどまってはいなかった。一時期、正樹と秀矩は義兄弟の関係にまでなるのである。これには少しく両家の家族構成を説明しなければならない。

島崎正樹の生母は、正樹出産直後に病死し、父の吉左衛門は後妻（小説ではおまん）を信州の高遠《たかとお》から迎え、妹となるお雪は後妻の連れ子である。他方、秀矩の母はおらいといい馬籠の人、「大黒屋日記」の筆者大脇（屋号大黒屋）兵右衛門の妹なのである。中津川に嫁にいったおらいは、秀矩の弟桂三を文政八年（一八二五）に出産する。長男以外は家を継ぐことが出来ず、問家ではおそらく兵右衛門とも相談した上で、この桂三を天保一四年（一八四三）、彼が一九歳の時に、三留野《みどの》（妻籠《つまご》宿の隣宿）の庄屋宮川兵蔵の養子とした。(7) おらいと兵右衛門兄妹の母が宮川家から出ていたからである。しかしながら、養家との関係がおもわしくなくなり、弘化四年（一八四七）には宮川家から離縁される。その後は、兵右衛門にとっては甥であるため、中津川の問家で働くと同時に、馬籠の大黒屋に世話になり、同家の家業の手助けをすることとなった。当然、馬籠本陣の島崎禎三郎（正樹）ともたえずいきかうことになるのである。

この桂三は『夜明け前』では仙十郎という名で登場しており、中津川の秋祭りには役者にたのまれるほどの美男子であった。

仙十郎は美濃の本場から来て、上の伏見家を継いだだけに、斯《こ》うした祭りの日なぞには別の人かと見えるほど快活な男を発揮した。彼はこんな山の中に惜しい言はれるほどの美貌で、その享楽的な気質は造り酒屋の手伝いなぞにはあまり向かなかった（第一部第二章の三）

と『夜明け前』には叙述されている。だが、生真面目で家業にうちこむ兄の秀矩とは異なり、大酒飲みで夜遊びはするという、兄とは正反対の性格の普通の青年でもあった。当時の地方の豪農商の家にはよくみられるパターンが問家にもおきていたのである。兵右衛門も、ついに堪忍袋の緒を切らし、嘉永二年（一八四九）一月二四日付の意見書において、厳しい意見を加えている。(8)

（前略）頃日兄半兵衛（秀矩）并靖庵殿御両人にて何か御教訓の御異見申聞候処、何等一言の答も無之、依て既に打擲《ちょうちゃく》可致の処、遂勘弁を候由、委細に承知いたし甚以不埒《ふらち》至極（中略）、先年宮川離縁の後、拙家に暫《しばらく》相勤呉候中、兎角酒不止、身持等甚不宜に付、度々利解異見等申聞候処、歎息致候哉、其後禁酒被致、至極実体に相勤呉候間、拙者始半兵衛母（おらい）は勿論、当方親類中迄一統安心いたし候、（中略）（然るに）去冬より甚不身持にて、禁酒も破り夜遊等いたし候体、粗承知致候へ共（中略）頃日半兵衛よりの文面繰返し披見の度毎に落涙致候、母も年若にて夫と別れ（四三歳の時）、大勢の子供を引受長々心配いたし候処、どうやらこふやら相続方備付、自身にも近年は酒も始め、余り不宜候得共、女子の事故何とも異見ヶ間敷事《いけんがましきこと》不申聞（中略）、貴様の酒は至て悪酒にて長座を好き、其上身持くずれ、人の悪口に掛り候事少も不構、只酒好にて、迚《とて》も此後相止候事難出来見込候間、前申聞候通、貴様了簡次第、何国成とも立去可申候、尤追出しは不致候間、向後酒を慎み辛抱いたし相勤、半兵衛世話に相成度候はば、其段一々御答可被成候、一ヶ年の事其正月に善悪有りと申事に候へば、右様の儀申出候も不宜候得共、是以貴様不身持故、無余儀申聞候、母の気休め兄の心配、家相続の事魂に入候はば、此後上段の御附合并若き衆中御附合共吃度相慎、半兵衛力と相成候様頼入候

条理を尽した典型的な意見書である。このような大脇家・間家両家の厳重な諫言により、桂三もこの後は仕事をまじめにするようになった。伯父の兵右衛門は美男子で気のきくところもある甥を実のところはすいていたのである。同じ年、即ち嘉永二年の七月には、自分の実家（大黒屋本家の家附き娘お玉の婿として、分家の永久屋《えいきゅうや》から入っていたため、永久屋には当時後継者がいなかった）を桂三に相続させ、桂

三を馬籠の人とした（この時より又右衛門と改名）。次は桂三の嫁探しである。

翌嘉永三年九月、兵右衛門は島崎禎三郎（正樹）の異母妹お雪（小説ではお喜佐）を桂三の嫁とすべく、お雪の実母（小説ではおまん）から了解を取りつけた。しかし、桂三は中々の美男子、村の若い衆とともに夜遊びをする青年であった以上、当然事件がおきることとなる。

嘉永三年一一月一二日の夜、おすへという村の娘が桂三の許に押込み、桂三を刃物で切りつける傷害事件をおこした。いい仲になっており、おそらくそれなりの約束を与えていたにも拘らず、桂三が本陣の娘と結婚することになったため発生した事件であった。結局金三両二分と米若干という条件で、桂三からこの娘に身をひかせるのが伯父兵右衛門だったのである。

このようなゴタゴタもあってであろう、祝言の日取りは大幅に延び、桂三・お雪の婚礼が挙行されたのは、嘉永四年一二月一五日のことであった。桂三が二七歳、お雪が一七歳の時である。

しかし、桂三の大酒は結局止むことはなかった。これがもとで、二人の間にはおゆつという娘が出来たにも拘らず、妻お雪には文句をいわれ、夫婦喧嘩のたえることがなかった。ついに、安政元年（一八五四）の年末には兵右衛門はお雪を本陣に帰し、桂三を大黒屋に引き取ることとしたのである。その際、妹のおらい（桂三の母でもある）に以下のような書状を送っている。

（又右衛門夫婦のこと）これまでいろいろいけん《（異見）》も申きけ候らへども、とかく又右衛門酒もやまず、夫《それ》ゆへ、おゆきどのわがまま一ぱいにて、此ころ《（頃）》地震（安政元年一一月四日、東南海大地震）のせつから《（節柄）》に、小屋がけいたし、それへ出候て、なにか夫婦げんかいたし、大わらいにて、又右衛門をわらわぬものひとり《（一人）》もなく、そのこと、わたくしのみ《（耳）》へはいり候まま、まことにむねん《（無念）》にそん《（存）》

し、これまで三年もせわ《（世話）》いたし、いちど《（一度）》もいけん《（異見）》がましき事も申さす候らへとも、あまりのしかた《（仕方）》に候まま、夫婦とも、わたくし方へよひよせ《（呼寄）》（中略）、それより（お雪は）すく《（直）》に本陣へあづけ《（預）》中候（中略）、それにまさり又右衛門事、またまたたわけと相見へ、おゆきとのにしり《（尻）》にひかれ、せけん《（世間）》のかいふん《（外聞）》もかま《（構）》わす、まことにふかいない事、御たかい《（互）》にざんねん《（残念）》に存じまいらせ候、本陣へきり《（義理）》をたて候や、またはお雪とのにしうしん《（執心）》あり候や、とてもおゆきとのは、わたくし見かぎり《（限）》中候、（中略）たとへお雪とのもとし《（戻）》候ても、外よりよめ《（嫁）》とり候ても、今までのすがたにて、酒もやめす、しまりもなく候ては、しんしやう《（身上）》のこと《（事）》もまことにあん《（案）》しられ候、（中略）これまで《（是迄）》わたくしより、いろいろいけん《（異見）》がましき事申候ても、つゐにものをゆふた事なく、まことにむごん《（無言）》に候まま、又右衛門の心てい《（底）》もいつこう《（一向）》に相し《（知）》れ不申候

追書

御本陣夫婦の衆えまことに気のどく《（毒）》に候らへとも、第一お雪との親類衆のき《（気）》にいら《（入）》す、人様にものゆうすべしらず（後略）

この書状では離縁のことまでは言及していない。兵右衛門としては、間をおき冷却期間を設けた上で修復のごく少ない可能性を期待していたかも知れないのである。だが、娘とともに引き取られた桂三の身持は一向に改まらず、安政二年一一月には大黒屋から家出する事件をおこし、その結果、桂三と娘は中津川の間家が面倒を見ることとなった。更に安政三年一月、桂三がお雪のいる馬籠本陣の屋敷に忍び込む事件を引きおこし、ついに桂三・お雪は離縁という破局を迎えることとなる。中津川に引き取られていた娘おゆつは大黒屋に戻された。

しかしながら永久屋の相続の問題がここにからんでくる。おゆつこそ永久屋の相続者だとする中津川の間・馬島と相続はさせないとする兵右衛門との間では、考え方に大きな隔りがあり、安政四年のはじめより、間家と大脇家（大黒屋）との間は完全な絶交状態となり、中津川の菅井嘉兵衛と肥田九郎兵衛、落合（中津川と馬籠の中間の宿）の鈴木利左衛門の仲裁によって、関係が修復されたのは、ようやくこの年の年末のこととなる。

中津川に戻された桂三は再婚するが、文久元年（一八六一）二月に病死した。他方、娘おゆつは、馬籠の米屋隠居夫婦に預けられ、間家よりは衣装などの世話をつづけているが、その後の消息は「大黒屋日記」から消えていく。お雪は離婚後、仙十郎という婿養子を迎え、このため島崎家は小島崎《こしまざき》という分家を樹てることとなった。

この一件は相当に複雑な問題を含み、島崎家としては家の問題にもなる。これを手掛りに話をふくらませようと藤村が考えたら小説の筋は別になっただろうが、彼の構想する青山半蔵を基軸とする歴史文学プランでは、本件は筋のスムーズな展開を攪乱する要因にしかならないため、正樹と秀矩が義兄弟になったことは全く小説の中には取り入れられず、仲のいい仙十郎とお喜佐が次のように描かれているのみである。

半蔵とは対ひ合ひに、お民の隣には仙十郎の妻で半蔵が異母妹にあたるお喜佐も来て膳に着いてゐた。お喜佐は眼を細くして、若い夫のほれ〴〵とさせるような声に耳を傾けてゐた。その声は一座のうちの誰よりも清《すず》しい。

「半蔵さん、君の前でわたしが唄ふのは今夜初めてでせう」

と仙十郎は軽く笑つて、また手拍子を打ちはじめた（第一部第一章の三）。

そして、どのようないきさつで別れることになったかは一言も述べず、ただ、お民（半蔵の妻）に、馬籠の本陣に面を出した実兄の青山寿平次（妻籠本陣当主）へ向かって、「兄さん、お喜佐さんも呼んで来ませうか。あの人も仙十郎さんと別れて、今ぢや家にゐますから」（第一部第二章の五）といわせるだけなのである。

小説から歴史に戻ってみよう。島崎家と間家の家の問題になりかねない性格のことであったかに見えるが、島崎正樹はそうとはとらえていなかった。秀矩への信頼と友情はその後も微動だにしなかった。この問題は桂三とお雪との二人の個人の問題だ、という見解をとったはずである。

秀矩は明治九年（一八七六）一月二三日に病没するが、正樹は秀矩の忌日に

時につけ折にふれつつしのふかな
大人《うし》の情のわすれあへねは(9)

という歌を詠んでおり、また、秀矩の没後、間家での歌合の席での作と思われるが

梅の花さく春ことにしのふかな
ありしむかしの歌のまとゐを(10)

とも歌っている。秀矩との歌と友情の交流は、正樹にとっての終生の思い出、自らの青春の原体験なのであった。

三　『夜明け前』と横浜交易

小説と史実の微妙なくい違いの第三点は、安政六年（一八五九）開港直後横浜交易に馬島靖庵が参加し巨利を得たことに対する島崎正樹と間秀矩の態度にかかわることである。小説では半蔵と香蔵（間秀矩）は師匠のとった行動を強く批判するのである。

「宮川先生（馬島靖庵）のことは、もう何も言ひますまい。」と半蔵が言ひ出した。「わたしたちの衷情としては、今迄通りの簡素清貧に甘んじてゐて頂きたかつたけれど。」

「国学者には君、国学者の立場もあらうぢやありませんか、それを捨てて、ただ儲けさへすれば好いといふものでもないでせう。」と言ふのは香蔵だ。

「一体、先生が横浜なぞへ出掛けられる前に、相談して下さると好かった。こんなにわたしたちを避けなくても可《よ》ささうなものです。」

「出稼ぎの問題には触れて呉れるなと言ふんでせう。」

俄かな雨で二人の話は途切れた。

（中略）

話せば話すほど二人はいろ〳〵な心持を引き出されて行つた。半蔵にしても香蔵にしても、はじめて古学といふものに眼をあけて貰つた寛斎の温情を忘れずにゐる。旧師も老いたとは考へても、その態度を責めるやうな心は二人とも持たなかった。飯田の在への隠退が旧師の晩年のためとあるなら、その人の幸福を乱したくないと言ふのが半蔵だ。親戚としての関係は兎に角、旧師から離れて行かうと言ひ出すのが香蔵だ。

（中略）

香蔵は半蔵に言った。

「今になつて、想い当る。宮川先生も君、あれで中津川あたりぢや国学者の牛耳を執ると言はれて来た人ですがね、年をとればとるほど漢学の方へ戻つて行かれるような気がする。先生には、まだ〳〵『漢《から》ごゝろ』のぬけ切らないところがあるんですね。」

「香蔵さん、さう君に言はれると、わたしなぞは何と言つていいか分らない。四書五経から習ひ初めたものに、なか〳〵儒教の殻はとれませんよ。」（第一部第五章の二）

しかし、史実としては、安政六年九月二日、横浜開港が六月なので、すぐさまということになるが、馬島靖庵と、小説では強烈な批判者の役割をわりふられている間秀矩が生糸を大量に仕入れて横浜へ出立、同地で大きな利益をあげ、意気揚々と中津川に戻ったのが一一月一日のことだったのである。

翌万延元年（一八六〇）も、更に大規模な商いをしようと、三月七日には馬島が先発、閏三月二一日には間秀矩と中津川の大豪商大津屋嘉兵衛の家のものが横浜へ出発する。四月二二日には馬島が前年の販売して手に入れた二四〇〇両を護送して帰国、一〇月一〇日に、秀矩と弟で大津屋分家の養子となっていた菅井九三《くぞう》（九蔵とも）が戻ってくるのであった。

この安政六年一〇月、[11]即ち横浜交易の最中に靖庵と秀矩の二人は、江戸の平《ひら》田《た》鉄胤《かねたね》塾（気吹舎《いぶきのや》）に入門し没後門人となっている。当時の平田国学自体、安政大獄の大暴風雨がふきすさぶなか、吉田松陰、橋本左内、頼三樹三郎《らいみきさぶろう》等が次々と斬首されていく状態のもと、交易反対など、おくびにも出すことの出来ない状況だったのである。平田国学の方針に反するといっても、方針そのものが存在していなかったのだから、靖庵や秀矩の態度を非難することは土台的《まと》はずれなのである。靖庵も秀矩も気吹舎に入門したのは、日本の古道学、日本の古い時代を、日本が日本であった時代を明らかにする学問を学ぶ目的をもっていたのであり、それは、強力な西洋列強との交易を積極的におこなう上でも、どうしても自分が確信を持たなければならない課題でもあった。如何に世界市場に利己的な一商人としてではなく、日本の商人として、日本の国民としてかかわっていかなければならないかという切実な課題がそこに存在していたのであった。これこそが、経済学でいう政治経済学（political economy）の今日に至るまでの最大の課題なのである。

飯田の商人で、有名な物産学者、また博物館の父にもなる田中芳男の親戚に当る奥村邦秀《おくむらくにひで》の和歌が間家に残されているが、詞書には「糸もて横浜辺にゆく人に」とあって

神国のいとひきはへてえみしとも
　まつろひきねと吾せとけかし(12)

と詠んでいる。前述の馬島・間の安政六年九月の横浜行に際して、積極的に生糸交易に活躍せよとの、はなむけの歌だと思われる。奥村自身も飯田で生糸交易にかかわったと考えられるが、この奥村も、この年の一一月三日、二五歳で平田没後門人になっているのである。

島崎正樹にとっては、右にみたような恩師・友人の行動はどのように映ったのだろうか。島崎家自体

は、このような生糸交易には一切関係しておらず、また正樹の父島崎吉左衛門が自分の息子を、

御承知の通り倅義は聖人気取にて、末々内輪取廻し方如何と心配仕候、乍併心中真直にて聊《いささか》不正の取計等は致間敷哉に相見へ申候(13)

と評している如く、商才にたけているとは到底いいがたく、小説の中でも義母のおまんから始終経済的才の欠如していることに苦情をいわれるのであり、大黒屋兵右衛門がなんとも羨しいと思ったような感情は持たなかったと考えられる。しかし非難がましいものだったかというと、決してその種のものではなく、自分の師匠と親友の中津川人らしい積極的な商いだ、ととらえたはずである。歌集「松ヶ枝」には、「むつきいつか」という日付で、馬島・間両名にあて、

かへすかへすも、ふりにし年のをはり、東の御旅つと、とりとりおくりたまはり、いとうれしくこそおもひ侍れ、とくいらへきこえ侍らむを、年のいそぎに、心あはたたしく打過しつる罪はかたくこそ

と詞書を付して

おもふどちむれてあそばむ鳥たにも
友をよふとふ春はきにけり

との歌を送っている。馬島と間が共に江戸に向かい、年の暮に土産を正樹の許に送る機会は、「大黒屋日記」（文政九年〜明治三年）を通して読んでいく限り、この安政六年以外には無い。正樹は二人の行動をなんら非難せず、共に素直によろこんでいるのである。

ただし、安政七年三月三日の桜田門外の変以降は、国内の政治状況は激変し、また外国貿易のマイナ

スの影響も広く国のすみずみまで波及してきており、外国交易反対の声は格段に強くなり、幕府もこの国内圧力に譲歩し始めるとともに、江戸の気吹舎も次第にはっきりとした外国交易非難の態度を表明するようになってきた。このような江戸の平田塾の意向を踏まえて、この当時飯田をおもな拠点としていた歌人・国学者岩崎長世《いわさきながよ》は、中津川の市岡殷政に万延元年一一月二四日、次のような書状を送ることになるのである。

扠《さて》、今般御同人（間秀矩のこと）之御念中如何候哉、師家にても御案しの由過便申越候、於師家も売人に関係の条遺憾の由御解除有之由、(14)何と入学門に有之通、(15)若おのれ有之者仍洗仍補仍贖の本文によって、売人関係候ハ、あか物に師家著本印行御助成被成候はば、夫しきは又々神明の御加護も可有之、風と此段存付候付、貴吾兄迄申上候(16)

日付は間秀矩等が、結局横浜交易で損失を出し落胆して帰郷した直後のものである。売人《ばいにん》とは交易従事者を意味し、「売人」は気吹舎の著作刊行の助成によって、その遺憾な行為を帳消しに出来るのだが、秀矩にその意向があるかどうか打診してもらえないか、という趣旨である。また、この直前に気吹舎は外国交易非難の意志を初めて公にしているのである。ただ注意すべきなのは、岩崎は直接間秀矩に非難がましいことを述べているのでは全くなく、あくまで助成に関し極内々の意向を確認してもらいたいのだが、という低姿勢を市岡に対しとっていることである。地方の豪農商は気吹舎にとっての大切な後援者、パトロンなのであって、古道学に関する原則的な対立にならない限り、それは相当に柔軟で伸縮自在なものであった。しかも、おそらく殷政は、この岩崎書状を秀矩には見せなかった、と思われる。

しかしながら、間秀矩自身は、この点においては、気吹舎の考えとは必ずしも完全には一致はしておらず、幕府が奉勅攘夷の方針を天下に公表した文久二年（一八六二）一二月の段階でも、横浜交易用の良質の生糸を集めるべく積極的な商業活動をおこなっていたのである。

　武州児玉郡児玉の商人で横浜交易を大々的におこなっていた坂本彦左衛門は、文久二年一二月一七日付の書状において、次のように中津川での集荷を秀矩に依頼しているのである。

先達ては始て推参、長々の逗留中、万々被レ為レ懸二御心当に一、御引廻し被下、筆紙に難述程の御世話に相成（中略）、右に付、糸買入方の儀も都合能く、諸方共手取に相成、是又忝存候（中略）、（一四日に帰宅）、横浜糸相場の儀も気配宜敷、前ばし提糸一品ものは五百三十枚より五百五十枚迄取引相成申候、左候えば、此度買取に相成候曽代《そだい》糸五百十枚より二十枚迄に売込相成候哉（中略）、益田糸の儀も四百五十枚より四百六十枚位には売込相成候哉（中略）、左候得ば飯田糸に造直しの儀も四百八十枚より九十枚位いは売込相成候哉（中略）、洋銀相場三十二匁三分より四分迄に御坐候、扨又野子《やし》義、明十八日出府仕、横浜の次第種々奉申上候、且先達て御頼申上置候曽代糸十六箇《こお》り、早行江戸着に相成候様御取計可被下候、跡荷物十二箇の儀も正月四日出にて御送り云々[17]

　ここに見る問題は、平田国学というものを、平田塾の視点からだけ見るのではなく、没後門人の地域性や個別具体的な経済的社会的立場から、いいかえれば学問を主体的に吸収する需要者・学習者の立場からも考えていかなければならない恰好のテーマとなってくる。間秀矩とともに中津川の生糸取引きに深くかかわった勝野家（大坂屋）は、維新以降は中津川に大製糸工場を設立し、横浜貿易の主要な担い手の一人として成長していくのである。

小説と史実の微妙なくい違いの第四点は、島崎正樹が平田没後門人に何時、どのような理由でなったかという点である。小説では妻籠の青山寿平次とともに、中世にまでさかのぼる青山家の先祖を求め、安政三年（一八五六）、相州横須賀に赴いた折、日本の古いあり方を学ぶべく、江戸の気吹舎に入門した、と叙述されている。半蔵は出発に当って親友の蜂谷香蔵（間秀矩）に宛て、次のような書状を認めるのである。

君に悦んで貰ひたいことがある。自分はこの旅で、かねての平田入門の志を果さうとしてゐる。最近に自分は佐藤信淵の著書を手に入れて、あのすぐれた農学者が平田大人と同郷の人であることを知り、又、いかに大人の深い感化を受けた人であるかをも知った。本居・平田諸大人の国学ほど世に誤解されてゐるものはない。古代の人に見るやうなあの直ぐな心は、もう一度この世に求められないものか。どうかして自分等はあの出発点に帰りたい。そこからもう一度この世を見直したい（第一部第三章の一）

このように小説では、自らが古代の学問をするために、中津川の友人にも関係なく、江戸行きの機会をつかまえて入門した、となっているのである。

史実は大きく異なっている。東濃や南信伊那の地域に平田国学が入り始めるのは安政四年以降のことであり、更に、この地域で時代を模索する先端的人々が没後門人となっていくのは、横浜交易が開始する安政六年からなのである。直接の原因は、安政四年一〇月の米国使節ハリスの国書奉呈のための江戸出府、この年から翌年三月にかけての、三千万の日本人男女全体の前で展開された、日米修好通商条約案勅許をめぐる幕府と朝廷間の壮絶な政治闘争であり、その結果、朝廷から勅許を拒否されたままの無勅許開港という異常な事態にあった。ここでは、きわめて鮮明な形で日本の主権のあり方．国家のあり方が、外国貿易とのかかわりの中で日本人全体に問いかけられたのである。自分で答をみつけるほかなかった。そこにおいて、平田国学は『霊能真柱《たまのみはしら》』や『玉襷《たまだすき》』『出定笑語《しゆつじようしようご》』等の著作を通じ最も明確な論理と歴史論を以て日本という国のあり方を説明したのである。

この地域の平田国学のはじまりを物語っている興味深い書状がある。差出人は下伊那でも甲州よりの中央構造線上の大河原村の名主で豪農の前島八郎九郎から、中津川の間秀矩に宛てた安政五年九月二九日付の書状である。大河原村は飯田の千村《ちむら》役所に支配されている美濃国久々利《くくり》の領主千村平右衛門預領の村落として、地理的には相当隔てられていても、人的には中津川と意外と近い関係にあったのである。

その書状というのは、

去秋ハ参上、度々御馳走頂戴仕（中略）、其節被仰聞候鬼神新論《きしんしんろん》・志都《しず》の石屋《いわや》、愚筆写本さし上候処、供野《ともの》迄御持参被下候趣、尚御丁寧挨拶却て赤面仕候、

去秋御咄ニも仕候哉、去夏中、玉だすき前五巻写候得共、神之御上の事而已にて書損有之候てハ不面白、六より先キも開板之趣承り、旧冬平田大人え申遣候所、十ノ巻末開板無之、六より九迄四巻相求申候、当夏中倅出府ニ付、十ノ巻写し参り候様申付遣、大人之屋敷え相尋、右之趣相願候処、旅宿へハ貸遣しがたく、屋敷え参り写し取可申旨被申聞候得共、多用ニて不能其儀、残念奉存候、

尤来春迄ニハ開板ニ相成候よしに御座候、
尚又、出定笑語活字判、本飯田町本屋へ壱部参り、御家中之人買取候由、右を座光寺《ざこうじ》民右衛門倅（北原稲雄《きたはらいなお》）写取、夏中かり請、写申候、此節より古今妖魅考《ここんようみこう》、同人方よりかり請、写居申候、旧冬古史成文《こしせいぶん》神代部三冊相求候、右品、若又御覧も御座候ハヽ、御沙汰次第さし上可申候、(18)

ここでは、平田国学を研究するものにとってはなつかしい「鬼神新論」「志都の石屋」「玉襷」「出定笑語」「古今妖魅考」「古史成文」などが熱心に読まれ、転写されていったことがよく窺われ、また座光寺の北原稲雄がこの時期から伊那谷の中心的人物であったことをおしはかることが出来る。典型的な地域的学習運動なのである。なお文中の「供野」は伴野と同じ、松尾多勢子《まつおたせこ》のとつぎ先で、間はこの当時から松尾家と親しく交わっていたことがわかる。

このような、地域で最も活動的な人々の学習活動があり、その蓄積の上に、馬島靖庵や間秀矩等の江戸での入門がつづいておこるのである。更に文久二年（一八六二）後半から年末にかけての幕府をもまきこむ国内政治変革の大きなうねりが生起し、幕府の奉勅攘夷から将軍上洛という、一年前までは誰も予想できなかった未曽有の事態となる中で、既入門者を紹介者として続々と平田没後門人が増加に増加を重ねていくのである。中津川・馬籠関係者では、文久三年一月一日島崎重寛《しげひろ》（正樹）、八日馬島菊子（靖庵の娘）と婿の馬島秀一《しゅういち》、一〇日秀一の息子の鉾太郎《ほこたろう》、一二日秀矩の弟で菅井家分家に養子となった菅井九三、一二日秀矩の息子一太郎、一五日中津川商人の吉村伊蔵というように半月の間に七名が気吹舎に入門することとなる。

門人帳の限りでは、この七名はともに秀矩の紹介としか判明しないが、他の史料によれば、江戸に用事のあった勝野七兵衛と河村伊八の両名が文久三年二月一三日、江戸の平田塾に入門誓詞と入門料一〇〇疋ずつを届けるのである。(19) この当時、平田塾の当主鉄胤（老先生）と延胤《のぶたね》（若先生）は共に京都に上っており、江戸の気吹舎は、篤胤の娘で鉄胤の妻である聡明な賢婦人平田織瀬《おりせ》が預かっていた。

鉄胤父子は、京都を文久三年三月一五日に出立、江戸に向かうが、帰路を中山道にとったため、三月二一日には中津川の間秀矩宅に泊り、(20) この正月に入門した間一太郎を始めとする門人達は、島崎正樹も含め、師を囲むこの場に集まったのである。そして正樹は次の宿泊地三留野宿まで師匠を送っていき、馬籠の自宅で休息させもてなしたはずである。

ただし、秀矩や殷政は、等持院事件での捕縛をあやうく逃れ、長州屋敷にかくまわれていた松尾多勢子をひそかに伴野に帰郷させるため、この場にはいなかった。

鉄胤父子は二二日三留野に宿泊、(21) 翌二三日早朝には、曽我助次郎が裏木曽の恵那《えな》郡付知《つけち》村からはるばるかけつけ、ここで入門している。

両名の江戸着は四月二日であるが、留守中にたまっていた諸事の始末もついた同月一九日付で鉄胤は間秀矩に次のように礼状を差し出すのである。

帰路の節ハ御留守へ罷出候所、不存寄種々御馳走ニ相成り、御家君達へも掛御目、且其他諸君へも初て御面会、誠ニ御懇篤の御饗応ニ御礼難申尽（中略）、御家君達ハ不及申、其他肥田御氏馬嶋御氏御一統へ御礼宜云々

早春御入門之御七人、其外肥田氏御父子、以上九人え定例の摺物三葉宛致進上度差出申候、夫々御配分可被下候、其内馬籠行ハ別段壱封ニ相成居候、用書も在中也、此儘御届可被下候、実ニ貴君

御骨折を以て、かく大勢一時ニ御入門ニ相成り、学事相弘まり候条、先人ニ於て如何計か満足可被致と辱《かたじけな》く大慶此上ハ無御座候、

早春江戸迄貴書御持参之方々は勝野七兵衛主、河村伊八主と申仁の由、其内勝野氏御入来之由、右御両人ハ上木《じょうぼく》御助成給はり候趣、扠々辱御事ニ御坐候、(22)

やはり銕胤は中津川の門弟の中でも、そのリーダー格の間秀矩に対してはきわめて鄭重な礼状を書いている。文中にもあるように、『古史伝』刊行にかかる多額の助成金も、秀矩の斡旋によって初めて江戸に届けられるはずなのである。

さて、ここで少しく、入門し師匠に対面した以降の島崎正樹の動きを見てみることとしよう。

彼は入門した翌元治元年（一八六四）、小説にも述べられているように、中山道の伝馬《てんま》・助郷《すけごう》負担の軽減を実現するため、六月から七月にかけて、他の惣代と共に江戸の道中奉行に訴えるべく、御沙汰の出る九月まで滞府している。この間の七月一三日には、江戸の鳥越《とりごえ》にある佐竹藩邸内の平田塾に出向いて銕胤等に面会し、金一分を納めたのである。(23)

そして、この年末には、筑波西上勢を出迎えることとなる。南信の北原稲雄・今村豊三郎兄弟を始めとする平田門弟等の必死の努力により、飯田城下への侵入は回避され、また三州街道を西下した際必然化する尾張藩軍事力との直接対決路線ではなく、清内路峠《せいないじとうげ》を越えての中山道路線を武田耕雲斎《たけだこううんさい》・藤田小四郎《ふじたこしろう》等の西上勢幹部は選択する。おそらく、北原等の間接的な協力（ここには中津川のグループも関与していた）を得て、宿泊と昼休みの宿決定がおこなわれたと思われる。即ち馬籠と落合で一一月二六日

宿泊、中津川で二七日昼休みというものである。この大役を島崎正樹はきちんと果たした。そして二七日付で、中津川の同志市岡殷政・馬島靖庵・肥田九郎兵衛・間秀矩四名宛に次の書状を送る。

尊王攘夷之赤心、誠忠之軍隊邂逅、忝一宿、察僕之微志依僕乞助護於諸君、仍達啓如件(24)

「啓達」とすべきところを「達啓」としているなど、まさに「忙手」である。いそがしさもあったろうが、うれしさで気持ちが昂揚したまま、文章も練らず、宿泊の大任を与えてくれた同志に甚大なる感謝の気持ちを吐露している。少し無理して訓読みするならば、「尊王攘夷・赤心誠忠の軍隊に邂逅、一宿を忝《かたじけの》うす、僕の微志を察し、僕の諸君に助護を乞いしに依る、依て啓達件《くだん》の如し」となるのであろうか。

しかしながら、島崎正樹を含む東濃・木曽谷・南信の平田国学者グループが全力を挙げて街道の安全な通行を助けた武田耕雲斎の一行は、結局幕府の手に捕えられ、翌慶応元年（一八六五）二月、三五二名の人々が斬首という異常な事態を迎えるのだった。なんとか生きのびさせたい、出来るのなら海路でも長州におちのびさせたいと念じていたこの地域の国学者グループの落胆と無念さは如何計りのものだったろうか。ますます反幕的信念が強固なものになっていったのは当然であったろう。

つづいて、第二次長州征伐の幕府・譜代藩の大軍が大坂に集結するさなか、大坂湾に進入した英仏蘭米連合艦隊の軍事的圧力に屈し、孝明天皇は、安政五年以来拒否しつづけてきた諸外国との修好通商条約に対し、慶応元年一〇月五日、ついに勅許を与えざるを得なくなった。幕府のみならず朝廷の威信は大きく低落した。逆に日本は一体どうなるのか、この危惧感・危機感が一挙に深まるのである。長州への強い支持の感情が更につよまると共に、自らが積極的に行動に出ることによって事態を少しでも前進させなければならないとの気運が増大する。正にここに「草莽《そうもう》の国学」のエートスがある。中津川の市岡・間・肥田の三名は条約勅許直後に行動をおこし、美濃の尾張藩太田陣屋に赴いて対尾張藩工作をおこなうが、市岡・間の両名は、条約勅許不可、国内の諸勢力を結集して対外的対抗力量を集中・強化せよとの関白二条斉敬《にじょうなりゆき》への直接の建白運動を、この一一月に京都においておこすのである。この両名の行動そのものも、この一帯の同志の強い期待を負ってのものである。

両名が帰郷するや、島崎正樹はただちに彼等の壮挙をたたえる長歌と短歌を送る。それに市岡殷政は「公に上書しける折、よみておこせたる重寛（正樹の諱名）が長歌短歌」と表題を付して彼の「風説留」に綴り込む。

かけまくもあやにかしこきかむだから、授けたまひし神代より、今に伝て日の神の御子のあとつぎとおながく、しろしめしくる大八洲、国の御為と真木柱、太しく立てしますらおの、心尽せしたまのごと、其言挙《ことあげ》を、さすたけの大宮人のわるたけの直きおおしき臣達に、聞上つる誠心を、感じましけれか又更に、しなどのかみのたまちはふたすけたまひてつるのねの、たかみくらまてかしこくも、きこえあげつることのうれしさ

反歌

為国《くにがため》心つくせし言挙は
　千世にもとおく語りつくへし
くにのため力つくせし言挙を
　善と聞してさて置へしや(25)

島崎正樹は、この歌を中津川に送ったのち、実際に中津川に赴いて、二人の報告を聞いてもいるのである。慶応二年一月一七日、正樹は間秀矩に礼状を出している。

過日は参殿仕、三大人御軸初、正義衆御歌其外拝見被仰付、且御建白一条御高話承り、新聞御書付等拝借、重々難有奉深謝候、即今便御建白御控、開運のまと、気吹舎蔵板入費書付、都合三通御返上申候、尾関氏之上書并市岡より大垣家中新聞共、暫拝借奉願上候

古史伝第四帙料として金三分二朱差上申候間、御改御落手可被下候(26)

この書状によると、話を聞く場は同時に政治・社会に関する諸情報の交換の場でもあったのである。この年の夏から翌慶応三年の春にかけては、長州征伐の完敗とともに、大凶作で大規模な世直し一揆が各地におこり、このような事態にならないよう、この地域の豪農商は必死で民衆に対し措置をとることとなる。

慶応三年三月には、伊那谷の高森において国学四大人を祭神とする本学神社《ほんがくじんじゃ》の創建式が挙行され、この一帯の平田国学関係者が総結集するが、島崎正樹の姿は見えなかった。本人は出席したい気持ちであふれんばかりになっていたであろうが、父母への気兼ねが、それをはばんだものであったろう。

古代への憧憬をたぎらせ、その日の一日も早く来るのを夢みていた正樹にとって、慶応三年一〇月一四日の大政奉還の報は狂喜乱舞に値いするものであった。報を得た直後の一一月一日、左の如き祝詞を作り、江戸の気吹舎に送るのである。

のりと

今此処《ココ》に豊美酒《とよみき》と精米《しらげよね》に洗米《あらいよね》と鏡餅《モチヒ》と五種の穀物を初て種々の物を奉供《そなえたてまつり》て弥辞《たたえごと》竟奉《おえまつ》らく

を明けく聞めせと白す

詳して曰、種々の物とは先五種の穀物は稲麦菽《マメ》粱《アハ》稗、次に黍《キビ》稷《コキビ》小麦小豆芥子《カラシ》、次に綿麻、次に大根芋蕪《カブラ》牛蒡《クロナガネ》胡蘿蔔《アカナガネ》、次に胡桃《クルミ》黒胡麻《クロアヘモノ》白胡麻《シラアヘモノ》、次に堅塩醤油「油は椿と栢とに籠り、紙は楮に籠り、糸は桑に籠り、磁器《ヤキモノ》漆器《ヌリモノ》は盛物に籠在《コモレリ》」（「　」は割註部分）、次に鰹節昆布青昆布《ヒロメ》粗海布《アラメ》鯛或は鯉雉子或は都《ツ》具《グ》美《ミ》鳥

○木は桑楮椿栢栗松㮤檀桐杉椵栂桃梅梨柿柀椎

「檜槻明檜𣜌受槙槻、此六種故有て木曽にては省つ」（「　」内は朱字）

○竹は真竹《マダケ》淡竹《ナカタケ》孟宗竹《ク　サタケ》篶篠

「木も竹も各一枝を六寸に切て木と竹と結分つ」（「　」内は朱字）

○草は萱菅藁麦幹薦

「此も各六寸に切て八条許を結て又一束に併つ」（「　」内は朱字）

○武器《ツワモノ》には剣刀《ツルキタチ》

○文書には古史成文《イニシヘフミノナレルフミ》と直毘霊と明倫歌集《ミチアキラムルウタブミ》と

「此供物は神酒と精米と二種にても其人々の有の随心《マニマニ》の随奉へし」（「　」は朱字）

加敬《（かけ）》まくも安養《（あや）》に畏き大御神多智《（たち）》「一柱ナラバ此多智ト云コト省クヘシ」（「　」内は朱字）の宇豆の御前を謹敬《カシコ》ひ畏み惶《カシコ》み白さく、九重の大き御門の天津高御座又瑞の美在所《ミアラカ》に大坐《マシマス》天皇尊の天津日嗣は、天壌の共、堅石《（かきわ）》に常石《（ときわ）》に、美鏡の曇《クモラ》す世無く、御剣の雄々しくいまし、弥左明瓊の満足《（みちたら）》はして

北（朱字）「大后《おおきさき》を奉始、其奉仕《ほうし》女官《ヲミナヅカサ》の下官《シタヅカサ》に至まで心貞《ただし》く潔く一向《ヒタブル》に畏み敬ひ奉仕て」
東（朱字）「春宮に坐す日嗣の皇太子尊《ミコノミコト》はしも朝日の豊栄昇《とよさかのぼり》に御栄《ミサカエ》いまし」「北東西の三段、其時
に合《カナヘ》て白スベシ」（「」内は朱字）
西（朱字）「仙洞御所《ヒジリノサトノミマシドコロ》に坐須《オホマシマス》
太上天皇尊《オホミチチノスメラミコト》は不老《オイズ》不死《シナズ》の名に負《オヘ》る常世の国の神《カム》山の神《カム》さびいまし浦安国《ウラヤスクニ》の御衷《ミウラ》安らに長在経《ナガラヘ》坐
して」、親王《オホキミ》等諸王等臣等百の官の人等をもし弥桑枝の如く立栄つつ各も各も御依志《ミヨサシ》の随《マニマニ》身を
竭《つく》し心を尽して、忠《まめ》やかに令奉仕《つかえしめ》賜ひ、征夷大将軍《エミジラウタスオホイクサノキミ》を奉始《ハシメマツリ》、邦国《クニグニ》の国の守《カミ》たちの武《たけ》き
御稜威《みいず》を弥高に弥広に耀かし、四方《よも》の戎狄《エミジ》共《ドモ》を令服《マツロヘ》給ひ、「此郷を預り治給ふ君をし樛木《つげのき》の
弥嗣続《いやつぎつぎ》に真栄樹の栄行《さかえそなわ》しめ賜ひ」「此段末ニ天下の衆庶ト広ク言トキハ省クベシ」（「」内は朱字）、
百姓の取作る五種の穀物を始て作りと作る物共を暴風《アラシ》洪水《オホミヅ》に令遭《アハセ》賜はず、豊《コタ》に令登《ミノラシ》、山野《ヌ》の木草
弥益《イヤマスマス》に令生茂《オヒシゲラシメ》賜ひて、養蚕《カヒコ》馬牛の生育《スダチ》善く、鍛冶屋作工《カヌチヤヅクルタクミ》銅鉄《カネ》鋳る工、陶器造《スエモノヅクリ》を始諸《モロモロ》の器物《ウツワモノ》を
天の下に不足《タテハ》ぬ事無く作り出《イデ》しめ給ひ、物沢に足《たら》へる美邦《みくに》を弥足ひに令足《タラハシメ》賜ひ、皇神の道とほ
しろく昭著《イチジロ》く、神の御国の名に負へる国体《クニノスガタ》に立復《カヘ》らひつつ、谷嶼《たにくぐ》の左度《さわたる》極み、天雲の向臥《むかぶす》涯《かぎ》り、
海原の潮の八百重《やおえ》の八汐路《やしおじ》の百八十国《ももやそぐに》の島の崎々、百千万《ももちよろず》の小島に至まて、い行及て、君と臣と
の道の正《タダシ》く、親子夫婦兄弟朋友《イモトセハラカラトモカラ》の道の道々践違《ミチミチフミタガ》ふ事無く、弥常石経《イヤトコシヘ》に栄行《そなは》しめ、外国《トツ》諸《モロモロ》邪左《ヨコサ》の
途《ミチ》を漸々《ヤヤヤヤ》に令熄《ヤマシメ》賜ひ、上《カミ》なる人も下《シモ》なる者も忠信《マメ》なる人、雄々しき人、智《さと》り深き人をら、年々に
令生張《ウマハラシメ》賜ひ、朋党《トモドモ》に議り合《アヒ》つつ、皇《すめ》ら美邦《みくに》の大御光りを四方《よも》八面《ヤモ》に令耀《カガヤカセ》賜ひ、天の下の衆庶《モロモロ》〇
又邑内家内の者共〇悉皆《コトゴト》に禍事《まがごと》不令有《あらせず》、今日まて有来《アリコ》斯《シ》罪過失《アヤマチ》をば神直毘《かむなおび》大直毘《おおなおび》に見直し聞直し

給ひと
「天皇《スメラミコト》に射向罪、異邦《（ことくに）》に心帰《ヨス》る罪、百姓を虐具《（しいたぐ）》る罪、父を謀《タバカ》る罪、父母に不忠《マメナラヌ》罪、世々の祖を疎《オロソカ》にせる罪、人妻を犯せる罪、吾妹を置て異男を持有罪、朋友《トモカラ》に不信《マメナラス》罪、妻《メ》児《ゴ》を不慈《イツクシマヌ》罪、物盗める罪、虚言偽語《ゴト》せる罪、凡《スベ》て斯《カカ》る類《タグヒ》の罪はしも其分量《ボドホド》に神罰《キタ》目《メ》罰《キタ》目《メ》給ひ諸《モロモロ》の汚穢《ケガレ》を浄め玉ひ、各々 掌分坐《（つかさとりわけい）》 ます御功績《イサヲ》の随《マニマニ》、「此一段ヨミモハフキモ其人々の心の随《マニマニ》」（「　」の内は朱字）夜の守日の護に守給ひて、伊豆の美魂を福賜《サキハヘ》へと 畏惶白《カシコミカシコミマヲス》

慶応三年丁卯十一月朔日

平ノ島崎ノ重寛謹述

元祖神霊を拝辞

往古より神さび立る山城の国つ都の名に負る平の氏の元つ御祖と奉称る葛原の親王の命の御霊の御前を慎敬ひ畏々白さく、平の氏の氏々の子等が文の道と武の道と、此両道をいそしみ勉て　皇ら朝庭の御輔にもなり、世にいみじき名をも立へく守給ひて伊豆の御霊を福賜へと畏惶白

平島崎重寛花押(27)

この祝詞にも、島崎正樹の思想がよく現れている。彼が考えている罪の序列は、大逆罪、外患罪につづいて「百姓をしいたぐる罪」なのである。神に祈念する第一は、百姓の丹精こめた農作物の豊かな収穫であり、村の職人の生産物であった。「神の御国の名に負へる国体《くにのすがた》」に復古することを念ずる正樹は、また同時に、村落の行政と治安を司る庄屋・名主層の繁栄を祈願しているのである。更に、『夜明け

前』に出てくる伐採制限の五木、即ち「檜木《ひのき》、椹《さはら》、明檜《あすひ》、高野槙《こうやまき》、欏《ねずこ》」（第一部序の章の三）にもきちんと言及しており、五木と槻《つき》の木は、入手出来ないので、木曽地方では神前に供えるものの中に加えない、と皮肉をこめて注記している。

　大政奉還につづき、同年の一二月九日には王政復古クーデタが決行され、銕胤・延胤の父子は、神祇官と大学校の働き手として京都に上ってくる。この年の内に銕胤は江戸を発し、東海道を経由して翌慶応四年（一八六八）一月六日入京、延胤は佐竹藩主に随って一端秋田に入り、そこから日本海岸を経て越後に出、信州を一路南下、伊那谷の門人達を訪問した上で、三月一〇日清内路に宿し、一一日には馬籠の島崎正樹方に立寄り、同日の夜は中津川の間家に宿泊して京に入った。延胤は、この九月には明治天皇の東幸に供奉して東京に赴き、帰路を中山道にとり、明治二年一月三〇日は須原《すはら》宿で一泊、二月一日妻籠に昼食で落合宿泊り、急いでいたため、馬籠の本陣島崎宅では、「例の如く酒食を設て出迎たれども、此度の事を述て」(28)立ちよらなかった。更に、この年の四月、東京の大学校問題で東海道経由で東京に向かった銕胤は、用が終わって一一月中山道を経て京都に戻っており、一一月二二日には馬籠を通過している。当然本陣にも立寄ったはずである。

　あとにして考えてみると、この時期が気吹舎をはじめ平田国学者の活動の最盛期ではなかったか。武家の世を終わらせ、漢風の律令制国家以前の、朝廷と在地名望家層の情義一体的な薄税寛刑の神代復古の世の現実化を企図した平田国学者たちの期待とは正反対に、権力を掌握した薩長維新官僚の実現しようとしたのは、万国に対峙するための強力な上からの中央集権的な統一国家であり、効率的で官僚制的な上意下達の機構としての国家組織であった。彼等の破砕すべきものこそ国家とその支配に結びついた在地性・土着性だったのである。明治二年から明治四年七月の廃藩置県への過程の中で、本陣も問屋も助郷も伝馬もすべて消滅した。出現したのは、中央権力の命令を地域のすみずみまで貫徹しようとする県庁とその手先としての各支庁だったのである。島崎正樹（明治五年、重寛を正樹に変える）等が要求した木曽山林の解放願いも一顧だにされず却下され、明治六年五月には、正樹は逆に戸長職を罷免される。

五　上京以降の島崎正樹の位置づけ

小説と事実との微妙な差異の第五点目は、明治七年（一八七四）五月の彼の上京とそれ以降の動きをどうとらえるか、という論点である。

小説では、困窮して上京、教部省に入るが、その省中の頽廃に堪えられず、辞表を出した直後の明治七年一一月一七日に献扇事件をひきおこし、つづいて飛驒国水無《みなし》神社に失意のうちに赴き、数年神前に奉仕した後に郷里に帰る、とされている。そして狂気のきざしは献扇事件直前に既にあらわれていたとして、

この彼も、行き疲れ、思ひ疲れた日なぞには、さすがに昨日のことを心細く思ひ出す。十一月に入ってからは旅寝の朝夕もめつきりと肌寒い。どうかすると彼は多吉夫婦が家の二階の仮住居らしいところに長い夜を思ひ明し、行燈も暗い枕もとで、不思議な心地を辿ることもある……いつの間にか彼はこの世の旅の半ばに正路を失った人である。そして行つても行つても思ふところへ出られないやうな焦々した心地で町を歩いてゐる……ふと、途中で、文部大輔に昇進したといふ田中不二麿《たなかふじまろ》

に行き逢ふ。さうかと思ふと、同門の医者、金丸恭順も歩いてゐる。彼は自分で自分の歩いてゐるところすら分からないやうな気がして来る。途方に暮れてゐるうちに、ある町の角なぞで、彼は平素それほど気にも留めないような見知らぬ人の眼を見つける。その眼は鋭く彼の方をみつつあるもののやうで、「あそこへ行くのは、あれは何だ――うん、総髪か」とでも言ふやうに彼には感じられる（中略）。不思議にも、鋭く光つた眼は彼の行く先にある。どう見てもそれは恐ろしい眼だ。こちらの肩をすくめたくなるやうな眼だ（中略）。どうかすると、そんな恐ろしい眼はある橋の上を通ふ人力車の中にまで隠れている（第二部第十一章の三）

と叙述しているのである。この明治七年後半あたりから、一気に話は下り坂となる。しかし現実には、困窮化がその背後にあったことは明白であるものの、小説でみるよりも、平田国学者としての島崎正樹の気力は、この時期は、まだそれなりに充実していたのではないだろうか。

明治六年二月二四日、諸外国の圧力の中で宗門制禁・邪宗門禁止の高札が撤去されるが、正樹は

年永く掲示《かかげしめ》さむ掟札
　　とりはつす世となりにけるかな
外国のやそのまかことふせきてし
　　徳川の君の御功蹟おもほゆ

という厳しい政府批判の歌を詠んでいる。

また、同年五月二九日、氏子調《うじこしらべ》の施行が停止されるが、

おもひきや氏子札さへわたしあへす

醜夷《しこえびす》らかところえむとは

と政府の対外的弱腰を厳しく非難する。神道の宗教的深化、内面的浸透による外圧に対しての精神的防壁の構築という路線を考えてきた島崎正樹にとっては、政府の姿勢を強化し、宗教的対応を更に積極化することが必要だととらえられていたのである。

明治七年五月、ヘルニアの治療という口実で上京し、旧知の旧尾張藩尊攘派の志士であった田中不二麿をたより、六月四日、教部省考証課に月給一二円で雇われることとなる。

雇われるまでの経緯に関しては、六月一〇日付の北原稲雄宛書状には、

（前略）五月二十一日着京、文部少輔田中不二麿殊に御慈愛を以て御申聞ニハ、全体文部省へ登庸可致ニ候処、省中西洋人数名雇入等有之、其許ニハ教部省之方同志之人も多可有之（中略）、月給ハ少く候も一日も早く在付候半てハ困窮可立至との御懇情ニて（中略）、当月四日教部省へ御呼出（中略）、元来困窮之身、各々様方御承知之事ニ候、寒郷之小学教員漸一ヶ月四・五円之月謝ニて、十人余之家族何分撫育不行届、甚背本意、不条理ニ候へ共、出京仕居候内、前顕之次第相運行候[29]

と述べられており、その結果長男秀雄に家督を譲り、自分は隠居となるのであった。

教部省に勤務している内、一一月一三日に飛驒国国幣小社水無神社の宮司兼補中講義に任命される。それは月給は同じにしろ、「十等相当昇身の訳に付、以前の御雇よりは宜敷に付拝命[30]」したのである。神事に尽す志は強い。その直後の一七日に献扇事件をおこしたのだった。行幸の馬車にむけ

かにのあなをふさきとめすはたかつつみ
のちにくゆへきときなからめや

としつきにこころつくしてえみしらが
　　うかかひをるややまとしまねを

という二首を扇に認め、かけよって差し出そうとしたのである。失意のうちにおこしてしまった、というよりは、明治八年一月八日付の稲雄宛の書状に

献扇の一条とてもひつきよう邪教防御の杞憂心より出候事にて、是亦教導尽力の一端に有之、神明より視之ハ、ほうびをも可給事柄と、愚意窃《ひそか》に所懐、御推察可被下候(31)

と書いているように、確信をもち、意気軒昂のなかで決行した、といったほうが事実に近い。更に正樹は在京中、左大臣となって太政大臣三条実美《さんじょうさねとみ》の次の位の要職を占めていた島津久光に面会し、時務に関し建策してもいたのである(32)。

神国の雄々しきかたち立つへしと
　　島津の君に言挙はしつ

という彼の歌にも、このことは詠まれている。

明治八年二月一七日、正樹は東京を出立、相州から甲府、上諏訪を経て三月五日に松本着、三月一〇日に水無神社に到着し、翌一一日には祈念祭をおこない、以降日々日勤の仕事に入るのであった。

政府の宗教政策はたえず彼の気にかけていたところであった。親友の間秀矩は、明治四年三月の東京神祇官より帰郷後、病の床に臥しがちだったので、この明治八年八月一六日付の書状では、息子で家督を継いでいた一太郎宛に見舞の書状を出している。発信地は飛騨ではなく、当番で詰めていた信州松本の神道事務局分局である。

（前略）御親父様御病気ハ如何被為在候哉、教部省も黒田《くろだ》（清綱《きよつな》）少輔御辞職、三島《みしま》（通庸《みちつね》）大丞ハ酒井県令ヲ兼、彼地へ御越、実ニ頼ヲ失ヒ候心地、両君在省無之テハ、教部ハ猶又不振様成行可申、痛心の至(33)

この年の九月、正樹が神道事務局より筑摩県神道事務分局副長を命ぜられ、飛驒が岐阜県所属となった後の明治一〇年一一月二六日には、岐阜県下飛驒神道事務分局長に任命されたのは、正樹の神職としての力量もさることながら、彼の平田国学者としてのいきごみと気概をも示すものだったのである。だが、西南戦争後の財政難が直接のひきがねとなり、明治一〇年一二月八日には神宮および官国幣社神官制度の改正がおこなわれて、各社少権宮司が廃止され、祭主以下の官等が改定され、職員及び月俸が削減されることになり、正樹は、これによって水無神社を去ることとなる。個人的な失意のつみかさなりといったレヴェルのものでは必ずしもない。帰郷後は神坂《みさか》学校の教師となるのである。

明治一三年六月、明治天皇の中山道行幸の際、馬籠において供奉の政府高官に、皇国暦制定、服色改正、神祇官再興、廃仏令などを主張した建白書を提出するが、当然のこととして差し戻される。この件につき、正樹は盟友の座光寺の北原稲雄に、八月一七日付の書状において、

（建白は）僕も行はれぬとは乍存知、思ふこと不言上んも不本意と存、差出候儀に御座候時勢誠に洋風盛の世の中、宮仕抔は甚不可然、却て御苦心の種かと奉存候
長野県令にて神官を減員致し候に付、大ニ神道の衰微を醸し候様覚申候
奨匡社《しょうきょうしゃ》とか申社を結ひ、数百人連結の由、何の為に相成、如何成事を致す社にて候哉、一向不得其意候、兎角数百人にて致候事区々に相成、一致難致ものと奉存候、結局ハ如何可相成哉(34)

と述べている。「思ふこと言上せざらんも不本意」とは、正樹の気質そのものなのだろう、民権運動にも目配りをしているのである。

この北原稲雄が、翌明治一四年の一〇月二日に没する。南信平田国学の正真正銘の代表者をここに失うこととなった。既に明治九年一月には無二の親友の間がこの世を去り、ついでここに精神的支柱ともいうべき北原を正樹は喪失する。彼は「北原大人の御霊の御前に奉る歌」と題して

かくりよにはなりますともあまがけり
　まもりたまはな其家人を
かくりよにはなりますとも道のため
　いそしむともにたまちはひませ(35)

との二首をよむ。平田国学の幽冥観がきわめてむくな形でそこには詠みこまれているのである。

彼の神道布教の熱意は、明治一五年四月三〇日付で、尊敬する先輩の中津川旧本陣市岡殷政に宛てた書状からも窺える。この月の三日、殷政は七十の賀を迎え、友人達に歌を求めたが、この書状はその返書である。

（前略）やつがれ、三月中旬より松本の神道事務分局にゆきて、三十日あまり経てかへり来つれは、とく給いける御文あり云々(36)

島崎正樹は、篤胤の説き示したように、神道の宗教性の深化、その内面化をおしすすめる中で、平田国学の目標とした「あたらしきいにしえ」と人間的価値観の形成をめざそうとした。

幽界《かくりよ》は大国主の知らせるを

ほとけに願ふ人のおろかさ
まかことをみそなはせなはことごとに
直びのみかみなほしたへてな

そこにあるのは神道の宗教的内面的な発展であり、内在的な価値観をめぐる他の諸宗教との、人の心をつかみとることをめぐっての厳しい競い合いなのである。

しかし、現実の国家神道がとったのは、神社神道を宗教から切り離し、諸宗教の上に君臨し、皇室神道・伊勢神宮と連動させつつ、内面からでなく外面から人の心を規定し拘束しようとする方向であった。明治一五年一月には、官国幣社の神官は布教に従事する教導職の兼補を禁止され、葬儀に関与することが不可とされ、ひきつづき明治一七年八月には、神道、仏教共に教導職そのものが廃止された。内面からの内発力、内部からのほとばしる宗教性の減退と衰退に反比例して、外部からの規定と強制は容易となる。固い巌石よりも微塵とされた砂つぶの方が、人の手によって造型しやすいのと同一のことである。明治一七年ごろから、正樹の憂慮と不安が深い絶望に転化していったのは故なしとしない。先祖代々の菩提寺である永昌寺に放火を試み、座敷牢に入れられたまま明治一九年一一月二九日、島崎正樹は狂死した。「憂国の情に勝えず、慷慨《こうがい》の涙を濺《そそ》ぐ士を以て、発狂の人と為す、あにそれ悲しからざるか、無識人の眼また已に甚し」というのが彼の座敷牢内での漢文でしたためた絶筆である。果たして彼が狂気で、外の世界が正気だったかどうか、その後の我国の歴史がそのことを証明するであろう。

おわりに

文学の固有の困難さは、具体的・個別的なものの内部に普遍なるものを具象的に表現することにある。従って、主人公を文学的に形象化・典型化することができるかどうかが、その核心的課題なのである。藤村は父島崎正樹を手がかりとしながら、幕末維新期の大きな歴史的うねりと歴史の悲劇性を、青山半蔵像を創出することで文学的につかみうるものとした。

人によっては、『夜明け前』執筆の材料となった「大黒屋日記」の欠けるようになった明治初年以降、半蔵像の密度が薄くなった、との意見もある。しかし、それはどうだろうか。藤村は明治五年（一八七二）の生まれ、幼少時の印象は強烈であり、おさなくして兄とともに東京に出たままの父のイメージは、平田国学を心底から信奉する誠実な神道家としてのそれであった。『夜明け前』第二部第一四章の二には、明治一七年、これまで総髪を守っていた父がようやく散髪姿となって東京の藤村に会いに来る時の叙述がある。知人の家に紹介するといってつれていった家への途中、くねんぼを父が買ったので、てっきり手土産だと思ったのに、相手の家につくと盆を借り、つかつかと仏前に持っていった際のバツの悪さを藤村は書いている。父は古郷にあって、家族や下僕達と一緒にいてこそ、そのイメージにふさわしいと感じたことも率直に述べている。しかもはるばる会いにいった息子は、キリスト教国の英語をやりたい、という。正樹はそれを認めざるを得なかった。「もう〳〵東京へ子供を見に行くことは懲りた」と彼は帰郷してから家のものに語っているが、藤村はそのことを姉のお園（小説では子供達の中で最も父親に似、気質も同じだったおくめ）からくりかえし聞かされたに違いない。それは藤村にとっては古い父との訣別、古い日本との訣別であった。そして尋常でなかった父の死にざまも姉から聞かされるのである。父のイメージは彼の幼少年期の強烈な印象と家の伝説の中で、他人には想像しえない濃密さで沈澱していった。家族の中でなければもちえない、他の家の人々には容易に語りつたえ、分かちあえることのない、このような心理的刻印は絶対に稀薄といった性格のものではありえない。

父を古いと思い、英学を学び、欧米の学問に没入し、キリスト教を信仰することが開明的進歩的だとしてきた彼と、そして彼の日本が、結局はどうなってしまったのか、一九二〇年代後半の東京飯倉で索《さく》莫《ばく》たる思いをかみしめつつあらためてふり返った時の父の回向《えこう》として、忘却の淵から父と父の時代を眼前に現実以上にリアルに再現し語らせるために（語りおえた時、仏教的にいえば成仏させることができるのであろう）小説『夜明け前』は書かれ始めたのである。

時代像と重ねあわせる際の父のイメージは、正樹の父吉左衛門が「聖人君子」というような、夜遊びを一度もしたことのないリゴリスティックな父、熱烈な敬神家としての父であり、更に父の軌跡が典型的に象徴している変動する歴史の中での草深く山勝の片田舎での一旧家の没落譚がその背後にひかえている。主人公と友人達の関係は、主人公への焦点の集中化と周辺の対比的単純化の中で描写されねばならず（複雑な関係は極力捨象され切り落されねばならない）、主人公の主体性を強調するためには、平田国学への入門は友人の勧誘ではなく、自家の歴史性・伝統性を認識した上での内発的決断でなければならず、そして藤村のやきついたイメージ、家の経済の実態、執筆当時の平田国学に対する一般的理解の程度もからみあって、主人公は横浜交易反対の急先鋒でなければならなかった。更に、急速な近代化とのかかわりで父正樹と島崎家の挫折と没落の契機を求めようとするならば、その没落の形はドラスティックなもの、一直線なもの、加速をつづけ坂道をころがり落ちる岩石の如きものでなければならないのである。

自分は父の伝記を書くのが目的ではなく、父をモデルにした仮空の主人公青山半蔵を核とした歴史文学を書くのが目的だ、とする藤村こそが、ここで指摘してきた事実との相違を一番よく知っていた人物なのである。だからこそ、真実と異なる行動と発言をさせる登場人物には、例外なく実名を決して使用しなかったのである。半蔵、香蔵、景蔵、寛斎、そして角田《つのだ》忠行《ただゆき》をモデルとした暮田正香みな然りである。実名を使っているのは、歴史的事実のみを述べている人物にはっきりと限定している。実名を用い、事実でないことも気にせずおおらかに語らせ行動させる一般の時代小説と歴史文学の差異の一つはここにあると私は考えている。

他方、歴史学の対象は、いいかえれば主人公は、歴史のいとなみ、その変化そのものなのである。外延的無限性を対象とする歴史学にとってどのような人物も主人公にはなりえない。この意味では一つの作品が一つの世界を創造しうる芸術、内包的無限性を喚起することが可能な文学を著者は羨望せざるを得ない。科学は芸術に及ばない。青山半蔵は平田国学の一面をきわめて正確に体現し、かつ幕末維新期の激変をも見事にその行動の中に結実化させているのである。

しかしながら、藤村が理解したよりも平田国学の人々はさまざまな可能性をもち、この地域の歴史的変動も、小説に描かれているよりは豊富でダイナミックなものであった。

そのような歴史的諸事実をもとに、新しい段階での幕末維新期の歴史文学が生まれるかどうか、この時代を表象できる新たな典型が創作できるかどうか、若い力量ある文学者の登場に期待したい。それまでは、依然として青山半蔵は、「草莽の国学」の典型的人物像として、歴史研究者をふくめ多くの日本人に、生きるとは何か、誠実に生きるとは何か、歴史的に生きるとは何かを問いかけつづけ、そして問いの困難さを私達に自覚させせつづけてくれるのである。

第二章　下伊那の国学

一　幕末維新期の東濃・南信

著者が幕末維新期の平田国学に関心をもったきっかけは、藤村の名作『夜明け前』の歴史的世界を知ろうというところにあった。青山半蔵の学び、そして生涯の友を得た中津川の調査に、よき案内者を得た著者は、一九九八年八月より同地に入った。更に幸運は重なるもので、二〇〇一年一〇月からは、東京代々木の平田神社が所蔵してきた気吹舎《いぶきのや》史料の全体に関し一点目録を作成する作業を始めることが出来るようになった。

その過程で、南信下伊那《しもいな》の国学史料も相当出て来たので、その一端をここで紹介する。(1)

(1)　中津川宿本陣市岡殷政の場合

気吹舎に下伊那国学の関係史料がある程度あることは当然予想される。幕末期の気吹舎の最大のパトロンが南信下伊那の人々であったのは周知のことであるからである。

では東濃は何故なのだろうか。『夜明け前』では浅見景蔵として登場する中津川本陣の市岡殷政《いちおかしげまさ》は、小説では冒頭から出てきており、そして最終場面でも、半蔵の生きた軌跡を総括する大事な役割を担わされている。この殷政は、座光寺《ざこうじ》村の北原家の出身である。即ち、北原稲雄《いなお》の父民右衛門《たみえもん》の弟であり、民右衛門弟の政武《まさたけ》が中津川本陣の市岡家へ養子にいき、政武が若くして死んだのち、その弟の殷政が跡を継ぎ、政武の子の政治《まさはる》の面倒を見、形式的には政治の義父の形をとることとなる。下伊那国学のリーダー北原稲雄にとっては非常に頼りがいのある叔父であり、その結果、中津川の市岡家には稲雄やその子息東五郎《とうごろう》の書状が多く伝えられることとなったのである。

また、美濃国久々利《くくり》の旗本で尾張藩重臣の千村平右衛門《ちむらへいえもん》は、伊那谷に六三〇〇石の広大な幕領を預り、支配のため、飯田の荒町に代官所を置いていた。その世襲代官が市岡氏だった。この荒町役所の市岡氏と中津川の市岡氏は、江戸時代の早い頃から関係があったと思われるが、この時期では、殷政の母親いさは荒町代官市岡佐蔵《さぞう》の娘であり、明治に入ると、政治の娘賢子《たかこ》が市岡鉄叟《てっそう》（雅智《まさとも》）の二男で中津川市岡家に養子に入る武充《たけみつ》と結婚することとなった。この荒町代官市岡家とのつながりにおいても、本陣市岡家は下伊那と飯田にしっかりと結びついていたのである。

(2)　伴野村竹村多勢子の場合

普通松尾多勢子と呼ばれているが、当時は実家山本村の竹村家の苗字をとって竹村多勢子と呼ばれ、本人自身も竹村多勢子と自署している。多勢子は伴野村の庄屋松尾佐次右衛門のもとにとつぎ、娘を二人もうけるが、長女のまさは、中津川本陣の市岡政武の子政治と嘉永二年（一八四九）に結婚、次女のつがは、これまた中津川の庄屋肥田九郎兵衛の次男であととり（長男は嘉永五年に心中のため死亡）の易《やす》吉《きち》と万延元年（一八六〇）に結婚している。

娘が二人とも中津川にとついでいるとすれば、多勢子もなかば中津川の人となる。どちらかの婚家に長く滞在し、中津川の歌会に出、そして中津川の重立ちの人々、その妻、その娘達と友人となる。多勢子の書状が中津川に多いのは、この理由によるのである。

(3) 中津川宿問屋間秀矩の場合

『夜明け前』にあるように、間《はざま》家でも分家の間秀矩《ひでのり》（屋号山半、半兵衛を襲名）が問屋職をひきうけるのは、安政三年（一八五六）の牛方騒動の結果、間本家が問屋職を手ばなさざるを得なくなったからで、もともとは酒造業を営んでいた商人の家であった。秀矩の長男の市太郎（一太郎とも）は元治元年（一八六四）二月、飯田本町二丁目の久保田治郎八の娘むゆと結婚するが、むゆの姉のまちは、伴野村庄屋松尾佐次右衛門と多勢子の二男で多勢子の実家竹村家を継いだ竹村太右衛門盈仲《みつなか》に嫁していた。更に秀矩の溺愛していた娘光子には、むゆの兄の鎌吉《かまきち》を慶応二年（一八六六）に聟として迎え、中津川の旧家で跡のとだえていた園田家を継がせ、園田市兵衛と名乗らせるのであった。間家も南信伊那谷と飯田とのつながりは、かくの如く深いのである。

ところが、幸せは長くはつづかないものである。光子は痛ましくも出産と同時に死亡（慶応三年一〇月一六日）、市兵衛の弟で伊勢に養子にいっていた小川民五郎《おがわたみごろう》も兄の見舞に中津川に赴き、実家の飯田に戻ってから、次のような書状（一一月三日付）を兄宛に出している。

> 私帰郷後、山本兄様、東五郎君御出ニて、三子御滞留の由、先々御まぎれ被成候半と是又奉察候、扨最早御忌明ニも相成可申と奉存候、（中略）恭太郎様御病気ニて、ともの叔母様御出ニ相成候間、是又私一件も御はなし可被下候(2)

これによると、民五郎が引き上げた後も、市兵衛の姉の夫、山本村の竹村太右衛門と、座光寺村の北原稲雄のあととり東五郎信綱《のぶつな》が残っていた。東五郎は市兵衛の友人でもあるし、市兵衛の実母ぬいが北原民右衛門の妹であることから見れば近い親類でもある。あと一人の間家滞在者は、書状からすると、おそらく多勢子の孫の恭太郎（千振《ちぶり》）だろう。恭太郎も叔父の竹村太右衛門を介して久保田家とはつながりがあり、飯田時代の市兵衛を伴野村の松尾家において、よく知っていた間柄なのである。

このように、少なくとも幕末維新期においては、東濃・南信を全体として一つの地域として把握しようと努めなければ、平田国学のみならず、社会史自体が大事なところで見えなくなってしまう。

二　下伊那の国学

(1)　下伊那というところ

では、この南信の下伊那とは、幕末期にはどのような性格のところであったのだろうか。平田国学にかかわる側面から考えてみよう。

第一に、前にも述べたように、美濃の久々利に本拠地がある千村平右衛門家の主要な預地は伊那に存在していた。しかも千村家は榑木《くれき》山支配という性格でここに預地を持っていたため、各村は山間部の、それぞれかけ離れた場所に位置していた。上伊那では小野村、下伊那では甲州に近い大河原村、木曽路に近い清内路《せいないじ》村などが千村預領である。飯田荒町代官所が遠隔的に統轄していただけだったので、各村の自立性と独自の判断が常時求められていた。小野村の倉沢義随《よしゆき》、大河原村の前島正弼《まさすけ》、清内路村の原信好《まよみ》など、伊那谷平田国学の中心人物達が千村領の人々だったことは、必ずしも偶然ではない。しかも荒町役所と本拠地久々利との中間地点に中津川宿があり、信州の千村預地の人々は、中津川の重立ちとも、親密な交流を重ねる客観的条件が整ってもいた。

第二に、伊那には尾張藩の支藩美濃高須藩の飛地が約一万五〇〇〇石も存在していた。この飛地の石高は同藩の半分を占めている。高須藩は竹佐村（一〇七二石）に陣屋を設置して伊那の所領を統轄していたが、同藩領の中に松尾佐次右衛門の伴野村（一〇二一石）も、久米《くめ》村（六二二石）も含まれ、多勢子の実家竹村家のある山本村も、在地旗本の近藤家の六一七石とならび一七一石が高須藩領という相給《あいきゅう》村《むら》であった。当然高須藩としては、ゆるい支配しか出来ない。所領各村落の庄屋クラスの自立性と独自の判断が、これまたいつも求められていた。年貢と諸役が約束通りに納入されるならば、それ以上の束縛や拘束を村落指導層に課する力量も、その心構えも陣屋詰めの高須藩役人にあろうはずがなかったのである。その実態を我々はあとで見ることが出来るだろう。

しかも、久々利と同様、高須藩の陣屋詰めのサムライ達は、往復路とも中津川宿によらなければならなかった。中津川で国学の影響力が強まっていく中で、逆に彼等の方が影響・感化されることになるのである。

第三に、下伊那には、奥州白河藩の飛地が一万四〇〇〇石もあった。陣屋は市田村に置かれていた。陣屋詰めの少数の役人だけで、これだけの所領を支配しなければならないので、千村領や高須領支配の際と同じ問題を抱えざるを得なかった。地元の豪農層に依拠しなければ統轄することは不可能だったのである。

実は、このような状況の中に中津川もおかれていたのである。馬籠《まごめ》も含む木曽谷の村々は山村家が代官支配をし、中津川などを所領にしているのは、旗本でもあり尾張藩重臣でもある福島役所の山村甚兵衛《やまむらじんべえ》家であった。しかしながら、木曽谷全域と中津川を武力的に抑圧する軍事力は本来持ちあわせておらず、また財政窮迫が進行するなかで、幕末期には完全に中津川の豪商等に依拠するようになっていた。このような状況では、山村家は政治的にも思想的にも、指導的立場をとることなど不可能だったのである。

南信の飯田藩や高遠藩は、このような地域での小藩だった。そして、他の領主ほどは弱体ではなかったにせよ、この地域の豪農商と彼等の組織する社会的思想的ネットワークの影響を強く受けざるをえない立場におかれていたのである。

(2)　岩崎長世のこと

市村咸人《みなと》氏の『伊那尊王思想史』は、我々が南信下伊那の国学を勉強する時のバイブル的存在である。同書では、当然のことだが、この地への平田国学の普及者としての岩崎長世《いわさきながよ》（太郎）を大きく取り扱っている。そして同書では、嘉永の末年頃より、飯田において、和歌・能・国学を普及していたように叙述されている。

ところが、「気吹舎日記」(3)では、「甲州の岩崎太郎添書来、此節高田逗留の由」（安政四年〈一八五七〉閏五月二一日）、「甲州松井直太郎（岩崎長世のこと）より金子《きんす》入書状到来」（安政五年四月一四日）、「甲州岩崎太郎より書状来」（安政六年三月一〇日）と、飯田の人といった意識のされ方は全くなされてはいない。出身地甲州の人なのである。初めて飯田とのかかわりで出てくるのは、安政六年四月一七日の条の「岩崎太郎より書状来、信州飯田より」の時以降のことである。

では岩崎長世自身はどのように意識していたのだろうか。

北原稲雄が上木《じょうぼく》助成金を出資し、万延元年（一八六〇）四月に刊行された平田篤胤の『弘仁歴運記考』に、岩崎は次のような跋文を寄せている。

みやこよりかへるさに、これの信濃国の伊那郡によしありて、あからさまにやどれるたびのいおりに、たびながらもよき友と、つねはゆきかひ、かたらひかはして、はらからなすまじらへるは、飯田の殿人松井のみすみ、おみのさとおさ北原信質《のぶかた》、せいなぢの里長原信好、なにとなはいひて、わがいぶきのやのおじのみまへに、おのおのうけぶみささげまつりて、その御さとしぶみによりて、いとすがすがしく神習はむと、いそしめるひとびとにあり云々

そして、自分のことを、「江戸人　岩崎長世」と自署している。文中の飯田藩士で歌人の松井《まつい》美澄《みすみ》が、篤胤没後門人に岩崎の紹介で入門したのが、この年の一月なので、その段階でも、岩崎は旅の人で、一年のある時期飯田に滞在するだけで、自身は伊那谷の人々には江戸の人間だ、と紹介していたことがよくわかる。

飯田に来はじめたのが、市村氏が証明したように嘉永の末年、それも飯田の豪商に能楽を教えることで入りこみ始めたのではないだろうか。

というのも、歌の指導者としていつ頃から活躍したのか、始期がはっきりしていない。一枚摺の出板物で最も古いものとして残っているのは、安政五年春刊行の長世社中の一二ヶ月題詠歌である[4]。同種のものが、安政六年[5]、万延元年[6]、文久元年（一八六一）[7]と、計四点存在しているので、旅中の滞留とはいえ、岩崎が本腰を入れて歌の指導に当ったのは安政三年頃からではないだろうか。市村氏は、林言方《はやしことかた》

家には安政四年稿の長世外一〇名の詠草集があると指摘している。(8)

安政五年岩崎社中題詠一枚摺で登場する人々は、岩崎の他は、飯田町の井村守恭《もりやす》（岩崎の宿処を提供した人）(9)、小西長弘、伊原周祐《かねすけ》、奥村邦秀《おくむらくにひで》、林言文《ことぶみ》、大原正敷《まさのぶ》（飯田で最初に岩崎に宿処を世話した人）、桜井盈叙《みつのぶ》、野原正基《まさもと》、福住貞庸《ふくずみさだつね》、桜井光章の一〇名、及び座光寺村の北原稲雄である。それ以降、この一枚摺には、飯田町の林言方、新井政憙《まさのり》、樋口光信、鈴木抽寛《ちゆうかん》、大平久盛と座光寺村の今村信敬（豊三郎）と佐々木吉雄が加わってくるが、興味深いことに、飯田家中で歌人としては最も力のあった前出の松井美澄が全く関係無く、また山吹座光寺家の片桐春一郎等の歌のグループともかかわりはない。この時期の飯田の歌結社は、私的交友とは別物で、家中と商家では截然と分かれていたと思われ、飯田商家の歌結社に座光寺村の農民が加わったものと考えてよさそうである。

(3)　国学学習のきっかけ

とはいっても、和歌の学習がそのまま平田国学の学習に発展していったわけでは全くない。和歌を詠むことは豊かな商人や農民の楽しみで、日本の文学的伝統でもあるが、平田国学はそれとは異なるもの、一つの新しい世界観とかかわっていたのである。岩崎長世は平田国学の浸透のため、和歌指導とは別の独自の働きかけを、きわめて意識的におこなう。安政五年一一月一四日付の書状で、江戸気吹舎主人平田銕胤《かねたね》に次のように伝えている。

原武右衛門と申者、飯田より五里程在方、かの伏屋のさと近き清内路と申所の庄屋に有之、其地上下両村有之、一円東本願寺門流ニて、神の御名等夢にもしらぬ地に有之所、右武右衛門、正文と申、兼て山里に珍しき歌人（原は中津川の歌会に出席していた）、漢学も少々有之候へ共、所がらにて、かの信心者、既に一昨年冬出張旅亭へ参り候節は、最早隠遁の志決定致、いまた子供も幼年に候へ共、剃髪染衣可致、さて歌よみふけらんのあらましにて、既にわすれ申候へ共、世をのかれんとする時によめるなどとはしがきにて、歌をもよみ参り、小生へ見せ申候節、乍不及大に叱申候折節、先師御著書出定笑語《しゅつじょうしょうご》会読仕候砌、右はじめて同人承り、氷炭反対之説に有之物と、深く驚き帰申、則其檀那寺飯田伝馬丁善性寺と（申す）寺にて、活板出定笑語（大坂で佐久良東雄《さくらあずまお》が海賊出版したもの）借受写取、一年之間熟読致、旧年所謂御取こし（真宗の重要行事）に出候節、旧見なごりなく洗すて、御著述拝見仕候由申参り候、つづいて有合せ少々為見申、したよりも引寄為見申、今にてはひたふるの皇国魂ニ相成申候、玉あひて、其漢籍師中仙道中つ川馬島清庵（靖）と申医師も兼て学医之所、古道大意《こどうたいい》にて旧見看破仕、是又霊柱相立申候、過日同人当所へ参り候節、小生他行中、不出会候共、同人申候には、湯武《とうぶ》之論は本居先生御著書にて、はやく皇国にてはと存候へ共、今日迄堯舜《ぎょうしゅん》えせものなる事を不存、誠にくやし狩、西籍概論《せいせきがいろん》にて夢さめ申候と悦申候由ニ御坐候(10)

ここに見るように、岩崎は見どころのある人物をみきわめて指導し、平田国学を学習させていったのであり、不特定多数に普及活動をおこなったのでは決してない。また、その際の糸口をつけるものが、「出定笑語」「古道大意」「西籍概論」などであったことが、ここから知られるのである。

そして平田国学を受けいれた人々の側からみると、岩崎の働きかけが有効となる時期に彼等がおかれていた、という点も指摘する必要があるだろう。それはペリー来航の時期ではない。ペリー来航対処の課題は支配階級たるサムライと大名・幕府が遂行すべきものであったからである。その時期ではなく、安政四年一〇月から安政六年末頃が、問題の時期に当っていた。条約勅許をめぐり、幕府と朝廷の見解が真二つに分裂し、勅許を得ないままの無勅許開港は朝廷の猛反発をうけ、安政五年八月八日の水戸への密勅降下となり、この意想外の展開が安政大獄を開始させ、安政六年八月から一〇月にかけ、死罪をふくむ徹底的な反対派弾圧が幕府によって強行された。一体日本の統治権はどこに所在するのか、どのような国家的纏りを日本人は外圧に対し形成していかなければならないのか、このような真剣な自問自答こそが、彼等をして日本のあり方を考えさせ、平田篤胤の古道学を学ばせるバネとなったのである。このことは少なくとも東濃・南信の豪農・豪商について確信をもっていうことが出来る。安政六年一月には清内路村の原武右衛門が、二月には座光寺村の北原稲雄が入門し、一〇月には中津川宿の馬島靖庵と間半兵衛の二人が、翌一一月には飯田町の奥村邦秀が、そして翌年二月には大河原村の前島八郎九郎が入門することとなるのである。この地域の中心的人物がここに勢ぞろいした、といった感がある。

(4)　横浜交易と飯田

ただし、東濃・南信の場合、朝幕関係の分裂という一般的な政治展開だけではない、より具体的問題がそこにからんでいた。横浜開港とそこでの生糸交易である。

横浜開港とともに生糸貿易は開始された。南信や東濃は養蚕地帯であり製糸地帯でもある。『夜明け前』の構想と執筆に大きな役割を果たした「大黒屋日記」には、季節になると南信にマユを買い入れに行く中津川宿の商人のいききがよくでてきている。大量のマユを買い込み、問屋制家内工業の形態で製糸業をいとなみ、その生糸を横浜に持ち込んで外国人商人と交易する。これは中津川宿の商人にとっては至極自然な流れであった。『夜明け前』で、横浜交易に赴いた馬島靖庵を、その弟子の島崎正樹と間半兵衛が国学者の立場から、強く批判する場が描かれているが、これは事実ではない。事実は、馬島と間が安政六年（一八五九）九月に横浜に出、生糸交易で多くの利益をあげた帰り道に、江戸の気吹舎に入門して、彼等の古道学の本格的な勉強が始まるのである。

外国交易の中で初めて、自らの商行為が単なる私的利害からではないとしたら、この商行為が日本にとってどのような意味を持つのか、日本のためになる商行為とは何なのかが、安政大獄下での日本の主権に関する自問自答と結びつきながら、彼等自身の問題になる。彼等が生糸交易の相手としたものは、世界を股にかけた国際市場の欧米商人であり、彼等と直接に対峙する中で、日本国家と日本の経済の問題が、改めて自覚されるのである。

他方、江戸の気吹舎は、古道学を学ぶ場だったのであり、平田銕胤・延胤《のぶたね》の仕える佐竹藩は外様ながらも親幕府藩であり、幕府の開港路線に反対の立場をとるなどということは夢にも考えておらず、気吹舎自体も外国交易反対の立場を、この段階ではとってはいなかった。

ところで、ここで考えなければならないことは、横浜交易へ関与したのは中津川だけではないということである。

中津川の間家に、安政六年九月、飯田の奥村邦秀が贈った短冊がある。

そこには

　　糸もて横浜辺にゆく人に
神国のいとひきはえてえみしとも
　まつろひきねと吾せとけかし(11)

と詠まれている。むしろ、飯田と中津川が連動して交易をおこなってはいなかったか。それ故にこそ、馬島靖庵・間半兵衛両名が気吹舎へ入門した翌月の一一月に奥村も入門したのではないか。
そのことを暗示させるのが、万延元年（一八六〇）五月七日付の市岡殷政に宛てた岩崎長世（この時在飯田）の次のような書状である。

横浜は御教諭之事之通り先腰打也、間氏荷物も当所にて江戸表入津の御触有之、門人奥村氏にも種々心配、一応貴地へ尋問候処、猶神奈川へ出候様被申越候よし(12)

これは、この年の閏三月一九日に触れられた生糸など五品の横浜送りを阻止する江戸廻送令に関し、奥村が問注文の飯田出生糸の送り先を心配し中津川に問い合わせたが、江戸ではなく、依然として横浜に送れとの指示を得た旨を書通したものである。
この五品江戸廻送令や生糸交易については岩崎も強い関心を持ちつづけており、同年六月二二日には殷政に向けこう報じてもいる。

横印より江戸口銭の儀に申募、是又当分の内江戸問屋へ差出に不及様相成候由、上柔下剛恐入候事共に御坐候、（中略）間氏いまた御帰りに不相成由、何分銀動にて当地にも怪我人多分出申候、横印に罹り候者、いつれに災難病難損毛等恐るへき事に存候、猶こりず、ままに出掛候者も有之(13)

このような世界貿易ともつながりをもちながら、東濃・南信の平田国学は、地域に根をおろすこととなるのである。

(5)　片桐春一郎の入門

これまでは、飯田城下や座光寺村と中津川宿とのつながりを軸に南信下伊那の国学の開始期を見てきたが、下伊那の平田国学を考える場合には、あと一つの別ルートについて言及しないわけにはいかない。

山吹村の一三〇〇石の旗本座光寺家の家臣で家老（といっても一面では豪農でもある）の片桐春一郎のルートである。時期的には、片桐が下伊那では最初の気吹舎への入門者となる。

山吹への平田国学浸透のきっかけをつくったのは岩崎長世ではなく、早くも天保四年（一八三三）に最上徳内《もがみとくない》の紹介で入門した信州諏訪の松沢四郎右衛門である。松沢の働きかけで片桐春一郎は平田国学に関心を持ち、学習を始める。次の書状は嘉永二年（一八四九）八月二九日付の五郎（おそらく神職の鎮西大介か）宛の春一郎書状である。

兼て申上置候武学本論、平田氏へ申遣し候処、彼方所々より申込御座候て、書写殊の外繁多之由、何れ其内に写取、彼ノ方より送り呉候と申御事ニ御座候、古今妖魅考ハ早速参り候処、高遠の藩岡村十郎兵衛（菊叟《きくそう》）と申御国学者、達て見度由ニ付、彼ノ方へ遣し置候、返巻次第入貴覧可申候(14)

この時には既に平田家へ書籍の注文をしている。入門するのは安政四年（一八五七）になってからのことで、主用のついでに同年二月七日に気吹舎に顔を出し、松沢四郎右衛門の知人と自己紹介をし、(15)色々と教示を得たことに付、三月六日付の次のような礼状を出している。

草簡呈上仕候、漸々暖気に相成候処、益御多福に可被成御起臥奉恐賀候、先境出府之節は不厭失敬推参仕候処、御多用中早速御逢被下、御蔵書等願之儘御投与被下、遂本懐候、折節晩景に及、帰途を急候故、緩々御教示を不蒙残念此事に御坐候、此後罷出、是非御門人帳之列に御加入相願度心組に罷在候処、主人之用向に被縛候て罷出候義も難出来罷在候処、及御発呉々も残念之御事に奉存候、可相成は御門人帳に御加入被下候はば、此上之大慶不過之奉存候、何分御聞済之程奉希候、尤不学にて御国学文は勿論、異国之学文も不仕候て、御門人に相願候は恐縮仕候得とも、官務之いとまには、御先考様之御著書拝見仕、少成共実之道を心得度奉存候、先年たまの真はしらを拝読仕候より、此後少々ツツ御蔵書拝見仕、実に不及義には御座候へ共、感伏仕候て、毎朝御先考様之御魂を奉拝候、何卒御返書に御門人帳へ御加入之義御聞済可被下候様奉待上候(16)

片桐は山吹村に戻った後の同年五月一一日に、気吹舎にむけ、入門の際の束脩《そくしゅう》を送っている(17)。気吹舎では、この書状を発した五月一一日を没後門人としての入門の日付とし、気吹舎門人帳には「五月一一日入門」と記載されている。

この片桐グループと飯田の岩崎長世グループが初めて接触したのは、万延元年ではないだろうか。同年一二月一一日付の春一郎宛平田銕胤書状には、「先達て岩崎に御面会の由、同氏よりも申来り候、奇人にて御坐候、扨其節之御贈答感吟仕候(18)」とある。

(6)　気吹舎本上木助成運動

下伊那の人々が最初にとりくんだのが、気吹舎本の上木助成運動であった。日本の主権と国家のあり方を、条約勅許問題と外国交易問題を介して真剣に考える中で、篤胤の古代への考え方を広く社会に普及する手助けをしたいというのが、彼等の願いだったのである。現状に批判的であり、またいにしへのよき時代の再来（神代復古）を願う在地名望家たる彼等が、岩崎の助言に基づいて、最初に助成したのが、前にふれた『弘仁歴運記考』であった。

同書の刊行に至る過程は次のようなものだった。つまり、岩崎が北原稲雄の意をうけ、気吹舎に、上木助成をしたい旨を伝え、気吹舎からの許可を得た上で、北原はおそらく岩崎と相談して、『弘仁歴運記考』の上木の助成金を出すので、経費を示してほしいと書通し、気吹舎から総額と助成金の支払い方法についての回答が来た。これを受け、北原は安政六年（一八五九）一〇月二四日付の書状で、「早速御積書被成下候間拝見、承知仕候、年内半金、来春半金の処も承知」[19]と承諾書を送るのである。そして、前にも述べたように、本書は翌万延元年（一八六〇）四月に刊行されたのである。

次に助成の対象となったのは、平田篤胤の主著「古史伝」だった。これは一冊では到底収められない。一帙四冊の計画で、少なくとも六〜七帙の実現を見通してのものでなければならなかった。しかし岩崎は下伊那・木曽谷・東濃の平田国学者とその理解者の幅の広さから、これはいける、と判断したようである。そして岩崎と共に、この「古史伝」上木助成運動の担い手となったのが、大河原村の前名主で隠居の前島正弼であった。

この計画実施に関しては、岩崎はかなり早くから平田鉄胤に連絡していたようである。鉄胤が文久二年（一八六二）二月二五日付で片桐春一郎に宛てた書状の中に、

前嶋老翁に御面会被成候はば宜敷宜敷、古史伝上木之助成、御同氏随一に世話いたし被呉候、至て篤志之仁に御坐候間、宜しく奉希候[20]

との一句があるからである。この直後前島が片桐と会い、片桐の協力を求める。片桐は自分の妻の弟で、田島村の大豪農前沢弥一右衛門温恭《あつやす》（万重）に「古史伝」上木助成方を勧め、その報告を岩崎長世におこなうのである。

この報告を得て、岩崎は同年四月一五日付で、片桐に宛て次のような返事を出す。

如仰古史伝上木之儀、前嶋起端、存外いちはやく調ひ申候て大慶不過之候、殊に過日前沢主御越、公之御説得にて弥《いよいよ》御助成可被下之旨承知仕、従是右御挨拶も可申上之処、前後相成候[21]

岩崎は、第一帙計四冊分は伊那で負担するにしても、他の帙に関しても積極的にその予約出資者獲得に打って出た。第二帙の上木助成を甲州の有力門人に引きうけさせたのは岩崎長世以外に考えられず、そして第三帙は中津川の平田国学者グループに、と白羽の矢を立て、働きかけていたのである。銕胤は文久二年四月二六日付の間秀矩宛書状で、「伊那郡衆より御誘ひ被申候に付、一帙御引受　辱《かたじけな》し(22)」と礼を述べている。

ただし、中津川工作は、岩崎長世だけで動いたのではないだろう。前島正弼自身が、これ以前から、間を始めとする中津川の豪商達と深いつながりをもっていたのであり、前島からも強い働きかけがあったはずである。

上木助成者の数を増加させるためにも、その助成者と助成者を勧誘した人々の名前を明記することが、岩崎長世と平田銕胤との間で、相談され、両者の間で合意がみられた。時期は文久二年六月頃である。このことは、片桐春一郎より勧誘活動の報告をうけた銕胤の六月二一日付書状から判明する。即ち、

古史伝上木一件に付、態々《わざわざ》前嶋老叟参向にて御相談被下候由、御内君之御舎弟前沢弥一右衛門温恭ぬし、一巻分御助成可被下由被仰付、不寄存次第、辱仕合大慶仕候、猶又御同仁御入門之事も被仰下、右は老拙事未熟之身分、恥入候間、御断申述、先人没後門人と申事に候へは、別段差支無之候

一右御助成に付ては、御姓名云々之御事、御尤至極、猶当方尤も希候事に御坐候、右は先便岩崎御氏迄少々愚案得御意候所、後々相考へ候へハ、甚以拙劣にて不宜、然る所今般岩崎主より御申越之御趣向、至極宜しく御坐候間、右に従ひ可申、其文は

門人片桐々々・前嶋正弼・岩崎長世等云、此の古史伝の二の巻を師家に乞得て桜木に鐫《ほら》せつるは、信濃国伊那郡田嶋の里人前沢温恭なり(23)

と、具体的な人名入りの案文を春一郎に銕胤は示しているのである。

考案者の岩崎長世も、この案文を示すことによって、上木助成者と勧誘者の獲得を促進しようと努めた。文久二年七月一一日付の書状で、彼は中津川本陣の市岡殷政に宛て、次のように述べている。

古史伝弥初帙出来、弐帙は甲州人三人にて引受候由申来候、先以前島御氏御発起の功、不孤して早速二帙めも出来、三帙めも一両人御坐候、何卒貴地にても有之御方を御いさなひ可被下候、然て申上候、出銀の功ハ申迄も無之候、そを周旋之功を又一つ議、今般小生案文仕、師家へ伺議候所、至極宜よしにて印可有之、たとへは

巻末に本文注ノナミニ

以上北原信質・前島正弼等いふ、此古史伝の一の巻木に上せつる人は、此信濃国伊那郡麻績《おみ》のさと人今村信敬なり

三の巻当り分

北原信質・馬島年成・岩崎長世等いふ、この三の巻桜木に上せたるは、この信濃国伊那郡伴野のさと人松尾某か家刀自竹村たせ子、麻績里人中島範武、ミぬの国ゑな郡中の川のうまやにすめる間秀矩等なり

如斯認られ候積りニ相成候、さては周旋の功も立候間、後進の為可宜拝候、何卒御周旋と御助成と両功御立之程奉頼候、当此時古史伝上木、誠に天つ神国つ神の御志にやと難有奉存候(24)

なお、市村咸人氏の『伊那尊王思想史』によれば、第一帙のみならず、第二帙目も甲州人に任せるのではなく、伊那谷の人々が助成しようではないか、甲州の人々には第三帙を割りふっていいのではないかとの、伊那郡下の有志者を募る趣意書が、この年の八月に出されている。(25) よびかけ人は前島正弼、片桐春一郎、北原稲雄（信質）、岩崎太郎（飯田町荒町）、原信好、そしてこの頃より以前、文久元年に中津川から伴野の松尾佐次右衛門のもとに移り、医業と漢学塾をおこないはじめた馬島靖庵の六名である。ただし、結果的には、このよびかけのようにはならず、第二帙が甲州、第三帙が中津川の門人達の上木助成となる。一帙一〇〇両以上の費用がかかるのだから、これは大変な仕事であった。

このような基礎がための上で、『古史伝』第一帙は文久三年七月に刊行された。上木助成人は第一冊は今村豊三郎（座光寺村）、第二冊は前沢弥一右衛門（田島村）、第三冊は中島範武（座光寺村）、佐々木吉雄（同上）、竹村多勢子（伴野村）の三名、第四冊は前島善五郎政美《まさよし》（大河原村、正弼の子）、樋口光信（与兵衛、飯田町、北原稲雄の弟）、小沢重喬《しげたか》（文太郎、木曽贄川宿、間秀矩の紹介で平田家に入門）の三名である。この上木助成人の組織化自身が平田国学の浸透と表裏一体の関係となっていたのである。

そして、第二帙は甲州門人、第三帙は中津川門人が上木費を出資し、元治元年（一八六四）一一月に刊行される第四帙においては、下伊那の人々が出資しており、第一三冊は大平久儔《おおだいらひさとも》（野池村）、第一四冊は野原正基（飯田町、妻は片桐春一郎の叔母）と木下光忠（毛賀村、飯田藩御仕送り御用達）の二名、第一五冊は奥村ふさ（飯田町、奥村邦秀母）、松村きそ（飯田町、大原正敷母）、桜井たつ（飯田町、桜井盈寿母）の三名が上木助成人となっている。

更に明治三年八月より刊行された第七帙の内、第二五冊では五人の助成人のうち太田保興《やすおき》（竹佐村）

と太田栄哉《ひでちか》（同上）の二名が、また第二七冊では五名の助成人の中に坂井居平《やすひら》（久米村）が、下伊那の人間として名前をつらねている。

このように、『古史伝』上木運動の中心的担い手は下伊那の人々だったのである。

(7) 竹村多勢子の率先上京

幕末の政治情勢は急テンポで展開していった。特に文久二年（一八六二）は月単位で事態が進展していった。一月一五日の坂下門外の変は、まだ東国の事件だな、と思われていたが、それが四月の島津久光率兵上京の頃になると、西国全体が政治の激動に参加してくる。そして五月には勅使大原重徳《おおはらしげとみ》を薩摩藩士が警固し、朝廷の命令を直接将軍に伝達することに至るのであった。この結果、七月には、一橋《ひとつばし》慶喜《よしのぶ》が将軍後見職、松平　春　嶽《まつだいらしゅんがく》が政事総裁職に任じられる。両者ともにわずか数年前には将軍継嗣問題にかかわったとして幕府が処罰した人々だったのである。

他方で、それまで幕府と協力して朝幕一致を図ってきた関白九条尚忠《くじょうひさただ》が、この年の六月辞職においこまれ、七月には尚忠の謀臣島田左近《しまださこん》が天誅の被害者となって鴨川に首級がさらされ、京都の政治的雰囲気が完全に薩長土の尊攘派に支配されるなか、閏八月になると、前関白の九条尚忠は落飾を命ぜられることとなる。

急速に変化する政治情況、政治の重心が江戸から京都に移動し、朝廷の権威が上昇し、武家の専横から天皇中心の古えへの回帰と復古がおこり始めた、との予感を、伊那谷の人々の中でもっとも早く、敏感にかぎとった人は、男性ではなく、伴野村庄屋松尾佐次右衛門の妻として、子供達を立派に成人させ、家政をきちんときりもりしてきた竹村多勢子だったのである。

多勢子の着京が九月一五日、そして、政治情況は、多勢子が見抜いた通りの軌跡をたどり、奉勅攘夷の大方針がこの年末には幕府によって決定され、江戸気吹舎の平田銕胤は、主命をうけ、この一二月に上京、そして篤胤嫡孫延胤は藩主に随って、文久三年一月に上京、二月には将軍上洛の先駆隊として二百数十名の浪士組が中山道経由で京に上り、将軍家茂自らが、二百数十年間の中断を破り、義兄である孝明天皇と相対して攘夷の策を練るべく、三月に入京することとなるのである。

飯田の岩崎長世も仲間をさそって上京する。そして中津川では、間秀矩、娘光子、市岡殷政、殷政妻、多勢子の長男の松尾誠《まこと》、その弟の竹村太右衛門、松尾家出入の飯田町商人の息子久保田禎三（前出の小川民五郎と同一人物）、間本家杢右衛門家の長男亀吉の八名が、二月二三日、中津川から京に向かった。

ところが、京都では二月二二日、等持院の足利三代の木像を鴨川河原に梟首するという木像梟首事件がおこった。将軍上洛を前に、平田国学門弟達が示威行動として決行したものである。多勢子もこの事件にかかわっていた。京都守護職松平容保《かたもり》は、幕府を侮辱するものとして、各方面の反対を押し切り、同月二七日関係者の一斉捕縛を強行し、抵抗するものは殺害させた。多勢子は間一髪で危難をのがれ、着京以来連絡をとりあった世良孫槌《せらまごつち》がいる長州藩邸にかけこみ、身を潜めてたのである。

京都についた間秀矩一行は、行衛不明の多勢子の所在探索を必死でおこない、三月九日、秀矩が長州藩邸で多勢子を確認、翌一〇日に息子が母親と面会、ただし探索が厳しいので、すぐにはつれもどすことが出来ず、ようやく同月末の二八日、長州屋敷から多勢子をひそかにつれ出し、捜索網が厳重にしかれている大津口をさけ、間秀矩の一行は、多勢子を守りつつ大坂に出、奈良路をたどって伊勢経由で帰郷した。多勢子が長男とともに伴野村に戻ったのは市岡家資料所収「馬島靖庵日記」では五月六日のことである。

この経験によって、多勢子はおしもおされもせぬ伊那谷平田国学の重鎮としての地位を確立した。と同時に、伊那谷の平田国学者達は、中津川の同志と同様、全国的な政治のすさまじい波動を自らの体験とすることが可能となり、上木助成運動に加えて、あと一つ貴重な集団的経験を蓄積することが出来たのである。

ただし、このことは、下伊那の平田国学者達にとって、在地の政治的圧力を感じざるをえない事態をももたらした。親幕府藩の飯田藩は、京都で梟首事件をひきおこした平田国学を危険視し、また下伊那の寺院も平田国学排除の態度をとったのである。前述のように、伴野村は高須藩領、山本村も相給地で飯田藩が圧力を加えることは出来なかったが、下伊那地域で平田国学を普及しつづけてきた岩崎長世は、飯田町に居住していたのである。圧力を加える絶好のターゲットとなった。京から戻ってきた直後の文久三年五月七日、岩崎は市岡殷政に、目下の情況を、こう説明する。

当地は平学（平田学のこと）大不評判、飯田藩にては平学より騒乱を引出し、御政体に相掛候故、小子をも追逐の模様有之、十八ヶ寺集会、過月二十八日平林に有之、仍之小子も御届致置候へ共、何分不面白、江戸よりは上京の徒も有之、旁いつれ当月半頃には片付、上京可仕、楽罷在候、其節委曲可申上候(26)

この岩崎長世は妻を伴った放浪の人、藩の圧力を受け、それほど抵抗もせず移動できたのだろう。文中には五月中に上京とあるが、実際には八月に入ってからのようである。その直後八月一八日クーデタにぶつかるが、白川家に入り、また気吹舎の出板物の取扱いを池村久兵衛と共にすることになる。しかしながら、元治元年（一八六四）七月一九日の禁門の変による京都大火によって借宅が焼かれ、大坂に居を移して平田国学を大坂の町中で普及することとなるのである。江戸時代後期から明治初年は、岩崎のようなタイプの人々が、かなり多く存在し、それなりに生活できるような社会でもあった。

(8)　筑波西上勢と下伊那の国学

京都政局は、文久三年（一八六三）の八・一八クーデター、翌元治元年（一八六四）七月一九日の禁門の変によって大きく政治地図が変わるが、この下伊那の地では、諸藩・諸旗本が、たびかさなる軍事動員で更に財政的に困窮化する中、在地豪農主体の平田国学者の自信と自負は増すことさえあれ、減退することはなかった。こうした情況下で、元治元年一一月の、筑波西上勢の伊那谷通行事件を迎えるのである。

北原稲雄、今村豊三郎兄弟が、三〇〇〇両醵金《きょきん》を条件に、筑波西上勢の飯田城下入勢を中止させるため、飯田藩、飯田城下商人、西上勢の間を奔走し、首尾好くその目的を果たしたことは、市村咸人氏『伊那尊王思想史』に詳述されている通りだが、この間の斡旋は、北原兄弟だけがおこなったものではなかった。多勢子の長男で松尾家の当主であった松尾誠も深くかかわった人物の一人だった。西上勢の今後とるべきコースをめぐっての問題である。一一月二五日の書状で、松尾は熟知の中津川の同志である市岡殷政・肥田通光《ひだみちてる》・間秀矩の三名に宛て、こう述べている。

一翰呈上、然ば東国義軍大勢、昨二十三日片桐宿とまり、今二十四日駒場陣営屯申候、然処、小子義今夜藤田小四郎殿へ得拝晤、八月十八日已来漢東義挙逐一拝承、実に愉快と申もあまり有事ニ御坐候、いい田ニても防禦厳重之処に、右の通り野底《のそこ》より長久寺下の新道通、城下へは入不申、先穏ニ成申候、此隊伍中先生門下亀山勇右衛門・横田藤四郎両人有之候、御同人御孫は諏訪役にて討死、をしき事ニ奉存候、駒場駅より平谷・岩村へ御出陣之模様之処、御地之時情追々申上、且尾卿等聊御懸念無之にもあらす、右ニ付、にわかに木曽路御通行之趣、併明朝如何模様到候哉難計候、いつれにも廿六日ニ御地とまりと可相成候、必御動揺被成間敷、くれくれ此段申上候上京との思召之処、御地ニて京摂之時情等と御内慮可有之、程よく御周旋奉願上候、兼て御内案も有之由承知いたし候へ共、万一京師もやうあしく候ハヽ、北へ達し候方如何、右は趣長之御遠謀も可有之、何分宜敷御策略御助情希上候

一今朝迄拙者は駒場ニ同宿仕候、京師之模様により飛騨へ入陣之御様子、右は道路嶮岨も有之候間、可相成は御案内御差添被下候様いたし度候(27)

この書状からわかることは、平田国学者として松尾誠は必死の努力をし、三州街道をとって尾張藩と衝突する危険性を回避させ、平田国学の同志がいる清内路・馬籠・中津川のコースを取らせようとしたこと、また西上勢が上京して無意味な戦争をするのではなく、長州と連合して政治勢力・軍事勢力として機能しつづけられるよう、日本海側に到達させる方策を以て、中津川の同志に相談していることである。この時点では南信・木曽谷・東濃の平田国学者たちは、西上勢の戦死や刑死を避け、なんとか当初の目的を達成させようと、たがいに尽力していたのである。

しかしながら、彼等すべての望みは実現されることはなかった。兄とともに東奔西走した座光寺村の今村豊三郎は、年のあけた元治二年（一八六五）一月九日、中津川の市岡殷政に、こう残念がっている。

一件も御存の始末にて帰村仕候処、領主にも存外御満足の様子にて、首尾能御立に相成候、御道中

筋にて追々閑道案内、其外金子の一条の事も御聞取に相成、右一件に骨折候者并金子一条に加わり候者へハ、内々御満足之趣御達も有之候程の事に御坐候処、去大としより御家中は申に不及、町方一統戸締にて、在方も松飾年始等も不相成、誠に淋しき年を向ひ候、右は浪士清内路通行の節、関門開き置為通候落度と被察候、関所番頭二人切腹被仰付、鮎田始と申人、五十歳余の人にて切腹仕候得とも、斎藤長左衛門と言方は、子息相連出奔仕候、殿様は本地二千石被召上、市のせ清内路御関所ハ高遠御支配に成、正月三日引渡に相成更代被致候、上下とも少々政事向不筋の事も相弁候様子に相成候て、大道の幸とも可成哉と奉存候(28)

飯田藩藩主が北原兄弟の活躍をよろこんだことが述べられているが、その後の幕府の厳罰によってすべてがフイとなり、無慙なことに、藩命を糺した上で関門を開いた関守二名が、責任を無理にとらされて、一名は切腹、一名は筋通らずと出奔していることを述べているのである。

筑波西上勢の伊那谷通行時における平田国学者達の活躍は、当然大坂の岩崎長世の耳にも達した。彼は元治二年三月七日付の市岡殷政宛書状の中で、自分の感慨をこう表現している。

飯田辺浪士通行に付、下郷何も御両人、倉沢氏等周旋、誠に愉快之儀御座候、是又嫌之平門（＝平田門下）の庇護にて災難を免れ候儀は不及君子義、殊更金策違約等沙汰の限に御坐候、木下長四郎（豊三郎に醵金を請合い、出金した商人）は兼て正義心少々有之、大横町此度は大出来に御坐候、併浪士通行の節発砲無之候は、平門云々なとにて減石ならすやと、弥心配仕候処、其は咎には無之、（中略）、何分町在共、平門の者にて厄除致候、厄除平田明神とても致さうな物と存居候、御領主は気毒、又割腹由気毒、脱走も一理有之由承候、如何、浪士あはれ、田沼の為に無慙由、可惜可歎、

天道善歟非乎なと衆人申居候(29)

文中の「厄除平田明神」など、いい得て妙である。

(9) 諸国浪士の庇護

右の岩崎書状にもあるように、筑波西上勢を越前敦賀で大量処刑したことは、全国の士民に幕府の酷薄さを鳴物入りで告知しただけであり、威服させようとした全国の民衆の心は、更に幕府から離れ去っていった。そして、飯田藩がなんら主導的立場をとれずにいた時、北原兄弟や倉沢義随、松尾誠等を始めとする伊那谷平田国学者達が、奔走してきちんと段取りをつけ、西上勢に対しても、飯田城下商人に対しても、そして伊那谷各村々の人々に対しても、戦火にまみれさせることなく、一軒の放火もなく、事態を解決し去ったことは、この地域での平田国学の声価を格段に高め、入門者の増加に拍車をかけ、そして中心メンバーの自信を一段と深めさせたのである。この時以降、平田国学・平田門人集団は思想集団の段階を超え、この地域での北原稲雄をリーダーとする政治勢力に成長していった。

平田国学者の重立ち達は、まず自分達の領主階級側の人々に対し、積極的に働きかけをつよめていく。幕府への批判意識を吹きこみ、朝廷中心の、百姓の利害をきちんと勘案した政治の方向性の正しさを納得させようとするのである。前出の伴野村庄屋の松尾誠は、元治元年（一八六四）一二月二〇日、中津川の庄屋肥田通光に、こう書通している。

此頃、高洲御領知奉行あら木彦太夫殿、昨夜弊家に一泊の処、存外志士にて、既に麦（幕府を指す）の失徳表し候間、閑室へ伴ひ、例の議論申出候処、大に感奮の模様相見候、同人詠

つつみてもなをもれやすしこころせき

　ひかりけやけき日本魂(30)

高須藩の奉行を大胆にも平田国学の方向に説得しているのである。

　このような働きかけは、高須藩の人々にも、千村平右衛門家の家臣にも、旗本家家臣の人々にも（この中で片桐春一郎は座光寺家家老であり、家臣全体を平田国学の方向に誘導しようとする）、おこなわれていたのである。それは中津川の同志達が木曽福島の領主山村家の家臣に対しおこなったことと同一のものであった。

　また、彼等は浪士の庇護にもとりくんだ。江州近江八幡の平田国学者西川吉介《にしかわよしすけ》は、彼の「風説留《ふうせつどめ》」に「聞て有志是を探索すといへ共、不得其幽栖、尤供野村ハ成瀬（正しくは高須）の領、軽輩ハ不察、重役は察て不咎(31)」と記しているが、正にこの通りで、高須藩は「察」していても、処罰しようとはしなかったのである。そして西川は、松尾誠がいる伴野村に庇護されている浪士には、もと筑波勢の磯山与右衛門、内藤文七郎、室町竹三郎の三名の他あと一名がいる(32)、としている。

　伊那谷や中津川で庇護された浪人の最初のケースは、等持院事件の参与者角田忠行である。慶応二年（一八六六）の六月まで、当人はこの地に潜伏していたのである。

　いつ頃からかはわからないが、三州刈谷藩士だった伊藤三弥《さんや》もこのグループの一人である。天誅組の一揆に参加し、逃れて伴野村に匿われた。潜伏期の変名は原遊斎、後に慶応元年上京して坂木下枝となのり、岩倉具視のもとで国事運動に従事する。明治以降は伊藤謙吉と称することとなる。

　名古屋出身の草莽の志士に福田秀一というものがおり、筑波勢に東田行蔵なる変名で参加、途中脱して榊龍蔵と名を変じて伴野村に潜んでいた。

この龍蔵は、時々中津川に遊んだようで、慶応元年かと思われるが、五月二二日付で市岡殷政に滞在の礼を述べたものがある。その中で彼は

> 鄙生近来少々程平田大先生の御著述拝見申、始て皇朝の大道は大先生より開申候を拝承仕候、只今迄大先生の御書を何も拝見不仕て、彼是是非長短申居候は、誠以今日恥敷次第、乍去多年の僻見識を開悟仕候も、一生の幸甚に存し、喜悦に堪兼、一寸御風聴申上候[33]

と物語っている。松尾家やその他の庇護する平田国学者の家々（中津川の市岡家もその一つ）は、この種の水戸学や漢学に固まっている志士連中に、篤胤と気吹舎の「古道学」を、それとなく勧めていたのである。

市岡家史料の中に、幕末期庇護した人々の名簿があるが、前述の人々の他にも、「水戸脱藩士佐々木真平、水口木田善兵衛（城多董《きだただす》のこと）、肥脱（肥前か肥後か不明）渋川小太郎、関東藤井三助、尾原東左衛門、壬生松本靖庵（松本暢のこと）」といった人名がそこには記載されている[34]。

浪士庇護の中心地伴野村にとっても、幕府そのものが直接疑惑の目を向けた時には、安閑とは出来なくなる。慶応二年六月、浪士堀謙吉なる者を其家に滞在せしめたるは長州に通ずるものなりとの嫌疑をうけ、松尾誠は江戸に召喚され、奉行所の取調べをうけることとなった。ただし高須藩との関係が有利に作用し、同藩江戸留守居秋山某と住釜伝九郎の救解を得、幸運にも処罰を逃れることが出来たのである[35]。

この地域の覚醒は、一方で、国事活動で幕府側に追われている浪士を庇護するところに現れることとなり、他方で、平田篤胤をはじめ、荷田春満《かだのあずままろ》、賀茂真淵、本居宣長等を祭神とした本学神社を創建し

ようとする運動に具体化した。後者の運動の中核となったのは、片桐春一郎をはじめとする山吹家《やまぶきか》中《ちゅう》の人々であり、またその活動内容は、市村咸人氏の『伊那尊王思想史』に詳しく記述されている。

⑽　御一新の迎え方

こうなると、南信・木曽谷・東濃の地域が平田国学の中心地域になっていくのは当然のことであろう。神社創建はその象徴的行為だったのである。従って慶応三年（一八六七）一〇月一四日、大政奉還が第一五代将軍徳川慶喜によって断行され、江戸の情況が一体今後どう展開していくのか全く不明に陥った段階で、伊那谷平田国学の指導者的立場にあった北原稲雄は、南条村の舘松縫之助《たてまつぬいのすけ》を江戸の気吹舎に派遣し（一一月こと）、舘松は師家と相談の上、気吹舎の所蔵物で最も重要な篤胤著作草稿を一駄分疎開のため預り、一二月一八日、無事荷物とともに北原家に帰着した。北原は翌年正月五日を吉日として、同門一〇名を立会わせ、江戸よりの送り荷一点ごとの目録を作成した上で、草稿を北原家の文庫に収めるのである。[36]この目録作成の時には、同門の人間全員に呼びかけて、師匠篤胤の自筆著作を閲覧させている。[37]なお、舘松は江戸より戻る際、謝礼兼諸費用として三両を受け取っていたが、北原は、師恩にむくいるためにおこなったことであり、この三両は受け取る謂れがないと、京都に移った平田銕胤（慶応三年一二月二三日、藩主の命をうけ急遽上京、正月六日着京、ただちに新政府内で活動を開始した）のもとに舘松から送り返させている。

事態は慶応四年に入ると、前将軍の朝敵化、新政府軍の江戸総攻撃という段階に発展していく。江戸の平田家は銕胤の上京日と同日、息子の延胤が藩主に従って秋田に下り、江戸の留守宅は、篤胤娘で銕胤妻の織瀬《おりせ》が、女手一つで守っていたのである。北原稲雄は、師家の留守宅の安全を気遣い、弟の今村豊三郎と、座光寺村の中島小三郎（範武）の二名を江戸に派遣する。豊三郎達は、師岡節斎《もろおかせつさい》（等持院事件で上田藩御預け、王政復古後赦免）とともに、織瀬他の平田家一族（多くは女性と子供）を護衛しつつ、大軍で輻輳する東海道を無事に京都に送りとどけるのである（三月一一日出立、病人が出たため、三月末に第一陣、四月上旬に第二陣が着京）。

この今村豊三郎も、兄北原稲雄と同様、きわめて律気な国学者だった。暫時滞京し、出京しようとした時、銕胤のもとより、護衛の謝礼として金子が届けられたのである。豊三郎は次のような書状を銕胤に発するのだった。

（離京の際）私旅宿迄多分之金子并御菓子等を下置、（中略）聊御恩報之片端共存居候処、却て道中雑費等迄御手元払に預り、恐入候次第、（中略）先金子之儀は、其砌たせ子迄預ケ置、追て御返納仕呉候様相頼置候間、幾重にも御受納置可被下候(38)

この書状によると、在京中の多勢子に金子を預け、のちほど銕胤に、多勢子より返させようとしたのである。自分が直接銕胤の許に赴き、金子の返納方を述べれば、銕胤が固辞するだろうことを見越しての手抜かりない方法をとった訳だが、師恩に報ずる心は金で代えられないとする強烈な倫理性こそ、伊那谷や東濃の平田国学を特徴づけているものだったのである。

とはいっても、篤胤の短冊とか書付となると話は全く違ってくる。金にかえられないものとして、門弟達からすれば、のどから手が出るほど欲しいものなのである。慶応四年六月二七日付の銕胤宛書状で北原稲雄が「おねだり」するのが、この種のものだった。即ち

（預っているもののうち）故翁御短冊十六葉之内、此地有志之者渇望仕候間、拾葉計御譲り被下間敷

　哉、ゐや自筆一品は三円位ツツ相納可申、可否御報奉願候、内中島小三郎えは、当春出府之功に壱
　葉授受被仰付被下置候はば大悦可仕候(39)

どのような返状を銕胤が書いたかはわからないが、今村豊三郎と共に出府した中島小三郎への願い方など、中々堂に入ったものである。

(11)　戊辰戦争と下伊那

慶応三年（一八六七）一二月九日の王政復古のクーデターは、下伊那の平田国学の人々にとっては、神代への回帰の第一歩、薄税寛刑と領主の専横がなくなる第一歩として大歓迎された。報を聞くや、多くの人々が上京し、国事のためになんらかの活動に参加しようとしたのである。

次に東山道鎮撫総督岩倉具定《ともさだ》の軍に従軍し江戸まで赴く若者達が出てくる。この中心には中津川の人々がおり、中津川隊とよばれるが、その中には松尾佐次右衛門と多勢子の息子松尾為誠《ためまさ》（三造）も加わっているのである。

第三には、閏四月、尾張藩の田宮如雲《たみやじょうん》が甲州に出兵するのに従軍して活躍する人々がいた。山本村の竹村太右衛門、久米村の坂井居平、時又村の下田直樹、上新井村の宮沢敬宗《たかむね》等がこの中に参加していたのである。

第四には、奥羽鎮撫副総督沢為量《さわためかず》に従って、遙か奥羽の地に赴いたものもいた。伴野村の松尾誠と座光寺村北原稲雄の息子北原東五郎の二人である。彼等は身分的上昇のために奥羽鎮撫軍に参加したわけではない。それぞれ松尾家や北原家の当主や嫡男であり、戦いが終われば（そして当初は戦争にならずに、容易に会津は屈するだろうとの見込みだったのである）、家に戻ることが前提の参加だったのである。しか

し、実際には戊辰戦争の中では、最も苦しい戦いを経験する派遣軍となった。仙台藩が会津藩と結び、そして軍事強藩たる庄内藩が一方的に秋田藩領を攻略する中で、彼等は文字通りの悪戦苦闘を強いられることとなった。若干戦地からの松尾誠の書状を読んでみよう。

閏四月九日付新庄発書状では、「近領の農民困苦、実におもひやられ候、当御本陣非常手当百人余、昼夜詰切、其外軍事の人足夥敷、このやうにては、迚も当年植付は出来兼候由、ケ様の事有之候ては国家の大費弊御座候、とふそとふそ一日もはやく目出度凱陣相成候様仕度、神かけいのり上候」[40]と、農民の過酷な軍役負担に心を痛めている。

しかし奥羽鎮撫軍には戦利あらず、新庄より出羽の大館に退却、五月二三日付の書状では、「(当地は)佐竹大和の在所、宜敷処也、不遠内松前に移る筈、仙米反逆、只今にては薩筑土藩も実に孤立」[41]と窮状が報じられている。

ただし秋田藩は藩内勤王派が蹶起して、藩論を新政府支持に決定させ、以降庄内藩の猛攻を受けることとなる。八月八日付の書状に松尾誠は、母親にむけ大意次のように認めている。

(七月)二十三日より日々の戦争、民の困苦実に何とも気の毒にぞんじ申候、十月に成候へは雪降候中へ、軍もやめに成可申候、越後も殊の外官軍勢ひさかん、最早あらかた彼地は平定と申事、(中略)庄内賊も死地に入、日々襲来、官軍も少しく持あまし申候、先度戦場へ行て見候処、薩長の人々進撃の時、口々に、なんぼ生ても四十年のいのち、何のおしかろ君のため、はやく庄内我手に入れて、城をまくらに寝てみたや、竹はかるるに二疋のすすめ、とこをねくらにたとるたろ、平先生(銕胤のこと)へ其後は御無沙汰のみ申上候、宜敷、故大人の墓(秋田城下北東の手形山にあり)

も度々拝申候、池村・米川（角田忠行のこと）へよろしく、京地も能事の中にまかことも定てと奉察候(42)

民衆の視座から戦場を見る態度には変化はない。苦戦の前線も越後口の好転によって少しく見通しがついた感じである。そして平田国学の学徒らしく、篤胤の墓所には一度ならず参拝している。

そして、この連日の激戦の中、松尾誠とともに沢為量のもとに活動していた盟友の中からも戦死する者が出てくる。

彼は八月一九日付の書状の中で、「西国諸藩着岸、旭日登山の勢に相成、先月十三日より日々戦争、御内にても北越人野崎大内蔵《おおくら》と申仁、当二十二歳、十四日角間川《かくまがわ》戦争に打死致し、平先生（ここでは篤胤を指す）の奥墓の近隣に埋葬致し候(43)」と述べるのである。

この野崎の墓は松尾書状にある如く、今日でも手形山の篤胤墓のすこし背後に建っている。墓石表面に「野崎大内蔵徳寿之墓」とあり、裏面に「野崎氏者素越後国寺泊駅人、而仕于沢為量卿方征東之役、於羽州平鹿郡角間川戦死于実性、年二十二、慶応四年戊辰八月十四日也」と漢文で墓誌が刻まれている。建碑者は友人の五十嵐貞利、柳下誠道《やぎしたまさみち》、脇屋義矩《わきやよしのり》の三名、いずれも越後草莽層の錚々たるメンバーである。彼等も松尾誠や北原東五郎とともに、沢為量の幕下として出羽の地に赴いていたのである(44)。

戊辰戦争も九月二二日の会津藩降伏により終熄に向かい、庄内藩も見事に陣を収めた。そして沢為量に従って、松尾誠や北原東五郎が京都に凱旋するのは一二月一六日のこととなる。

(12)　新政府への不満

戊辰戦争が終結する頃から、新政府の方向が、東濃・南信の平田国学の人々の期待とは別の角度に向いていることが次第に明瞭になってきた。新政府の基本的立場は、上からの中央集権的強権的な近代化路線の立場になっていった。そのために都合がいいならば、欧化大賛成という立場であり、強力な国家を建設する上で、租税の軽減という方針は全く矛盾することとなる。そして国家財政が極度に窮迫する中、金札を発行して正貨を回収し、新政府に参画している有力藩製造の贋二分金が大量に信州に出まわることとなる。かてて加えて、明治二年（一八六九）は凶作で、その窮状のピークは翌明治三年の春となったのである。この時期の平田国学にかかわる人々の書状からは、太政官政府に対する不満と批判が多く見られるようになる。

明治三年五月二八日付の間秀矩宛書状で、竹村多勢子は、欧化主義を非難し、

次第にゐみしらははひこり候よふす、とかくみ代もおたい（安らかなこと）ならぬ御よふす、さためて日々口おしき御事のみ聞給ひぬらんとそんし居候、いにし年頃すら御地にありしうちは、日々心よからぬ御事のみ、かひなき身にはむねせまる御事、この年は山か川とかはり、うきことは風のたよりにほの聞はかり（中略）

ひろこれるえみししこ草かりはらひ
御代明らけき時はいつそ哉(45)

と、心中の苦痛を訴えている。この時、多勢子は伴野村におり、秀矩は東京神祇官に奉職中の時期である。

欧化主義と古えへの復古主義の対立は、東京でも同様であった。在東京の平田国学の重立ちの人々は、天皇の東京永住（実質上の遷都となる）と大嘗祭の東京での挙行に批判的だった。しかも、太政官政府

の方針を快しとしない全国諸藩の反政府派は大きく結びつこうとしていた。太政官政府主流派の人々から見ると、この両者が結合しはじめているように思えたのである。従って、明治四年三月下旬、諸藩の反政府分子の一斉逮捕と連動して、矢野玄道《やのはるみち》や角田忠行を始めとする平田国学の重鎮が、一蓮托生の形で捕縛されてしまったのである。廃藩置県への布石がうたれたといってもいいだろう。

(13)　廃藩置県から民権期をどう見るか

反欧化主義の基本線は、当然のこととして廃藩置県後も崩れない。明治七年（一八七四）四月一七日に北原稲雄が左院宛におこなった建白の骨子は次の通りである。

一、洋風行われ、皇国固有の大道が頽廃している

二、祭政一致は有名無実となっている

三、洋学の弊たる哉、男女同権の論より門閥廃せられ、ついには天皇陛下の至尊に至らん

四、神祇官再興、祭政一致の大典回復

五、福沢諭吉が如き尊内卑外の説をだに不知して、妄《みだ》りに皇国固有の大道を誤り、神国の風土に不応徒は、速に追懲し、皇国の臣民をして方嚮《ほうきょう》一定せんことを願う(46)

この時点では、北原的な平田国学的立場と、政府に依って開明政策と西洋化を促進しようとする福沢的路線は交叉する可能性はなかった。平田国学を担った東濃・南信の豪農商の立場は、あくまで在地の立場から、地域の目線に従って社会と国家を構想していこうとするものであった。地域論なしの国家論はそこにはなく、また地域を成り立たせるためにこそ、国家は必要となってくるものなのである。

従って、明治一〇年、西南戦争によって士族中心国家を構想する薩摩士族の政治路線が決定的に敗北

し、かわって地域の力量を結集し、それを国家の基礎にしていこうとする各地域の民権運動が展開しはじめ、そこに福沢的な政治理論を内在化していこうとする段階になると、平田国学派も、この政治運動を理解し、協調する可能性がうまれてくるのである。

地域主義・在地主義的な地方自治論を基礎としながら、民権論と平田国学がどの部分で重なり、どの箇所で全く共通するところが無くなるのか、実証的にきちんと詰めていく作業が、まだ充分になされてはいない。少なくとも中津川では、明治一〇年代の中津川民権は、幕末維新期の平田門人第二世代の中から成立してきた。では南信伊那谷ではどうだったのか、近代日本を地域の視座から貫徹しようとする上で、また一つ面白い問題が出てきたようである。

おわりに

おわりに当って、強調したいことが四点ある。

第一、日本のそれぞれの地域は、全国史レヴェルで問題となりうる時期と時代を有している。東濃・南信の場合には幕末維新期が正にそれに当る。全国的にはこうだが、南信の場合はどうだろうといった質の問題ではなく、東濃・南信地域での実態が、全国レヴェルで考える場合の試金石的性格をもってくるのである。

第二、ただし、この問題の究明は、従来の地方史のように、市町村単位で区切られた地元の史料だけをいくら集めても、全く役には立たないだろう。竹村多勢子の例のように、中津川にこそ、良質の多勢子史料があるのである。書状が実態解明の鍵となり、情報のネットワークを明らかにしつつ、書状の往復を地道に丹念に追求することから糸口がひらかれるのである。

第三、戦前期、南信下伊那での幕末維新期の平田国学研究は、市村咸人氏の『伊那尊王思想史』が最高水準をつくりだした。しかし今日では、高森町歴史民俗資料館が片桐春一郎を中軸とする山吹藩関係平田国学の目録を完成させ、中津川でも中山道歴史資料館が中津川国学者史料の情報センターとなり、三河でも稲武町の古橋家史料の調査・整理事業が大きく進展する状況のもと、飯田市とその周辺は後進地域に転落してしまっているようである。

第四、この研究は、他の地域の研究者を投入するだけでは、あまり実は結ばないだろう。何故ならば、それは明白な郷土史研究の中心的なテーマであり、地元の人々が主体的にかかわっていかなければ、決して発展も定着もしない性格の研究だからである。中津川の場合は、地元の関心ある方々がＮＰＯ法人を組織して活動しようとしているし、高森町でも地域の国学を地元の歴史の大事な構成要素として位置づけているように見える。とすれば、飯田市とその周辺は、市村咸人氏の偉大な業績を、どのように継承しつつ発展させることが出来るのか、現在、客観的には正にこのことが問われているのではないだろうか。

第三章　間秀矩・馬島靖庵の横浜生糸交易

はじめに

『夜明け前』では、一九二〇年代には日本人の中に常識として確立していた平田国学＝攘夷主義＝外国交易反対という「論理」を前提に、中津川商人の行動が位置づけられ、「大黒屋日記」もこの切り口に従って割裂されながら利用された。如何ともしがたい時代状況による固定観念の中で藤村も小説を構想せざるを得なかったといえるだろう。今日まで豊富に残し伝えられてきた諸資料からこの交易問題に迫る時、開港を迎えた東濃・木曽谷の社会は、『夜明け前』の小説世界よりも、更に生々と再現出来るようになってきている。本章はその一斑《いっぱん》を示すものとなるだろう。

一　第一回横浜交易

「大黒屋日記[1]」によると、間半兵衛《はざまはんべえ》が中津川を出立したのは安政六年（一八五九）九月二日、生糸を売り払い、「余程利分も有之」、一〇月二三日に江戸出立、馬籠《まごめ》の「大黒屋日記」著者である叔父大脇兵右衛門宅に顔を出したのが一一月一日のことである。この第一回目の交易の決算がすべてついたのだろう、翌安政七年三月七日に間半兵衛姉婿の漢方医馬島靖庵《まじませいあん》は中津川を出発、四月二二日、馬一駄に金二四〇〇両を積んで「帰村御立寄」と日記には記されている。

「気吹舎門人帳」には、一〇月七日に馬島靖庵が、そして同月二〇日には靖庵が紹介者となって間半兵衛が平田没後門人になっている。横浜滞在中、二人は共同行動をとっていたのである。

平田国学への接近はそれ以前から、飯田に滞在していた岩崎長世《いわさきながよ》を媒介として両人共にしてはいたが、横浜交易中は、正に安政大獄の真只中、日本の国家意思決定者が将軍なのか天皇なのか、自己の判断が鋭く迫られていた時期である。しかも横浜では世界を股にかけて商売をおこなっている外国商人と丁々発止のかけひきをしなければならなくなった。商人としてはきわめて当然な私的利潤を追求する行為が、日本という国家にとっての「善」となるのかどうか、ポリティカル・エコノミーの最も基本的な問題にも二人は営業実践の中で問いかけられ、二重の意味においてあるべき国の姿が自分にとっての切実な課題となってきたのである。

他方では、自らが疑問の余地ない「御公儀」そのものだとの強硬姿勢を貫徹させていたこの時期の幕府は、安政六年五月二八日、「五ヶ国交易御差許相成候間、当未《ひつじ》六月より神奈川長崎箱館三港おゐて商人共勝手に商売を遂ぐべく候」との総触れを日本全国に達していたのであり、江戸佐竹藩邸内に日本「古道学」の学塾として開塾を許されている気吹舎が攘夷を主張し交易反対を唱えるなど、ありうることでも、またなしうることでも無かったのである。横浜交易に出掛けたこの二人も、なんらの「踏絵」も踏まされることなく、門人帳に自署することとなる。

ところで、この第一回横浜交易には留意すべきことが二つある。

第一は、この交易は十八屋《じゅうはちや》間半兵衛や彼の妻おたにの兄で中津川第一の豪商第六代大津屋菅井嘉兵衛(2)が協同した生糸交易だけではなかったことである。「大黒屋日記」に屢々登場する記述から、十八屋や大津屋は、かなり以前から手広くマユ買いをおこなっていたことが明らかであり、賃引きの形で製糸させ、広汎に国内生糸取引きにそれまで従事した経験の上に横浜交易に積極的に参加したのだが、間半兵衛本家間杢右衛門家の「永代日記(3)」安政六年七月に始まる一件記述によると、中津川と木曽谷の領主、尾張藩重臣兼旗本山村甚兵衛《やまむらじんべえ》家家中石作小兵衛《いしざくこへえ》が中津川に安政六年七月出張、「菅井并に同家（本日記での「同家」は間家を指している）半兵衛三人仲間にて、箇代七拾両二分位に付四駄（一駄に四箇づけ）計御買附なされ、かな川御持参、唐人之ところ金《ドル銀》にて御売払なされ、諸雑用引去、箇手取八十八両位ひに相成候由」と、領主の山村甚兵衛家自身が横浜交易によって利益をあげるため中津川の生糸商人の協力を求めていたのである。藩が横浜で売込問屋を経営するようになる例は越前藩を始め、前橋藩・高崎藩などが知られているが、地元商人と結んで横浜で生糸交易を試みる例は、この山村家も含め相当多数の製糸地域の大名・旗本領の例でみられたことではないだろうか。

第二は靖庵が馬一駄につけてきた二四〇〇両の内訳である。右の「永代日記」によると、生糸一箇の純利益は一七両二分、その一六箇分とすると計二八〇両、中津川に戻ってから各処で仕入れた生糸荷の全代金を支払う契約になっていたとしても、相当それを超過している。

この不審の若干を菅井嘉兵衛の「安政七年差引帳(4)」が解いてくれる。そこには「四月廿二日、金二千四百両　江戸廻り金、馬島氏より受取」と「大黒屋日記」と同一の日付、同一の金額が記されてあるが、

「わた久小判代　四百九十二両三分三朱」「百二十一両二分三朱　源八買付古金代」「二百十両　相喜小判」等々と古金売買の勘定がつけられており、古金買収にかかわった各処への債務額を返済した金額を差し引いた一〇一二両三朱と三匁六分三厘が「菅井へ」となっている。

これによると横浜生糸交易とともに古金売買を菅井嘉兵衛と間半兵衛がおこなっていたのである。

開港に対応して新鋳貨幣を鋳造すべく、幕府は安政六年六月二九日、「古金引替、差出方の儀、今度小判・一歩判吹直并保字小判・一歩判歩増通用仰出され候に付、此後引替差出候ものえは、道法遠近に拘らず、御手当相増候」として、慶長金一〇〇両に付二五八両、享保金一〇〇両に付二六六両などと引替価格を公示して、古金回収を促している。この機会を各地の資産家達が見のがすはずはなく、また旧来通貨の相当部分は領主階級の手許にある以上、この古金買収、江戸での売却に従事する資産家・金融業者に藩や旗本がかかわることも十分にありえるのである。

二　第二回横浜交易

菅井家も間半兵衛家も、第一回交易の成功に気をよくしたのであろう。安政七年（一八五九）三月三日、日本全国を震撼させた桜田門外の変直後の閏三月二一日、間半兵衛は再度横浜に出発する。今回は姉婿馬島靖庵と共にではなく、弟で菅井家第五代目嘉兵衛弟長次郎の養子となった大津屋九三《おおつやくぞう》と共に交易に従事し、帰郷するのは「大黒屋日記」によれば、八ヶ月後の一〇月一〇日のことである。

この期間の史料がかなり今日まで伝わっており、興味深い取引きの実態を我々に教えてくれるが、その全体を窺わせる基本史料が次に掲げる五月一日付、横浜発の菅井嘉兵衛宛間半兵衛書状(5)である。長文だが重要な諸件が述べられているので、全文を引用する。

銀八便に一筆申上候、益御安康可被遊候半、奉賀候、随て九三、私、無事滞留仕候間、御安意可被下候、扨先日、以惣六便申上候一条、御深考可被遊候半、奉察候、其後の処保金引替方、両替屋にてもはかばかしく参り兼、御触通り五両安位に候処、手すじ求、公辺へ出し候はば、切替出来可申候、文政金以上古金の儀も同様と承り申候、先月廿日頃、横はまへ参候まま、江戸へは不帰候間、委敷事は相分り不申候、

洋銀は益々直段宜敷、四五日以前より四十四匁二分三厘と申所にて居り候、いと直段は南京新糸下直に付、此辺も少々引下げ候得共、ドル直段宜候間、懐入は出入無之候、扨先月着荷の分、江戸問屋共にくいとめられ、いまだ神奈川に滞居候、右御運上出し入荷取計可申心組にて、金子残し置候処、其後横浜問屋中歎願申出候に付、口銭《こうせん》出し候て入荷相成候ては難渋の簾無之候間、一同にとめ置候て歎願いたし候方可然と規定相成、横浜問屋に有合の品御改に相成、其後神奈川より入荷相成候とも、売払候事不相成候趣に付、一同見合居候得共、あまり待遠に付、極密異人えも荷着の上可相渡引合にて、曽代《そだい》・益田《ますだ》上もの、〆二千百斤売払申候、直段は百斤に付ドル四百六十と相極申候、残糸、高山十箇ほと、外に大力印十一箇、缶印三箇、〆廿四箇ほど、何分下直にてうれ兼見合申候、一昨廿八日より又々いと気配宜敷相成、昨今はいと買の異人大分相見え申候、どうぞ三百五十ドル位にうり付申度候得共、太口ゆへ直段すみ不申、三百十位と申直段に付、今暫く見合申候、上ものならでは直段開不申事、兼て承知には候得共、あまりの喰違、あきれ果申

候、併近日うり払、めで度吉左右可申上候、
一御地より御差送り可相成糸十六箇、最早御出荷相成候とも存候得ども、若延引致居候はば、可相成たけ御いそぎ御送り可被下候、最早大法売渡し置候間、近日ゆるみ付候節は、一緒に相渡し可申心組にて、節句後荷渡し、金受取の心積に御座候、
一銀八に承り候得ば、惣六帰宅に相成、靖庵・兵助、馬籠にて逢候よし、此便に御地の様子承り度事に候を残念残念、
一しかし古金も糸も最早末に相成候間、大に仕事も出来不申と遠察仕候、
一桐生・足利辺繭本升八升に付代金壱両替、新いと両に六十目より七十目、玄人は見合、素人のみ買進申候、南京の相場、日本へ響く様に相成候間、最早京都・桐生・前橋の相場は構無之様相成、
一笑の事に候

大積勘定覚

一　六千七百四両　いと六十箇四把
十一月半、十二月より五月迄
凡利　五百二両三分三匁　外に四十五両未冬雑用締
正月より閏三月十九日迄
四十一両一朱三十匁　駄賃雑用〆
四両　残いと十六箇、中津川太賃見込
十六両九十六匁　中津川より横はままで

十両　　　　　　靖庵
一両　　　　　　菅井飛脚賃取かへ
一両三分　　　　本帳〆
此分大力・山半へ入申候別段利潤
三十四両二分　　大井箇一両雑用
〆七千三百六十一両三分
一　　　　　　　半兵衛雑用
一　四十二両二分見当　　西幸取かへ
一　　　　　　　利兵衛・吉兵衛雑用
凡七千四百六両一分
ならし　百二十三両一分五匁
但一廻り壱分余　入用懸候事
金千二百三十三両　　わた久九箇
洋銀九千六百六十　　上もの四十一箇、百斤に付四百六十替
四十四匁替　此金七千八十四両
差引　九百十両三分延
外に飛驒糸十箇　　代千三百五十両見積
此内一分五厘　問屋口銭払事

右、五月詰の勘定に御座候得共、始の見込箇三十両づつの利分は急度可有之候、尤見積の事ゆへ、帰宅の上、福神へ備候上ならでは慥印無之候、已上

五月朔日当賀　　半兵衛

嘉兵衛様

忠七様・一太郎へも別段手紙可遣候筈、取込大略、此状内々御見せ可被下候、外に新いと勘定書、別紙に申上候間、大七殿始懇情の方え御洩可被下候

尚々私よりいさゐ申上候間、九三は手紙相略申候、持参のいと手本を二把程づつ神奈川より持出し置、異人に見せ候得共、上直無之候間、日々弁天様へ参詣いたし、幸福をいのり申候を九三が業にいたし候、御笑可被下候

右の書状から種々の事柄が明らかとなる。

まず、この第二回横浜交易に際しても、幕府の貨幣改鋳に対応して古金売買を同時におこなっていたことである。紙面からは、第一回目と異なり、古金売買で利益は上らなかった様子が窺われる。上述の菅井嘉兵衛「安政七年差引帳」には、本件に対応する記述が、「五月廿一日改、江戸山半より古金代入候覚」としてあり、半兵衛から送金された金額が九九二両二分二朱、古金買収にかかわった各所への返済債務額総計が一〇一〇両一分五匁四分、差引き一七両二分余の赤字となっている。(6) もっとも売却しなかった文政小判三枚、天保小判一枚、慶長小判一枚、計五枚となっており、差引き零となるだろう。

第二は、この第二回横浜交易が開港史上著名な、万延元年（一八六〇）閏三月一六日発令の五品江戸廻送令の真只中でおこなわれたことである。書状からも明らかなように、横浜売込商も神奈川奉行所の

支援をうけて江戸糸問屋に対し頑強に抵抗し、四月一八日以降入荷の生糸を外商に売込むことを停止する旨を決議、結局、江戸問屋のもとに糸荷を廻送して検査を受け、一分五厘の口銭をとって売買するという線で妥協が成立し、六月一七日から生糸売込みが再開されるが、実際には横浜売込商人はその後在方商人に直接注文する中で廻送令は形骸化していった。書状中、「一分五厘問屋口銭払事」とあるように、既に五月初旬段階で、この線での結着が想定されていたのである。しかも半兵衛は、横浜売込商の頭を越えて、外商と直接交渉をおこない、商品到着次第、代金受け取りの契約をしている。

第三は菅井嘉兵衛・間半兵衛の生糸交易の内容が詳細に判明する。

まず仕入糸荷が六〇箇と四把（一把は三〇〇匁）、売却後に支払いとして借金金利がこの五月までで五〇三両弱と計算されている。諸経費を加算して債務総計が七四〇六両一分、他方既に外商との間で契約が成立したのが曽代・益田の上糸四一箇分（一箇五一・二斤、なお一斤は一六〇匁）、代金七〇八四両、わた久分九箇、代金一二三三両、契約はまだ成立していないが売却に見込のある飛驒糸一〇箇、強気の想定金額一三五〇両、総計九六六七両、口銭他の諸経費を差引いても、生糸荷一箇当り純利益三〇両を半兵衛は見込んでいる。なお、書状中の「大力印十一箇、㐂印三箇」とわた久分九箇との関係はよくわからない。

右の計算は、洋銀一ドル四四匁相場が前提にされているが、幕府は五ヶ国条約での一ドル一分銀三分交換の約束を、世界市場への編入が銀の大幅な価格低落をひきおこしたため、そのままの形では維持出来なくなり、万延元年五月一二日、「丁銀の振合に准じ時の相場を以取遣可致」と触れ出したことにより、洋銀相場は下落、六〇箇生糸荷売却後、間半兵衛と大津屋九三は、なんとか洋銀相場の回復を待って換金しようと江戸で待ちつづけるが、ついに断念、「大黒屋日記」の一〇月一〇日条には、「十八屋《じゅうはちや》半兵衛・九三両人、当閏三月二十一日中津川出立にて横浜交易所にて糸商《あきない》に相成り候処、最初は利分沢山に有之候得共、ドル銀追々直下げに相成、莫太の損分相懸り、夫故無拠《よんどころなく》長滞留に相成、不得止事《やむをえざること》、右に随て以て江戸表えも罷出で、欠合《かけあい》付候へ共、ドル銀漸々三十二匁位の処に仕切、始終の損分に罷成、依て思切、五日江戸出立に、両人共無事帰宅被致、暮合、此方出立いたし候」と、半兵衛達が説明した内容が記されている。

右の話は、前出の間杢右衛門家「永代日記」には、「御公儀様より被仰出候は、ドロ銭の儀、是迄四十五匁五分の取扱に候処、今般より丁銀同様、時の相場を以取扱ひ可申様被仰渡候に付、一旦に三十匁位ひ之下落仕候間、銀座も暫は御ふき替御休に相成、五月六月頃迄は右に付、異人商内も休に相成、半兵衛抔も閏三月下旬、江戸表にて売払候得ば六十箇の高にて凡二千両余利益に相成候処、前顕の通間屋口銭多分相違に付、横浜へ持出、中程ドロ下落に付、もふけは捨置、凡千両も損荷候由、出入にては三千両程の違ひ」と記述されている。

この第二回交易関係史料から、いくつかの興味深い史実がわかってくる。

木曽谷山村甚兵衛家の領地最北端部に贄川《にえかわ》宿があり、その宿の問屋を勤め、酒・醤油業と高遠《たかとう》御用米の中継業を営む中山道屈指の豪商、屋号「たわらや」小沢文太郎三三歳が間半兵衛の紹介で万延元年四月一九日江戸の気吹舎に入門したことは平田国学史ではよく知られていることだが、時期が時期、半兵衛は横浜交易で江戸・横浜の地におり、従って小沢も共同行動、つまり小沢も横浜生糸交易に参加していたのであり、そのあいまをぬっての入門なのである。間家史料中、万延元年八月一八日付江戸長谷川丁金兵衛の小沢文太郎宛受取覚[7]には「内金　金拾両也　但し二千枚口」とあり、多額の生糸交易に従事していたことが明らかである。また九月二二日付の十八屋半兵衛・小沢文太郎連名の砂賀栄太郎宛「覚」[8]には

浅草山川町安五郎名前洋銀四千五百枚、銀座納に相成候内、二千五百枚、貴家様御差入に相成候処、相違無御座候、右御切手、拙者方へ御預り申候ニ付、為念預手形差入候処如件

となっており、間と小沢は横浜交易で共同行動をとっていたのである。

おそらく、間は今回の出府・出浜の際、小沢としめし合わせていたのではないだろうか。間の帰国寸前まで、きわめて緊密に動いていた事実は次の史料[9]からも理解されるだろう。

銀拾匁

右は政八殿宿料御取替の分、今度慥に請取申候、以上

申九月晦　　小沢文太郎印（重喬）

間　半兵衛様

この小沢文太郎が多数の贄川宿平田門人の紹介者となり、また明治一三年（一八八〇）四月の信州自由民権結社奨匡社のメンバーとなって活躍したことは上條宏之氏の『もうひとつの『夜明け前』―近代化と贄川の国学者たち―』（楢川村ブックレット3　一九九一年刊）に詳しい。小沢の入門に関しても気吹舎は横浜交易をなんら「踏絵」にしてはいないのである[10]。

第二に、間半兵衛の横浜交易は南信飯田や木曽谷贄川などの中津川近辺の生糸商売関係者のみならず、遠隔地の同業者との共同活動を伴っていたことである。前述の半兵衛書状からも、中国生糸市場への敏

感な反応と同時に両毛地域の生糸価格への注意が窺える。国際市場と国内市場両面への配慮が開港当初から在方生糸商人の必要とされた能力となるのだが、間半兵衛の場合には、桐生にごく近い上州新田郡大原本町の生糸商西村孝十郎と交易時、提携行動をとっていた[11]。七月一八日付の丁子屋吟次郎・徳兵衛宛間半兵衛借用証[12]（四〇〇両、二五両に付利銀一五匁、質物は洋銀一〇〇〇枚）の引受人はこの西村孝十郎になっており、また、八月五日付の丁子屋吟次郎の右四〇〇両一ヶ月利足「四両也」の受領証[13]宛先は十八屋半兵衛・西村孝十郎の両名になっているのである。なお半兵衛が洋銀価格回復を期待して管理していた洋銀九二〇〇枚（八月頃の数字か）の内、西村孝十郎分は一五〇〇枚を占めていた[14]。

第三は、第一回と同様、第二回目に際しても、領主山村甚兵衛家がなんらかの形で、この交易に関与していたことである。間家史料の中には、（江戸）芝将監橋山村（甚兵衛）屋敷内吉村安左衛門より小網町一丁目伊東忠助宿間半兵衛様と認められている封紙[15]の中に三通の吉村書状が存在している。九月六日・七日・八日と三日連続している緊急書状である。それによると、「万久」での中津川商人との会合の席上、安左衛門は洋銀の通用金への交換で口ききでもしたのだろうか、「医師薬礼」との仲介料請求をおこない、このことが銀座役人や中津川商人と山村家との関係に悪影響をひきおこすと恐れたことによる失言取消し状なのである。七日付書状を見てみよう。

（前略）座方より御下ヶ金、先々無滞皆済相成、大慶いたし候、扨其節万久におゐて謝礼金の儀御申立有之候、右は内席おいて御噺し有之候得ば、夫々腹蔵なく可申の処、銘々連綿として被居候場にて、実は挨拶方迷惑なから医師薬礼等の模様に言葉を移し候、右は素々謝礼・分合の儀は取極の儀、其元達と対談の訳に無之、拙者へ礼金申入候儀は筋合よろしからず候、万久おゐて医師薬礼等之儀は座興の旨に御心得、其段解に御心得可被下候、夫是迷惑の儀は、右口上を第一の申立等にては、種々当り障有之、銀座御懸り方へも自然と内通の者も可有之、左候得は何かの差障眼前の事と相見、痛心いたし候、前条の趣篤と御勘考、繰々万久において拙者口上は御聞流し可被下候、（中略）素々分合の儀、其元と対談の儀に無之候、此期に臨み、拙者口上を申立等にては甚だ不都合相見候、尤御下ヶ金無滞相済候上にて、彼是申立候ては其意不得候様被存候、此儀に付ては其元より少々たり共謝礼受候筋合無之候、此段も申添候

三通とも「分合」の内容が不明なので、十分理解出来ない「失言一件」だが、なんらかの形で山村家が間半兵衛達の生糸交易にかかわりを持ちつづけていたことは事実であろう。

ところで、横浜開港は間半兵衛や小沢文太郎のような、それまで生糸生産・交易に携わっていた商人達にとっては、絶好の機会と見えたにしろ、この種の商売に関係のなかった人々にとっては、急激な物価上昇によって日々の生活を直撃されたのであり、それがゆえに安政七年（一八六〇）三月三日の桜田門外の変は日本の政治的空気を一変させ、一般民衆の不満と激しい幕政批判が、井伊《いい》直弼《なおすけ》亡きあとの幕閣に政策修正を強いていくこととなる。そのことは平田門人の中にも見られることでもあった。

南信飯田にこの時期居住し歌の指導をおこないつつ、見所のある在地名望家達に平田国学を普及していた岩崎長世は、この当時中津川本陣当主市岡長右衛門殷政《しげまさ》に書状を幾度か送りつづけていた。そこから長世の微妙な心のひだを窺うことが出来るのである。

五月七日付の書状[16]では、三月三日の事件後の人心一新を願い、「みなの川深きそこひをいまははや、くみてなけかぬ人もなき哉」と歌を書きつつも、

横浜は御教喩の通り、先腰折也、間氏荷物も当初にて彼江戸表入津の御触有之、門人奥村氏にも種々心配、一応貴地へ尋問候処、猶神奈川へ出候様被申越候よし、新吹判方、扨々歎ヶ敷事、此御法も、責て三倍の二倍を四割にして、今一分、当人一分、貧民へ一分、引替役所へ一分也も相成候はば、所謂平等利益にも可相成哉、富は益富、貧は益貧、何共悲歎の至候、埋れ水下のなけきはかひなき物から、ともすれは慷慨のみ被出候、当地みの瀬（箕瀬）鈴木和吉も、先月十六日より江戸にて傷寒、廿六日に飛脚出申、廿七日江戸の□□□□子息娘等朔日出立、跡へ遠行の飛脚到来、則今日遺骨着の由、終に過欲の天罰と可申、可恐々々

物ほしと思ふ心は
かきりなく
かきりある身を
しらぬせちなさ

と述べ、横浜交易を批判的に見ている。ただし飯田町最初の平田没後門人奥村邦秀《おくむらくにひで》も半兵衛の交易仲間であったことは、この書状からも明らかである。

第二信の六月二二日付書状[17]では、「扨仰の通、夕木一条（桜田門外の変を指す）も無相違御安勢の由、如何に歯噛はなし候ても無詮方世界に相成申候、過日の珍書に有之候通、天定の時節いまた到不申候哉、実に天下の士気を損じ申候段、歎敷事に候」と述べつつも、

横市より江戸口銭の儀も申募、是又当分の内江戸問屋へ差出に不及様相成候由、上柔下剛恐入候事共に御坐候、（中略）間氏いまだ御帰川に不相成由、何分銀動にて当地にも怪我人多分出申候、横

市に罹り候者、いつれにも災難・病難・損毛等、恐るべき事に存候、猶こりず、また出掛候者も有之、当所はことに開店一条、何か不穏事に候

と、五品江戸廻送令が貫徹できない状態を「上柔下剛」と的確に表現しながら、他方でドル銀相場の下落による飯田商人の災難を指摘し、間半兵衛の長期滞在を気遣っている。

第三信の八月三日付書状(18)でも、「又々ホルトカル・トルコ・蒙古等、貿易願出候由、弥々蛮夷と伍をなす事に相成、千歎万慨、不得止次第に候、物のふの心のかきりつくしての時節・時世に有之候、新銀の騒動は金と違ひ我等にも及ひ迷惑仕候、旅客の一泊等、定て海道筋にては難渋人夥敷事と相察候、（中略）彼義人の悲歎意中推察の儀、有志あるものは千里同様の事に覚申候」と、外圧に押されつづける幕府の態度を非難し、貨幣改鋳が一般民衆に打撃を与えている事態を歎息している。その一方で、間半兵衛の滞浜が余程気にかかっているためか、

間氏いまだ御帰国無之由、師家へ贄川の仁入門に御同伴と中越候

と、江戸気吹舎から長世宛通信の中に、小沢文太郎入門の紹介者として半兵衛が同道した旨の報があったことを市岡殷政に伝えているのである。

しかしながら、岩崎長世も、また長世とほぼ同じ心情であったろう、商業活動に従事してはいなかった本陣当主の殷政も、半兵衛に対し非友好的な態度を、この時でも、その後においても、なんら示してはいないのである。人それぞれ、おのれの生業に従った上での日本「古道学」学習者として、平等の同志関係を深めていくのである。

三　中津川商人横浜交易の第二陣

前述の五月一日付、菅井嘉兵衛宛半兵衛書状中、後発予定の中津川生糸一六箇荷への言及がなされている。他方、『中津川市史　中巻別編』(19)には、万延元年（一八六〇）六月一一日に国元を出立し、七月四日横浜生糸売込商、本町一丁目日野屋真五右衛門店に生糸荷を付け、日野屋に売捌き方を依頼、日野屋は同月一一日、蘭人スネル（スネル兄弟の弟ヘンリー・スネル、一八歳、居留地蘭四番居住）に八五〇斤を一〇〇斤洋銀三七〇枚で売却契約を成立させた後に発生した訴訟関係史料が収められている。中津川の荷主は十八屋五兵衛・十八屋弥兵衛・蔦野屋（高木）彦助・蔦野屋（高木）利助の四名、菅井嘉兵衛から借金しての生糸集荷と横浜への売込みである。八五〇斤はほぼ一六箇荷に相当するので、後発売込みに間違いなく、また五兵衛も弥兵衛も間半兵衛と同様、本家間杢右衛門家からの間分家だが、半兵衛家史料には一点もこの後発売込みと訴訟にかかわる史料が存在しておらず、この売込・訴訟一件は半兵衛とは別個に進められたもののようである。

日野屋はスネルに売込みはしたものの、スネルは八五〇斤を受け取ったまま、同月一七日に支払うと約束した手附金四〇〇枚を渡さないまま、借金のあった伊勢屋善四郎に五〇〇斤を譲渡してしまったのである。日野屋は契約が不履行になったので、まだスネルの倉庫に置いてあった三五〇斤を取り戻し、代金洋銀一八五〇枚の支払いをスネルに求めたが、この五〇〇斤は伊勢屋が既に売却してしまっていた。日野屋は八月四日、横浜運上所にこの件を歎願するが、運上所の取り調べは遅々として進まず、一一月一一日、日野屋を呼び出しての言い草は、スネルは洋銀一〇〇枚は支払うが、残高は一二月より一ヶ月四〇枚ずつの後払いといっている。この条件を呑まないならば、歎願書は差戻すから相対にしろとのこと、運上所が外商の横暴に対し如何に弱腰であったかがよく窺える「お裁き」である。

滞在費用は嵩む一方、中津川商人達は一二月二六日に帰国する。しかし横浜運上所役人は一件の終結を狙い、日野屋に対し、スネルより洋銀三〇〇枚を受取り、残りの一五五〇枚は、「入船の節受取」との証書をスネルから取ることで落着さすべしと説得、前回の仲裁案を拒んだ日野屋も万延二年一月に、この調停案を呑んでしまったのである。開港直後の横浜運上所の実態はこのようなていたらくである。それにしても、横浜売込商の態度も荷主擁護の立場を堅持しないことおびただしい。

中津川商人は、自分達は日野屋と売り捌き方を契約したのだ、日野屋は「異人と馴合、其日のがれの挨拶にて体能く申繕」っていると、尾張藩の添状を手数をかけて獲得し、四月神奈川奉行所に日野屋を相手取り出訴し、その際、濃州安八郡《あんぱちぐん》北方村の公事師万助なるものに訴訟の進捗方を依頼する。

神奈川奉行所は当初、管轄違いなので寺社奉行所に出訴せよと差図するが、御三家尾張藩の添状はそれなりの圧力となり、結局受理し、このことが日野屋への説得となったのだろう、四月二九日、スネルより日野屋が受領していた洋銀三〇〇枚と日野屋差出の洋銀五五〇枚は五月二一日までに訴訟人側に渡すこと、残り二五〇枚は一〇月までに日野屋から訴訟人側に渡すこと、という取りきめでようやく落着する。債権洋銀一八五〇枚が一一〇〇枚と大幅に値切られたのである。

後発の中津川商人は、治外法権下の外商の横暴さ、神奈川奉行所管轄下の運上所の外商に対する弱腰、そして横浜売込商の荷主権利の軽視を胆に銘じたに相違無い。洋銀相場の下落どころではない、不平等条約下の国際貿易の実態を骨身にしみて知らされたのである。そして、この思いは間半兵衛の共有するものともなったはずである。平田国学への傾倒は更に進んでいったのである。

四　その後の生糸交易と間半兵衛

間半兵衛は第二回目の横浜交易以降は直接横浜に出向いて生糸売込みをおこなってはいない。国内でたかまる生活擁護・交易停止の声にどのように彼が対処しようとしたのか、その史料は間家史料の中には見当たらない。ただし鎖港の声の高揚の中に多くの平田国学者も加わっていったとしても、その一方で生糸交易に関心を持ちつづける間半兵衛のような商人も依然としていたことは留意してよい。開港以前からの生糸生産（恐らく賃引きさせての生糸生産）・交易に携わってきた商人である。世界市場で勝負しうる国際商品の価値の認識も半端なものではない。サムライの攘夷による国力回復の思いということは、商人の生糸交易による国富増強の思いと必ずしも矛盾することではないのである。少なくとも文久二年（一八六二）一二月、幕府の奉勅攘夷方針の決定までは、並々ならぬ横浜交易への関心を抱きつづけていたことは、文久二年一二月一七日付の次の書状[20]からも明らかである。差出人は武蔵国児玉郡児玉町の生糸商人坂本彦左衛門、宛先は間半兵衛、横浜交易用の生糸集荷への礼状兼依頼状である。

先達ては始て推参、長々の逗留中、万々被レ為レ懸二御心当に一、御引廻し被下、筆紙に難述程の御世話に相成、難有仕合に奉存候、右に付、糸買入方の儀も都合能、諸方共手取に相成、是又忝存候、野子《やし》儀、其御国方を出立、十三日松井田宿泊りにて、十四日夕刻に帰宅仕候間、此段御案心被遊可

> 被下候、且又横浜糸相場の儀も気配宜敷、前ばし提糸一品ものは五百三十枚より五百五十枚迄取引相成申候、左候えば、此度買取に相成候曽代糸五百十枚より二十枚迄に売込相成候哉に奉察候、益田糸の儀も四百五十枚より四百六十枚位には売込相成候哉に奉存候、左候得ば飯田糸に造直しの儀も四百八十枚より九十枚位いは売込相成候哉に奉察候、洋銀相場三十二匁三分より四分迄に御坐候、扨又野子義、明十八日出府仕、横浜の次第種々奉申上候、且先達て御頼申上置候曽代糸十六箇《こお》り、早行江戸着に相成候様御取計可被下候、跡荷物十二箇の儀も正月四日出にて御送り被下候様御対談に御坐候間、右十二箇の儀は名古屋御上飛脚え御渡し、早便江戸着相成候様、日下部嘉兵衛君え御問合可被下候、勿論野子より右御同人様え別紙を以其段奉申上候間、此段左に御承引被遊可被下候、（中略）桐洞《きりほら》え相残候十二箇の儀も、此節の様にては、是非に早春横浜着相成候様仕度候間、本文に申上候通り、成丈取急ぎ出方に相成候様御取計被遊可被下候、洋銀の儀も十二月七日八日頃は三拾二匁九分の売買相成申候

彦左衛門は誰かに紹介されたのか、間宅を訪れて生糸集荷を依頼、また曽代糸一六箇並びに跡荷一二箇の早期江戸への発送を頼んでいるのである。

しかしながら、この一二月、幕府の奉勅攘夷決定は横浜生糸交易に大きな打撃となった。横浜への出荷自体が違法となり始めたのである。

間半兵衛の在所中津川は尾張藩重臣山村甚兵衛家の所領、従って尾張藩藩法の支配する地域である。安政大獄による徳川慶勝《とくがわよしかつ》隠居処分のあと、尾州藩主で井伊直弼と好かった徳川茂徳《もちなが》が支配していた時期は、奉勅攘夷期に入っても親幕的路線を執っていたが、文久三年九月一三日茂徳が致仕し、慶勝の子元

千代が藩主となるや、尊攘主義が領内に貫徹され、同年一〇月二四日、「異国交易」をおこなった科《とが》で菅井嘉兵衛が閉門二〇日、一〇月二九日、同一の科で間半兵衛・間五兵衛・間弥兵衛・蔦野屋利助・蔦野屋勘兵衛（＝高木勘兵衛）の五名が三〇日の閉門を命じられたのである。(21)

おわりに

奉勅攘夷期は横浜生糸交易を違法としたが、他方で二度の将軍上洛、多数の藩兵を従えての諸大名の上京、諸国からの有志・国事周旋家達の京上りなどによる、京都での空前の生糸需要をひきおこした。古くから東濃・南信を得意先としている京都の染物屋で間半兵衛の親友池村久兵衛、通称「伊勢久」(22)がこの好機を見すごす訳が無かった。一一月一八日、閉門中の間半兵衛のもとに久兵衛は左の如き書状を送るのである。

扨全肺諸品益高直、中にも呉服糸るい別て大高直、其上袋物払底故、日益直段飛上り、此比木曽糸しけなき口は百六十両より百七十両位、浜付百八十五両位、当時は右の相場に御坐候得ども、猶々気強候間、御近辺に能残り物御坐候はば、五箇にても十箇にて御買入、御登せ被下度、尤利分は二分、山なり共、如何様とも可仕、思召無御座候はば、決て御心配被下間敷、其儘御捨置可被下候、尊王の有志が、箇様の儀申上候ては御聞取も如何と存候得共、当時の形勢にては冬中又は早春位には静、変事有間敷と見込付候間、内々にて一寸申上候、御同志に御座候はば御周旋奉願上候、御近辺御同門の聞へも如何に候間、必御他言御無用に被成下候朝廷がまだ攘夷の姿勢を堅持している時期だけに、商行為はいささか憚ることがあるのだろう、「御他言御無用」とはほほえましい。

しかし、間半兵衛は中津川の平田門人大坂屋（勝野）七兵衛（文久三年〈一八六三〉九月、半兵衛紹介で入門）と提携して大々的に生糸を買い入れ、京の伊勢久の処に登せるに及んで、「内々」も「御他言」もあったものではない。元治元年（一八六四）五月には、横浜交易には参加しなかった本家の間杢右衛門が、六月には横浜後発売込組の十八屋五兵衛[24]が、この商いへの参加を希望する[23]。それほど京都の生糸相場は高騰していった。またこの動きの中には、それまで横浜に向かっていた生糸が京都に方向を転じたり、長崎経由で輸出される生糸が京都で買取られるなど、複雑な流れをも伴っていた。

従って十八屋半兵衛・大坂屋七兵衛の仕入先は地元は勿論、飯田・上田、そして甲州甲府にまで広がっていく。

この上昇気運は、しかしながら元治元年七月一九日の禁門の変で急停止する。この際の京都大火は十八屋・大坂屋の京都生糸荷をも焼き尽してしまったのである。間半兵衛は、この事件後、生糸取引きからサッパリと手を引いた。他方で大坂屋勝野七兵衛は奉勅攘夷期をくぐりぬけた後、中津川最大の勝野製糸をたちあげ、横浜生糸貿易の立役者に成長していくのである。

第四章　世良孫槌のこと

世良孫槌《せらまごつち》（諱利貞《としさだ》）といっても、幕末維新期長州史には、あまり登場することのない人物の一人であろう。『吉田松陰全集』（大和書房版）第一〇巻の関係人物略伝には、長藩士にして膳部職《ぜんぶしき》、近藤芳樹《こんどうよしき》門下にて国学国史に通じ、維新後は教部中録《きょうぶちゅうろく》等、神道にかかわり、明治一一年（一八七八）三月、六三歳で没した、とある。

著者の頭の片隅に世良の名前があったのは、岩波文庫版『吉田松陰書簡集』所収山県半蔵《やまがたはんぞう》宛書状（嘉永五年〈一八五二〉五月）の中に、帰国途次、大坂より乗船した船中に世良がおり、「同舟者、麻布邸に居候膳宰世良孫槌、頗通国史国文、且其人物卓立塵外、不野不怪、真有為之人、船中之興不斜」との一文を読んでいたからである。松陰は人を見抜く鋭い眼力を有する青年、その彼が「真有為之人」と高く評価する世良なる三六歳の長州藩士は、その後の政治史には、ついぞ見掛けたことのない人物だが、といささか気にかかっていた。その彼が思いもかけないところでひょっこりと登場した。もちろん長州ではない。はるか離れた美濃国恵那郡中津川宿においてである。

＊　　＊

著者は一九九八年の夏から、島崎藤村の名作『夜明け前』の歴史的背景を調べるため、小説の主人公青山半蔵のモデルとなった藤村の父島崎正樹が学び、生涯の友人をもった中津川に入った。小説の中で半蔵とならび「三蔵」と師匠の宮川寛斎から、その才を愛されていた同宿問屋の蜂谷香蔵（本名間半兵衛秀矩《ひでのり》）と本陣の浅見景蔵（本名市岡長右衛門殷政《しげまさ》）の御子孫のお宅には、幕末維新期の史料が大事に持ち伝えられているのである。

　間秀矩は文久二年（一八六二）六月二〇日から、同家を訪うた有志の人々に署名を乞い、「玉石混同」[1]と題した冊子を作成するようになる。その最初の署名人が長州の福原蔵人《ふくはらくらんど》・乃美右衛門《のみうえもん》・志道聞多《しじもんた》（井上馨）の三名、翌二一日の日付の下にあるのが、「世良孫槌　利貞」の署名である。長井雅楽《ながいうた》の航海遠略策にかえ、薩摩をしのぐドラスティックな新政策を以て朝廷に入説さすべく、江戸から上京途中の藩主を、京都より下り、ここ中津川で待ち受けていたのが桂小五郎であった。その藩主のもとに、右の四名が従っていたのである。四名の内、世良は万延元年（一八六〇）九月一九日に江戸の気吹舎《いぶきのや》に入門、平田篤胤没後の門人となっていたが、中津川宿問屋の間半兵衛もまた前年の安政六年（一八五九）一〇月一八日江戸で入門していた。間は翌年にも横浜で生糸交易に従事し、長期にわたって江戸・横浜に滞在していたため、そこで面識が出来たのである。いずれにしろ同門のよしみ、たちまち親交を結ぶこととなる。

　それにしても、文久二年六月二十日から署名が開始されるのは、きわめて象徴的な出来事といえるだろう。中津川宿の平田国学者達は、この日を契機として、幕末動乱の日本に突入していくこととなる。

＊　＊

　間秀矩は、宿の本陣市岡殷政や庄屋肥田通光《ひだみちてる》とともに世良を款待した。翌日彼は秀矩に左の礼状[2]を認める。

昨日ハ罷出拝顔、殊ニ御酒頂戴難有奉存候、甚以大酔、思召もいかが敷奉恐入候、且此小冊え一首御玉吟御認め被成下度奉願上候、尚又昨日拝見仕候江戸桜田上巳の長歌、ちらと拝借被仰付候様奉希上候、いつれ御礼旁可罷出候へ共、只今取込居候ニ付、乍略儀以書中申上候、何卒宜奉希候、以
上

間の家は酒造家でもある。世良もいけない口ではなかったようだ。「大酔」とあるので相当ににぎやかな酒席だったはずである。話は当然政治向きのこととなる。平田国学者には、短歌のみならず、この時期は長歌をつくる者が多かった。短歌では思いのたけが述べ尽せず、しかも事は叙情だけで済まされるものではなく、しっかりとした叙事をも必要としていたからである。中津川の商人国学者達は毎月の歌会において、その技量をみがいていた。歌詠みでもある世良は、桜田門外の変を詠んだ長歌が気に入り筆写しようとしたのである。また歌詠みと見込み、自分の手留に一首よんでほしいと求めてもいる。

* *

中津川国学者にとっては、世良は貴重な情報提供者となった。市岡殷政は、平田国学者共有情報の正確且うむことのない記録者の役割りを果たしていたが、彼の「風説留」に、ただちに世良より得た諸情報[3]が認められることとなる。その冒頭には、「文久二年戌六月関東え被下置候　勅書、御勅使大原三位卿、長門守定広朝臣えの御内勅、長州侯建白、幕府御改革ニ被仰出等、長州士世良某より写取」と書かれている。具体的に写し取ったものは、

①大原重徳《おおはらしげとみ》が勅使となって幕府にもたらした国事三策（上洛・攘夷方針議定策、五大藩五大老策、一橋《ひとつばし》慶喜《よしのぶ》将軍補佐・松平春嶽《まつだいらしゅんがく》大老職策）の勅書

②文久元年一二月、長井雅楽の航海遠略策を朝廷に進める際の「長州公建白」
③三月一三日江戸出立、同月二八日京着の長州世子長門守定広に五月一日に出された国事周旋と浪士鎮静を命じた内勅
④五月五日、浦靱負《うらゆきえ》を召出し、中山大納言より渡された書取。内勅を説明したものである。この中に、長井雅楽建白中、「朝廷御所置聊謗詞ニ似寄候儀も有之、御懸念も被為在候へ共、是等ハ主人御上京之上、委細ニ御弁解可被為在候」との一文が入っていたのである。
⑤五月二二日、譜代大名に出された将軍家茂《いえもち》上意
⑥同日、外様大名に出された将軍家茂上意及び老中の解説口上
⑦六月五日に長州藩主より藩士に示された「御意書」

の七点である。中津川国学者達は、このように、最も正確な政治情報を、その当事者たる長州藩の藩士より提供されたのである。確実な情報・客観的な状況認識が、正しい政治判断と行動の前提にあることは、今も当時も全く変わりは無いのである。

＊　＊

世良が藩主に従って京都に着いたのが七月二日、三日後の七月五日付で彼は間秀矩に京着の一報を差出している。その一節に

京着後、早速平田若先生の御許迄尋候処、最早江戸え御下りニ相成、御出足後故、相対得不仕、甚以残念之次第ニ御座候、扨又尊大人より平田若先生えの御状も、右之次第ニて得届不申故、無拠角田氏ニ相渡置申候、委細ハ角田氏より御聞被成下、右之御状も角田氏より御受取可被成下候

とある。若先生とは篤胤《あつたね》嫡孫の平田延胤《のぶたね》のこと。譜代大名家よりも親幕府的で、これまでは気吹舎へは声もかけなかった佐竹藩江戸藩邸も、三月の島津久光率兵上京後、未曽有の激変を開始した京都状況を探索するため、佐竹藩内で最も朝廷・公卿方面に太いパイプを有していた気吹舎に情報蒐集と事情探索を下命、五月に延胤は門弟角田忠行《つのだただゆき》を伴って上京する。この報を得ていた間秀矩は、延胤宛書状を世良に托したが、行違いの形で延胤が離京していたため、右に見るごとき次第となった。なお角田は病気でいまだ滞京、中山道経由で郷里の信州岩村田に帰ることとなっていたので、世良は間書状を角田に渡したのである。「長途の労れ、且は当分は多用、尚暑中彼是に取紛居候に付」、詳細な京状は、とりあえず角田から聞き取ってくれ、とも、この書状の後半部分で述べている。世良は角田とは江戸で既知の間柄でもあったのである。

＊　＊

ただし世良の方からのみ情報を提供しつづけたのではない。中津川国学者の情報ネットワークはひろく張りめぐらされており、それは世良レヴェルでは入手不可能なものも多かった。中津川の人々は、蒐集した諸情報を市岡殷政の「風説留」の中に蓄積しつづけていたのである。八月二一日付の市岡宛世良書状には、次のように書かれている。(5)

一筆啓上仕候、先以御多祥奉賀候、次小子無事、此段御休意被成下置候

一先達てハ大切之御筆記迄拝借被仰附、御心入万々難有仕合ニ存候、早速御返納可申上筈ニ御座候へ共、彼是取紛、大ニ延引、何共奉恐入候、此段真平御尊許可被成下候

一珍敷品々、且御短尺参り、両人え頂戴被仰付、御心入忝奉存候、一寸御礼申上候

一風説書、間秀矩主迄差越申候間、御承知可被下候

右に見るように、市岡の「風説留」を世良は借用して上京していた。平田国学を学ぶ同士として貴重な資料を市岡は快く彼に貸与したのである。また、間に風説書を送ったことについて言及していることにも注意すべきであろう。この間に送付した京都情報が、中津川の国学者の間で回覧されること、そして最終的には、この資料が写されるか、綴じ込まれるかの形で、市岡の「風説留」の中に記録されることを前提としての世良の言及なのである。

＊　＊

右の如く、京状を報知する相手は間秀矩となっていた。七月二五日付書状(6)では島田左近《しまださこん》の暗殺・梟首事件が報ぜられ、閏八月二三日付書状(7)では本間精一郎、宇郷玄蕃《うごうげんば》の梟首事件が急報されている。更に同月末の書通(8)では、岩倉具視、富小路敬直《とみのこうじひろなお》、千種有文《ちぐさありふみ》等の公卿・女官処分、生麦事件の発生、そして島津三郎の滞府中の態度に怒った旗本衆の少年輩が、「頻に不勘介之事申立、御役人も大ニ御心配と申事、何分今度之（久光）東行、余り上出来ニても無之様子」等を伝えている。

つづいて九月に入ると、世良は間の紹介状を携えて上京した松尾多勢子《まつおたせこ》を親身になって世話することとなるのである。

幕末長州藩史というと、松陰・久坂・高杉・木戸といった著名な人々がすぐにならべられるのだが、あまり表面に出ては来ない世良レヴェルの多くの藩士が、広範囲に藩外の有志者としっかりと結びつきを持っていたことも、また忘れてはならないだろう。

藩外の日本の前途を憂慮する実に多くの有志者の長州への期待と連帯意識が、世良のような篤実な長

州人を媒介に、藩内に反映されつづけたからこそ、幕末のあの苦境を長州は乗り切ることが出来たともいえるからである。

第五章　幕末中津川をめぐる三人の女性達

はじめに

幕末維新期というと、どうしても新選組の近藤勇や土佐の人斬り以蔵といった人物たちばかりが登場する、なにか武張った殺伐とした時代の印象を与えるのではないだろうか。

しかしながら、どのような時代にも、その時代をつくっていく中に女性が存在していた。現在、女性が強くなったから、社会的存在感が強くなってきた、ということでは決してない。どのような時代でも、その社会は女性が支えてきたのである。

戦前の皇国史観の時代には、桜田門外の変で井伊直弼の首級を取った薩摩藩士の有村次左衛門（自刃）、彼の兄で、この事件にかかわったことを理由に鹿児島に護送され切腹を命じられた有村雄助兄弟の母親森元氏れんが、武士の母の、武士の妻の典型と喧伝された。しかし、これはごく一例にすぎない。武士を武士たらしめたのは、その父親よりも、むしろ母親の存在如何にかかわっていたのである。

武士階級以上に、農民なり商人の家では、女性は更に大きな役割を果たしてきた。例えば、中津川の間《はざま》杢《もく》右衛《え》門《もん》家（間本家、十八屋《じゅうはち》）は、昭和恐慌までは町内屈指の豪商であったが、同家の伝承によれば、二代目杢右衛門の娘で、養子にきた三代目杢右衛門（矩友《のりとも》）の妻となった「にく」（享保二年〈一七一七〉没）は「至て発明なる女にて、運を開き商内繁栄いたし候に付、にくの名をとり十八屋と家名を号」す、とある。(1)

だが如何せん、女性に関しては具体的な資料に乏しく、その結果、どうしても叙述は男性中心にかたよりがちになってしまうのである。

ところが、幸いなことに、中津川の場合には、ほとんど無傷といった状況で幕末期の史料が伝来してきているため、例外的といっていいほど、女性の動きも判明する。ここ中津川では等身大の歴史叙述が多少なりとも可能となるのである。

本論文では、わかったことすべてを記すことは不可能なので、中津川にかかわった三人の女性に関し、これまでに判明したことをもとに少しく述べてみたい。

一　綿屋利右衛門（蔦屋）娘

嘉永五年（一八五二）二月一二日、中津川庄屋肥田《ひだ》九郎兵衛《くろべえ》の長男徳太郎（二二歳）と綿屋利右衛門《わたやりえもん》の娘が、東免庵墓所にて心中をとげた事件は、ペリー来航の一年前という、中津川が幕末期に入ろうとする時期での社会的な大事件であった。すぐれた郷土史家水垣清氏の『恵那山をめぐる歴史と伝説』(2)にも、「許されぬを嘆いて相手を刺し、自らも自害して相果てた。その辞世句に「さだまれる月日のありて塚の霜　竹馬（徳太郎の俳名）」(3)」とある。

ただし、この心中事件には前史があったのである。奥三河の稲武町古橋懐古館文書中に、一一月一九日（無年記）付の古橋源六郎宛間半兵衛書状があり、「治郎平事、風とうかれ出候て、信州の方へ参り候処、関越旁にて引戻し、改て尊家之御役介に相成候段、御多用中と申、狂狩もの御世話相懸、（中略）内義離別の事は老人も心附候事故、来陽時節相見合、程能取計可申候、併多年情を相懸候事故、可相成は元のさやへと祈候へとも、無拠儀に候はば、是迄の事と明らめ可申候、今一応篤と治郎平へ御談御教示可被下候(4)」とその中にある。治郎平とは半兵衛の妻おたにの兄菅井（大津屋）治郎平のことで、半兵衛としてもこの一件には一肌ぬがざるを得ない立場にあったのである。それにしても、間半兵衛が気配りのいきとどいた人物であることが、この書状からも感じとることが出来よう。書状に年はないが、「大黒屋日記」の嘉永四年（一八五一）一〇月一〇日条に(5)、「昨夜大つ屋治郎平、女召連欠落いたし候に付、此方えも飛脚参」、また同月二一日条に、「治郎平欠落いたし候処、広瀬村迄帰り候」とあり、嘉永四年一一月一九日付のものであることが明らかである。

とすると、一一月一九日（無年記）付の同村古橋喜作宛間半兵衛書状中に、「（治郎平のこと）婦人御始末書御丁嚀被仰下、逐一承知仕候、全相醒候様御取計可被下候(6)」とあるのも、嘉永四年のこととなるだろう。

ここでの問題は、その書状のつづきにある。半兵衛は右の一文につづけ、「誠に世は様々にて、十五日夕方、わた屋娘剃刀にて自害と出かけ候処、老母見付出し、相ととめ、半死にて相止り、先々命に別条は無之候。徳太郎は其日より于今拙家の掛り人と相成、跡大分役介ものに御座候。やる年行年、世話のなり通し、繁多中困入候得とも、不成外事故、取掛り心配中に御座候」と述べているのである。心中事件の前の嘉永四年一一月一五日には、この二人は心中未遂事件をおこしていた。徳太郎と綿屋娘との間の切迫した状況がひしひしと迫り、また二人の関係が一族間の懸念ごとだった次第がよく理解される。ちなみに徳太郎は半兵衛妻の姉ひさの長男であり、半兵衛は面倒を見るべき叔父の立場だったのである。このような警戒にもかかわらず、結局翌年二月一二日、若い二人は心中を遂げてしまうこととなる。一族の無念さ、如何ばかりのものであったろうか。

菅井家史料の中には、一女性の遺書（恐らく母親宛か）が残されているが、菅井家がこの心中事件の渦中に置かれており、残されていても不自然ではないこと、またこの事件以外には同家にこの種の事件にかかわる伝承が無いことから、私は今のところ、綿屋利右衛門娘の遺書と推定している。内容は次の如きである。

おまへ様、おりおり（折々）御いけん（意見）御申下され候だん、ありかたく存候、御いけんにはたがい、おもひきるつもりには御座候へども、こふいゆ事に相成候、はしよりおもひきる事なりかたく（難）、御いけんそむき候だん、いくへにも御ことはり（断）もふし（申）上候。このよふなわけに相成候も、これまでの寿命御あきらめ可被下候、（中略）ちち殿へも御いとまごいには、よふまいらす候間、御まへ様より、よろしく御断おき可被下候、よふしよふ（幼少）より御せは下され候だん、相果候ともわすれかね候、ちち様へも、へつたん（別段）、もふし上候はづに候へども、なにかいそかしく候間、よふ申上ず候ゆへ、御かきお（書置）きを御らん（覧）に入れ、よろしく御ことはけ（言訳）可被下候、かなしき事件にて、申上候事もあとさきに相成、わかりかね候間、よろしく御はんじ（判）下さるへく候(7)

逆上した跡の全く見られない、しっかりした口調の遺書である。思いつめ、考えを尽くした上の覚悟の心中であったのである。「はしよりおもひきる事なりかたく」とは、あわれな言葉ではないか。

身分違いの恋が原因と一般にいわれてはいるものの、菅井家では、利右衛門娘は結核、それがゆえの肥田家の強い反対とのいいつたえもあり、実際のところ、原因はよくわからない。

しかしながら、唯一つはっきりしていることは、愛する家督の長男を喪った三九歳の庄屋で美濃派俳諧の宗匠肥田九郎兵衛の落胆甚しく、この事件後は、一切子供達に厳しい態度を示さなくなってしまったことであった。逆にあまやかすばかりになっていったのである。徳太郎の弟で六代目大津屋菅井嘉兵衛の養子となった七代目当主の菅井守之助は中津川民権運動の指導者となる人物（平田没後門人でもある）であるが、我儘で金遣いがあらく、妻を何人もかかえ、中津川一の豪商大津屋の身代を、明治一〇年代には大きく傾けてしまうこととなるのである。

二　松尾多勢子

松尾多勢子《まつおたせこ》は実家が竹村家であるため、竹村多勢子とよばれることもある。信州伊那郡山本村の庄屋竹村党盈《まさみつ》の娘として文化八年（一八一一）五月に生まれ、一九歳の年、同郡伴野《ともの》村の松尾佐次右衛門に嫁し、また和歌を平田篤胤門人の岩崎長世《いわさきながよ》（嘉永五年飯田に来住）等に学んだ。このような経歴から、通常信州人として扱われ、中津川との関係がないように見えるが、実はそうではない。長女のまさは、嘉永二年（一八四九）、中津川本陣の当主市岡長右衛門殷政《しげまさ》の甥で、彼の義子として後を継ぐこととなる市岡政治《まさはる》のもとに嫁しており（したがって、おまさは嫁入り直後に、先の心中事件にぶつかったこととなる）、更に万延元年（一八六〇）には、次女のつがが、長男徳太郎の心中ののち肥田九郎兵衛（馬風）の後を継ぐこととなる肥田家（田丸屋）次男易吉《やすきち》のもとにとつぎに来たのである。多勢子は、自分の二人の娘のところに始終出入りし、中津川の重立ちの人々とは、親交を深めることとなる。それゆえ、幕末維新期の中津川にとっては切っても切れない女性の一人となっていった。

更に多勢子は、文久元年（一八六一）八月、伊那郡座光寺村の北原稲雄《きたはらいなお》（伊那谷平田門人の中心人物）の紹介により、篤胤没後の門人に加わり、平田国学をも学ぶこととなる。

平田国学というと、古くからこの地はつながりを有しているように思われるかもしれないが、決してそうではない。ペリー来航は、浸透の契機になるように見えるも、その機会とはならず、この時は岩崎長世も平田国学普及に動こうとはしなかった。浸透の直接のきっかけは、安政四年（一八五七）から五年のハリス出府と日米修交通商条約交渉、そして孝明天皇の断乎たる条約勅許拒絶行為によるものであった。永遠に合体一致しつづけると信じられた朝幕関係が真正面から切断され、両者が鋭く政治的に対決する中で、初めて、被支配階級上層である南信・東濃の豪農商と知識人層にとっては、国家とは何か、そこに自らはどのように位置づけられるのか、という切実な問いかけが、他人事ではなく自己の内在的課題として明瞭になってきたのである。安政六年から万延元年にかけての横浜での生糸交易の生々しい体験は、この課題の解決を更に切迫したものにさせていくのである。多勢子と松尾家もこのグループの一員であった。

ただし、支配層ではなく被支配層たるがゆえに、現実の政治への直接的関与に踏み込むためには、もう一つの大きな政治的踏台が必要となった。中津川の場合は、幸いなことに、それが何だったかが史料的に押さえることが出来る。中山道経由で上京途次の長州藩藩主毛利敬親《もうりたかちか》と京より政局対応策を図りに下った桂小五郎が文久二年六月、中津川で落合い、ここで協議した、地元でいう中津川会談がそれに当たる。

間半兵衛は、文久二年九月一一日付の古橋源六郎宛書状の中で、こう語っている。

誠に不寄存知天下一新の御政事に相成、且ハ大慶且ハ驚入申候、私方にも六月中頃、長州侯御滞留、御供の藩中に平田同門の仁（世良孫槌《せらまごつち》を指す）有之、元より江戸にて面会の人にて、毎日相尋くれ、珍説承知仕候、于今京都御滞留にて、様々珍事洩呉候、（中略）国主外様ハ五ヶ年交代、家門家ハ三年交代の由、是も珍事の中の一奇事に御座候⑧

「存じ寄らず天下一新の御政事」、「且ハ大慶、且ハ驚入」とのはずみある文体そのものが、間半兵衛の心の躍動を我々に伝えているが、これが何か未曽有の、とてつもない変革の出発点だと、最初に予感しえたのは、男性ではなかった。最も鋭い嗅覚のもち主は女性の母刀自松尾多勢子だったのである。

多勢子は、文久二年八月三〇日、山本村の実家竹村家を出発、中津川には翌月の閏八月から九月の九日まで、ゆるゆると四〇日程を長女のとつぎ先、本陣の市岡家に寛ぐが、九月一〇日出立するその目的地は、夫のいる伴野村ではなく、西方の京都の地であった。

京地のとりあえずの宿泊先は、東濃・南信の豪農商にとってはなじみの深い染物屋池村（伊勢屋）久兵衛の居宅であり、京への道案内は伊勢屋の番頭が勤めた。また京地各所への紹介は間半兵衛がおこなったのである。

京地に落ちついた多勢子は、間半兵衛に、九月二三日付で、こう書状を認めている。

かへす〲時こう《（候）》御大切いらせ候よふ、万々いのり《（祈）》まいらせ候
まつとよ、たひら《（平）》かにおはしましぬを、万々ことほき奉りぬ。扨いにし比とうりう《（逗留）》中、又旅立の
たん《（段）》にて、いとあつう《（厚）》御心そへ《（添）》給へられ候しは、海山いや申尽すへくも侍らす、又都にのほり候て
は、せら《（世良）》様折々とひ給ひて、うれしきことのふし《（節）》のみうけ給はるに付ても、其御わたりの君たち、
平田のうし（平田篤胤を指す）の御かけとあふき《（仰）》、よろこほひ奉りぬ、扨出立のおり、おしへ給ひ
しみちすからの名所も、あたる《（当）》所は見侍れと、ことこと申侍らは、つれの人のわつらはしからむと、
心くるしけれは、そこそこにてのほり《（登）》、石山にとまりさむらへは、其けしき見せまほしくなん

　　おもふとち舟をうかめてにほの海に
　　　月すみわたるかけをかめは

ひとりこちつついねて、明るを待、京に行、せら《（世良）》様に御たひめ《（対面）》いたし、石州家中福羽文三郎（美
静）といふ人にもたひめつかまつり、大原様・しら河様え二十五日参代いたし候よふ仰、有かたき
御ことそんしまいらせ候、かかるみちは、ねかひつるところは侍れと、かうはやからうとは、お
もひよらす、又御歌もいたたけ《（戴）》、古事きのこうしやく《（講釈）》も、うかかひ候よふ仰られ、誠に〲うへの
ふよろこひ入まいらせ候、福羽、此御地に御とうりう《（逗留）》中は、しら河様御前にて折々御こうしやく遊
はされ候との御事、夏ことに上り候へとの事にて、なるへくは君も此比いらせ給はは、いといと心
の引ことはかりにて、かん《（摘）》もおこたり給ふへくそん《（存）》しまひらせ候、みつから《（自）》家もかり《（借）》、近日うつり
候、二十五日すまし、沢山〲雲のうへに参り、おかしき御こと、うけ給はらは、又々たよりにま
ほし聞へ上へくなん、まつは申残しまいらせ候、めてたくかしこ[9]

おどるような生気のある文章である。自分の世界の一挙の解放、しかもそれは純主観的、純観念的世界ではなく、自分の世界がダイナミックな社会と政治の動きと確実な接点を持ちえた時、初めて実感できる性格の躍動感がそこにはある。そこには、男子も女子も、自分の子供達のほとんどを仕上げ、縁づけ、一家の主婦としての責任を十全に果たした後にくる心の空虚感を、あらためて充足させ、一個の自立した女性の生き方を感覚的につかみとった際の解放感なのである。多勢子は長期戦を意識し、池村の家から出て借家ずまいを開始する。

次の書状は、一一月三日付の間半兵衛宛のものである。

さいつ日は、こまこまの御さうそこ《消息》、有かたく拝しまいらせ候、さそやみな〱様御揃のよし、万々御めて度、御うれしく存候、扨仰のことく、此比ハ京地も所《諸》家様御いりこみ《入込》にて、誠にひひ《日々》御めつらしきことのみうけ給ハり、たのしみ居候、江戸のひうはん《評判》、大わるにて、東の人は人にあらぬなと、折々打よるかたかたも、そしりはなしはかりに候、ひ《日》にまし何事も古しへに立かへる御ようす、数々有かたくそん《存》しくらし《暮》まいらせ候、歌も只今まてとはちかひ、心いることのみをまほし《申》候へとて、少々ハよみ候へとも、みやひはかりハやめられ候へト、いつ《出》るままのわる口歌のみ申居候、さりなから、此二十八日比ハ、少々しんはひ《心配》いたし候へとも、又々おさまり候にて、とふ月二日に御しらせいたたき、安心になりまいらせ候、

よふすハ此僧に何か〱御たつね被下へく候、こま〱申遣し候、またねかひ《願》上ハ、外に平田家神本のことも、又いろ〱うれしき御事も、御はなし申度事は、みな此ほん《坊》様に申遣し候まま、一夜御きき被下へく候、此比古川近作といふしら河家の人参り、出会候へハ、中津山半（間半兵衛の屋

号）といふ方へ、ひら田よりことつけ有候へとも、中津にてハわすれ参り候まま、此よし申遣しくれよとたのまれ候、長小田村君（小田村素介のこと、楫取素彦《かとりもとひこ》）よりも、同しくせら《（世良）》の君も、同しく今津君（今出頑八、井上馨の変名）は、内々の御用にて、しはらく《（暫）》るす《（留守）》にて候、誠に〳〵けしからぬ人たちに御心安ふなり、後前にも二人心安き人御座候、長尾（郁三郎のこと）ハ折々合、八まん（近江八幡）西川（吉介《よしすけ》のこと）にも、此ころ参り、いとしんせつ《（親切）》に申くれ、折々出合候、此よし《（由）》、ひてのり君へも、よろしうわけて文さし上度候へとも、こと大に候へハ、あら〳〵こと〳〵御はなし上被下へく候、いち岡へも同しくねかひ上候、何れ方へも同しことに候へハ、つけてハ申上す候、あらあらかしこ

　此ころ

吹風になみよるお花うらかれて
　さひしくもあるかむさしのの原
なへてよにぬるるならひを旅ころも
　しくれもしらぬ我たもとかな

いつまてもおり《（居）》度そん《（存）》し候、みなみな様、おみきつかへも、此よし御申聞せ被下へく候、追々いせや《（伊勢屋）》木曽下りに、又々こまこま《（細々）》申上まいらせ候
宇かひ（鵜飼か）といふ人のうた《（歌）》、ないない《（内々）》にてうつし《（写）》候へハ、御らん相済候ハ、、供の《（伴野）》へ御遣し被下へく候、あはれ〳〵なみた《（涙）》おち《（落）》候はかりに候[10]

京地にての幕府の悪評、みやびをやめ心に入る歌のみ詠みならいいること、長州藩士達との交流、長

尾郡三郎や西川吉介等の平田同門との接触などなど、多勢子の伸び伸びした暮らしぶりが、ここには語られている。

ただし注意してほしいことは、書状中に、「いつまでもおり度そんし候」との願望が述べられている一方で、「此二十八日比ハ、少々しんはいいたし候へとも、又々おさまり候にて、とふ月二日に御しらせいたたき、安心になりまいられ候」との不安な気持ちが表現されていることである。八月末以来、三ヶ月以上も伴野には帰っていないのである。それを気にしない多勢子ではなかった。

果たして、この一一月、中津川の娘から、きついたしなめの書状が届いたようである。おそらく、母親がそのような行動をとっているので、婚家に顔向けが出来ない、といった内容のものであったろう。これも娘としては、当然の気持ちの書通ではある。

一一月二七日付で多勢子は返事を出す。宛先は肥田易吉とその妻つがである。中津川の娘達と親類全員への態度表明とみていい。文中に、「其内山半様にても、御いらせ候ハ、、こま〲とわかり候御人と存候、平田門中の者、たんと参り候へとも、外の人えはない〲こと大く候、またよふ〲にはわかりかね候」と間半兵衛への特段の信頼の言葉もあるにはあるが、その返答の核心は、「仰のとふり、私のよふに京都へ参り、ふらつき候よふになり候てハ、御気のとく様、歌ハ何れ成ともよろ敷、さりながら、私も歌のすきはかりにて、只今京都にてなんき（難儀）いたすとも思ひ侍らす、これハ物すきと申候よふな心いたし候、たんと御わらひ被下へく候、誠にみつから吾心しれぬよふに思はれ候、まつ〲気ちかひとそんし候、江戸人たちとも、さよふのことなそ申合、わらひ申候」（11）の箇所に尽きる。京地でそのようにぶらついていては、世間様に笑われるばかりだ、との娘つがの非難に応酬し、自分は歌の修行でのみ長居しているのではない、自分でも正体をつかみ得ない何物かにつきうごかされて、ここに居り、そしていつづけるのだと、母親と娘の立場が逆転した如き気魄である。「気ちがひ」といわれても意に介さないとまで断言する。多勢子のそれまでの人生のすべてが、この言葉に噴出したのである。

ところで、多勢子は同日付で間半兵衛にも書通している。そこでの多勢子は、政治と人物を正確にとらえることの出来る冷静で聡明な女性の多勢子である。

　天子の御うたも、たんとうけ給ハり候まま、下りの人たちにうつ《写》させもた《持》せ候まま、御らん《覧》被
　成へく候、外書付も同しく候

折からの寒を、ことのふいらせ候半と、よろこほひ奉りぬ、次まし、みつから事も打かはりのふ、あした夕へのわかちなく、心安ふ君たちと、むつはひ暮しさむらへは、うれしき事ハ海よりもけにと思ひ侍りぬ、扨、此比江戸より五人参たれ候は、三輪田綱一郎・師岡節才・宮和田勇太郎・武内新八郎・仙石佐多男、みな〳〵同居にて候、師岡御人ハ、御まへ《前》様も折ふし《節》、江戸にて御合のよし、誠に〳〵心安ふ、日々行かへよひ、何へたてなふ、同し旅の宿りとて、それハ〳〵其心安き事、何とそ〳〵君にも一度御のほり被成へく候、まち《待》まいらせ候、心安ふ人たちとうちかたら《打語》ひ候てハ、袖をしほる時も有、又わらふ折も有、さりなから、よの中思ふにかなはずとて、くる《苦》しきはな《話》し、大に候へとも、其中に心おもしろき事あまた、せひ《是非》〳〵君も思ひ立給ふよふに、まち《待》奉りぬ、いろ〳〵のことは、ふみ《文》にも書つくしかたく候、此度下りの人たちより、御たつね《尋》御聞被成へく候、あら〳〵申残りまいらせ候、めて度かしこ

しもつき二十七日

又申上候、せひ《是非》〳〵一度御いらせ被成候よふとねかひ《願》まいらせ候、門中のはなし《話》ハ、又へつたん《別段》の御事に候、また御まへ《前》様のみ御待申上候、八まん《幡》西川も先もしも見へ候へとも、又々近々参るよふ中手紙も参り候、ごくない〳〵《内々》の御事はかりに候へハ、せひ〳〵御聞せ申度とそんしまいらせ候、さりなから、只今ハ京御地にも、同門方大勢より合候へとも、誠に心うちとけ、はなしの御座候ハ、師岡・せら・西河・三輪田・宮和田、ます〳〵此くらひのところ、京の人は、いまた心うい〳〵敷見へ候、又々申上候、此事ハいせ《伊勢》久より参る人たちにも、かならす御無用に候、御そんし《存知》の方々より、たんと御ことつけ御座候、たしかに御聞被下へく候、かしこ

たせ子

羽間の大人

御元に

江戸人たち、みな〳〵大原様え参り候、私より大原様御とりなしいたし、きのふ上り、よろこひ候、又徳山の藩の人にもたのまれ、今日又々私上り候、歌も折々見せよと仰られ、こまり候(12)

たくまない形での自慢話も添えながら、多勢子の人物品隲《ひんしつ》は冷静で的確である。そして、「御まへ様のみ御待申上候」との多勢子の半兵衛への期待は絶大なるものがあった。半兵衛は、その才能とは別に、体質的に気持ちのやさしい人であったに相違無い。女性はいつまでたっても、女性の気持ちのままでありつづけるからである。

さて、多勢子の長期戦の作戦は見事に当った。諸大名の上洛にひきつづき、文久三年二月には、奉勅攘夷のため、将軍家茂《いえもち》自らが上洛するに至る。全国の政治の焦点は京都の地に結ばれ、全国の注目は京

都の地に集中する。この盛挙を京の地で嘱目する者は幸福なるかな！

多勢子は文久三年正月一九日付で、中津川の二人の娘、まさとつがに、次のような誇らしげな書状を送る。

かへす〲時かう《（候）》御大切に被下へく候

初春の御文めて度うれしく、くり返しなかめいり候、まつ〲御揃遊ハし御とし被成候よし、万々御めて度そんし《（存知）》まいらせ候、扨々私も、当年はめつら《（珍）》しき都の春をいたし、まつ元日には明るを待て大うち《（内）》の御方へ参り、其日ハ御門のみ拝し、二日ハ長州若殿はしめ五大名様の御参代を拝し、それもゆうし《（勇士）》といふますら男たちにとも《（伴）》なはれ日々平田大人（銕胤は一二月一二日上京）の御もとへハ参り、又折々ハ大人の御供申、名たたる茶屋なそへも御よ《（呼）》はれ申候、しら川様・大原様ハ冬より折々上り、正月は大原御たにさく《（短冊）》二ひら給ひられしは、いかはかり有かたき御事とそんし候、折から又内侍所の御とりなしにて、ごふく《（呉服）》所宇京大婦といふ御方、又はつへ殿という御方に参り、十六日のせちゑ《（節会）》、ししん殿の御こうらんのうへ《（上）》より拝申候、みつから《（自）》がふうそく《（風俗）》、しろむくハこしらへ候、かけ《（掛）》はそらもようの御かけかし《（貸）》被下、いと〲忝御事に候、又十九日、おまい《（舞）》御らんとて御さらゐ御座候、其日ハ御みすのうちにかん女《（官女）》たちと同しところにて拝見、天子様御つねの間、又御ざしきの間も拝し、御庭ハ残らす拝見いたし、誠ニ〲有かたき事、何と申へくや、いと花やかなるかむ女《（宮女）》たちを見しハ数もしれす、其御ふうそく、誠ニ雲のうへの御有さま、はやく申聞へたく候へとも、筆ニてハのへつくしかね候、外ニも思ひよらぬ身のさひ《（幸）》はひ、いろ〲御座候へとも、かへり《（帰）》の時と申残し候

今さらにいかてやむへき中々に
　　思ひのほりしやまときちかい
私のようなきちかひのやまひは、みな〳〵様、かならす〳〵御よう心被成へく候、此文みな〳〵様
へ御めにかけ被下へく候

母より

おまさとの
おつかとの(13)

御所で自分の見た華やかな王朝儀式を、筆紙に尽くせないから、後日の旅行咄に譲ろうと気を持たせ、気に入った「気ちがい」という言葉を二度までも使いつつ、この手紙を皆々に見せろと指示する、変幻自在の母刀自の姿がここにある。娘をからかうのを楽しんでいるが如きである。

この一方で、同日付で間半兵衛に送った書状は、多勢子の別の側面を示すものであった。

御うけ給はりぬ初春の御祝き、万々相かはらすまほし《申》上奉りぬ、
まつ一日ハ御所様へ参り、きおん《祇園》なと、又ひら《平》田大人の御元ニも上り、めて度正月もいたし候、
二日、同御所ないし《内侍》所へも折々参り候、又御うら方様えもよきつての候て上り、十六日は、いと〳〵やことなき御方ニともな《伴》はれ、ししむ殿の御こうらんのうへ《上》より、はゐけん《拝見》いたし、又今日もまかれと給ハせられけれハ、御まい御らんといふことに、四ッよりあかり候、大原様・しら河様へも折々上り候、
大人えハ日々参り、るすひ《留守居》なともたの《頼》まれ候、大人とあそひ《遊》にも折々あるき《歩》、おかしく候、大原様

え春はしめて上り候へハ、いろ〱□、御たにさく《短冊》二まいいたたき《戴》、うへのふよろこひ候、外にもいろ〱此うへなきよろこひ、あまたに候、

いや高き雲井のうへハ中々と
　おもひの外におもひのほりし
　　みつからなからも、空おそろ敷ここち《心地》なん

平田大も三月迄ハいよ〱御とうりう《逗留》と成候、若先生たち（延胤と延胤弟の三木鉄弥）、御二人様なから、近々御のほり《登》のよし《由》に候、御入門ハ此かた《方》へよろしくとそんし《存》候、山本太右衛門（竹村太右衛門、多勢子の子、山本村の竹村家に養子となる）かたへ、此よし《由》御しらせ御遣し被下へく候、いろ〱申上度候へとも、今日ハ四ッ時、雲井に早々のほら《登》んの心せくまま、たた一こと申上、おまへ様には、せひ〱御いらせ候を待入候、大人にも、いい田《飯田》よりと三の《美濃》よりとを御まちに候、何方よりも、われも〱と出参り申候、大よそゆう志千人ちかくと、ない〱《内々》同心の人々よりうけ給はり候、私もゆう《勇》男にまちり、其おかしきくらしかた、御目にかけ度とそんし《存》申候、申上度事ハかきり無御座候、長州様近々御出立、それに付ても、申ことのみたんと候、うハ嶋《宇和島》のやしきへはりふた《貼札》、いとどきみ《気味》よき御時節に御座候、おまへ様もやまとの人ならハ、此比御出かけ、大丈夫の数にいり給へ、それのみまち《待》いり候、おのか身のうへ、みよ《御世》の為大君の為、たちきそふ大丈夫男の子に立まし《交》りつつ、又雲井をかけることのうれしさ、何そもとか申度とそんし候、誠ニ、古事に申候きちかひはに御座候、しきふめのたにさく《短冊》ハ、いと〱心安き御事と、私かたへ折々参りくれ、それ付ても、いとめつらしきことあり候、

ひた《(肥田)》・市岡も、めて度近々文遣し候、今日遣し度候へとも、はしめに申ことの、雲ゐにのほること
にせかれ候ゆへ、此よし、君より御ききつたへ給へし[14]

ここに見るように、多勢子は間半兵衛の上京を、再三にわたって勧誘している。今回ははっきりと、国事運動に尽力すべきだ、と明言し挑発している。また銕胤が美濃と飯田の門人を特に頼りにしている、との文言も看過すべきではない。篤胤の最大の労作である古史伝の刊行は両地の門弟の尽力により、昨年より具体化されつつあったのである。

以上見た如く、文久三年に入ると、多勢子と中津川や伊那谷の人々との関係は逆転してしまった。多勢子の尋常ならざるものが勃発するとの直感が見事に的中したのである。二月七日、多勢子の歌の宗匠であり、また平田国学の教師でもあった飯田の岩崎長世は、中津川本陣の市岡殷政に、「たせ刀自、弥益御盛の由、只今にては、御同様引留候ハ失策と覚申候、小生も見合、上京仕度渇望仕候[15]」と書き送るのである。

三々五々、伊那谷と東濃の平田国学の影響下にあった人々は上京を開始する、中津川の間半兵衛とその愛娘おみつ、市岡殷政とその妻、多勢子の息子で伴野の松尾家の嫡男松尾誠《まこと》と前出の竹村太右衛門、松尾家出入の久保田禎三、更に間本家の当主杢右衛門の長男亀吉の一行は、二月二三日、中津川を出立、上京の途に就いた[16]。

他方、二月二二日、師岡節斎《もろおかせつさい》・角田《つのだ》忠行《ただゆき》等平田門弟達は等持院にある足利三代の木像を梟首する事件をひきおこし、京都守護職松平容保《まつだいらかたもり》は、反対論を一つ一つつぶした上で、二月二七日、事件関係者の一斉捕縛に踏み切った。急報を得た多勢子は、井上馨等の協力のもと、河原町三条の長州藩邸にかくま

われることとなる。上京した間半兵衛一行は、多勢子の行方を必死で捜索し、三月九日、半兵衛が長州藩邸に赴いて多勢子の安否を確認、翌一〇日に、二人の息子は、八ヶ月ぶりに母親と対面するのである[17]。

しかしながら、会津藩の探索がつづくなか、容易に藩邸外に外出することは出来ず、同月二八日、ようやく長州藩邸から送り出され、大津から近江路を経ることは危険が大きいため、逆に大坂から奈良路をたどり、伊勢から名古屋に出る行程で帰国の途についた。多勢子が伴野の自宅に戻ったのは五月六日のことである[18]。

多勢子は、この後、南信・東濃の平田国学の重立ちの一人として活躍し、間半兵衛との親交はつづいた。そして、同志のうちで最も長寿を保ち、明治二七年（一八九四）、八四歳でこの世を去るのである。

三　間おみつ

松尾多勢子も、間半兵衛だけには、形式的ではない、情感のこもった書状を送っている。女性の気持ちと感情を理解する能力を半兵衛はもっていたのである。

この間半兵衛は、嘉永元年（一八四八）生まれの娘おみつを溺愛していた。歌を教え、礼儀作法を仕つけ、そして自分の信仰を分け与えようとしたのである。早くも文久二年（一八六二）には、伊勢参宮につれ出している。二月二三日から三月二〇日の、約一ヶ月間の長旅にである[19]。

そして、前述のように、文久三年二月には、政争渦まく京地の旅行に同伴している。それは二月二三日出発、四月二七日帰宅という二ヶ月以上の長旅であった。

父親の教育もよかったのであろう、おみつは歌そのものも好きだったのか、この文久三年の父親の旅日記「はるのにしき」には、上京の途次、大津宿の旅宿でおみつが詠んだ、次の歌が記録されている。

池水の清きかがみにかげうつる
　旅のやつれのはづかしきかな

ところで、水戸天狗党の中山道西上は、街道筋を震撼させた大事件であったが、中津川宿は街道筋において、唯一西上勢を款待し得た特異の宿場であった。そして、元治元年（一八六四）一一月二七日暮時、中津川で昼休みした同勢を見送って、間半兵衛は、

おしと思ふ人の行衛を詠れハ
　秋風寒く日は暮りけり

との歌をよみ、そしておみつは翌年の春、同勢を偲ぶ、次のような長歌と反歌をつくったのである。(20)

賤か女か時あらひ衣春風に、旗てなひかし紫のねはふはる野の若草を、ふみしたきつつたとるらん、浦わは何処やとるらん、里はいつこと丈夫の行衛思へはつるき太刀われもとりはきおくれしと、男さひせん親しゆるさは

反歌

手弱女も弓矢とりもちその道に
　思ひいるへき時は来むかふ

おみつという娘は、余程美貌で聡明な娘であったらしい。慶応二年（一八六六）八月一一日付で、京地に戻った里見二郎（和歌山藩脱藩の尊攘浪士、本名は岩橋半三郎甕夫《かめお》、この書状発送直後、幕吏に捕えられ、

獄中に殺害される）は、中津川での款待への礼状を、間半兵衛・市岡殷政《しげまさ》・肥田九郎兵衛そして馬島靖庵《まじませいあん》四名宛に送っているが、その文中に、「扨先日貴地へ罷出、三奇ヲ得タリト存候、馬嶋先生のカンカン踊り、阿光令嬢の美ニシテ而賢、榊壮士（名古屋脱藩浪士福田秀一のこと）の暴論突出ナリ(21)」とあるのは、その証左である。

ただし、このことは他の史料によっても裏づけられる。周知のように、文久元年一〇月、中山道を和宮《かずのみや》降嫁の一大行列が通過したが、その際間半兵衛家は、和宮御迎えのため上京し、共に下る途中の江戸大奥御女中衆の宿泊を世話し、御相手を半兵衛の母のおたにと、数え年一四歳のおみつが勤めたのである。その礼状が翌年に送り届けられる。一通は、おたに・おみつ宛の妻絹・とまや両女中のものである。

昨年色々の御深切ニなされ被下候御事、いまに〳〵わすれ不申候、道中色々なんき致参り候所、御深切のたん、幾重にも忝なく、御部屋の人々も厚う〳〵有難かり、万々御礼申度と申出まいらせ候、御娘子も御縁御さ候て、一度ハ御本丸へ御上ケ申度存居まいらせ候、併いかにも遠方の事ゆへ致方なく、御縁のみ待おりまいらせ候(22)

おみつを、近くの娘ならば、是非江戸城の大奥勤めに出させたいものだ、と述べている。江戸の町の富裕で良家の娘ならば、大奥とは最高の行儀見習いの場なのである。母親のおたににとってはこの上ないほめ言葉となる。

あと一通は、間半兵衛・御家内宛の浦津書状であるが、そこにも、このように認められている。

昨年は初めて御めにかかり、御泊被遊、百万年よりハ親敷やうに、よふそ〳〵御せわ被仰候御事、ま事に有かたく、こく長々の御道中ちうも、中津川ことは御ほめ申くらしおりまいらせ候、御娘子、よふはたらきまいらせ候て、山里ニハめつらしきめつらしきたち居と申、御勇しく、江戸・京にもはつかしく、御近くなら御召つれ被遊たくと御噂被遊候、よき御子持に御座候ト、いまに申くらし候[23]

おそらく母親のおたにには、その生涯これらの手紙を、くりかえし読み返したに違いない。娘をほめられることは、自分をほめられる以上に、母親としては心浮きたつものだからである。

しかしながら、おみつは幼い時から身体が頑強ではなかった。父親としての心配事はそこにあった。安政五年（一八五八）九月二九日付の間半兵衛宛の書状の中で、大河原村の前島八郎九郎は、「五月二十五日付華翰、漸近頃相届（中略）、扨御愛子様、御虫気にても被為在候哉、先頃ハ当郡山田河内へ馬風大人と御来駕、其節供野迄御廻りの由」[24]と記している。

また、年は確定できないが、父親の半兵衛は、娘おみつの病気のはなはだしいのを憂い、神に平癒を祈る次のような祝詞を神前に奉ってもいた。

かけまくも綾に畏き神御祖命大名持命少彦名命三柱大神のうづの広前に、間秀矩ゆまはり浄まはりて、謹み敬ひ畏みも白す、病云病の数は沢に在と、女三子か病の容躰はしも、並々ならぬ病の容躰にて、おこりては治り、治りては発り、夏去秋来りて、文月の今日に至りても、川辺に生る芦のはの凶き方に而已流行状を見も悲く、中も憚れる所有、[25]（後略）

とはいっても、前述のように、文久二年、文久三年と、長旅にも伴っており、病弱な体質とはいえ、次第に娘らしく成長していったのである。

間家では、元治元年二月に、半兵衛の嫡男市太郎のもとに、飯田の旅館兼薬種商升屋久保田治郎八娘むゆがとついで来た。むゆの姉まちは、多勢子の息子で竹村家を継いだ太右衛門の妻である。また、まち・むゆの兄弟の禎三（のち伊勢川崎の小川家の養子となる）は伴野の松尾家と行動を共にしており、前述のように文久三年の上京には、間一行の中に加わってもいた。諸史料からすると久保田家自身が松尾家・竹村家、そして座光寺の北原家（市岡殷政の姉北原ぬゐが久保田治郎八の妻である）や中津川の市岡家と複雑な姻戚関係・親戚関係の中にあったのである。半兵衛は、禎三の兄の鎌吉《かまきち》をおみつの婿がねにと、いつしか考えるようになっていた。おみつの気持ちを伺う直接の史料は無い。だが、兄嫁の兄弟である鎌吉は、よく知っている男性ではあり、後述の慶応二年三月の半兵衛の大坂行には同行もしている。父親の半兵衛が娘の意向を糺さなかったということは、彼の性格からして考えることは出来ない。従って、おみつが鎌吉を嫌いということは、まずありえない。

他方鎌吉は天保一一年（一八四〇）生まれの久保田家の次男、南信や東濃の青年と同じように平田国学の影響を強くうけ、しかも激動する中央政局に関心がとみに引かれていくのも、これまた若者の自然の心理である。しかも次男がため、家の重圧はない。間家から意向の打診はあったはずだが、鎌吉は慶応元年一〇月、近江八幡で目下幕府監視下の平田国学者西川吉介のもとに入塾すると国を出たのである。

ただし、これも堅い学問の志というよりは、政治熱・向都熱が多分にからみあったものだったようで、西川塾に腰を落ちつかせようとはせず、京都は禁門の変の大火で、それほど他国者にとって居住性が好くなかったためだろうか、これまた伊那谷の人々には旧知で、文久三年七月に上京するものの、禁門の変で焼け出された後、大坂に移って国学塾を開き、大坂の町中で平田国学の普及に努めていた岩崎長世を頼り、更にどのようなツテと結びつきがあったのか、大坂の銭座に勤務することとなったのである。[26]

半兵衛の嫡男市太郎が、この慶応二年正月、大坂に赴いて岩崎のもとを訪れているのは、鎌吉の暮らしぶりを確かめ、またその気持ちを糺すためだったと思われ、市太郎の帰宅をまって、同年三月半兵衛はおみつを伴って大坂の岩崎宅を訪問するのである。

大坂で鎌吉と半兵衛親子がどのような会話をおこなったかは不明だが、次に示す二通の書状は、那辺が問題であったかをうかがわせる史料となるだろう。

一通は、三月四日付の半兵衛宛西川吉介書状である。この時は、何らかの理由で、半兵衛は西川のもとによらずに上京したらしい。鎌吉について、西川はこう述べている。

市岡様御投書慥ニ落手、愚答ハ追て差上可申候

鎌吉主事、委曲御嫡子様より御聞込み通り御承引被下候様奉存候、市岡様御立腹の様ニも被相伺候へ共、何分壮年の麁忽《そこつ》、いつ方ニも沢山有之習ひ、左様御心配ニも及ひ申間敷候、浪花漫遊相済候ても、何時成共御帰幡可有之様申入置候、去なから、大坂ニて聞合候処、当時鎌吉同様の人々、凡三百人余も有之候へ共、兎角相続不致、退勤ニ相成候趣、畢竟ハ当座流れの御事、何も御心配ハ無御座候、御異見なと被下間敷候、三月中旬御帰国の節供奉の事、猶追て可申上候[27]

半兵衛の子息市太郎は西川のところにも訪れて鎌吉のことを糺している。また西川宛に鎌吉を厳責する市岡殷政の書状が届いている。それにしても、西川は流石江州人といおうか、平田国学の重鎮でありながら、鎌吉の行動を「何分壮年の麁忽」と達観しており、同人は大坂漫遊を終えた上で近江八幡に戻

ってくればいいではないか、相続（後述する如く鎌吉は結婚と同時に園田家を継ぐこととなる）をせず在坂しているもの三〇〇人余、当座流れの、誰にでもありうることゆえ、御異見無用といいはなつのである。ただし、大坂の岩崎長世は西川よりは心配している。彼にしてみれば、鎌吉にかかわる伊那谷の人々の顔が始終脳裡にうかんだことでもあるだろう。半兵衛と娘おみつが大坂を出発、京都に戻った頃を見図らい、三月二六日付で次のように岩崎は書通する。

扨御出立後、かの御人ニは色々内談有之候へとも、何歟不取留被申、此程八まん（近江八幡）松前屋伝七と申仁、かの御方と初より格別値遇の仁にて、種々懇切を尽され、此般も此人に寄て西川（西川吉介）へ被入候由、此仁、此節在坂、幸ニ昨日も内談致し、兼ての御模様に取極候て、今両三月も在坂の上、東向ニも可成方、如何にも可宜内談申置候、此仁も何分御当人の処不定と困入候由被申候、仍之成功とも未申上かたく候（中略）、市岡主より御教諭も有之候ハヽ、決心可被致被存候、実ハ当地長居も全く不宜、いっそ当地にて事をなす方か御宜候へ共、さもなくハ、先早く事定り候方か当人の為に御座候と被存候(28)

岩崎にしても、鎌吉の考えの定まらないのを憂いている。彼は市岡の叱責状が有効だと判断する。「兼ての御摸様に取極」とあるように、既に半兵衛・長世間で、鎌吉を早期に帰郷させる方向で方針が定まっていたのである。

このように、人々がさまざまに動く中で、結局鎌吉は一〇月に中津川に戻り、この年の一一月二五日、おみつとの婚礼の儀式がとどこおりなくとりおこなわれた。と同時に鎌吉は園田家を継いで園田市兵衛と名乗ることとなった。園田家は間半兵衛家と関係が深く、二代目（幕末期の当主秀矩は五代目半兵衛）

半兵衛の母親が町内の園田家より来ており、この二代目半兵衛の姉妹が園田市兵衛と結婚、その子のみつが三代目半兵衛の妻となっている。ただし園田家はその後絶家となっていたのを、半兵衛秀矩が鎌吉に継がせることによって、園田家を再興したのである。

市兵衛・おみつの夫婦仲睦じく、翌慶応三年五月には、おみつ懐胎により帯祝の儀をとりおこなっている。

この夫婦の幸せを誰よりも喜んでいたのが、苦労してようやく結婚にもちこんだ父親半兵衛であったろう。彼は娘を溺愛していたばかりではない、婿市兵衛も、たのもしい青年として好いていたのである。彼の気持ちは、この年の九月八日、市兵衛が自分の祖母と母親を中津川につれてこようとしていた時、旅中の同人にあてた次の書状にも、生々と表現されていた。

かけの（座光寺村の字名、北原稲雄家を指す）御老母、本町（飯田城下の町名）御袋様御同伴にて、昨日広瀬御泊のよし、御老人方、よくこそ御こし被成、万々忝奉存、御待受として、風呂をたき、山芋を洗ひ、其外山海の珍味相調候間、御両人とも必御同道可被成候、今日ハ本町（中津川内の町名）俄にて、母、山の神初皆見物、残るむゆ（市太郎妻、市兵衛の妹）壱人、是は御待受として見物は明日又は今夕御見物、又御客人方御こしに相成候ハヽ、御供の積也、仍ては誠に明屋同前、御挨拶もいらぬ訳に候間、是非〳〵皆々様御同伴可被成候、馬便り都合次第に呈上と存、一筆申入候(29)

ところが、である。一〇月一六日、男子を出産と同日におみつは死亡した。大政奉還の急報がおそらく中津川に入ったその当日である。

市岡殷政も悔みに来り、歌をよむ。

産室に母の身まかりて、かたみに残せる

男子のいと健かなる生先を

手弱女のたけきちかひを似気《にげ》なしと

このみとりこにかはり来《き》に剣《けん》(30)

また、平田同門の苗木藩士青山景通《あおやまかげみち》は

木の葉ちるなけきのもとやいかならん

あやなく袖にふるしくれかな

との弔歌を寄せたが、半兵衛は、返として

しくれふり大樹も今はちりぬめり

なけ木のもとの露は物かは(31)

と、大政奉還に掛けて、やせがまんの歌をよみはした。だが、半兵衛・お谷夫婦の悲嘆さはいかばかりであったろう。この底無しの喪失感を少しでも鎮めるべく、彼等はこのいとしい孫に娘の名を取り　光太郎と命名したのである。

おわりに

中津川国学者達のあり方が、はるかかなたのかすかなる存在ではなく、ふと親しい隣人のように錯覚するまでにちかしくなつかしく感じられるのは、彼等の国への思い、国事への奔走が、彼等の日々の生活のよろこびや悲しみと同居し一体となっているからであろう。

半兵衛夫婦にしろ、待ちに待った大政奉還は娘の突然の死に伴なわれて来たのであり、翌年三月下旬よりの夫婦の上京も、半兵衛の国事周旋が目的の一つだったとはいえ、他の一つは、愛孫光太郎の病気治療の為であった。だが夫婦の努力も空しく、光太郎はこの年六月六日、京都で死亡する。

園田市兵衛は中津川の園田家を継いだとはいえ、妻おみつには死別し、また子供も失った。岩倉東山道東征軍に従軍して江戸に出た彼は、一端中津川に戻ってから上京し、当時京都に勤務していた平田銕胤のもとで働くことになり、翌明治二年（一八六九）二月、銕胤の東京行きに随行する。他方半兵衛は、明治天皇の東京行幸に、往路復路ともに従い、中津川に帰郷した上で、明治二年五月、領主山村家の依頼をうけて東京に赴き、ここで一衛（明治元年四月、市兵衛より改名）と合流する。一衛は義父に離縁を乞い、半兵衛は彼の意に任せて離縁を承諾した。同年末久保田一衛は京都に戻る銕胤に従い京都に行き、その後なんらかのツテで京都府の下級官吏となってはいたが、明治五年七月八日、京都で病死した。半兵衛も東京において神祇官に出仕はしたものの、精神を痛め、明治三年一二月、辞職、翌年三月、妻と末娘五十鈴に伴われて中津川に帰郷し、明治九年一月二三日、半病人のままこの世を去った。彼等の夢にまで見た御一新は、明治四年から九年の間、急速にその原初の姿を変貌させていった。天道是か非か、司馬遷がつぶやいたそのつぶやきを、著者もまたくり返さざるを得ないのである。

第六章　中津川国学者と薩長同盟

――薩長盟約新史料の紹介を糸口として――

一　問題の所在

坂本龍馬立会いのもと、西郷隆盛と木戸孝允の間で結ばれた慶応二年（一八六六）一月二一日（乃至二二日）の薩長盟約、それによって成立した薩長同盟は、幕末史での第一級の史実とされてきた。幕末期の政局転回を決定づける画期だ、と位置づけられてきたからである。まず、その要点を見ておこう。(1)

一（幕軍と長州の）戦と相成候時は、（薩摩は）直様二千余之兵を急速差登し、只今在京の兵と合し、浪華へも千程は差置、京坂両処を相固め候事

一戦自然も我勝利と相成候気鋒有之候とき、其節（薩は）朝廷へ申上、訖度尽力の次第有之候との事

一万一戦負色に有之候とも、一年や半年に決て潰滅いたし候と申事は無之事に付、其間には必尽力の次第訖度有之候との事

一是なりにて幕兵東帰せしときは、訖度朝廷に申上、直様冤罪は従朝廷御免に相成候都合に訖度尽力との事

一兵士をも上国の上、橋会桑等も如只今次第にて、勿体なくも朝廷を擁し奉り、正義を抗み、周旋尽力の道を相遮り候ときは、終に及決戦候以外無之との事

一冤罪も御免の上は、双方誠心を以相合し、皇国の御為に砕身尽力仕候事は不及申、いづれの道にしても、今日より双方皇国の御為、皇威相暉《かがや》き、御回復に立至り候を目途に誠心を尽し、詑度尽力可仕との事

以上六点が西郷と木戸の間の合意点である。特に第五条においては、場合によっては薩摩が京都において、禁裏守衛総督一橋慶喜《ひとつばしよしのぶ》、京都守護職松平容保《まつだいらかたもり》、京都所司代松平定敬《まつだいらさだあき》の連合勢力と正面から武力対決することを長州に約束している。

この史料から、一九四一年に刊行された文部省『維新史』第四巻は、「斯くて薩長提携は、幾多の障《しょう》碍《がい》を越えて実現せられた。文久以降幾度か企てられながらも挫折した倒幕勢力の確立は、薩長提携を枢軸として確乎不動のものとなる事が出来た。時勢は将《まさ》に薩長密約の締結を契機として急転回をなさんとしてゐた」（四七三頁）と薩長盟約をきわめて高く評価したのである。

著者も、自己の幕末維新史理解に基づき、この盟約の画期性を強く確信しており、『維新史』にいう「倒幕勢力」なるものが明確化し確立する（西郷が最終的にそこに踏み込むといいかえてもよい）のは慶応三年六月であるにしても、本盟約はそれの志向性を有するところの「あらゆる事態に備えた両藩の攻守同盟である」(2)との性格規定をおこなっている。

ただし、この盟約は、そこまでの約束をしたものでは全くないとの見解も、幕末長州藩研究者の青山忠正氏から打ち出されている。同氏は、論文「薩長盟約の成立とその背景」（『歴史学研究』五五七号、一

九八六年）でこの観点を発表し、その立場は著書『明治維新と国家形成』（吉川弘文館、二〇〇〇年）にも、薩長盟約を島津家盟約といいかえた上で、踏襲されている。

その主張を要約すると次のようなものとなるだろう。即ち、木戸に上洛を求めた西郷等は、内乱の回避こそを最重要の目標とし、一方で徳川家に再征中止を働きかけ、他方、毛利家には幕府の処分受諾を求めた。木戸がこれを拒み、朝幕双方が対長州厳罰主義を決定すると、処分受諾案件を棚上げして、天皇への直接周旋、およびそれが一会桑勢力によって妨げられた際の決戦を木戸に約束した。盟約案件といっても、薩長とも正式の文書を作成せず、島津家側の一方的誓約の形式をとっているので、「島津家盟約」と呼ぶべきである。従って、この盟約を軍事同盟・攻守同盟とする評価は歴史的な理解として誤りだと、強く批判するのである(3)。

この見解はそれなりに支持を得ているようで、幕末薩摩藩研究者の芳即正氏は、その著『坂本龍馬と薩長同盟』（高城書房、一九九八年）の中で、「西郷はじめ薩摩藩側としては、当初から木戸が書いたような（前述の）六か条の内容をもつ同盟締結は考えていなかった。要は薩長の融和、今後の両藩手を取り合っての協力関係、それは薩長連合とか和解と呼ぶのが妥当であろうが、それが確約されればよいと考えていたものと思われる」（五三頁）、「ふつうこの同盟を軍事同盟とか攻守同盟とされるが、はたしてそう考えてよいものだろうか。それに疑問を投げかけたのは仏教大学の青山忠正氏で、私もそうおもう」（八四頁）と述べている。

しかしながら、私も含めこのような位置づけに批判的な立場のものも当然存在している。例えば三宅紹宣氏は論文「薩長盟約の歴史的意義」(4)において、「薩長盟約に関係した者は、木戸と同様、朝廷を中心とした国家構想を抱いており、内容に幅はあるもののこれが共通認識となって両藩が和解し、盟約締結に至ったと考えられよう」（一〇頁）と、積極的に評価する立場をとっている。

ところで、以上のような評価のくいちがいは、史料の欠乏からももたらされているのである。前出の六ヶ条は、西郷・木戸会談の内容を木戸が念のためまとめ、後世の証拠にと立会人の坂本に裏書を求めたものであり、盟約についてのそれ以外の文書は存在していない。しかもこの木戸の要約的覚書は、二月五日坂本が裏書きし、同月二二日山口を訪問した薩摩藩士の一行によって木戸にもたらされたものの、公表された形跡は全くないのである。この一点の史料のみをもとに、いくら論議しても、見解の対立は平行線をたどるばかりであろう。とはいっても、当事者の西郷自身が文書で残す姿勢を持っていなかった以上、薩摩藩側に具体的な関係史料が出てくる可能性は乏しく、長州側での当事者といえば木戸一人、残した文書は当該文書のみとすると、一体、そのような好都合の史料は果たして何処にあるのか、と人は問うてくるだろう。

だが、それは確かに存在している。しかも、それは長州にでも薩摩にでもなく、両藩とは全く無関係の遙かへだたった美濃国は恵那郡中津川の一平田国学者の子孫の家に存在しているのである(5)。

二　薩長盟約情報と平田国学

慶応元年（一八六五）後半から翌年前半にかけての政治動向を考察する場合、最も基底的根底的なものとして念頭におかなければならない事件は、同年一〇月五日の、摂海進入連合艦隊の軍事的脅迫の前にやむなくおこなわれた孝明天皇の条約勅許事件である。幕末の大激動は、とりもなおさず、安政五年（一八五八）三月二〇日の、孝明天皇による条約勅許拒絶によってひきおこされた。公儀権力はこれによって分裂し、幕府は無勅許開国路線にのめり込まざるを得なくなり、外圧による日本民族と日本国家存亡への危機感は、条約勅許を拒む対外強硬路線の朝廷を根軸とする強力国家への形成衝動を全国的に創出し、幕府すらこの国内政治的大波に巻き込まれる。だが、世界資本主義への強制的編入に逆い、世界資本主義の網の目から離脱しようとする日本の行為は、欧米列強の決して容認することの出来るものではなかった。薩英戦争、四国連合艦隊下関戦争にひきつづき、その総仕上げとしての条約勅許強請軍事行動が周到な準備の上で決行され、条約勅許は結局実現させせられたのである。

だが、日本の民族的国家的自立と主体的強化を志向するあらゆる国内の政治諸勢力にとって、従来の体制を以てしては、如何にしても結局のところ、外圧への対抗が不可能であるとすれば、いかなる新たな対応策が、どのような国内政治勢力の再編成と再統合がありうるのか、この課題が鋭くつきつけられる。

その主体的積極的な対応の一例を我々は「御国の御民」を自認する中津川国学者に見ることが出来る。中津川宿本陣の市岡殷政《いちおかしげまさ》、庄屋の肥田九郎兵衛《ひだくろべえ》、問屋の間秀矩《はざまひでのり》に強烈な衝撃を与えたのは、一〇月一七日、尾張藩美濃太田陣屋磯谷新左衛門からの「九月以来兵庫異船襲来日記」(6)、一八日、在京秋田藩士宮沢千別《ちわき》よりの「三港御許容相成候件の書類」(7)、一九日、条約勅許反対の「薩州建白」(8)の三日たてつづけの到来であった。従来の国内政治枠組みの崩壊の急報である。市岡・肥田・間の三名は一九日、ただちに行動をおこすことを決意(9)、同日は苗木の同門青山景通《あおやまかげみち》の許に相談に赴き、二五日には太田陣屋において尾張藩への建白をおこない、更に市岡・間の両名は一〇月二九日、途中近江八幡の同門西川吉介《にしかわよしすけ》を訪問した上で上京、二条斉敬《にじようなりゆき》関白、近衛忠房《このえただふさ》内大臣、中山忠能《ただやす》大納言、大原重徳《おおはらしげとみ》左衛門督、五条為栄《ごじようためしげ》少納言、岩倉具慶《ともやす》少将の五名に、あらゆるつてを求めて事態挽回の建白をおこなうのである。この中でも五条為栄は平田門人でもあり、親しく面会し、篤胤の「三暦由来記」及び「仙境異聞」を呈上している（一一月四日）。

所期の国事運動をすべて終了、出京するのが一一月二五日、翌日には西川を訪問、中津川に無事帰着するのは一二月二日のこととなった。市岡・間の両名は、滞京中精力的に種々の情報を入手しつづけ、「巷のきき書」(10)として記録するが、その中には当然のことながら薩摩藩のことも含まれている。

しかも注目すべきことは、滞京中、薩長を仲介する坂本龍馬に関する情報をもつかんでいることである。即ち、

一薩州朝敵の汚名を蒙候よし
一長薩合体、西郷吉之助・大久保市蔵・小松帯刀、いつれも人傑と云
一土脱坂本某、中（国）四（国）より、十月十八日長州出立登京、西郷吉之助え也、今大嶋三右衛門、噺、九州大イ振立、大村・嶋原なとは五卿を奉し、今にも出発の様子、長州家にても、再征を請候筈無之、既に子年（元治元年〈一八六四〉）三将首も相渡候事故、今度は急度敵対の用意有之由

この坂本は、実際西郷の内命を受け薩兵の兵粮米を長州より入手するため、九月二六日兵庫を立ち、二九日には柳井に上陸、一〇月二一日、下関で桂と会談、その直後同所より再上京して事の成就を西郷

に告げ、更に一一月二四日木戸を上京させるため大坂出帆、一二月三日下関に到着している。その間の動向と言動が一部不正確の部分はあるものの、きちんと把握されているのである。[11]

右の、一一月段階で入手した「長薩合体」なるものの具体的な内容を、中津川の市岡・間・肥田とその「同志」に報知したのが、同年一二月二六日付の池村（伊勢屋）久兵衛邦則《くにのり》の手紙なのである。[12]久兵衛は京都の染物商、東濃と南信には以前より頻繁に商用で赴いており、中津川の人々とも旧来懇意の間柄であった。全国から上京する幕府・諸藩の武士の衣服需要を見越し、文久三年（一八六三）末から禁門の変にかけては間半兵衛、勝野七兵衛《かつのしちべえ》と組み、一〇〇〇両単位の大規模な生糸売買に従事もしている。しかも、文久二年一二月、竹村多勢子の紹介で没後の門人となり、更に平田家出板物の京都での販売元を平田家より許可されたことにより、東濃・南信の平田門人とは同門関係となり、京都情報の第一の発信者ともなっていたのである。

それは、ひそかに大宰府に赴き、一二月二四日に帰京した元水戸藩士大越伊豫之助《いよのすけ》と益子孝之助《ましこうのすけ》が池村宅に一泊、物語った内容の急報である。これを要約すると次のようになるだろう。

大越・益子の両名は五卿宛の五条為栄書状及び平田国学の重鎮で当時在京していた矢野茂太郎玄道《はるみち》の献策を携え、一〇月一三日筑前黒崎に到着、一一月七日に大宰府に至ったが、警備が厳重で中々連絡を取ることが出来なかった。ようやく三条実美家来山岡英之進の仲介で使命を果たすことが出来（一一月一八日のこと）[13]、一一月二二日には黒崎まで戻り、馬関《ばかん》に二五日に着、ここで一四、五日滞在するのである。その応接に当ったのが桂小五郎であった。両名は五卿の内意及び矢野献策の内容を桂に語り、君侯への御目通りを願ったが、慎中《つつしみちゅう》のことであるからと、その願いは実現しなかった。しかし、上使鈴木宗之助から、「国事の為尽力の程、大膳父子においても満足被致候」との言を賜り、また矢野の献策に関しては、来春になれば採用のこともあるだろうとの返事を得るのである。

この下関において知り合うのが、紀州脱藩人の里見次郎（岩橋半三郎甕夫《かめお》）、筑前の脱走人太田太郎・藤村六郎・藤四郎、土佐の脱走人田中健之助（光顕《みつあき》）、対馬の脱走人四人、あと一人面識となったのが脱走人ではなくれっきとした薩摩藩士黒田了助（清隆《きよたか》）その人であった。

黒田は両名に対しこう語っている。自分は西郷の内意を受け、最近下関に来て滞留している。貴兄等は水戸を脱して国事に尽力しており、赤心《せきしん》を見届けたのでつつみかくさず打ち明けるが、西郷の内意というのは、長州と心を一つにして、我藩が京都に兵を挙げ、一会桑を踏みつぶそうというものだ。その際、水戸藩京都守衛勢力（本圀寺党）は一橋慶喜側に立つだろうが、この時は当然我々の攻撃対象となる。この挙を契機に長州も呼応して立ちあがり、幕府軍がその頃まで滞在しているとすれば、これも攻撃対象となるだろう。長州では高杉晋作と桂小五郎の両名のみが本件にかかわっている。近々桂氏は薩藩の舟に同乗してひそかに上京し、西郷との間で戦略に関し相談することになっている。事が成功しなかった場合には主上を叡山に御移し申しあげることになる。

この黒田の話に従えば、薩摩の目的は内戦回避とか長州に幕府の条件を承諾させるといったものではない。一会桑を目標とした明白な攻守同盟・軍事同盟なのである。

池村久兵衛は、年内には事がないにしても、来春に入れば、何時大事が勃発するとも限らない、とそこで予測をのべている。

池村久兵衛は翌慶応二年一月一〇日付で、中津川の勝野七兵衛・川村伊八に次のような手紙を送って

いる。(14)

当形勢の処、薩長弥同意に相違無之、麦(幕)は素より長討の力なき事故、頻に和議の旨申入候様子なれとも、長、其意に不随、是非共彼より兵端を開候様仕掛、不得止京摂の勢を繰出し候はば、其跡にて薩京師に起り、残る奸を罪、長は麦勢を打破り、近国を鎮撫し、其上入京朝廷を請、神州の御威光を外国に輝さんとの大策、此外十津川・波山同様の義、一時に一二ヶ所急度蜂起可申、水の有志鮎沢伊太夫《あいざわいだゆう》殿へ薩人逢度旨、或有志に托し候処、潜伏所聢《しか》と不相訳趣、小子心当り有之候に付、昨日より右周旋に取掛り居候、何れ一両日の内には引合せ候筈に御座候、右鮎沢を薩州尋居候義は、何方にてか義兵を挙候惣督を頼候義と推察致居候、万事薩長の思ふ様十分に事成候上は、麦の首を捕候ては天下大乱を引出可申旨にて、罪を不糺、大坂城辺りに押込、豊公の例に倣ひ、薩長鍋島佐竹上杉、此五藩天下の五大老と成、天朝を守護被成候趣、右等迄極内々承り候

既に一二月二六日の手紙に述べられている如く、益子は脱藩水戸浪士として薩摩京都藩邸に潜入あるいは出入りしており、(15)それからの情報であることは確実である。また薩摩が京摂間に挙兵するのみならず、他の複数の地において呼応する蜂起も計画されており、その首領に水戸脱走の鮎沢伊太夫が目され、その連絡を薩がとろうとしているのである。更に、この時点で倒幕ということまでは考えていないといっても、それは事態の紛糾を慮ってのことであり、実際には将軍を大坂城に押込め、薩長を中心とする五大藩の執権にしようと構想されていた、というものである。

池村はこの時、薩邸内部に情報提供者を持つと同時に薩邸に情報をもたらす重要人物であったことは、

市岡・肥田・間三名宛の一月一七日付の次の手紙(16)からも明らかである。

サツ人追々入京、自《おのずから》其色を含、東西の勢不容易故、奸職ともも無油断周旋いたし居候趣、其子細は、サツ惣督大島三右衛門を召捕可差出旨、麦より加々(加賀)へ申付候処、加州断申候趣、一昨日樹下(茂国)、堂上方にて聞来、矢野(茂太郎玄道)へ注進、邦則、矢野より被相頼、直様同所へ参、筑潜伏人朽木某(吉田太郎の変名)と申人に面会、右のよし為知《しらせ》候、右様の形勢に候間、機会早く相成候も難計、此段御承知可被遊候

この手紙によれば、薩摩京藩邸には、筑前の太田太郎とともに薩長融和のために活動した筑前脱藩士吉田太郎も潜伏していたのである。西郷のいるところ潜伏人あり、という状況なのであった。

薩長盟約の成立は一月二一日(乃至二二日)であるが、池村は二三日にも薩邸に赴いたことは、左の如き同日付市岡・肥田・間宛手紙(17)によっても疑いない。即ち、

大七(大坂屋七兵衛＝勝野七兵衛)様御帰国に付啓上仕候、扨追々申上候形勢の義、急に事有之候様存候に付、其旨申上候所、今日薩藩え参、朽木に面会、同人咄の内、来月初頃、西郷氏一度帰国可被致由被申候間、当節柄皇師を捨帰国被成候段、如何の次第哉と尋候処、三港勅許の義に付、近々異舟渡来の趣故、為応接下国のよし被申候、右の由、竹原秀太郎(益子孝之助の変名)へ申候所、竹原被申候には、全左に不有、譬異舟渡来致候とも、応接人以外に沢山有へし、右西郷下国と申は、筑前恢復の為成へし、さつ皇都にて大挙あらん前、筑同意無之ては通行難成義と先頃噺有之間、全其周旋に被下候に相違無之と竹原被申居候、右の次第に候間、来月初より西郷帰国と申、筑前へ可被渡、同人登京の上ならては事有間敷存候、此段左様御承引可被下候、筑侯是迄西郷を師のよふ被

頼居候よし故、必同意可被致と存候、先便一寸申上候鮎沢伊太夫、右西郷引逢の義、此中より周旋致居候所、当時鮎沢河内に潜伏、折悪敷同所にて不快、夫故上京延引相成、未得引逢せす候、然る所、前に申上候西郷近々下国に付、夫迄に是非面会致度旨、杤木より猶頼有之候間、此段佐々木殿へ相談可致心得に御坐候、為皇国日々周旋、此上なき面白き事と存候、大挙には未暫間も有之候得とも、格別御用も無御座とも、早々御上京御加勢偏奉願上候

この史料によれば、筑前と西郷との関係について益子はよく通じていたことになる。鮎沢との連絡役として名前が出されている佐々木は、市岡等中津川の平田門人が同人の潜伏について便宜を図り、当時は在京していた水戸脱藩士佐々木真平のことである。

この池村と中津川平田国学者との間でかわされた薩長合体と蜂起計画の情報は、同時期近江八幡の西川吉介のもとにももたらされる。といっても西川が別の情報源を有していたわけではない。

一月二一日、彼にこの情報を運んできたのは、当時彼の許で学んでいた飯田の旅館兼菜種商久保田（升屋）治郎八三男鎌吉（信久）であり、一昨年の二月、彼の妹むゆは、間半兵衛秀矩の嫡子市太郎の妻となっていた（むゆは長命で、没するのは昭和六年〈一九三一〉四月のことである）。鎌吉の京都での情報入手先は当然伊勢屋池村久兵衛である。

一長薩一味、大正議、長の方は桂小五郎、薩は大島三左衛門（ママ）惣裁の由
一佐津（薩）平安に発し、穴西（長）に突起し、会桑独を追捕し、麦を浪速に追こめ、佐津・穴大老となり、旧弊を一洗せん奇策なりと云、大島・加都良先般密に登京す。弥策を廻し速に西帰す、長和不整時は、麦主無拠西下、其虚を得て京・長に於て一時に突起すへしと云謀略に再ひ決したる由、巷談

也

一佐都（薩）に於て会桑一を鏖滅せん事は容易の事なりと云

一幸人（薩人）用明家警衛の為と号し、日々三十人或は廿五人・廿人宛程参殿し、一人或は両人又は三人程も殿中に残りたる事、毎日方今凡三百名余も密々殿中に屯す。此一件秘中の極秘にて、他にしる者一人もなし、此三百人の勢を以禁門を固め、鯰（会津）及九和（桑名）等を隔絶し、余の幸人を以奸を誅し、独公（一橋）をも倒す略なる由、万一不行届時は比枝（比叡）へ遷幸なし奉らむの一策ありと云

一麦激して長征せむ、其虚に乗し京坂に一発し、長よりは逆寄に押登らは必勝利あるへきに附て、其策に決定し、木圭（桂）は西帰せしか、右の如く猶豫すへき形勢にあらす、是非に此頃に一挙あるへきに再ひ決したる由、幸邸より此旨飛報を以木圭に通せる趣なり

一鯰・久和及ひ独等を誅し覇主を花城に蟄居なさしめ、幸・穴二氏大老となり国政を一洗し国体を維持せんとの策而已、敢て覇府を鏖滅《おうめつ》せんとにはあらすとの由(18)

これによれば、薩長盟約の内容が相当正確につかまれていたことが明らかである。また倒幕にまではいかない、といっても、基本的には奪権する構想であることには相違ないのである。

あと一度西川に薩長合体の情報をもたらすのが、二月一三日、京より帰国の途次立ちよった間半兵衛の嫡子市太郎であった。京では池村のところで世話になっていた。彼は西川にこう物語る。

一薩西郷吉兵衛、改名大島三右衛門上京、身分は家老次席と申事、次第に登用、一藩帰服す、同人の建議は君侯尽《ことごと》く採用せさるはなく、実に方今の権勢藩中比肩の人無之、薩の所置、此人の方寸に有之と云

一去月廿三日、寺田屋一件の薩士は元来他藩脱走の人、従来薩へ入込み来りしか、近頃は藩士となる。元来屢《しばしば》長へ応接して終に薩長合体の基本を開く人なり、幕大に是を悪み、大坂町奉行甚く探索す、依之伏見奉行へ申送り召捕んとす、然るに脱走、其後薩が伏見奉行へ応接有之、其大略は、弊藩人数の士、一応の達も無之麁暴に被召捕候儀は如何の儀に有之哉と、奉行大に閉口すと、

一薩の論は、倒幕に至ては諸侯の動揺容易ならす、天下の変乱なれは、篤(徳)川氏をして辞職、百万石余の大侯に列し、将軍職は時の人望に任せ互に交代すへしと、尤畿内近国は尽く天朝の御領になし奉るへき議論なりと云

一幕府、最初は薩を嫌疑す、方今は嫌疑するにあらす、公然として敵味方の勢なりと云(19)

市太郎においてもこの時期の薩の政権論をよく押えており、西郷の圧倒的な力量と人望も正しく評価出来ている。更に坂本龍馬の寺田屋事件も「薩長合体の基本を開く人」だからこそ幕府に狙われたのだ、とその本質を見事に把握している。それもそのはずである。京都薩摩藩邸の内部にまで出入り出来るネットワークを中津川の平田国学者たちは、伊勢久を筆頭とする在京の同志グループとともに、きちんとつくりあげていたのである。

三　薩長盟約への薩藩の接近過程

内戦回避も、また幕府処分案の長州への押しつけも考えてはおらず、逆に長州と合体し一会桑を敵とした武力行使を図ろうとし、皇威を輝すため両藩が同心戮力《どうしんりくりょく》する立場をこの当時薩摩が執るに至った

とすれば、元治元年（一八六四）七月一九日、一会桑と肩を並べ長州軍と京都で激戦した薩摩は、どのようにしてその立場を一八〇度逆転させてきたのか、という当然の疑問が提出されるだろう。そして、この点に関する著者の見通しは、当然薩長盟約の評価そのものにかかわってくる。論ぜざるを得ない所以である。[20]

やはり、ここでも西郷が局面転回の主軸となる。元治元年初頭、西郷は流罪から召還され、薩藩京都藩邸に上ってくる。それは前年会と提携して遂行した八・一八クーデターが、結局、「薩賊会奸《さつぞくかいかん》」の非難をひきおこしたのみならず、政局を幕府・一橋・会津に有利に変えたにすぎないことに怒った薩藩激派（彼等は薩英戦争を闘った主体であった）が、自らの在京指導者として西郷を強く求めたからである。西郷の当初の方針は、朝命は遵奉するが、幕府のためには決して動かないというものであり、禁門の変には朝命を奉じて朝敵長州勢と闘ったが、その後の長州追討（第一次長州征伐）では総督徳川慶勝《とくがわよしかつ》の参謀として、縦横無人の働きをおこなう。彼は一方で長州側を説得して、禁門の変を惹起した形式的責任者として三家老を死罪とさせ（一一月一八日、広島において首実検）、三条実美《さんじょうさねとみ》等五卿を大宰府に移転させるという譲歩をかちとり、他方で、この譲歩を理由に征長軍側に開戦を回避させ、ついに一二月二七日には総督に諸藩解兵令を発させるのである。しかも西郷は、五卿移転を実現させるため、長州激派と直接交渉する中で、彼等の志と心情を理解するようになっていき、長州をも含んだ国内和合路線を構想するようになり、幕府の権限を奪うための朝廷召集諸藩会議を公論を創出する場に位置づけようとする。また、禁裏守衛総督一橋慶喜を幕府と対立させ、幕府対慶喜の二極化を加速させようと試みた。国内政治のヘゲモニーを薩摩が掌握しようとしたのである。

ただし、事の推移を公平におさえてみるならば、長州藩の恭順姿勢の表明と三家老の死罪は、開戦中止の条件であったとはいえ、決して処分の完了を意味してはいなかった。論理的には長州父子の処罰、長州藩の削封、五卿処分の三問題の処理が、慶勝もそのように理解していたように、次にきちんと控えていたのである。しかし、長州を国内政治の一構成要素に編入しようとするならば、この点には幕府の主導性を認めてはならず、朝廷召集諸藩会議によって、一日も早く寛典《かんてん》処分（あるいは棚上げしての不問処置）を決すべきなのであった。しかも、長州藩内では慶応元年（一八六五）一月、高杉晋作率いる諸隊の反乱軍が藩庁軍を打破って藩権力を完全に掌握し、防長二州人民の徹底的武装化を図り、武備恭順を旗印に、これ以上如何なる譲歩も許さない決意と体制を固めていったのである。

解兵令を発した徳川慶勝は一月二四日に上京、今後の長州処分のあり方について、朝廷が諸藩を召集、意見を徴することを出願するが、その背後には薩摩が控えていた。幕府関与を排除し、朝廷・諸藩直結体制を創ろうとするためである。

三月二日、朝廷が京都所司代に対し、前年九月、幕府が発した参勤交代復旧令と大名妻子江戸在住令を撤回し、長州父子の江戸召致と五卿の江戸護送の幕令を中止すべし、と命じたのも薩摩の強力な工作の結果であった。朝権を優位に置き、長州処分のイニシアチブを幕府から剝奪しようとしたのである。

しかも、薩摩の路線は現実化する可能性を有していた。幕府には禁門の変後より、事態を文久二年（一八六二）以前の政治体制に復旧させようとする勢力が強くなってきた。朝廷がくり返し朝敵追討のため将軍進発を求めたにも拘らず、朝命に応ずることなく徳川慶勝を総督に命じて幕府の尊厳さを誇示しようとし、参勤交代令の緩和は撤回し、大名妻子の江戸在住は達し、長州処分はすべて江戸で決するとして慶勝に参府を命じ、更に長州父子と五卿の江戸召還を諸藩に達したのである。それのみならず、慶応元年二月には武田耕雲斎《たけだこううんさい》等の西上勢の大量処刑を強行して厳然たる幕威を以て天下を震撼させようとし、ついには御所九門警備を始め、以前の如き朝廷を直接統御下に置こうとして在京一会桑勢力の全面的排除を図ったのである。

幕府の、少し前まで空気のように通用していた「公儀を憚らず不届至極」流の尊大さと独善さへの回帰と固執がつづけばつづくだけ、朝命に敢て抗したとして長州を朝敵と憎悪する孝明天皇・中川宮・関白二条斉敬等の朝廷首脳部との間の、また一会桑との間の溝は深まり、客観的には一橋慶喜をも含んで、薩摩路線の軌道に乗せられざるを得なくなるだろう。その延長線上に長州の国政参加が展望として開けてくる。

この薩摩路線に対抗するためには、第一に朝命を奉じさせて将軍に上坂させ、前年四月大政委任がおこなわれた幕府と朝廷との一体化、公儀勢力の再統合が京坂の地において実現されなければならず、第二に、大政委任に矛盾する朝廷召集諸藩会議の制度化への動きを断乎阻止し、朝幕融合の触媒として機能してきた一会桑勢力が国政諮詢《しじゅん》・決定のプロセスに明確に位置づけられなくてはならないのである。

禁門の変以降の政局は右に見た如き薩摩路線（これを主導するのが西郷・小松帯刀・大久保利通の三人体制である）対一橋慶喜をその首脳に据えた朝幕融合路線の抗争の過程であった。慶喜は会津・桑名と連携して対幕対薩の二正面作戦を遂行する中で、この路線を実現させなければならなかったが、彼の抜群の政治能力はそれを可能とした。そして一方では江戸幕閣内の内部分裂と復旧派老中の失脚が、他方では高杉等長州激派の藩権力掌握に対する朝廷首脳部の警戒心と恐怖感の増大が、朝幕融合路線の現実化に有利に働いた。ついに慶応元年三月二九日、将軍進発が幕閣によって決定され、五月一六日将軍家茂が大軍を率いて江戸出発、閏五月二二日参内の上大坂城入城という展開となった。参内当日、孝明天皇が家茂に宛て、「防長の処置衆議を遂げ言上のこと」の語とともに、一会桑にすべて相談のこと、との勅語を下したことは、公儀権力と大名階層の中間に一会桑勢力を制度的に挿入したことを意味した。大軍を擁した京坂間での朝幕結合の成立と老中・一会桑間の合意システムの形成は西国における幕威をたかめ、薩摩路線の可能性をせばめていった。ところで岩国と長州末家の上坂命令は長州側のサボタージュによって履行されず、九月二七日までに上坂すべしとの期限つきの八月一八日付達も奉ぜられない事態に至り、将軍家茂は長州追討の勅許を得べく九月一五日、大坂を発して二一日参内、薩摩と連携する内大臣近衛忠房が、勅許に反対し諸藩諮問を主張するも、関白より、明白な朝敵の処分を諸藩に尋問するのは如何、と反対され[21]、一会桑も朝敵処分を諸藩に尋問するようでは朝憲立たずと強硬に主張、薩摩路線は一顧だにされなかった[22]。この時に当って、大久保利通は進発を停止せよ、長州に罪無し、一度伏罪たる故也と、中川宮に迫ったが、宮は取りあげず、九月二二日、大久保は「朝廷是カキリ[23]」と、宮に向い捨てゼリフを吐くに至ったのである。有名な「非義勅命は勅命に非ず候故、不可奉所以[24]」とは、正にこの中川宮に対する激しい難詰の際発した言葉なのである[25]。

しかも、この征長勅許問題にたたみかけるかの如く、連合艦隊摂海進入事件と条約勅許強請問題が勃発する。薩摩は、この際にも、「兵庫開港三港勅許の儀不容易皇国の御重事にて、軽卒に御許容相成候ては天下の人心不居合、皇威相廃候御場合に付、有名の侯伯御召の上、天下の公議を以て御評決相成[26]」るべしと建言し、その会合までの時日遷延については、朝廷より然るべき御方（大原重徳を想定している）を御差向けなされ、薩藩に随従の下命あらば十に八九は成功させて見せよう、とまで確約する。

だが、この薩摩路線に引きずり込まれないよう、一橋慶喜は誠に見事な措置をたてつづけに取ったのである。第一に独断で兵庫先期開港を約束した老中阿部正外《あべまさとう》と松前崇広《まつまえたかひろ》を引責謹慎させ、将軍が上洛して条約勅許を奏請することを幕議決定させ、第二に勅命による両閣老の罷免に激怒し東帰に決した家茂を伏見に要して翻意させて二条城に入城させ、第三に薩摩の主張を排斥し、在京諸藩士の意見を徴して決しようと、勅許反対の薩摩及び岡山両藩の意見を述べさせ、肥後藩を始めとする他の諸藩士すべて勅許やむなしの見解なりとして、一〇月五日、ついに孝明天皇より条約の勅許をかちとるのであった。幕威のみならず皇威も大幅に下落する。しかし、一会桑に結合することで朝廷は安泰となるとの見通しでここまで来た朝廷首脳部には外にとるべき道は残されてはいなかった。言葉通りの一蓮托生の関係になっていたのである。

あくまでも朝旨遵奉の朝幕合体を建前としながらも、諸藩会議への方向は断乎として阻止し、薩摩の朝廷内の代言者近衛忠房を孤立させる中で、(27)一会桑は長州征伐の段取りを再起動させ、毛利家家臣の上坂策にかえ、広島表での尋問の担当者として一一月初旬大目付永井尚志《ながいなおゆき》と目付戸川忠愛《とがわただなる》を同表に下向させ、その次第により将軍を進出させるとの新方針への勅許を一〇月一八日に獲得するのである。

薩摩には、皇威がかほどに下落する中においても、執りうる手段は全く存在しなくなった。従来の路線にかわる抜本的な新路線を執り、政局を全面的に打破しなければならない。この西郷を中核とする薩摩藩論の急激な変化は、宇和島の伊達宗城《だてむねなり》によってもかぎつけられていた。慶応元年一二月一七日の久光宛書翰において宗城は、「近日頗暴論に西郷始変化の由、尤被為於両明公《りようめいこうにおかせられては》、御依然持重と心得候」(28)

と書通しているのである。

四　薩長同盟以外の対応策の存在

しかしながら、薩長同盟のみが一会桑の朝幕融和路線への対抗軸だったのか、と問うとすれば、必ずしもそうではない。条約勅許せずの朝廷を根軸とする強力国家構造が崩壊しても、いかなる代案が提起されるかは、それぞれの階級、階層、諸政治集団ごとによって異なってくる。この時期のさまざまな構想の中で薩長同盟がどう位置づけられるのか、という問題意識は重要なポイントである。この薩長同盟にしろ、両藩共に、藩主と藩上層部の指示を受けない軍事改革派・激派が藩権力を掌握していたがゆえに、初めて可能となったのである。しかし長州にしろ、高杉が実権をにぎった当初では、いまだ混沌とした状況にあり、彼と意見を異にした元奇兵隊総督赤根武人《あかねたけと》が筑前藩に脱走、西郷と筑前藩尊攘派の意を体し(29)、環長州諸藩への対長州緩和策の工作のため、久留米藩士淵上郁太郎《ふちがみいくたろう》とともに上坂したりもしていたのである。だが運悪く幕府側に捕縛され、しかも一一月の永井芸州行きの付添いとして釈放された時期には、長州藩は既に防長二州が勅命を奉じて国事に尽力したことについては一点の誤りもない、来襲せば二州滅亡するとも徹底抗戦あるのみ、との必死の決意充満し（従って攘夷意識は更に強化されていったのだった）、少したりとも対幕融和論は認められる訳がなく、無残にも翌年一月二五日、幕府内通の冤罪を以て赤根は斬首され、淵上も幕府密偵と猜疑され、慶応三年二月一八日、ついに柳川藩潜居中に殺害されるのであった。

長州の対幕強硬姿勢の確立は、同藩諸隊に加わり国事周旋に尽力しつづけていた紀州藩出身の里見次郎にとっても居づらいものとなり、水戸の大越・益子と交わった直後に結局長州を去るのである。彼の慶応元年（一八六五）一一月、備前候へ差出した建白書[30]は、次のように述べている。即ち「長州再討・開港勅許等の事態に立ち至ったのは、天下の諸侯が朝廷の微力を助けられなかったからである。今日に至り烈公（徳川斉昭）・順聖公（島津斉彬《しまづなりあきら》）の志を継ぎ長州父子の力を助けるのは、唯明府（斉昭の九男で岡山藩主である建白書宛先の池田茂政《いけだもちまさ》を指す）に渇望する処、血縁の因州・島原・浜田、また大村・平戸・川越の諸侯に使者を派遣、懇《ねんごろ》に御至誠御説得され、入朝御諫諍《かんそう》の儀を約し、明府精鋭の兵を率い衆に先達て上京、有栖川宮・薩摩士と謀合せ、因侯以下諸侯を急に京師に被召寄候様の儀を被為施《ほどこせられ》、開港不可なる次第を逐一に御上言あるべし、また明府、一橋公と兄弟の間柄故、其御過失を御復しありて、開港勅許の儀、死を以御諫め遊ばされ候様の立場に（慶喜を）御戻しありたし」と。

里見の見解によれば、大名連合による国内強力体制の再構築と、その支柱としての一橋慶喜の再位置づけが国家論の骨子となっている。そこでは水戸家血統がきわめて重視されているとともに、慶喜に対しては依然として多大の期待をかけているのである。このような構想を有している限り、ますます長州滞留は居心地の悪いものになっていったことは確実である。しかし親藩の紀州藩尊攘浪士という出自を考えた場合、このような構想こそ、むしろ自然なものだったのである。

ところで、中津川国学者の建白の視座はサムライの立場からのものではなく、正に「草莽《そうもう》の国学」[31]のそれであった。慶応元年一一月、「美濃国御民」を名乗る市岡・間両名の二条関白への建白の骨子は以下の通りである。即ち、「（条約が勅許となると）以来とても虚喝を以て劫し奉り候はば、如何様の儀も御許容あらんと、醜夷等益驕慢《きようまん》となり、終には皇国を併呑せずんば不可已《やむ》の機顕然と相見申候、左候ては万国に君臨まします天照皇大神以来の御正統に御座あらせられ候御神胤皇孫尊の御盛徳も汚穢し奉り候御次第、悲泣憤懣の至、今般の御一挙は皇国浮沈の御大革に付、勅勘の長州家を御宥免《ゆうめん》なされ、東西遠近の列侯も悉く召寄せられ、人心一致を聞食《きこしめし》候はば、攘夷鎖港急度決定可仕、開港御許容あらば、姦商共時を得、益物価貴騰仕り、万民塗炭に苦むのみならず、諸侯は銘々怨を抱或は惑い或は乱れ、或は割拠致し、草莽の有志は激烈の余り大法を犯し、終には死刑に処せられ、天下は忽分崩離析可仕、尾張前大納言は名分正しき御方、薩州・備前等、一手に攘夷仰付けられ度との建白有之趣承知仕候間、右有志の諸侯早速召寄せられ、攘夷の厳命被仰付候はば、悦喜雀躍、断然御請奉申上るべし」云々。

対外硬的国内体制の再編成のための長州宥免、諸侯会議による公論の形成、尾薩備前による兵力結集など、国内統御を見通しての攘夷策が正面から建策されている。只当然のこととして、軍事力結集の部分においてはリアリティーに乏しい。逆に注意すべきは、平田国学者らしく天照皇大神以来の神胤を奉ずる皇国の尊厳と外夷への屈服が基本的矛盾関係として強調されている点である。

この点では、国学者の間では、条約勅許反対が日本国内改革案と結びつけながら主張されていたことも留意するに足る論点であろう。前出の一二月二六日付伊勢屋書状に言及されていた、五卿並びに長州藩侯（一二月付のもの）に宛てられた矢野茂太郎の献策は、対長州献策(32)に従えば、要旨左の如くである。

日本において醜夷を掃攘し万国を戡定《かんてい》するほどの人材が出ないのは皇朝の大基本に着眼する者が存在しないからである。御政事の根本は御祭事故、御祭事を御興し、神州の神州たる所以を天下に示教すれば、自然と正気も相振い可申、（長州の）御府下において太神宮と天朝の遙拝所を置き天皇祖神を始めとする諸神を祭るべきである。また同所には本学黌《ほんがくこう》を開設して、城下及国中の人を上人中人下人と三等に別ち、その等級に応じて神皇の大道を教誨《きようかい》し、死後にては幽冥に帰して、我氏神産土神《うぶすながみ》、殊に出雲大神の御政令に随候事迄も能々肺肝に徹底仕らせ、ゆめゆめ邪教に誑惑せぬように教えるべきである。

また宮中には貧院・幼院・教院（無頼子弟の教導所）、宮外には病院を設立し、人民の「生の功」を遂げしむべきである。「長州は其御軍政を公明正大にして、人民を水火の中に救う所に心を用ひ、規律厳粛、秋毫《しゆうごう》も犯さず、東面して征すれば西夷怨み、南面して征すれば北狄怨と申様に有之度、かくて其寸地を得候はば、即我本宮本学を建候て、本教を以教諭を加え、刑罰を省き税斂《ぜいれん》を薄し孝子有徳を顕賞仕候など、一々故国の民に異ならず御施行相成度」云々。

ここには祭政一致とともに教育の制度化が強く志向され、更に貧院・幼院・教院・病院設置により、人民におのおのその「生の功」を遂げさせることが意図されている。刑罰を省き税斂を薄くし、孝子有徳を顕賞する部分に至っては、いよいよ平田国学受容の主体たる村落指導者層の年来の願望が率直な形で言明されているのである。矢野はこの献策を「天下の有志は勿論、京師・浪花等の人心悉く閣下の御盛徳を仰望仕候事、実に父母の如くにて御坐候、是則叡慮御遵奉、断然と醜夷の御掃攘の御魁《さきがけ》」となった長州藩に呈上する。更に矢野等は、ほぼ同一の献策を慶応二年五月、薩摩藩主にも謹しんで献じるのだった(33)。長州と薩摩は、矢野等においては平田国学の願望を実現し得る両大藩に外ならなかったのである。

五　中津川国学者の薩長盟約情報入手の媒介者

ところで、中津川国学者達を政治に目覚めさせたきっかけは薩摩ではなく、長州であった。文久二年（一八六二）六月二〇日、中山道を経由して上京する長州藩主一行と政治方針打合せのため、京都より下る桂小五郎とが行きあって会合したのが中津川だったのである。間半兵衛は六月二〇日、長州藩士で平田門人の世良《せら》孫槌《まごつち》の他井上馨・福原蔵人《くらんど》・乃美右衛門等に面会、急迫する京都の政治情勢を聞くに及び、具体的な国事運動に参加し、同志を勧誘するようになる。翌年二月の等持院足利三代木像梟首事件の際にも、同志松尾多勢子の逃げ込んだ先は長州京都藩邸であり、この際、間達は井上馨の世話をうけたのである。この関係は元治元年（一八六四）七月の禁門の変まで断えることなくつづいた。中津川国学者の京都における周旋者は例の伊勢屋久兵衛である。その間、中津川国学者と薩摩藩士の間には何等の接点も有してはいなかった。

事態が変化するのは、私は今のところ、元治元年末から慶応元年（一八六五）初頭だとみている。筑波西上勢との関わりである。西上勢は、元治元年一一月二七日、中津川に休泊するが、ここでは市岡・間・肥田等平田国学者の宿役人総出の歓待をうけ、また西上以降、初めて全国的な情報を入手しえた。それ以前は、宿役人とはすべて敵対関係にあったのである。西上勢の人々の間に、一時的とはいえ深い安堵感がこの地におこった所以である。平田同門の横田藤四郎は和田峠で息子藤三郎が戦死した後、何処にてか回向しようと携えて来たその首級を、中津川の同志に渡すことが出来たのであり、同じく同門の亀山勇右衛門は、自らの運命を覚悟し、平田家書籍の出板費用にと自分の所持金二〇両を上木料《じようぼくりよう》の名目で市岡に手交した。市岡等は藤三郎の首級を手厚く葬るとともに、神祇伯白川家より藤三郎の霊号「元津岩綱若子之命」を拝受し、祭祀をおこなった。亀山の上木料は直ちに江戸の平田銕胤の許に届けられ、銕胤は『鬼神新論』の出板費用にそれを宛てるとともに、同書跋文には市岡殷政と並べ、亀山勇右衛門の姓名をも明記した。これは少しく勇気のいる行為である(34)。また清内路の原信好《まよみ》に渡されたと思われる亀山の日記は中津川で筆写されて各処に送られ、筑波西上勢の確実な記録を欲していた多くの人々によって争うように写し取られていった。

市岡・間・肥田等は、西上勢の歓待や同門横田・亀山両人への心配りをおこなったばかりではない。中津川宿から、西上勢一行と別れ、密かに京都に潜入しようとする水戸藩士等の世話をもおこなった。三木左太夫（変名柳松之助）、梶又左衛門（変名金井徳二郎）、長谷川道之助（変名谷川某）、原孝三郎、鮎沢伊太夫の五名である(35)。

更に東濃・南信には西上勢に関係しながら、何らかの理由で一行から離脱し、潜伏する人々がいたが、彼等の面倒も中津川国学の人々は、それはよくみたのである。磯山与右衛門（新治郡安食《あんじき》村の豪農）、内藤文七郎（安食村の人）、室町竹三郎（新治郡玉里《たまり》村の人）等の人々がそれであった。

ところで、京都には当時数百の水戸藩士が本圀寺を拠点に滞在していた。そのため、彼等は本圀寺党とよばれていた。本圀寺党は、文久三年三月水戸藩主の弟松平《まつだいら》余四麿《よしまろ》が京都守衛の任を帯び水戸藩士を率いて上京したことに始まる。余四麿は同年一一月二三日に病没したので、後任の責任者として松平余八麿が一〇〇名の藩士を率い翌年一月着京、その三月、一橋慶喜が禁裏守衛総督となるや、本圀寺勢の一部兵力が慶喜にさかれ、更に二〇〇名の水戸藩士が五月に上京、慶喜の手兵に加わることになる。

本圀寺党の幹部は大場《おおば》一真斎《いっしんさい》、鈴木縫殿《すずきぬい》、住谷寅之助《すみやとらのすけ》、野村彝之助《のむらつねのすけ》等であったが、一真斎自身が密勅不返納派のリーダーで長岡勢に内通していたように、メンバーの多くは安政七年（一八六〇）三月の桜田門外の変、同年八月の薩藩邸駆込組、翌年五月の東禅寺事件となんらかのかかわりをもっていた。文久三年三月、元治元年一月に上京する神職・郷士を含んだ藩士自体が、尊王攘夷・禁裏守衛の強い理想をもっている者の中から選抜されていたのである。従って筑波勢の蜂起後は、同勢を支持する者おのずと多く、国元からの財政支援は途絶えてしまうのであった。

前述の鮎沢等も本圀寺党の助けを借りて潜伏しえたのであり、また加賀で降伏した西上勢の中からも、なんらかの手段で本圀寺党にかくまわれる者も出てきた[36]。

ただし、京都長期滞在という事態の中、しかも禁裏守衛一橋慶喜との深い関係のある状態では、幹部は諸方の嫌疑を避けるため、他藩との交流については厳しく制限しており、慶応元年閏五月、膳所藩《ぜぜはん》尊攘派事件がおこり、幕吏と新選組が厳しい探索をおこなった際には、その押収書類の中から鯉沼伊織《こいぬまいおり》（変名小林彦二郎、後の香川敬三《かがわけいぞう》）のものが出てきたため、鯉沼は本圀寺から脱せざるを得なかった[37]（その後岩倉具視の側近となる）。本圀寺党の本来的な思想からも、鯉沼的事件は常時発生しえたのであり、如何なる手段を以てか、彼等の中には秘密裡にか、あるいは上役の暗黙の承認のもとにか、国事活動をおこなうものが出て来るのである。

しかも、筑波勢に加担したという明白な事実があるため、本圀寺党には加われなくとも、その周辺で、本圀寺党にも連絡をとりながら国事活動をおこなうものも存在した。沼田準次郎（梅村速水《うめむらはやみ》）や斎藤左次衛門などの水戸藩士である[38]。

中津川国学の西上勢への尽力・助力は、鮎沢の線でも、亀山日記の線でも、そして横田藤三郎埋葬の線でも、更に水戸浪士潜伏協力の線でも、京都の池村久兵衛という情報ネットワークの核を媒介として本圀寺党に伝わっていく。池村と連絡をとりあっていた西川吉介の慶応元年七月頃、中津川同志宛書状の中に、本圀寺党が工作のため九州に下った事実が報じられる所以である[39]。

ただし池村は本圀寺党全体とのかかわりを持とうとはしていなかった。前出の一橋慶喜との関係も含め、平田国学の将来展望からすれば、一面では警戒しなければならず、情報を流すことも控えるべき時があるのである。

慶応元年六月四日付の市岡・肥田両名宛手紙[40]において、池村久兵衛はこう認めている。

礒山氏、此頃御地に被居候由、兼て内々申上候通、極正と申人にては無之間、其思召にて御用心専一に御座候、鮎沢始内藤（文七郎）・佐々木（真平）も同様の人物、水人には呉々御用心可被遊候、委敷《くわしく》は拝顔の上ならては難申上候

したがって、一二月二六日付手紙にあった九州潜行の大越伊豫之助と益子孝之助は、久兵衛の目鏡にかなった「極正」の人物だといえるであろう。

では、市岡・間両人の慶応元年一一月の滞京時の対人接触を通して、より詳細に水戸藩士等との交友関係を検証していこう[41]。

11／4　五条殿を訪奉る、御慎中なるが同門の事故、御逢有之

11／5　水藩綿引留蔵来訪

11／6　松波左兵衛大尉北面大口大和守中山家を尋
11／7　坂下樹下石見《じゅげいわみ》、矢野（茂太郎）同道にて訪来、樹下は銅駄家（二条家）に便りあり、水府朝倉五郎右衛門、服部悌之助、藤田大三郎、綿引留蔵訪、池村にて酒出す
11／8　樹下・矢野来
11／9　宿へ水府朝倉氏尋
11／12　岩倉なる小林彦次郎、松尾の書翰を持、宿来、水府吉成恒次郎、藤田主と来訪
11／13　本圀寺へ尋、藤田・服部・吉成等の局にて酒出る、又綿引、榊幾二郎、中村為蔵、小室左門、寺門陽之助、菊地秀彦等の局にても酒・夕飯出、宿に近江人木田善兵衛、樹下の書状持来、同宿
11／14　大口大和守中山家木村数馬五条家訪来、秀矩木田、松尾へ行、大原卿へ出、宿に不在、同所に泊り、明て帰り
11／16　水府福田仙太郎江戸より帰り、松尾氏を訪ふ、松尾伯耆非蔵人山ノ井伊豫守楽人来合居、面会、大原卿よりの御伝言御歌頂戴
11／17　水府川瀬順之助訪来、福田氏あるじにて三本木月波楼に被召、綿引・磯山・我等二人
11／19　山中法橋面会
11／20　横田元綱（藤三郎）忌日（前年のこの日に和田峠にて戦死）成ければ、同志人々を集へて祭祀す、矢野、福田（千太郎）、伊東（謙吉）、大原助蔵、池村兄弟、磯山、己等二人、矢野祝詞
11／21　秀矩板倉筑前介訪ふ、大口へ文持参

11／22　大口へ再文持参、殿（中山忠能）より御懇意あり、依て陽明家へ文書、夕方綿引始六士訪ふ、
　小林も来、泊り
11／23　本圀寺へ暇乞に行、小林滞留、矢野尋来、陽明家上書、小林へ出す
11／24　夜に入、朝倉主・河原井・三司など訪ふ、水人懸札勇之助へ三木（左太夫）面会の儀頼遣し
　置候処、都合不成と云来、残念成
11／25　京出立、懸札・福田・池村・大原、白川橋迄送り

ところで、市岡・間はこの建白上京に磯山与右衛門を同伴していた。そのことも有利に働いたと思われるが、一一月七日の記述のように、水戸藩士と面会の際、池村が酒を出しているところを見ると、池村と彼等との関係はそれ以前から出来ていたことが明らかである。

また、市岡・間等が三木左太夫等脱出の際尽力したことは本圀寺党の人々の知悉するところだったらしく、一一月二四日、三木との面会がうまくいかなかったことを市岡等は残念がっている。三木との連絡役は懸札勇之助である。

更に一一月一六日、本圀寺党の福田千太郎が江戸から帰府とあり、翌日には福田が招待主となって市岡・間の両人が月波楼に招かれている。それも道理で、後述のように、市岡は中津川に来訪した福田を手厚く世話していたのであった。

市岡・間が本圀寺党の人々をどう評価していたかは、西川に述べた次の見解(42)から正確に判明する。即ち、

本圀寺党、上分の処何れも勤麦（幕）の迂遠論にして、正論払地てなし、却て軽輩の分に百人程正論有之、

弥長征に付ては何卒助力致し度、伐せては不相成と真に周旋尽力せるよし
と述べている。両名は本圀寺党内の軽輩で反慶喜の立場を明確にする者達に期待をかけていたのである。

この日記は建白の手蔓に関してもよい情報を提供している。一一月四日に会っている五条為栄は同門なので問題はない。第一の目的だった関白二条斉敬に関しては、まず坂下の神職樹下石見に矢野茂太郎の仲介で会い、樹下の紹介で、斉敬の寵遇を得ていた坂本大宮の神主の隠居（二条家未勤の臣）山中法橋を頼り、彼より提出してもらったのである(43)。

中山忠能《なかやまただやす》に関しては、中山家諸太夫大口大和守が西川吉介の門弟であり、京都情報を不断に西川のもとに届けている人物なので、彼を頼って建白している。そして忠能の勧めで近衛家にも建白することになるのである。

ところで、この日記を見ていくと、きわめて興味深いことに気づく。一一月一二日には、「岩倉なる小林彦次郎、松尾の書翰を持、宿来」とある。小林は前出の鯉沼伊織の変名、非蔵人で上立売柳図子《かみだちうりやなぎのずし》に住居していた松尾但馬《まつおたじま》（最も古くから岩倉具視と接触していた勤王家）の紹介で岩倉の知遇をうけ、岩倉の側近となって活動していた。その小林が市岡・間を訪問しているのである。鯉沼は、この両人が最も好ましいとした本圀寺党で且つ反慶喜派の中核となる人物であった。

また一一月一三日には「宿に近江人木田善兵衛、樹下の書状持来、同宿」とある。この木田は水口藩の農民で勤王家城多董《きだただす》のことである。前出したが、この年閏五月の膳所藩尊攘派事件にかかわって新選組の厳重なる追及をうけ、故郷にいられなくなり、中山道を経由し、信州にまで落ちのびて潜伏、ほとぼりのややさめた慶応元年一一月、ようやく京都に戻り、旧知の松尾但馬の世話になったばかりの時

期であった。そして市岡・間は城多の逃避行の節、尽力したことは、次の三州稲橋は古橋源六郎に宛てた慶応元年月不詳の市岡の手紙(44)から判明することなのである。即ち、

水府福田千太郎
水口木田善兵衛
と云人にて、従来の知己に御坐候、極々慷慨《こうがい》家に御坐候、御面話可被成候、将又竹尾・羽田野其外
御添書可被成下候

とあり、稲橋での庇護の依頼文である。

更にいえば、前出の樹下石見自身も松尾但馬グループの一員であり、岩倉と連絡をとりあう仲間の一人であった。松尾の紹介で木田が岩倉と会うのはこの十二月のことである(45)。そして、この日記による限りでは、大原重徳への斡旋は松尾但馬自らがおこなった如くであり、更に近衛家への建白は小林に依頼している。小林が直接近衛家に手蔓を持っていたのか、あるいは岩倉＝薩摩＝近衛家のルートで届けられるはずだったのか、今のところ私には判断の手掛かりがない。いずれにしろ中津川国学者グループは、本圀寺党との間に太いパイプをもっていたと同時に、「柳《やなぎ》の図子党《ずしとう》」とよばれる、松尾但馬を中心とする岩倉側近グループともきちんとした面識と連絡ルートを保持していたのである。この「柳の図子党」グループこそ、在京薩摩藩邸が心より信頼を寄せていた有志集団なのであった。そして、「柳の図子党」に加わって活動した本圀寺党の志士といえば、鯉沼伊織と北島秀朝《きたじまひでとも》の二人である。両名とも岩倉と薩摩藩の厚い信頼を得、戊辰戦争に活躍し、北島は明治六年（一八七三）和歌山県令、七年佐賀県令、九年長崎県令と、新政府において水戸藩出身者としては破格の顕官にまで昇りつめている。そのとびぬ

けた能力の然らしめたところであろう。そしてこの北島秀朝とは、わが益子孝之助の改名であり、慶応元年一二月の帰京後、「柳の図子党」に加わっていったのである。(46)

第七章　筑波義徒磯山与右衛門の情報蒐集活動

二〇〇六年二月二日、間譲嗣氏宅でおこなった資料調査の中で、中津川国学者達がどのように全国的政治・社会情報を蒐集していたかを物語る好史料が出てきたので、その内容に関し少しく報告してみよう。史料というのは、「市岡老大人」宛に新介なる人物が送った封筒入りの一枚の書状で、折紙形式で認められているものである。

一　差出人は誰か

新介という人物は、中津川国学者または東濃や南信の国学関係者にはいない。他方、市岡老大人と書かれている宛名の市岡殷政《いちおかしげまさ》が作成していた「人名録」慶応二年（一八六六）来訪者の箇所に「水人　松尾屋東蔵ト云　内藤文七郎、同　武蔵屋新介ト云　磯山与右衛門、同　桂周平ト云　室町竹三郎」とあり、新介は磯山与右衛門の変名となっている。この磯山・内藤・室町は共に武田耕雲斎《たけだこううんさい》西上勢に加わって伊那谷まで来たものの、なんらかの理由でその地で一行から離脱し、松尾多勢子《まつおたせこ》等にかくまわれ同地に潜伏した常州の人々であった。殷政のこの「人名録」では慶応二年のところに初出するが、以前から中津川に磯山が姿を見せていたことは、間秀矩《はざまひでのり》の許への来訪者署名帳「玉石混同」の慶応元年四月から五月に当る箇所に、「安食里《あんじきのさと》　磯山与右衛門元善」と彼が自署していることからも明らかである。実は、この磯山を間・市岡の両名は、慶応元年一〇月から一一月にかけての朝廷への条約勅許反対運動の際、伴って上京するのである。在京水戸本圀寺党の面々への働きかけの時には、磯山の同伴が大いに役に立ったと思われる。

その後磯山は間・市岡と帰路を共にせず、そのまま在京して情勢を探り、その内容を中津川にも送っていたことは、殷政「風説留」の一冊「かえりはな」に慶応二年六月付の新介書状抄出が記録されており、内容が京あるいは京近在での蒐集のものであることからも明らかである。

例えば、そこでは

米高直ニ付、兵庫・西ノ宮・池田辺、先月打毀《うちこわし》有之

河内国分と申所ニて難渋者集り居候処、折節洪水致し、夫故村中防水ニ出張候処、支配御代官、一揆と心得、大坂御城番へ届出、夫ニ付近国諸侯七家へ鎮静方被申談出張之よし

とあるし、また、左記の焔硝蔵は、おそらく大坂城のそれを指していると思われる。即ち

当地焔硝蔵掛り之者より其筋へ焔硝下渡候処、請取人何某共不知、外人ニ相渡、役人迷惑相成居候よし

とあるのである。

ただし、磯山書状は、市岡個人宛というよりは東濃・南信の平田国学者全体への報告なのであり、従って、この抄出をつくった殷政は、書写の末尾に、「右書状中之抄也、七月二日、書付飯田ニ廻る、外々条々写書綴有之」と注記するのであった。

なお、この磯山与右衛門は幕末の激動をなんとか乗り切っており、殷政は明治三年（一八七〇）の東京に出た際も連絡をとっていたようで、彼の「庚午日記」の中では、「駿河台駒突坂　民部省　磯山与右衛門」と記録されている。

二　書状の日付と差出地

日付は文末に「七月廿二日夕」とあり、内容から判断して、年は慶応二年（一八六六）で間違いない。冒頭には、「小子一同無事ニ東着」と述べられているので、江戸からの発信であることも動かない。ところで、本文末尾の処に「師家ニて相伺申候」とあり、師家とは平田《ひらた》銕胤《かねたね》と推定し、「気吹舎《いぶきのや》門人帳」を調べると、

常陸国新治郡　　　　三十五歳

同月（七月）廿二日　　元善

　　間秀矩紹介　　　　　磯山　与衛門

とある。入門した当日、浅草鳥越の佐竹藩中屋敷内の気吹舎で得た情報をも含み込んで、磯山は中津川に報じているのである。

この七月の磯山の動きは、最近翻刻された「気吹舎日記」によって、更に詳細に知ることが出来る。

7／2　水人、中津川住磯山与左衛門来、間半兵衛之書状持参
（ママ）

7／22　磯山与衛門来、磯山ハ入門也

とそこにはある。七月二日に既に江戸に着いており、二〇日後に正式に入門の手続きをとっている。その間、江戸の所々で情報を入手していたのである。その後の彼の行動は不明だが、本文末尾近くに、「（病気で）実ニ上京も後レ甚タ困り入申候事ニ御坐候」とあり、体調のととのい次第、再び上京しようとしていたと思われる。

三　情報内容

磯山は、伊那谷や中津川の平田国学者達と一年以上も生活を共にし、彼等が求めていた情報の幅と深さを知悉していた。従って、本書状を見ていく中で、その両国国学者達の関心内容をも我々は理解することが出来るだろう。本文書出しのところに、「当形勢・東方之聞込み可申上候」とあり、本文末尾に「右は当月聞込之分書取、入貴覧申候」とある慶応二年（一八六六）七月二二日までの二二日間の、中津川国学者達の知りたがっているものとは何だったたか。以下事項に分類しながら検討していこう。

(1)　第二次征長

第二次征長の戦いは六月上旬から実戦に移っており、その如何が今後の日本の命運を分けるだろうことは、なにも中津川国学者に限らず、全国士民の共有する考えであった。ただ中津川の人々は幕軍の勝利を欲してはいなかったのである。

西之一件大敗北、右に付、此度柳営和儀之談論ニ師家ニて相伺申候
討死之死骸数十人下しニ相成申候

西方之事、たとへ和ヲ結ひ候ても、まつ此上長ニ先を被取候間　国家廻覆之相顕れ候事と、当地幕
人なとも唱候族有之由、師家ニて相伺申候

と磯山は報じている。七月二二日段階の江戸での情報では、敗北の結果、幕府に和議の意見がおこって
いる、というのが最新の内密情報である。また幕臣内の気吹舎に近い人々の政治的見解も磯山は入手し
ているのである。

ただし、この幕府軍不利の軍事状況への支援の動きとその可能性も、中津川国学者への判断材料とし
て彼は同時に提供している。

歩兵・旗本并二三万石之大名、大体上京相成申候

また、はっきりしないものの、四国艦隊下関砲撃事件は長州藩を屈服させ、幕府有利の状況を創り出
した最近の軍事行動として、誰もが知っていたことであった。従って横浜での外国艦の現状は、情勢判
断の上での不可欠の要素なのである。即ち

横浜異船去月下旬比まてハ廿八艘之処、俄ニ出航ニ也、一説ニは和睦之為、西海へ出候よし、又ハ
援兵と申事も有之、当月、十二艘ならてハ不居候よし

これらの諸情報をふまえ、中津川国学者達は、国勢の今後を判断することになる。

(2)　幕府人事

幕府人事は、国政の動向を見定める上での不可欠の要件である。磯山も当然見のがすことはない。

池田播磨守町奉行御免
道中奉行も替り申候

松平縫殿頭《ぬいのかみ》　格老被仰付
水の（野）　　御免　追て御沙汰と被仰付
棚倉　　　　白川（河）へ国替
白川（河）　　　棚倉へ同断
右之一件ニ付、白川（河）の百姓七十六ヶ村国替嘆願として数千人馬口労町へ参り止宿之処、
被追返申候

将軍家茂《いえもち》のための「御進発」は、一面では強硬派の長州藩をたたきつぶすことで幕府権威を確実なものとする目的を有しており、他面では将軍上洛・上坂による朝廷との融和・合体路線の実践という狙いをももっていた。当然幕閣内には、ペリー来航以前の如き将軍権威の復旧を強く意図し、朝幕合体路線に批判的な勢力も広く存在していたのである。右の人事のうち、老中水野《みずの》忠精《ただきよ》（山形藩主）の罷免（六月一九日）や町奉行の池田播磨守の罷免（六月二九日）は、このグループの一掃を図ったものであり、水野に対しては差控との申渡もついていたので、「追て御沙汰」の文言が附せられるのである。水野に替り、同日付で信州田野口藩主の松平（大給）乗謨《のりたか》（縫殿頭）が老中格に任ぜられた。

白河藩の国替騒動も、この延長線上にある。連合艦隊が大坂港に進入し孝明天皇から条約勅許を強要しようとした欧米列強の軍事脅迫事件（慶応元年九月）に対し、当時在坂老中阿部《あべ》正外《まさとう》（白河藩主）は、独断で英仏等の外交団に兵庫先期開港の許可を与えたため、朝廷の激怒をうけ、その年の一〇月一日、罷免・謹慎の処分となった。その処置とのつながりで、水野罷免と同日の六月一九日、正外は隠居を命ぜられ、白河から棚倉への転封処分となったのである。この措置も朝廷への幕府申訳け処分の一環であ

る。

なお、

サツ人五百人計、天章（璋）院様御迎ひ（と欠か）して江戸着、右ニ付又々さわかしく候

との一文も、見落とすことは出来ない。将軍在坂中の幕府としては、一方で征長で勝利し、他方で朝幕合体の実効を挙げなければならず、このような困難な状況の下、外様雄藩の薩藩がどう動くかは、気の抜けない政治的気懸り事項なのである。薩藩にとっては、薩藩主島津斉彬《しまづなりあきら》に養われ、近衛忠熙《このえただひろ》養女として十三代将軍家定《いえさだ》に嫁した在江戸の天璋院は、この時点では貴重な政治的持駒となっているのである。

(3) 物価高騰と一揆・打毀し

中津川国学者は商人、伊那谷の同志は豪農・地主である。彼らの政治判断の基礎には、小前百姓《こまえびやくしよう》と宿《しゆく》・町の一般住民の動向・向背問題がきちんと据えられていたことは、武力や警察力を保持してはいなかった彼等にとってはきわめて当然のことであった。この小前百姓や宿・町の一般住民と決定的に対立することは、自らの経済基盤を破壊することになり、そのような破局的状況をつくり出さない政治体制こそが彼らの念願でもあるからである。従って、従来から、この物価と一揆・打毀しは、彼等における最大の関心事でもあったのだった。そのことをよく知っている磯山は次のように報じている。

米百文ニ付一合八九勺

両ニさけ（酒）三四升

奥州一揆起り、去月中ハ騒々敷候へ共、此ほと鎮り申候、十万ト言、又民兵脱人交り一万五千トモ言、武州川越在千五百計、去月中一揆起り、是ハ旗印ニ木椀ニ杓子之印、是も所々打破り、八王

子・玉川ニて引返し、此ほと無事、四十三人被召捕、是ハ百姓計、魁首《かいしゅ》ハ無事
江戸打破り、是又童子七八輩、其他数百人、不一方之処、此ほと無事、一人も不召捕、右ニ付所々
富家ニて施し度々なり

この報を読んだ中津川国学者にとっては、一揆や打毀の魁首を捕縛出来なくなっている幕府や諸藩の実力の低下や、奥州信達一揆《しんだついっき》のように、一揆指導部に脱藩浪士が加わっているとの風説には、特に関心をいだいたはずである。今のような政治体制がつづく限り、このような事態の拡大再生産は回避出来ない。「薄税寛刑」の武家時代以前の古き世への復古が、彼等の政治目標となるのは、無理もない話となってくる。

(4)　水戸藩回復

中津川国学者にとっては元治元年（一八六四）一一月二七日昼の耕雲斎一行への款待は忘れることの出来ない歴史的事件であった。彼等勤王の志士等の墨跡をその時入手し、また横田元綱《よこたもとつな》の首塚の祭祀も中津川の人々は続けているのである。翌年二月の敦賀《つるが》での三百五十二名もの大量処刑により、水戸学的思想と方法によっては今の事態の打開は全く不可能だとの認識はかたまったものの、水戸での反西上勢派の暴力支配の一日も早い消滅と正義派復権は、もとより期待しているところであった。発信者の磯山にしてみれば、平田国学というよりはもとは水戸学的思想の持主、その念は誰よりも強烈だったはずである。だからこそ、この件の報知には、一段と力が入っている。

尾玄同公（尾張藩前藩主）、十三日ほと御引、意味不分、然ル処、急便、尾より去廿一日市ヶ谷（尾張藩上屋敷）邸へ参り、廿二日早登城、夜八ツ時比下り、水邸へ御入、夜中納言公（水戸藩主徳川慶《とくがわよし》

篤《あつ》）へ密談、是ハ老公（尾張元藩主徳川慶勝《よしかつ》）之御使、国許挽回之義被運候由水一件、当月朔日当公上京之よし被命候処、延行ニ付、家老中山備前守、去月廿八日俄ニ鎮御免、御名代として上京被申付候処、市川徒之族、此上天命下り候を察し候哉、当月四日、蟄居押て利根川ヲ下り、士林・町人・百姓強談申付、金策出府ヲ申付、此ほと小金・駒込・上屋敷へ三千人、内千四百人上屋敷、小金駅半分滞在、中山をくへとめて上京指止メ之策、大動揺ニ御坐候、何レ西之姿之よふなる事又々出来申候、国許に残り居候義士義民、当月六日七日八日九日十日五日之内に数百人召捕・入牢、脱走之士三十四人、是立帰之もの、是まて蟄居被申付候もの義民数百人同断脱走

それにしても、朝廷や在坂幕閣からの指示ぐらいでは、どうにもならない諸生党支配の藩政に水戸藩はなってしまっていた。慶応四年（一八六八）に入り、水戸に戻ってきた西上勢の残党・本圀寺党の人々と市川・朝比奈諸生党との争いの中で、再び大量の血が常州の地に流れることとなる。

(5)　雑事

磯山は江戸市中の噂も書き送っている。即ち左記の如きものである。

此度町家へ町奉行厳命、一町内ニて歩兵二人ツツ指出し候様、尤江戸出立より一人前二十五両被下候筈、長ニて土手築と申事、出候ものも有之由、乍去蒸気ニて一同乗馴れ不申候間、陸地被参候ハ、御請も仕候もの有之由、五百人も集り候や、然ル処、道中為登無之、品川より船ニて被送候付、大半品川より東西へ散乱、残り候もの聊《いささか》にて、其日も止メニ相成候よし、前後無之大笑難尽筆紙候

征長の役への兵力補充の試みが、江戸では町ごとの歩兵差出し命令となってもあらわれていた。蒸気船での輸送には、この段階では一般町人においては、相当の抵抗感があったものか、他の関連史料とつ

き合わせると面白い問題が出て来そうなニュースではある。

なお、佐竹藩主が国許発足、今回は上京かとの話を師家の平田銕胤から聞いた、との一文があるが、朝廷よりの上京命令が出ていながら、佐竹藩が理由をつけて延引してきたのを踏まえ、銕胤が磯山に説明したのを、そのまま報じているだけで、この件自体は中津川の人々にとって、大して意味のあることではない。

(6)　松尾佐次右衛門呼出のこと

だが、松尾一件は中津川と伊那谷の国学者にとって同志の問題として大問題であり、磯山にとっても頗る世話になってきた恩人であるだけに他人事ではなかった。

伊那谷伴野村の名主松尾佐次右衛門は、『伊那尊王思想史』の伝記によれば、浪士堀謙吉をその家に滞在させたことにより、長州に通じたとの嫌疑を受け、慶応二年六月江戸に召換され、町奉行池田播磨守に取調べられていた。丁度その時期に磯山が江戸に入ったのである。彼は松尾から直接に話を聞き、次のように報告する。

> 松尾君へは度々御目ニかかり候処、不計御災難御察し申候、乍併奉行所へ両三度御出ニ候処、為指調も無之、唯々北畠敬介之刀十三両ニて預り候由、右品指出候処、当分宿ニてひかへ居候様被申付候、大体来月中旬比ニは御帰村か

松尾の伝記でいわれている堀謙吉と磯山報告中の北畠敬介がどのような関係なのかは不明だが、磯山はごく楽観的に伝えている。他方伝記では、松尾の放免には、領主高須藩江戸留守居の奔走があったため、と述べられているのである。

いる。

(7) 気吹舎門人帳上梓の件

松尾の問題とともに、本件は中津川国学者に深くかかわる問題である。磯山は追伸の中でこう認めている。

師家之申聞ニハ、先年門人帳姓名上梓之義、其御地ニて被遊候旨、師家へ御文通も有之居候処、其後ハ如何ニ相成候哉、何之御運ひも無之よし、尤上梓被下候事ニ御坐候ハヽ、早速金被遣候様願度由、又は御不都合之義御坐候ハヽ、是否之御文通早々御遣し相成候様、御申きけニ相成申候、小子より申上候、此段、諸君御熟話之上、御運ひ被下候様可被遊候、師家ニても極り無之内ハ殆と御指支之由ニ老先生被申居候、尤飯田樋口兄よりも、右一件之義、度々文通も有之事ニ承知仕候

著者は、気吹舎門人帳上梓の話を中津川国学者から提案していたことを、磯山の本書状から初めて知った。もっとも伊那谷からも話が出されていたようで、ここにある樋口兄は北原稲雄の弟で飯田の樋口家に養子に入った樋口与兵衛のことだと思われる。中津川と伊那谷の平田国学者が、相互にどのような資金醵出比率を考えていたのかは、この文面だけからではよくわからないが、現在高森町の歴史民俗資料館に篤胤生前の気吹舎の門人全員が刻されている「気吹舎門人帳」板木が所蔵されており、この書状によって、いささかこの板木製作の経緯の糸口がつかめてきたようである。

おわりに

以上の分析から、磯山情報は、バランスがとれ、しかも全体を見通すことが出来る質の高いものであ

ったことが明らかとなる。それは磯山個人の力量というよりは、伊那谷・中津川の国学者達の中に生活し、彼等の思考方法とその情報要求を十分に体得していったことに因るものであったと思われる。このような情報を江戸滞在中に蒐集し、気吹舎に入門した当日に書き送ったという事実自体が、気吹舎が全国的諸情報（幕府内部情報も含め）の集約地点並びに諸情報の確認地点になっていたことを物語っている。

他方、中津川や伊那谷の国学者達は、思想的には全く同一という訳にはいかない磯山のような志士達を手厚く庇護し、彼等の人間的信頼をかちとり、その上で、本書状のような詳細な情報を入手しつづけていたのである。京都からは池村久兵衛通信が、大坂からは岩崎長世通信が、近江八幡からは西川吉介通信が不断に入ってくる基本的情報網をつくっていく中で、その都度、磯山のような国事に志《こころざし》を共有する人々の報知を入手することも、彼等はまた心がけていた。このような全国的視野の中で彼等の政治的・社会的行動が慎重に、しかも決意を以て決断されていったこと、このような社会的土壌の理解なしに、幕末史を語ることは、本来的に不可能なのである。だが、この動きの中に少しく参加していた磯山与右衛門なる人物は、どんな浩瀚な人名事典にものせられてはいない。

〈追記〉文中の内藤文七郎は筑波勢の中では水戸内紛介入に強く反対していた人物であり、従ってこの三人グループは、あるいは筑波勢潮来南下集団に属し、からくも包囲網を突破、その後信州に赴いた可能性もあるが、今のところ断定するには材料不足なので、本文のような記述をしておく。

第八章　平田国学の「復古・一新」路線と中津川民権

一　王政復古・御一新と東濃・南信

(1) 湧きおこる動き

大政奉還と王政復古は、この地域では異常な昂奮とうねりを創り出した。既に慶応二年（一八六六）九月、それまで南信・東濃の地にかくまわれていた等持院事件の角田忠行《つのだただゆき》は、政情の変化をつかんで上京、米川信濃と変名して沢家家令《かれい》を勤め出した(1)。元治元年（一八六四）一一月、岩崎長世《いわさきながよ》の紹介で白川家学士に補任されていた清内路《せいないじ》の原武右衛門(2)は、慶応三年三月から四月、伊那郡時又村の下田直樹と共に江戸の気吹舎で「天朝無窮暦《てんちょうむきゅうれき》」清書作業を仕上げたのち、五月一日一旦帰国(3)した上で上京、白川家に勤め始めた(4)。

大政奉還後の京都政情の急変を予感した北原稲男《きたはらいなお》の長男東五郎も角田を頼って上京、沢家近習となり(5)、王政復古クーデタの勃発を、池村久兵衛との連名の一二月九日付(6)急便で「中津川御連中様」宛に報ずるのである。

鳥羽伏見の闘いと旧幕勢力の敗退は在京中の苗木藩《なえぎはん》同志水野新兵衛からも詳細に苗木に伝えられ、青《あお》山景通《やまかげみち》を介し、東濃・南信の同志の面々に周知された[7]。

京坂での旧幕勢力一掃の報は、この地域の平田門人達を浮足だたせた。更に六日には平田銕胤《ひらたかねたね》自身が秋田藩から派遣されて着京[8]、岩倉具視を始めとする新政権の要職と接触を開始し、そして等持院事件による各藩への幽囚者も続々と上京する。

中津川の園田市兵衛《そのだいちべえ》（間半兵衛の娘婿）は一月一〇日出郷、御嵩《みたけ》の野呂万次郎《のろまんじろう》（間秀矩《はざまひでのり》の弟）と共に京に向かい、途中西川吉介《にしかわよしすけ》の許に立寄ろうとしたが、西川は既に京都からの「御召」にて「花々敷御入京」、「当時白川殿に御尽力の由」と、一三日付園田・野呂連名書状で間家に報じるのである[9]。

南信の地でも同様であった。松尾多勢子《まつおたせこ》と長男の佐次右衛門《さじえもん》、前沢万重《まえさわよろずえ》（弥一右衛門）、石神秀也《いしがみひでなり》（政《まさ》昌《よし》の子）など「伊奈連」八名が出郷、途中中津川を通過するのが一月一三日のことである[10]。

多勢子一行も在京中の最初の拠り処は沢家だった。「市岡風説留」慶応四年一月の箇所には「沢殿家」の「手札」にて通行出来る者として、松尾母子、前沢、石神男也《ママ》、間一太郎（秀矩長男）、小川民五郎（園田市兵衛弟）、酒井辰三郎（竹佐村の人か）、原定次郎（伴野村の人、門人）の八名名前書付が綴り込まれている[11]。

市岡殷政《しげまさ》・間秀矩等もその直後に上京、岩倉具定《いわくらともさだ》が東山道鎮撫使に任ぜられ中山道経由江戸下向と決定されるや、中津川市岡殷政（正蔵）・飯田松尾誠《まつおまこと》（佐次右衛門）・諏訪大山直路の三名は連名で、「今般禁闕御大事承及、身分相応の御用相勤度、急速罷出候処」、事態は平穏に帰したが、中山道は「土地険難、人馬糧食欠乏の場所柄、私共右の地に生長仕り、万般熟知に付、嚮導《きょうどう》・運送等の御用を勤め度」と岩倉家に出願し、岩倉家より「誘引の程頼存候間、列外に加り、尚精々尽力」すべしと依頼され、そ

の段取りのため帰国する。(12)

東山道鎮撫使一向は二月一日大垣《おおがき》着、美濃・信州情況の掌握をこころみ、諸藩を指揮しながら東進し、中津川に到着するのが同月二五日、市岡殷政・肥田《ひだ》通光《みちてる》（九郎兵衛）・間秀矩（半兵衛）は大垣に赴いて街道筋の段取りを整え、木曽道中の継立《つぎた》てに関しては、上松宿《あげまつじゆく》では大屋又八郎と北原稲男、福島宿では肥田通光と松尾誠、宮越宿では勝野吉兵衛と菅井九蔵、奈良井宿では鈴木利兵衛と吉村伊造、藪原《やぶはら》宿《じゆく》では中川万兵衛と竹村盈仲《たけむらみつなか》（多勢子の次男）、贄川宿《にえかわじゆく》では間秀矩と小川民五郎、本山宿では市岡殷政と高木伝兵衛、洗馬宿《せばじゆく》では肥田通光と間元矩、塩尻宿では勝野吉兵衛と園田市兵衛、この間の案内役には菅井守之助が加わり、下諏訪より先の案内役は贄川宿の小沢文太郎等が勤めるのである。(13) 全員が門人か支援者である。

また中津川周辺の壮青年の人々は園田市兵衛（四月市衛と改名、二九歳）を隊長として中津川隊を組織し、岩倉具定の軍勢に従い江戸まで従軍した。即ち小木曽文左衛門、長谷川善右衛門、野呂万次郎（二六歳）、安保鏈八郎、上田治部左衛門、小沢邦太郎、市岡勘之丞、松尾三造の面々である。小木曽（三三歳）と長谷川（四一歳）は土岐郡大湫《おおくて》宿の人、共に慶応四年六月気吹舎に入門、安保（年不詳）は恵那郡福岡村（苗木藩領）大豪農安保謙治正員（青山景通の強烈な支持者）の八男、元治元年九月の入門、上田（年不詳）は木曽谷福島宿の人、明治元年（一八六八）一一月入門、小沢（一七歳）は贄川宿豪農文太郎の息子で慶応四年一月の入門、市岡（年不詳）は筑摩郡日出塩《ひでしお》村の人、慶応四年二月の入門、松尾（二二歳）は多勢子の七男で慶応二年一月の入門、全員平田国学にかかわっている面々である。(14)

江戸鎮撫にかかわっての一つの課題が甲州の安定化であった。尾張藩の重臣で勤王家の田宮如雲《たみやじょうん》は閏四月一七日、百余名の兵を率いて馬籠から大平《おおだいら》峠を越えて飯田に到着、信甲両州の道案内として山本村の竹村盈仲、上新井村の宮沢理兵衛、久米村の坂井《さかい》居平《やすひら》、時又村の下田直樹《しもだなおき》等（みな門人）が協力、五月中旬まで活動する(15)。

一月中旬より在京していた松尾多勢子は、九条道孝《くじょうみちたか》のもとで奥羽鎮撫副総督となって出陣する沢為量《さわためかず》の近習として長男の松尾誠と親族の北原東五郎を推薦、両名は戊辰戦争の中で総督府の立場が最も困難だった出羽秋田戦線で一〇月まで奮闘することとなる。また松尾家の伴野村が尾張支藩高須藩領だったことから、信甲嚮導役の人選も含め、高須藩にとっては多勢子は政治的に重要な人物となってきた。岩倉家の奥に入るのは九月のことである(16)。

中津川の間秀矩も人馬継立ての大事業を終了させた後の三月下旬、娘光子（出産と共に死亡）と園田市兵衛との間の子光太郎（六月死亡する）の療養を兼ねて妻と共に上京、姉婿の馬島靖庵が四月三日、伊勢の林崎文庫学頭在職中急死したので同地に赴くなどの突発事態の処理があったものの、白川家学士（白川家入門は文久三年〈一八六三〉三月のこと）に任じられ、在京する鉄胤・延胤（三月一六日、秋田より京着）と交わるなど長期に滞京生活をつづけることとなった(17)。

間秀矩は太政官官員の中では等持院事件関係者であり、当時刑法官判事に任ぜられていた中島錫胤《なかじまますたね》と親交を結ぶこととなり、九月の東行には平田延胤も随従することになり、秀矩も中島より内監察を命ぜられて、宿駅事務を調査・監督する任務を果たしている。

市岡家「風説留」の中に東幸に際しての宿駅問題下問への答申写(18)（八月付）が収められているが、秀矩か市岡殷政いずれかのものと考えられるので紹介しておこう。両名共に長年宿駅問題では経験と労苦を重ねた当事者である。

第一、人馬高は先触を以て通達の外、臨時人馬御用の儀、厳重御制止のこと

第二、五里以上の村々からの助郷人馬は、御定賃銭の外、人足一人米五合、馬一疋米一升御手当のこと

第三、宿割りは宿役人の決定に従い、変更要求不可のこと

第四、供奉の公卿方・地下衆胡服御禁制のこと。当春三道の追討使御内人、胡服着用にて関東の人望大に損じ候趣伝聞仕候事

第五、御警衛の諸藩兵隊、御行宮《あんぐう》には半数のみ宿衛、残りは前後の宿駅に分宿のこと

第六、御親臨は三歳の童子といえども渇仰奉ぜずんばあるべからず、御権威ヶ間敷義有之候とは却て至尊の御聖徳に拘ること故、諸藩下々に至る迄厳重の御沙汰あるべきこと

右のうち第四には平田国学を奉ずる者の感情が率直に表明されているが、残りは街道事務でのあまりにありふれ、くり返されて宿役人を泣かせつづけた事象ばかりである。重任を遂行して秀矩が帰郷するのがこの年の末、多勢子が東京に移る岩倉家を辞して帰郷するのが明治二年（一八六九）三月のこととなる。

幕末に築かれた東濃・南信での平田国学の声望は王政復古・神仏分離・神道国教化政策のもとで更に高められることになった。東京の大学校問題で同地に赴いていた平田銕胤が西川吉介と共に飯田から中津川経由で京都に戻った明治二年一一月、山吹の條山《こえだやま》本学神社に参詣の節は、「伊奈門人七十九人御迎、一同参詣、飯田にて大宮・楠公御宮に御参詣の節は（中略）御入門願の者五十人、当所（中津川）御泊

の節も拝謁の者五十人余、苗木より付知まで御入門十六人、一時盛なる事也」と市岡「風説留」に記されている。(19)

(2)　神葬祭の実現

復古神道を信奉し、死後の己れの霊魂を郷里の加護神たらしめようとする平田国学の徒にとっては寺の檀家から離脱し神葬祭を以て葬儀をおこなうことは、最も根本的な宗教的願望であったが、仏教を国教とする幕藩制国家においてはきわめて実現不可能な望みとなっていた。伊那郡大河原村の前島正弼《まえじままさすけ》は文久元年（一八六一）七月、白川家より一代神職の資格を授けられたことにより、(20)彼は元治元年（一八六四）四月の己の葬儀を神式で挙行させることが出来た。(21)伊那郡小野村の倉沢義随《くらさわよしゆき》は神葬祭の自由をめぐって地元の祭林寺と長期に争い、慶応元年（一八六五）三月、父の名前を以て白川家に入門、父の神葬祭の願いを寺院側が寺社奉行の公文書を偽造して差止めたため、慶応三年七月江戸の寺社奉行所に出訴し、大政奉還で幕府の審理が中断するや、岩倉鎮撫使の人馬継立て作業が一段落した慶応四年三月二日、郷里を出発して上京、白川家に拠って神葬祭の許可運動に奔走する。(22)

この倉沢の運動と歩調を合わせるのが、中津川の間秀矩、清内路村の原信好《はらまよみ》（武右衛門）、大河原村の前島虎作《とらさく》（正弼の子）達であった。いずれもそれ以前、白川家と関係を作っていた人々である。

各人はそれぞれ白川家との特殊な関係を前面に立てて許可を得ようとした。秀矩の五月二〇日付、弁事役所宛願書(23)は次の通りである。

美濃国恵那郡中津川宿間半兵衛奉申上候、私儀、従来神祇道執心にて、先年より白川殿へ入門仕、猶又当節同殿に勤仕罷在候、然処、今般皇政御復古、旧弊御一洗の御美典被仰出、就中近古以来天

下一般浮屠の醜法に被縛、平生仏法不信仰の者にても、死後必僧徒の手に懸候儀、旦暮歎罷在候処、是迄の弊習を御改革被為在、神葬祭懇望の者には御許容被成下候様奉拝承候、何卒私儀、国許に罷在候家内一同、仏家の宗門相離、神葬祭に相改申度、年来神祇道尊信の微志被為聞召分、願の通御許容被下置候はば、誠以難有奉存候、此段奉懇願候、恐惶謹言

ただし神葬祭許可には相当の困難が存在したことは左の五月二六日夜の市岡・肥田両名宛秀矩書状(24)から窺うことが出来よう。

神葬祭の事、中々六ヶ敷相成、今日弁事御役所にて議論、とふとふおしつけ、八ツ時神祇官へ相廻り候よし、先安心、将又国元より御願分は某社神主奥印にて、新宗門にては無之云々御願候ハヽ、御聞済相済候形《かた》も有之よし、其筋より慥《たしか》に聞取候、御両君よりも御願被成候はば、同志同学中は勿論、吾間氏一統へも一度御誘引被下、仏道信仰の者は弊風にて相済候方、心まかせと御意可被下候、

これによると、秀矩個人の運動というよりは中津川平田門人すべてにかかる運動だったといえるだろう。神葬祭許可の願書の末尾には、回覧すべき人々として「市岡様、吉村様、馬島、肥田御二家、菅川様、勝野様、其外様を始、悴へも御廻し可被下」と認められている。また仏道信奉者は「心まかせ」としていることも注意すべきであろう。秀矩の日記によると、正式の許可がおりたのが六月七日、弁事大原重朝《しげとも》（重徳《しげとみ》の子）「御手渡し」、原武右衛門と前島虎作も同時とあるので(25)、倉沢への許可はこのあとか。とはいっても倉沢は原・前島とつれ立って六月二〇日に帰郷のため出京している(26)。

この清内路村の原信好は他方で、片桐春一郎が中心となって創建した條山の本学神社の公認を求め、慶応四年（一八六八）五月四日付で弁事御役所に、「今般王政復古、敬神尊皇の大道御盛行被為有、難

有御美典奉謹祈候に付ては、右四翁の社造立の儀御聞届被成下候えば、同学の者は不申及、天下学事に携候者、如何計難有御盛事と肝に銘じ、弥益御国事に尽力可仕」と出願している。出願に連名しているのは、祖父・父とも不在の伴野村の松尾家を守っている多勢子の孫の松尾恭太郎（千振）、飯田町の久保田民五郎（名目的には伊勢川崎の小川家に養子に入っている。園田市衛の弟）、春一郎と本学神社の創建に尽力した山吹村「坐光寺右京家来石神権五郎政昌」の三名である。[27] 六月二八日、「御聞届被仰付候事」と許可[28]がおり、神社は公式のものとなった。市岡「風説留」に綴られている書状写によれば、この許可には平田鉄胤、青山景通、権田直助《ごんだなおすけ》、師岡正胤《もろおかまさたね》、間秀矩が尽力した。そして書状末尾には権田の和歌「古の学の神の宮はしら雲井にたかくたつかかしこさ」が認められている。[29]

東濃・南信の平田国学の徒にとっては、神道国教化の方向性は、明治二年（一八六九）五月二二日、太政官政府の上局会議への下問書において、「今度祭政一致、天祖以来固有の皇道復興被為在、億兆の蒼生報本反始の義を重じ、敢て外誘に蠱惑《こわく》せられず、方嚮一定・治教浹洽《しょうこう》候様被為遊度思食候」と基本姿勢を明確にした上で、その施策を問うたことで、更に確定されたものと思われたのである。

(3) 失望と魁塚建碑

ただし王政復古から明治二年（一八六九）七月太政官政府の体制的確立までを東濃・南信の平田国学関係者達が万々歳とのみ見てはいなかったこと、「これが御一新なのか」との大きな失望の中にあったこと、これまたまぎれもない事実であった。その端的な歎息を明治三年六月の下諏訪赤報隊 魁塚《さきがけづか》建碑への動きの中に聴き取ってみよう。

赤報隊の動静は中津川の重立ちにとっては当初相当に否定的なものだったことは、一月二二日付市岡・間両名（上京途次名古屋滞在）宛の中津川庄屋肥田通光の左の急報[30]から窺うことが出来る。

以飛脚啓上仕候、私儀太田迄罷出候処、今般御召出相成候儀は、京都より岩倉大夫殿中山道鎮撫御先発として竹沢勘三郎と申者罷出、太田陣屋え罷出、飛騨陣屋の様子相尋、且《かつ》岩村・苗木の様子も御尋に相成候付、私御呼出にて御尋の上、岩村・苗木えも右の者参居候趣、内々通候様被仰付候、岩村は丹羽瀬、太田止宿に付申通、苗木は以手紙申達候、然所、京都より綾小路様鎮撫と唱御下向、江州路御鎮撫の処、風聞承候えば、最初は御人少にて御出京、途中にて新選組始いろいろの人物御かり集、彦根よりも御人数御かかり、馬も御かりの由、夫より江州御押通、下々の者金作（ママ）策仕候様子に御座候、種々の暴行致し候付、道筋恐怖致候趣、既に昨夜加納え御入込の様子に御座候、私儀はいつれにも名古屋迄罷出、御面会仕度心得にて、昨夜鵜沼泊と参候処、今朝承候へば、竹沢笠松陣屋入候由に候間、どんなやつか出合申度、当所相越、旅宿相尋候処、追付陣屋え引移候間、陣屋にて可逢由に付見合居候処、漸唯今七ツ頃也面会、相尋候処、勅書も所持の趣を申候、付ては綾小路様暴行も有之趣風聞御座候、皇政復古に付難有相心得居候処、右体暴行等の事有之候ては甚歎敷、是は如何の御方様に候哉と相尋候処、是は脱走致居、自分了簡にて江州路え出、途中中山道鎮撫の儀申達、勅許を受候由を申候間、尊前より御締の儀被仰候儀は不行届哉と申候処、其儀は不行届候間、京都え建白致呉候儀は不行届哉と申候間、同志正蔵・半兵衛上京の筈にて名古屋迄罷出居候間、中合建白可仕と受合申候、竹沢は御両所名前承知致居候

笠松にて待合居候内、町にて承候得は、綾小路殿、笠松えも押来候様子にて、昨日は当所大に恐怖且動揺致候処、昨夕方、竹沢加納相趣、笠松は自分手え受取、江戸役人追払候旨、綾小路先立の申

入候付、当所えは来ぬ筈に相成、今日は静に相成居候間、其段も竹沢え相尋候処、無相違趣に候間、岩村・苗木等も竹沢の手え皇軍之御身方の証書差出候得ば、綾小路殿の方えは御通達の上、両所共綾小路殿の手え不懸相済候哉、相尋候処、尤左様に候間、可相成周旋致呉候様申候間、是より引返し、苗木・岩村の処周旋仕度、苗木え綾小路殿より御打合等に相成候ては、第一中津川に滞留、大迷惑候間、直通り相成候様致度、旁是より引返し候間、此段御承知可被下候、京都御連中え宜敷奉願上候

前条申上候綾小路殿体の御方御鎮撫にては朝廷の御徳に拘り可申、此辺奕徒追々随従、岐阜水野弥太郎等手下引連随従と申事に御座候、猶右御所業の儀は道路御聞合被成候へば相分り可申間、弥御暴行にも候はば、御建白被成下候様奉願上候

竹沢申候には、唯今京都え御出にても仕ごとは無御座候間、当所にて手伝周旋致呉候ては如何と申候間、手広の儀は不行届候得とも、岩村・苗木両所は周旋仕試可申なと申置候

右の次第に付、何分京地の処、宜敷奉願上候

中津川宿役人がこのような認識を有していた以上、馬籠本陣の島崎正樹も「官軍先鋒嚮導隊」（赤報隊の改称）に積極的に協力したとは思われない。嚮導隊は信州に入ったのち部隊への支援と増強を試み、丸山徳五郎・小山忠太郎・水野丹波[31]が小野村の倉沢義随のもとに出向いた時も、義随は風評あるいは二月一〇日付東山道総督府よりの偽官軍の達をもとに彼等の行動継続方の中止を勧告している。

ただし二月五日付伊那谷よりの中津川宛書状[32]では、「当月三日夜教導隊・遊撃隊・赤報隊上下百人程山本浄音寺に御旅館に相成、至て御仁政にて、人足賃銀・宿料御払置、金子十二両程村役人勝手働、火

の番者へ御礼酒二本、村方難渋の者へ御恩銭被下」と隊規の厳正なることを伝えている。

東濃・南信の平田門人達が事態の真相と赤報隊と平田国学との深い関係を知るようになるのは三月三日日の惨劇の直後からのことである。

まず平田延胤一行が秋田から上京、伊那路から中津川に入るのが三月五日（小野村泊り）から三月一一日（間秀矩宅泊）のこと、[33]その一行の中に延胤熟知の平田門人で薩邸屯集組、後述の二月一七日、信州追分戦争での北信諸藩の捕縛をかろうじてのがれ、強運にも通り懸りの延胤一行の中にもぐり込ませてもらった水野丹波の姿があった。水野は京着後自訴して入牢、五月四日に出牢出来た水野は七日後の一一日、在京中の間秀矩と面会、「奇談あり」と秀矩はその日記に記している。[34]

嚮導隊分遣隊は二月一五日碓氷峠を占拠して通行人の取調べを開始、丁度当日、江戸から帰洛の途次、峠を通りかかった白川家の子息千代丸一行（従者八名）は、分遣隊員佐藤倭文雄《しずお》（清臣）の勧めに従い、「神祇隊」組織を始めるが、[35]二日後の一七日、千代丸一行を編入した分遣隊は信州諸藩兵に攻撃され、ほとんどが戦死または捕縛される。千代丸一行は、態度を一変させ、嚮導隊とは関係無いとシラを切り通すが、[36]当然のことながら甚大な嫌疑がかけられ拘束されてしまう。それを助けたのが小県郡《ちいさがたぐん》長久保宿（和田峠の東北）本陣の石合平治郎（明治二年二月に入門）、岩倉本隊が三月六日追分宿滞在時、角田忠行（角田家は岩村田社家の家）の兄弟（忠光・忠祥）が千代丸一行の身の上を案じ、岩倉隊に従軍の旗本山吹座光寺家軍監片桐衛門（片桐春一郎の弟）の仲介を以て岩倉隊大監察北島千太郎にかけ合い、直に解放されることになった。[37]千代丸も角田の父角田但馬も片桐も、そして北島も共に平田門人である。そして角田千代丸一行が着京ののち、間も含め多くの人々がこの碓氷峠事件の詳細を聴いたのである。

但馬は混乱の中、小山忠太郎と佐藤倭文雄を庇護して共に上京している。この際倉沢義随が仲介斡旋したと推測される。

第三は、相楽総三《さがらそうぞう》の親友で薩邸屯集組の幹部落合源一郎と権田直助の実話である。赤報隊とは別個に、岩倉具視より江戸探索方の密命をうけ、二人が出京するのが二月一〇日(38)、一五日には下諏訪にて嚮導隊より諸般の事情を聞取り、江戸着が二三日、直ちに西帰し、相楽等の身の上を案じつつ着京して江戸状況を報告するのが三月四日のこと、その直後に落合・権田の両名は三月三日の相良らの処刑を知り激昂、岩倉殺害を決心する。在京中の両名から赤報隊・嚮導隊の真実を、間も含め平田国学関係者は聴くことになるのである。

第四に赤報隊惨劇の生々しさを、間等はごく身近の人間からも聴くことが出来た。赤報隊に一月入隊して北信分遣隊に参加、捕縛されて岩村田藩預りとされたのち追放された苗木藩士の剣客西野又太郎（後信之助と改名）によってである(39)。西野はその後上京、間日記六月二一日条には、「苗木人西野同伴、朝より米川旅宿をとふ、北軍御供周旋也、夕方西野同伴、青山氏を訪て西野と離盃を汲(40)」とある。北征軍に参加出来た西野は六月二九日付で左の礼状(41)を秀矩に送るのである。

出立以前は不成一通蒙御厚恩、千海万山難有仕合奉存候、至て無難にてツルが迄供奉仕、今日勢揃、調練有之、一統へ御酒被下有之、幸雲斎の墓所へ御参詣有之、九ツ半頃御引取に相成申候、追啓申上候、二条城内より脱走の人物追々懸付申候、小木曽（金六、奥三河の青年、松尾多勢子の周旋で御親兵取立）も今日飛付申候、皆々御連に相成候、惣同勢千三拾六人、浪士の墓前へ詩歌諸人手向申候なお本状の「尚々書」には「青山君・市岡君・肥田君へ御伝声可被下候」とあるので、中津川重立はみな赤報隊の実状を彼から聞きとっていたことが明らかである。

以上、赤報隊認識の変化をみてきたが、このように、大政奉還から王政復古直後にもたれた爆発する期待感が急速に失望にかわっていった。市岡殷政は四月二一日付江戸中津隊一同宛書状(42)に、「京師も其後夷人参朝、為御親征御下坂、于今御滞陣、苦々敷御時節に候、関東御平定、諸方の有志・公卿方御帰路候はば、又々御一新奉祈上候義に御坐候、半兵衛其後上京、おたせは于今滞留、其後飯田・諏訪・此辺より代る代る出京致し、歎息のみにて引取申候」と心情を率直にうちあけている。そして市岡の五月二七日付古橋源六郎宛書状(43)では、不満の内容が具体的に示され、薩摩は金札五〇万両を拝借して大坂で正金に替え国許に送ったとの大藩横暴の噂を記し

外夷貿易の事、胡服の事、金札の事、布銭の事、費用金の事、其余種々太政官の御暴政、一応奉献白度、頃日も飯田の同志へ申遣候義に御坐候、御一同上京にて十分存慮申立度、思召如何哉、御誘引奉申上候

と不満建白行動を勧誘する。

更に市岡殷政や肥田通光等中津川宿の宿役人は五月二九日、小説『夜明け前』にもリアルに描かれた木曽谷農民一揆に直面することとなる(44)。同日午後二時頃、「木曽谷百姓歎願筋ありて押出し、名古屋表まで強訴」との情報により、来合わせていた馬籠宿の年寄から事情を聴取、直ちに肥田は早駕籠で名古屋に急行する。木曽谷では農兵一〇〇名が徴募され北越に出征、その後「歩人」六〇〇名が奥木曽《おくきそ》で徴発されて越後に従軍させられ、尾州表から代替「歩人」派遣との約束が反故とされ、二〇〇名は帰村し

たが残り四〇〇人はいまだ残留、戦死や手負の者も出ているのに、今度は代りの六〇〇名を口木曽《くちきそ》から徴発するとの厳達、あまりの非道さに口木曽村々協議の上押出し強訴決定とのこと、肥田の急行と同時に、阻止のため殷政らは上金《うえがね》まで東上したところで一揆勢と行当ったが、夫役取消しのため肥田急行との説諭もものかは、午後五時頃には中津川宿に乱入して宿内を横行、更に西上しようとするを深夜までにからくも喰いとめ、宿内に分宿させ、焚き出しをおこない、三〇日未明に一同をようやく承伏させ帰村させたのである。一揆人数は馬籠村八〇人、妻籠村三四人、三留野《みとの》村六一人、野尻村三五人、湯舟沢村四二人、田立《ただち》村四五人、山口村八五人、蘭《あららぎ》村六五人、与川《よかわ》村一二人、柿其《かきぞれ》村一八人、外の村六人等、約五〇〇人と正蔵等は尾張藩役人に届けている。

口木曽「歩人」賦課免除と御咎め無し処分に尽力した庄屋肥田通光も在京同志中宛の六月一六日付書状[45]において、「尾州の評判のあしきには恐入申候、又仕向も随分よろしからず、評判のあしきも無利には無之候」と、大藩尾張藩の強圧さを非難する。

実際、この年八月、市岡殷政は弁事伝達所に建白[46]し、併せてそれを岩倉具視にも提出している。東濃・南信の在地名望家にして平田国学に関わる人々の共通する意見と見ていい。

第一は、神武天皇御創業に基づき国威御挽回と思いきや、現状は意外の御布告、賊徒共の政府誹謗の条々が「至当至論」と思えるほどと新政府を批判する。

第二は、洋化が甚しく、仏家に一〇〇倍増長している西洋の妖法を採用している。胡服《こふく》は廃止、開港はやむをえないが、長崎・箱館にとどめるべきだとする。

第三は、朝廷の家格を破壊し　列藩の陪臣や草莽卑賤の族に至るまで、佞弁利口の者を徴士《ちょうし》・貢士《こうし》に登庸していると批判、公家・地下・諸侯・大夫（旗本）の家格を尊重すべしと主張する。この条項では在地名望家の秩序意識が如実に表明されている。

第四は、従って御料所統治は、五万石以上の土地は鎮台府を取建てて公卿が任国し、五万石以下は諸侯・旗本に預けるべきである。また中央政府は神祇官を筆頭とした八省六衛府百官百司を旧例に従って設けられたい、とする。

第五が最も眼目の民政方針である。彼は、①金札は廃止し慶長の金銀に通貨はすべて吹替え、②洋銀流通は停止、③海川並びに諸商人への諸運上金賦課は物貨騰貴の根源ゆえすべて廃止と主張する。ここでは郡県制的な上からの高圧的支配に反対し、名望家的伝統主義的土着主義的な枠組みで民政を安定せしむべしとの志向性が強烈に打ち出されている。このような構えである以上、東山道総督府の恣意的で状況主義的な判断により無慙に処刑されてしまった赤報隊への思いが強まるのは当然のことといえるだろう。

岩倉殺害を企てた落合直亮《おちあいなおあき》と斎藤養斎《さいとうようさい》（丸山徳五郎義兄）は岩倉の説諭を受けて翻意、落合は刑法官監察司判事に任ぜられた後、八月伊那県判事（明治三年一月大参事となる）として伊那郡飯島町の県庁に赴任、公務の傍ら相楽総三の遺稿集「将満《まさみつ》遺《い》草《そう》」を編纂、追分戦争で捕縛、出身地の上田藩に預けられていた丸山徳五郎が一二月に飯島で落合と面会する。丸山は「将満遺草」の編纂を助け、落合に京都での出板を依頼されて上京、その途次と京都にて、奥村邦秀《おくむらくにひで》・間秀矩・肥田通光・斎藤養斎・権田直助・水野丹波・角田忠行・池村久兵衛・平田鉄胤・北原信綱・落合五十馬《いそま》（源一郎弟）・竹村盈仲・前沢万重・松尾多勢子・松尾誠等に面会[47]、徳五郎は各人に対し縷々相楽達の無念さを語ったはずである。『将満遺草』は明治二年五月、権田の序、落合の跋が付されて刊行される。更に丸山は同年七月、落合の推挙により伊那県小監察から権少属、少属（明治三年三月現在）となって、魁塚（「墓表」とある）建碑に尽力、(48)明治三年三月兵部省より建設許可がおり、翌四月南信・東濃の募金の呼びかけ人となったのは落合五十馬、渡辺千秋《わたなべちあき》（諏訪藩勤王家、明治二年三月伊那県官吏となる）、青島貞賢《あおしまさだかた》（伊那県官吏）、松尾誠（伊那県官吏）、北原稲雄（伊那県官吏）、北原信綱、市岡昭智《いちおかあきとも》（謙一郎）（明治二年四月伊那県官吏、北原・松尾両家の姻戚）、前沢万重（沢家の財政的パトロン、中務と称した）の八名である。(49)

残っている史料を見る限りでは、募金に積極的に働くのは北原稲雄である。彼は丸山が慶応元年六月、気吹舎に入門する際の紹介者であり、きわめて丸山と親しかったのである。明治三年五月七日付の古橋《ふるはし》暉兒《てるのり》（源六郎）（伊那県足助《あすけ》分局官吏）宛書状(50)では、「相楽総三主墓表、今般丸山周旋にて官許に相成、此節営繕中に有之候、思召も候はば御助成仰望に存候、官吏の内千二百匹渡辺 千匹松尾 千匹青島 其外二両一両助成致候、何卒相応に御周旋被下候」と依頼しており、また、同月一七日付の古橋宛書状では「相楽一件促旁、大島宿宮下又八郎美濃より貴地え廻り候様差出」(51)と伝えている。募金呼掛人の醵金高は上述の三名以外では北原稲雄二両、同信綱一両、市岡昭智四〇〇匹、前沢万重（中務）一〇〇〇疋となっている。伊那ではその他では、松尾多勢子一両、奥村邦秀一両、竹村盈仲二両、阪井醇之助一〇〇〇匹、太田伝蔵一〇〇〇匹等々、中津川よりは二〇〇〇匹を市岡殷政を筆頭として、肥田通光（九郎兵衛）、中川成智（万兵衛）、間元矩（一太郎、父秀矩は東京滞在中）、菅井光高（守之助）、高木定章（伝兵衛）、勝野正倫（二代目七兵衛）、同二明（吉兵衛）、菅川清臣、岩井将興（健蔵）、菅井正矩（九蔵）、河村秀豊（伊八）、辻井正孝（忠右衛門）の総数一一三名が出金している。(52)

除幕式兼招魂祭は六月一八日に挙行されたが、祭主をつとめたのは落合五十馬である。なお、落合直亮は権田直助・岩谷朝明・伊藤祐忠と共に呼掛人となり、処刑の日より丸二年後の三月三日、上野池之端の清涼亭で相楽以下赤報隊同志の霊祭をおこない、間秀矩にも通知している(53)。呼掛人のうち岩谷は相州山中陣屋焼打事件の中心人物岩屋鬼三郎と思われる。伊藤については不明だが、東京にて建碑許可運動中の丸山徳五郎（後年伊藤九右衛門と称している）の変名かも知れない。

(4)　木曽山林下戻し運動

赤報隊処刑事件に象徴される「御一新」の理想と過酷な現実との矛盾に困惑を抱きながらも、東濃・南信の平田門人達は「王政復古」の理念を現実化すべく各人の持場で努力を重ねた。そのなによりの典型が『夜明け前』第二部第八章に詳細に語られている島崎重寛《しまざきしげひろ》の木曽山林下戻し運動である。二五～二八頁に掲げた大政奉還をいわう祝詞の中に、重寛は大逆罪・外患罪の次に「百姓をしいたぐる罪」を第三の大罪だと喝破し、新政府のもとでの人民生活の「御一新」の実現を心に期していた。山林問題への取り組みの重大性は幕末期馬籠村庄屋を勤めている時以来重々認識していたのであり、「御一新」を迎えての木曽谷第一の課題としたことは、慶応四年（一八六八）五月、裏木曽川上・付知《つけち》・加子母《かしも》三ヶ村も含め木曽谷三十三ヶ村惣代として、尾張藩におこなおうとした次の歎願書草案(54)からも明らかである。

（前略）何卒大御英断を以て早く御変革を行い、元禄享保の古《いにしえ》に復し、人木一体の御支配に仰付けさせられ、御手仕出御止め、立木御払に相成候様、挙て願上奉り候、左候えば、上は御国用御入方相増し、下は広太の御仁沢四民に及び、如何計りか難有《ありがたき》仕合と存じ奉り候（中略）、下情の上に達

し苛政の旧弊を一洗し給ん事御仁政の基候所、渇仰奉り候

この重寛の行動の経緯と思いは翌六月の、山林下戻しの実現を神に祈った左の祝詞(55)により具体的につかむことが出来るだろう。

辞別《ことわけ》て白《もう》さく、木曽の谷内三十有三邑及び木曽山の西北の方に在る川上・付知・加子母といえる三村は、尾張殿の領知にいますする所なるを、享保十四年より以来、檜《ひのき》・椹《さはら》・鼠子《ねずこ》・明檜《あすひ》・槙《まき》、此五種の木、はた近き年頃、槻《つき》を副る、彼殿より厳き禁ずるに依りて、百姓共伐《きり》取り用る事を赦さず、其中にも彼殿の御標《しめ》の内を止山《とめやま》といひ、其余なるを明山《あきやま》とぞ云、此六種木の禁に就てはひさしく種々民の疾苦と成ることあるの多く有るを見るに堪えず、去る文久四年の春、かの付知の村長田口忠左衛門と云ふ者、委曲に公に請いもうせるを、未だ其事取り用い賜わで年の経去るをなげきうれい、吾此度彼人の志を継いで復た公に請願いもうして、いかでいかで大御神等、我心を憐れとおぼし、三十有三邑及び三村の民の歎を救いたまいて、木の禁を解き弛《ゆる》め賜はむ事を深く厚く祈り奉らくと白す

慶応四年六月　　　　　　　　　　信濃国木曽の御民

島崎清松重寛　花押

この祝詞によれば、幕末の新気運みなぎる中で付知村の田口忠左衛門が着手した運動を重寛が「御一新」を期し更に強化しようとしたことが判明する。

この慶応四年（一八六八）五月の歎願書が実際尾張藩にまで提出されたかどうかは不明であるが、明治二年初頭、尾張藩の山林行政他を掌握する総管所が木曽福島に設置された直後の三月に、重寛を総代

とする山林下戻し歎願書が同役所に提出されるのである。(56)

事態が新たな展開を示すのは廃藩置県後のことであった。県から旧一藩限りでの諸施策は廃止との通達が木曽谷の村々に伝えられた。山守や留山見廻り役も廃され、更に博木《くれき》切替えの代金として年々村々に下付された「御救金」並びに木曽一一宿の飯米保障のため、美濃国大井村外からの御蔵米を市場価格よりも安価で払下げする特別の取扱いも廃止されてしまった。これをうけ、いよいよ山林払下げ運動は加速されることとなる。明治四年一二月、木曽三三ヶ村総代馬籠村庄屋島崎吉左衛門（重寛）他一三ヶ村代表は停止木《ちょうじ》解禁嘆願書を名古屋県福島出張所に提出する。(57)

（前略）海辺においては漁塩御停止と申す儀御座無く、木曽山中に限り御停止木と申す儀は公平の御処置とも存じ奉らず、尤も海辺においては殺生禁断の場所等これあり候えば、山中においても右に准じ、御留山は取り立て置き候儀御座あるべく候えども、明山よりも御留山多く立て置かれ候儀は、恐れ乍ら庶民を子とするの御政道において御座有間敷御儀と存じ奉り候、天朝より御料と相成り候上は、一段有難き御仁恵の筋施しなされ候て、誠心万民悦服仕り候御儀、是即ち御世太平の御基本と恐察奉り候、前顕の次第、木曽谷内の貧困御憐察成し下し置かれ、この度御改革に付、享保已前の古に復し、木曽谷中御停止木御解き成し下し置かれ、山利を以て衣食の賄相成り、他県一般公平の御処置成し下し置かれ候儀、只管《ひたすら》願い上げ奉り候

ここにある「天朝御料となった上は一段御仁恵の御施策ありて、万民を悦服せしむることぞ太平の御基」との論理こそが、正に島崎重寛（五年に正樹と改名）の「御一新論」にほかならない。

(5) 伊奈県政の特質と伊奈県商社

廃藩置県前に設置された直轄県を、後年の内務省ががっちりと統御する官僚制的府県と同一視してはならない。維新政府の府藩県三治一致体制のもと、全国諸藩の模範となるべき、天子直轄「御料」たる性格を関係者は賦与しようと努力したことも歴史的事実なのである。「御料」的性格を与えるため、知県事には公家が任命された。伊那県は明治元年（一八六八）八月二日に成立し北小路俊昌《きたこうじとしまさ》が知事に任じられたが、入県した一〇月段階での管轄地域は旧幕府飯島代官所支配地にとどまっていた。新政権成立後信州の旧幕領すべては、名古屋藩士白井逸蔵が総裁となった名古屋藩信州取締役所が支配していたのであり、伊那県は旧飯島代官所支配地域部分を取締役所から割かれた形で創出されたのである。人事面では八月二日、白井が伊那県判県事に任じられて伊那県・取締役所間の良好関係が保障された。八月一二日、赤報隊問題で岩倉具視に知られ、刑法官監察司知事試補（五月九日任命）となっていた落合直亮（源一郎）が判県事に任命された[58]。国事周旋家の県政への登庸である。

名古屋藩信州取締役所から伊那県への旧幕領すべての引継ぎは明治二年六月を以て完了した。この段階での伊那県支配石高は二九万四〇〇〇石、更に八月三河国旧幕領五万五六〇〇石を合併、飯島に県庁をおき、中野・中之条・御影・塩尻・足助に分局をもつ大県伊那県がここに成立した。明治二年八月段階の情報が記入されている「伊那県官員録[59]」に依りながら、その特徴を見てみよう。

第一、三五万石の支配領域に官員総数僅か八四名。しかも中野分局詰七名、中之条分局詰六名、御影分局詰五名、塩尻分局詰一一名、足助分局詰五名、更に東京詰が一名おかれ、統一的県支配は全く不可能、各地域での在地名望家の支持・協力無しに一日たりとも県行政は不可能な状態であった。

第二、信州取締役所のつながりから①名古屋藩士が一〇名、名古屋支藩の高須藩士が三名と人数が多く、②旧幕府代官所からの業務引継ぎを名古屋藩がおこなったことで「旧幕代官」所役人が七名も伊那県官員となっている。

第三、伊那県は信州各藩から必要な人材を調達し、信州諸藩との連携・調整の中で県政の潤滑化を図ろうとした。明治二年七月二五日付で白井大参事は木曽の山村靫負（若殿）にあて、次のような人選依頼状[60]を送っている。

（前略）当県会計方一名、貴家より御雇の筈評決相成、既に旧藩総管所（木曽福島に設置）へ相達候に付、御承知の事と奉存候、仍ては申迄も無之候得共、着実の性質にて時勢にも少しく相通じ、努力致すべき人物を得申度、御撰び御差出被下度（後略）

山村家はこの要請を受け、有能な家臣村地八郎《むらぢはちろう》を送り出す[61]。この特徴的な県藩関係の結果、明治二年八月現在では飯田藩七名、松本藩七名、高遠藩五名、諏訪藩五名、松代藩四名、上田藩四名、龍岡藩二名、小諸藩二名、飯山藩二名、岩村田藩二名、須坂藩一名、北信に五〇〇〇石の飛地を有する越後椎谷《しいや》藩一名と、藩籍を持つ人々が伊那県官員となっている。また信州の地に所領を持ち朝臣化した旗本四家の家来各一名も県官員とある。旗本領上知《あげち》はこの年の一二月であり、それまでは所領の関係で県との連絡・連携が不可欠だったことが一因であろう。

第四、国事周旋家と南信の平田門人達が官員となっている。落合直亮はこの時判県事、また著名な活動家駿州焼津出身の村松文三《むらまつぶんぞう》は権判県事（明治元年八月より）、東京詰の諏訪藩士渡辺鍋八郎は同藩勤王家、甲州市川大門の神職青島能登（貞賢）も幕末国事に奔走、慶応四年（一八六八）二月一〇日には高松隊の主将高松実村《たかまつさねむら》に韮崎宿で面会している草莽活動家である。[62]「官員録」には「庶務方並書記社」と肩書されており、有泉氏は「庶務方社寺掛兼官」としている。北原稲雄紹介でこの年一一月一七日、平田銕胤の伊那谷通行の際、気吹舎に入門する。藩籍は高須藩となっている松尾誠は「二等監察」、彼の居村伴野村は高須藩信州飛地（竹佐に代官所あり）の大村である。市岡昭智（謙一郎）は千村平右衛門飯田荒町役所に勤務してきた千村家家来（久々利藩士）、元来市岡家は飯田町人の出、[63]父の雅智（鉄叟）は元治元年（一八六四）一一月に、長男の昭智は慶応四年二月に気吹舎に入門、明治二年四月より伊那県に出仕し、八月現在「二等庶務方」、中之条分局勤務となっている。「甲州神官」と肩書されている五島広高（治部）は安政四年（一八五七）入門の古参平田門人、「三等庶務方筆生社寺掛」として足助分局に勤務、伊那郡山本村の佐藤平蔵は慶応二年一一月に気吹舎入門、「三等庶務方租」として中野分局に勤務、飯田藩籍とされている北原稲雄はいうまでもなく南信平田門人のリーダー、「三等監察」として飯島県庁に勤務、[64]ちなみに弟今村豊三郎は松尾多勢子の推薦で慶応四年閏四月から笠松裁判所、ついで笠松県に治水技術者として任官、[65]明治二年現在「営繕方」に出仕、同年の月給も兄の一五両に対し三〇両と好待遇である。[66]伊那郡黒田村の斎藤保輔は稲雄の紹介で文久二年一月に気吹舎に入門、「二等庶務調方」として飯島本庁に勤務、もと旗本知久家の家来、阿島の西川嘉雄は明治二年四月に気吹舎に入門、「庶務試補」として飯島本庁に勤務、伊那郡伊豆木の小笠原束は慶応四年四月に気吹舎に入門、「筆生試補」として飯島本庁に勤務、もと三河国宝飯《ほい》郡の禰宜で、明治二年七月に稲雄の紹介で気吹舎に入門した戸鹿里進も、「筆生試補」として飯島本庁に勤務している。有力な平田門人奥三河稲橋の古橋源六郎が足助分局に勤務するのが明治二年九月二二日のこととなる。[67]なお明治元年八月、伊那県発足時からの国事周旋型県官員は右の内、落合・村松・青島・五島の四名であった。

維新政府が神道国教化政策を執る中、しかも平田国学が隆盛となる中では、明治二年一〇月、「伊奈県書記青島定賢」名で発せられた「伊那県下へ布告書」(68)が平田国学の復古神道神学の論理でつらぬかれているのも、ある意味では当然といえるだろう。即ちそこではこう述べられている。

(前略)抑《そもそも》皇国の大道に於て顕幽の二途あり、顕事ハ天皇万機を総領して細大の事宸断《しんだん》に決し、其御旨を太政官より仰出され、普く天下に達す、則即今の御政体にして此を顕事と云ふ、幽事は出雲の大社大神主宰とましまし幽冥より行はせられ、世中の治乱盛衰、歳の豊凶、人の寿命其細大の事、一として大神の御心より出ざるはなし、是顕幽二途の大綱なり、此二途相遂ひて行はれ行くこと、譬ば鳥の双翅《そうし》の如く車の両輪のごとし、然れば我国の人は誰も誰も此旨心得て、顕には朝憲の威厳を仰ぎ、幽には神慮の明赫《めいかく》を畏み、顕幽両途何れも踏違ざる様、能々服膺《ふくよう》いたすべく、此二条理をして天下に貫徹せしたる時は天下の人正直に帰して、訴訟反復の者一人もなきに至るべし、如何となれば、人欲を止め(ママ)、難忍の悪事を為す者僥倖にして朝憲の刑戮《けいりく》免れ候とも、幽冥の神罪決しての がるべからず、天下の人中心よりして此理を弁へ悟ればなり、是いはゆる侫魂侫心を教育するの基本と云べし、右基本上下一貫する時は、君民一致全国一体古道開くべく外夷攘ふべく、王威を振起して烏合の犬羊を駆使し、我　今上《きんじょう》皇帝を万国の惣　天皇と仰ぎ奉らしめんこと不日に期すべし、是則御政務の大目的なり、然れども天下のひろき人民の衆き、是を総べ居りて一身同体ならしめんことは容易にあらずして手を束《つか》ぬる時は何れの日か目的実地に至らん、苟《いやしく》も御役員の数に備る者は、我輩の微官に至る迄、此目的を定め一人より十人に及ぼし、十人より百人に及し、一村より一

県に及し、一県より一国と漸々に及ぼし、遂に天下の人壱人として不洩様神国の神民たるべく教導いたし度懇願此事に候事

＊　＊

しかし現実には伊那県は全国の矛盾が集中した大国となっていた。明治二年は全国的に慶応二年に次いで凶作の年となり、翌年の麦の収穫まで飢饉と百姓一揆に備えなければならなくなった。かてて加えて信州は養蚕・製糸地帯、戊辰・箱館戦争の軍費捻出のため、諸藩は贋二分金を濫造し、この信州にそれが集中するようになってしまった。凶作のため米価が騰貴した上に、贋金が満布して通貨が流通しなくなってしまったのである。

中津川本陣市岡殷政の「風説留」にはこの贋二分金騒動の信州・濃洲での展開がこまかく記録されている。発火時点は飯田城下、七月二日のこととなる(69)。

新二分判停止の儀、六月中旬被仰出候処、国中七八分通は新金のみにて、一同難渋の折柄、飯田奸商共、密々停止の事を知り、上方より不通の新金を多分買入、近在所々にて未何事も不弁者を欺し補、其外何に寄らず買入候処、無程停止に付、知久平《ちくだいら》・虎岩《とらいわ》辺先途として下郷村々多人数飯田城下押寄、贋金遣を御吟味被下候歟、又は此方にて召捕吟味可仕歟と申入候付、左の者（省略）御召捕、入牢の上吟味被成、
其外山村（村名）藤七・平九郎、駄科（村名）某打毀、又江州長浜商人灰屋重兵衛へ申談し新金壱万七千両買入、飯田へ持込候を、飯田元結職人等聞出し、市の辺に出迎、荷物を才領より請取、才領ハ縛候上、飯田宿野田屋弥兵衛へ召連行、当家入の荷物不審に付、我々差添相越候、改請取候様申聞候処、亭主申

には、江州商人の荷物故、荷主に引合候様申付候付、荷主に面会、引解候処、全贋金に付、当人も弥兵衛も被召捕、贋金は領主に預りに相成候、

飯田侯にて一旦新札出来、悪金引替、午四月正金引替候筈、十万両余に及ふと云

次に勃発するのが七月一六日の濃州土岐郡の大一揆である。飯田荒町役所が収公され、市岡雅智《いちおかまさとも》・男也《おとや》兄弟も久々利の千村家家中として同地に引移っていたが、次の書状の書き手は市岡男也と思われる。(70)

当月十六日土岐郡村々動揺、是は貨幣不融通困窮を名といたし、久尻《くじり》村兵次并一類三人都合四軒を打毀ち、酒蔵へ入り酒ののみ（のみぐち）を抜、家財不残打砕き、誠に乱妨狼籍、夫より田治見《たじみ》に押懸り候勢ひに付、同所より久々利へ出兵願出、久々利より兵隊繰出し、笠松よりも判事出張（中略）、十八日には一揆共三州喜瀬と申所一二軒潰し、其勢ひに乗じ笠原村を潰し田治見へ押掛（中略）、其夜九ツ時過一揆惣勢二千人余、閑道より押来り候趣注進（中略）、翌十九日には賊の巣窟妻木・下石両村へ打入り、賊の張本妻木村関助・嘉兵衛、下石村常三郎・半三郎、其の外右へ引続き候者七八人其余胡乱《うろん》の者共十四五人召捕（中略）、岩村領肥田村と申所も潰し候由、一頃は一揆三千人にも相成候と申事に御坐候(71)

この一揆鎮圧のため、久々利の市岡雅智勢を初動として加納藩・岩村藩・名古屋藩などの各藩兵も笠松県下に出兵している。

ただし贋二分金問題は信州・濃州全体の問題となっていた。八月一七日には上田藩に、二九日には小諸藩に大一揆が勃発する。この事件に関しては詳細に中之条詰の市岡昭智（謙一郎）（弟武充は明治二年中津川市岡家に養子）が殷政に通報し、殷政は「上田小諸動揺概略(72)」と題して左の如く要約している。

去八月十七日、上田藩管轄所村々暴民蜂起、同夜右風聞承候哉否、中ノ条局木村（貢）点検として出張、然処輿夫二人帰報の趣、貢義同夜八ツ時頃上田町え着、割番田中吉右衛門方へ立寄、城中へ案内を乞心得の処、暴民共同人宅打毀ち、貢持参提灯抔打披《やぶ》り、追々同人宅へ乱入致候付、貢并捕亡方伊藤与五蔵、仮会所与惣左衛門、輿夫八人共行方不知趣帰報有之、依之市岡謙一郎、捕亡頭取木村又八郎、金井村迄罷越候処、局より報知の趣は、貢・与五蔵其外共、無滞城中へ立入候趣、局も人少に付、早々罷帰候様にと申越候間、直様帰局致候、然処上田町暴動も益々甚敷、炎南天に漲《みなぎり》、上田近隣恰《あたか》も白昼の如し、翌十八日朝に至り候ても暴動不相止由、仍之謙一郎・藤森武左衛門・木村又八郎等出張致候処、一揆のもの共少々は静謐相成候得共、河原・寺院等に夥敷屯集致居候付、謙一郎・貢并上田藩執政師岡主鈴、参政太田十郎右衛門、民政判事小島友右衛門等同道、新町向源寺へ罷越、反覆丁寧説得の上、願書為差出、然処昨夜奸商の内焼洩候もの有之、今晩焼払、焦土と可致の旨、蜂起の者共内評有之由巷説紛々共聞候に付、直様河原へ趣き候処、人数大凡廿人計屯集いたし居候間、四五度に説諭いたし、いつれにも其方共願の趣は我等共、是より城中へ罷越、知藩事へ直談、願意貫通いたし候様取計可遣、然に奸商の内焼泄候もの有之、今晩焼払候由取沙汰有之、甚以不宜、右様のものも候はば、無憚可申立、且又藩士の内にも如何のものも有之候はば、是又可申立、右等の辺差支可申、夫故藩士も同道不致義の旨懇々切々利害の上、託《ことづか》り惣代一ヶ村二三人つつ召連、城中へ罷越、願書執政え相渡評論中、夜明相成、翌十九日未の刻頃漸議論相約り、惣代のもの共へ申渡、夫より帰城知事へ謁見、至懇に謝礼有之候

同月廿九日暁八ツ頃、御影局より急報の趣、中之条にて治下佐久郡春日村辺暴動の様相顕候由に付、

同所直ちに急行、小諸迄罷越候処、御影局庶務伊藤精一郎同所に罷在、尤小諸管轄村々蜂起に付、是より塩名田宿《しおなだしゅく》へ出張、説諭の積の由に付、段々始末承り候処、頭取のもの共床机《しょうぎ》等相用、頭取のもの止宿いたし候宿は本営抔と申唱、且又尾州のもの通り懸り候処、鳶口《とびぐち》を以頭え打込候抔申事にて、賊勢熾《さか》んなる由に付、兵隊差出、鎮圧可致手筈の由に付、先に急行にて塩名田宿へ着、可成は説諭鎮静可致積にて謙一郎・精一郎同所渡船いたし候処、大凡人数千五百人余罷在候処、竹鎌を投、低頭平身、夫より惣代のもの呼出、いつれも大勢のもの共は帰村いたし可申、願の趣は惣代を以出願可申旨申聞、惣代召連城中へ相帰、大勢のものは速に帰村鎮静、翌朔日暁七ツ半頃申渡相済、帰局いたし候

上田・小諸とも贋二分金と金融梗塞が第一の原因である。そして中之条分局も御影分局もその支配村々は藩領と交錯し、藩領の問題は瞬時に伊那県の問題に飛火する。この八月二五日、伊那県塩尻分局管轄下の筑摩郡会田《あいだ》組・坂北組・麻績《おみ》組・川手組（いずれも松本の東北山間部に位置する一帯の地域）全域で、贋金及び年貢問題をめぐって大一揆が勃発、参加者二〇〇〇名余、一三〇軒の豪農商の家々が打毀しや焼き払いの攻撃をうけることとなり、捕縛者は二二〇名余に達した(73)。その要求項目は左の如きものであった。

○米穀高直に付百姓一同難渋の事
○二分金不通用に付難渋の事
○御年貢金、地相場にて取立難渋の事
○三ヶ年免直り、増米難渋の事

○田方御年貢皆無難渋の事
○村々金持の者、高利を取難渋の事

旧幕時代の安石代《やすこくだい》を見直ししようとする県行政への反発も一揆側の要求の中に組み込まれていた。市岡殷政の「風説留」は、山村甚兵衛家家中も鎮圧に出兵したとして次のように記録(74)する。

　松本騒動に付、御家より御陣代原大夫并隊長原左兵太一小隊引連、御料所塩尻局へ向御出兵、彼御差図の上、何れへ出陣相成候哉、廿九日御立、右一揆は塩尻支配の者にて松本支配は無之由、塩尻局より差図にて諏訪先鋒、御家二番、順々繰出候処、平定に付帰陣被仰付、九月四日帰陣相成候

戦々兢々、しかも年貢納入の時期が次第に追って来る。贋二分金を如何に扱うのか。

＊　　＊

高遠藩重臣の岡村菊叟《おかむらきくそう》(76)（権左衛門）（明治二年一一月に権大参事(75)）は市岡殷政の友人であったが、明治二年八月一二日付の書状に、「当今の世の有様何にと成行可申哉、実に皇朝の御大事を患候名臣は無之事、実に長息」と歎じ、「諸国不登、此節より穀に被苦候、此辺金壱両に付米壱斗は致不申、冬分成候はば餓莩《がひょう》も出来可申」と凶作と贋二分金による物価騰貴を案じている。その岡村が九月に入ったころ伊那県の左の内達(77)を殷政に送り、「此達が早く出候はば信・美の騒擾も有之間敷候処、遺憾万万に御座候」と、内達の遅れをくやんでいる。この内達とは左の如きものであった。

　国中満布不通用二分金の義、楮幣を以御引替有哉御内評に候間、此旨差含、下民説諭鎮撫候様、民部省おゐて御内達有之、右は未御発表無之候得ば、公然下民え布告は致兼候得共、信地切迫の情態追々致遺達候に付、御内達有之候義に御座候、仍て御心得迄に此段御通達および候也　伊那県

これを読む限り、伊那県も岡村も贋二分金は金札と等価に交換されると予想していたことが明らかである。事実、外国商人や各国公使館には等価交換を政府は実行した。だが、政府は一〇月二九日、「銀台（贋二分金）の分は格別の訳を以て百両に付、先《まず》金札三拾両に御引替」と布告、これで事態が収束する訳があろうはずはなかった。中之条詰市岡昭智は一一月一一日付の殷政宛書状で[78]、「先頃中は上田治下始暴動有之、其已来兎角萌有之、既に今般二分金御所置筋の儀、是は銀台二分金百両に付三十両御引換被下候由、付ては松代・上田管下抔又々少しく動揺も可致歟の様子、日夜心配罷在候」と迫り来る一揆への恐怖感を吐露している。

＊　＊

危惧は市岡昭智一人だけのものではなかった。北小路知事、白井大参事以下県官全員が共有したのである。一揆となれば打毀された後の諸藩兵出動にしかならず、また「神国の神民」たらしめんとする伊那県民は、この贋二分金に一切の責任は無く、通貨問題はすべて国家の問題、政府の交換比率が発表される以前から等価交換しかこの窮地を乗り切ることは不可能と、通商司のもとに各地で設立されている商社を伊那県下で官民合体の形で活動させることにより、交換の損失を償おうとの方針を樹てるのが一〇月[79]、商社掛の准少参事正木才三郎と少属西垣鉞蔵は商社幹部とすべき県下の大豪農商を呼び出して、租税中の贋金は等価引替とし、商社人が贋金分を県からの拝借金として借りうけ、商社活動によって損失を補塡するプランを説明するのが一〇月二七日、一一月二四日には北小路知県事が飯島本庁管下の大豪農商を集め、白井逸蔵大参事、商社掛正木・西垣等列席の場で、商社取扱方を申渡している。一二月に入ると、中野・中之条・御影・塩尻四分局（三河国は贋金取扱方法が異なるので足助分局は除外）においても、それぞれの管下の豪農商に分局責任者より商社取扱方の申渡しがなされるのである。

伊那県としては、明治二年六月、政府から正金に交換せよと押しつけられた太政官札が、県下の贋金満布と金融不融通でそれどころではなかったため、筑摩郡上神林村《かみかんばやしむら》の大高持野口吉十郎に西垣を介し依頼、野口から横浜交易の方法で県に正金を納めさせたことが、このプランの前提として存在していたのである。

県からの強力な勧誘により本庁管下で一六人、四分局合わせて六六人の商社人が決定され、これら地域の最有力者が更に村々の豪農達によびかけて南信・北信・東信・西信・中信商社の県下五商社の商社員を拡大する形をとった。この結果西信商社員の総数は四二五人となる(80)。南信の発起商社人の名簿には平田門人は存在せず、各村落の指導者クラスよりは一段と大規模な豪農商層が伊那県商社の幹部と見ていい。この体制をつくる中で、一二月末段階で五商社が集めた二分金は一一万両弱（内正金は二万二〇〇〇両のみ）、このうち七万七七〇〇両が明治二年分の貢租金であり、これを商社人が借りうけた形をとり、明治三年三月に正金で上納することとしたのである。

伊那県の商社プランでは、県からの貸下げ金一万両を受け、各商社は商社人の出金を担保として商社札を発行し、その運用による利潤で損失分を補うこととなっていた。伊那県と信州各藩は、この八月から県藩と豪農商の信用を担保として信濃一国内で通用する銭札を八万両も発行してきた経験があったのである。

しかし各商社が贋金を交換する作業を終え、商社札を使用していよいよ営業活動に入ろうとする一二月、政府は県藩通用の手形類発行を禁止する措置に出た。このため明治三年二月、伊那県五商社幹部達は伊那県の正木才三郎とともに上京、通商司より一〇万両を借用し、さし迫った正金上納と商社活動の資金に当てようとする。この緊迫した時期、伊那県東京出張所には東京詰の渡辺鍋八郎のほか、権大属松尾誠と少属五島広高が出張しており、更に新たに商社掛に任じられた丸山徳五郎・伊谷順之助も東京に出て奔走する。

しかしながら、通商司との交渉がはかどらない中で、租税の政府上納を迫られた伊那県は伊那県にかかわる横浜売込商等に国産元会社取扱方を申しつけ、彼等の名儀でオランダ商人アケントから洋銀五万ドルを一ヶ月一分の利子で借用させ、その際の借用証には在京中の北小路知県事が県印を捺したのであった。

(6)　苗木藩改革と帰農政策

苗木藩領への平田国学の浸透には二つのコースがあった。一つは苗木藩士グループである。中心人物の青山景通は弘化頃から江戸詰で元来の身分は下級の徒士《かち》身分、気吹舎入門は嘉永五年（一八五二）とはるかに古く、彼の紹介で水野新兵衛が安政五年（一八五八）三月に、また文久三年（一八六三）八月には曽我多賀八も入門し、景通の息子の内佐藤和左衛門家に養子に行っていた二男の順平（のちに小山正幹と改む）の入門が元治元年（一八六四）一〇月、長男の直道入門は慶応元年（一八六五）一〇月のことなる。岩島忠三郎は曽我の紹介で元治元年一月に入門するが、幕末期までの藩士入門者数はごく僅かである。他のコースは農民のそれである。福岡村の大豪農で苗木藩士分でもあった安保謙治（五八歳）が入門するのが文久三年一月、謙治は元治元年九月、自分の息子弘太郎（長男、天保二年生まれ）・倍七郎・賢八郎の三名を一度に入門させている。謙治は青山景通の強力な信奉者・支持者であると同時にその財力を以て苗木藩財政に深く関与していた。更に地理的関係からも中津川平田門人とはきわめて密接な連絡をとっており、彼の息子秀一は間半兵衛の姉婿馬島靖庵（苗木藩医水野甫閏五男）の養子に入り、秀一は文久三年一月、妻・息子（六歳の鉾太郎）共々気吹舎に入門するのである。また安保家の親戚である苗木領中野方村の柘植《つげ》一郎《いちろう》が慶応三年九月に入門している。

農民達の平田国学への傾倒は『古史伝』刊行への多額の醵金の形でもあらわれた。間秀矩は慶応二年六月、『古史伝』第五帙中第十七・十八・十九全三冊への出金約束者に督促書状を廻状形式で発している(81)。宛先は坂下《さかした》村の吉村佐六、福岡村の安保謙治、（加茂郡）神土《かんど》村の神戸弥助（明治元年一一月入門）、付知村の田口忠左衛門の四名、付知村は尾張本藩領だが、坂下・福岡・神土の三ヶ村は苗木領内、そして安保以外は気吹舎には入門していない在地の有力者である。秀矩は曽我助次郎（付知村、文久三年三月入門）は皆済しているので宛先に加えないと書き添えている。秀矩の督促もあってか、第五帙の第十七冊は慶応二年秋、田口と曽我の助成金で、第十八冊は慶応二年冬、安保謙治と吉村時安（坂下村）の助成金で、第十九冊は慶応三年吉村重時（坂下村）・丹羽正徳（田瀬村、苗木藩領）・神戸正邦（加茂郡神土村、慶応二年一〇月頃入門）の助成金で刊行された。督促時点では門人は曽我と安保の二人のみである。秀矩が仲介したルートではない方法で第五帙の最終冊第二〇冊がおそらく慶応三年末頃に刊行されるが、その助成者は苗木藩領加茂郡越原《おっぱら》村の越原正蒿・五斗信興・桂川盛苗の三名、三名共門人ではなく、桂川のみが明治五年（一八七二）に入門する。

王政復古後は、青山景通が慶応四年五月より神祇官権判官事として中央に出仕し、その後は神祇官少佑として東京において神道国教化政策の行政に深くかかわることにより、苗木藩士の中から平田門人になる中下級士族が増え、更に維新政府がかかげる国家政策の実現に邁進することを決意した苗木藩主遠《とお》山友禄《やまともよし》が明治三年二月、気吹舎に入門することによって、藩行政は平田国学の基本線に沿って展開することとなる。

明治三年四月に入門する加茂郡神土村の桂川庄太郎（二二歳、のち村雲蔵太と改姓）は、彼の日記(82)に、藩内の雰囲気をこう記している。

苗木於御家中に、青山稲吉（景通）と申人、去頃より江戸にて平田先生に随ひ国学をなし給ふ処、多数門人の中にても才智衆に越へ、其門におゐても並ぶ人なきよふの噺に聞候、（ママ）及諸人の評に違わず終に京都へ御召に付、神祇官の御内にて御役を蒙り精勤被遊候よし、御子息佐二郎（直道）様は苗木にて大参事、又幾男か不存候得共、助松（胤通）と申御方は十二三歳と承り候得共、此は前に云平田先生の御養子（明治三年一月のこと）に御相談相成、被遣候よし、親子とも雄才にして天下に其名を顕し、後世に美名を賑し給ふ事、寔以当国の幸なり（明治三年七月の条）

苗木藩政における父青山景通、長男直道ラインは、明治四年一月、景通が紹介者となって藩主の継嗣遠山友悌《ともやす》が気吹舎に入門したことにより不動のものになるのである。

ただし苗木藩領下の平田門人の急速な増大は、苗木藩政の担い手達が藩主・藩士共平田門人となったことが、その増大に客観的に大きく棹さしたとはいえ、強制的にはおこなうことは不可能であり、あくまでも自主的自発的なものであったことはきちんと確認すべきことなのである。東濃・南信の傾向が苗木藩領の恵那《えな》郡のみならず加茂郡にまで及んでいったということが基本である。

そのなによりの例証は明治二年一一月下旬、大学校問題が一段落し、平田鉄胤が中山道経由で東京から京都に戻る途次（一一月二二日中津川泊）を待ちうけて入門する人々が多数出た中に、苗木藩領の百姓も少なからず存在していたことである。即ち後藤富士太郎（高山村）、山田万弥（田瀬村）、林義造（蛭川村）、奥田純造（蛭川村）、田口広二郎（蛭川村）、纐纈《こうけつ》庄七郎（蛭川村）、永治為三郎（蛭川村）、林義一郎（毛呂窪《けろくぼ》村、以上すべて恵那郡）の八名が名古屋本藩領の付知村からの入門者三名と共に気吹舎に入門する。なおこの時、苗木藩士かその家族と見られる者四名も入門している。

また、気吹舎の門人帳によれば、明治四年九月以降月日不記載及び五年一月のところに林久世が五七名もの加茂郡各村の百姓を入門させたとなっているが、平田織瀬日記では明治四年一一月の条に「苗木入門　大ぜい束脩十八両」(83)とあり、それ以降の苗木旧藩領からの入門束脩金の記載がないことから、この大量の入門者の氏名を、明治四年九月以降のところと五年一月のところに書きつけたものと著者は判断する。廃藩置県前後のこと、これらの入門者は苗木藩権力の意向とはかかわりなしに、復古神道と古道学学習のための入門ととらえるべきなのである。林久世（健蔵）は苗木の人だが苗木藩士ではなくて百姓身分であり、(84)明治元年八月の入門以降、四年九月までは京都聖護院の平田鉄胤塾で塾生として最も鉄胤に協力するとともに平田塾と苗木藩との連絡役をつとめ、(85)鉄胤夫妻が一〇月東京に移るに際しても随行し、明治五年五月には、南信座光寺村の北原稲雄宅に預けていた貴重きわまりない篤胤の気吹舎資料を引きとりに鉄胤が派遣した、この当時気吹舎門弟中の最重要人物であった。(86)現地に入って直接入門を勧誘する時間はなく、在地からの希望者の紹介者となって取りついだものと推定される。むしろ加茂郡下の平田国学への熱中度こそを、ここから見るべきなのである。その中に尾崎秀実《おざきほつみ》の祖父で熱烈な敬神家となる名倉村、明治四年で二〇歳の尾崎松太郎も加わっているのであった。

ではどのような形で入門するようになったのか、桂川庄太郎の場合を見てみよう。

全国的にみて修験は復飾して神職となるか帰農するかの道を選択させられるが、加茂郡柏本村のもと修験安正院は復飾して安江民部正朝と改称して神職に転身、青山景通を紹介者として明治元年一一月気吹舎に入門、明治三年三月から九月にかけ、積極的に在村の人々に平田国学入門を勧め、二四名の入門紹介者となっている。三月二〇日には加茂郡神土村の今井賢三郎（二四歳）を入門させるが、神土村の庄太郎は賢三郎の友人、また彼から手習いを受けたので師匠に当る人物でもある。この賢三郎が、庄太郎に「門人に相成候事いかが」「少々の束脩を奉り誓詞と云文を書奉らねばならぬ事ゆへ、強て勧めはいたさぬが、日頃入魂《じっこん》の君ゆへ、告げずして後に悔めどもかへらざる事ゆへ案内いたす」と話をもちかけられ、庄太郎も「神祇の道を重くするの心ありしにより悦んで」入門を承諾したのである。ここには如何なる強制力も働いてはいない。なお彼は明治三年一〇月、村雲蔵太と改姓するが、これは九月に平民に苗字を名乗ること許可との太政官布告をうけ、桂川家の由緒ある本姓村雲姓を称することにしたためである。

＊　＊

王政復古直後の苗木藩は深刻な財政危機のただ中にあった。借財一四万五〇〇〇両余(87)、藩収入四九一六石に対し支出総計六二〇六石(88)、しかも幕末のたび重なる御用金賦課は農民の間の怨嗟を極限にまでたかめていた。藩権力対豪農・百姓との従来通りの関係は最早継続不可能となる。慶応四年二月、福岡村の安保謙治は、「迚《とて》も是迄の御姿にては御凌難被遊」「御勝手向の儀万端御領分え御任被遊候はば御仕法も相立、急務の御心配御座有間敷(89)」と、村方に仕法立を一任するよう藩当局に要求、豪農の協力無しにはこの危機を凌げないと、四月領内各村の庄屋・御用達・御用弁を呼び集め、藩は彼等に全面的協力を求めた。藩当局と村方庄屋・用達等の協議の結果、各村方に御用金が課せられることになったが、その際庄屋達の村民への説得は、「此度用金上納仕候得ば御借金相済み、後御用金相あたら」ず、「此金子上納に相成候はば、苗木通用の札金、不残御消に相成候よふの思召」[90]と、藩にとってはのっぴきならない約束をするしかなくなってきた。そして八月には中野方村山田太郎八、坂下村吉村佐六、神土村《かんどむら》服田彦七、油井村杉山丈左衛門の四名を「勝手取締役」に登用する事態となった。[91]この内吉村佐六は上述の如く『古史伝』出版資金の助成者、杉山は明治元年一〇月、気吹舎に入門する人物である。更に吉村佐六は明治三年七月一七日には「国債の儀重立取扱」を命ぜられ藩債償却の責任者に任ぜられる。[92]

藩財政の改革は当然のこと藩体制の劇的改変を必然化させる。既に明治元年八月一二日、苗木藩豪農の代表格安保謙治は青山景通への褒賞方を上級士族が独占する藩当局に次のように強く訴える。[93]

青山稲吉殿御義、重々御登用被遊度旨、既に旧臘御役人様方え周旋仕候処、更々御採用無之而已ならず、却て依怙《えこ》の様にも被思召御模様相伺、嘆息仕候、然処、当春に至ては京都並名古屋大垣等へ度々御出張有之、其功不少（中略）、此頃に至り承り候得ば、東山道鎮撫府岩倉殿御東下の砌、御出兵に不及候儀は全く青山稲吉殿、於大津宿大監察北島仙太郎（気吹舎門人）殿へ御面会の上、御同人手引を以参謀宇田栗園殿へ御応接有之、出兵等被仰出候ては御迷惑の趣御内願被成候処、御精（ママ）実相貫候に付、其儀は御免に可相成候様、参謀方おゐて御差含（後略）

と出兵下命をからくも回避させた景通の政治的力量への褒賞を求め、言外に新政権に全く対応しえない藩当局の更迭を要請するのである。

幕末期の苗木藩は藩主が若年寄を勤めるなど幕府にぴったりとよりそい、藩内改革も全く無く、小藩ながら給人・中小姓・徒士の士分三身分制（三格）が固守された藩でありつづけたが、維新後はそうはいかなくなった。財政問題、対豪農・農民問題、そして新政府対応問題、あらゆる分野で変革が迫られた。ただし明治二年の凶作と贋金問題への対応が焦眉の課題となり、贋金を「札金」三分と交換する方針をとるなどで急場を凌ぎ(94)、藩主主導のもと、抜本的な藩政改革は明治二年一一月のこととなる。

第一に禄高が抜本改革され、士分は三格すべて現米一〇石、卒はすべて現米五石が定禄とされた。幕末まで給人二一名は七〇石以上、家老は一三〇石だったので上級士分にとっては大打撃、しかも幕末期他藩のほとんどで発生した尊攘運動と結びついた藩内抗争も存在しなかっただけに、上級士分の憤慨と困惑は想像を絶するものだっただろう。

第二に禄制改革と表裏一体の関係で藩内職務月給制が制定された。大参事月給二五両以下、最低月額は新設藩校日新館門監〇・二両に至るまでのものである(95)。藩財政たてなおしのため可能な限り固定俸禄を減額し、他方士卒内身分流動化を図るために月給制を導入したのである。

この大改革案を策定する目的もあり、藩主は九月六日、藩執行部の大改造を決行する。大参事には石原正三郎と青山佐次郎（直道）、権大参事には宮地一学と棚橋亘理、少参事には小池八郎・水野新兵衛・曽我多賀八が任命された。この内直道・多賀八・新兵衛は既に幕末期に、石原（二七歳）は明治三年閏一〇月、宮地（三四歳）と棚橋（三〇歳）は明治三年二月に気吹舎に入門する。平田門弟当局による定禄制と月給制の制定なのであった。前出の桂川庄太郎は日記の明治二年一二月の条にこう記している。

王政御一新に付、前に言ごとく、一般天朝の料に復し、百姓も一統の事なり、苗木領も遠山公知事に任ぜられ、青山佐二郎様大参事（元の家老同様）、余は是に準じ御役被仰付、智恵ある人学問ふかき人日々出精《しゆつせい》、むかしと相違、よろしき御代に相成候

しかしながら藩士内部の下からのつきあげが不十分なままの藩主主導の急激な改革は給人層をして青山直道へ怒りを集中させることになった。藩主は明治三年一月一二日、士卒全員に総出仕を命じ、疑いありとの理由を以て千葉権左衛門・千葉武雄・千葉鐐五郎・中原央・八尾伊織・神山健之進など一〇名を召捕えさせ、家宅を捜索させた。権左衛門は元家老（一三〇石）、央は元部屋番（七〇石）、健之進は元用人（一二〇石）、いずれも藩旧当局のトップを占めていた人々である。(96) この年八月に処分が決定されたが、その間の取調べは過酷を極めたものであった。

この事件を市岡殷政は「風説留」(97)に次の如く記している。

苗木藩知事、御維新の御趣意を奉戴し従来の三格給人中小性徒士を云を廃し、人材登庸を専務とし、足軽百姓より人撰にて夫々役目申付相勤来候処、是迄の門閥家不平を生じ、或風来の陰陽師を頼、知事并大参事青山其他有司を呪詛す、天哉命哉、事速に露顕し、午正月十日陰陽師某を召捕糺問するに、否むこと能はず、即坐に白状す、依之左の人別の者共、同十三日御糺の上獄に繫ぐ

士族御免、城内獄へ入　元家老隠居千葉権右衛門

同断獄入　元元方隠居千葉侑之進

士族御免、正岳院に揚り屋出来、是に入

元郡方中原央、権右衛門嫡子家督千葉武男、侑之進嫡家督十五才、武男弟、養子也、千葉鐐五郎、給人神山健之進事、隠居、当時猿渡隠山、龍王神主、元龍王院復飾八尾伊織

親類預ケ　御免中原弥学、伊藤紋治郎、私邸家令石川清左衛門、御免隠山家来、一之丞事神山繁
正月十一日より中間小者に至迄昼夜惣出仕、十三日に至り伏罪、獄入、其余は親類預ケ等相成、同日夕方一同下廨す
千葉武男より八尾伊織への書状に、青山大参事、正月十日東京へ出立に付、落合泊において可致暗殺との書状、又十四日立に延引の為知状《しらせ》等数通有之由
千葉権右衛門門前土中、又中原央宅へは、藁人形に釘を打、苗字或は年齢を認候調伏の具有之由
陰陽師と云者は故《もと》加納在《ざい》にて横井要人と云者、土御門家の贋許状持参致居候よし
呪詛は青山《佐二郎》・宮地《一学》・宮地《作左衛門》・伊東《新平》・水野《新兵衛》・五十一《知事なるへし》の人と認有之由
旧臘重職より徒士迄、一等士族と称し都て現米十石の世禄に相成候より、門閥家不平生し候歟
纐纈道義　纐纈荒五郎　棚橋直記
右三日程の閉門、是は親類に付慎
大島五左衛門
右目安箱訴訟書認に付閉門慎

なお、右に名があがっている八尾伊織は、明治元年一二月、青山景通が紹介者となって気吹舎に入門した人物であり、門人帳では「苗木城内高森神社神主」となっているが、この「風説留」ではもと修験の復職神職だったことが判明する。この八尾伊織といい、彼を使った呪詛事件といい、先の安江民部といい、また桂川庄太郎居村神土村の「社家」村雲宮内（明治元年一一月、景通を紹介者として気吹舎に入門）も「村雲日記」によれば、もともと和州吉野山に赴いて資格を得ていた永正院という修験が改名し

たもの、これらのことからも苗木藩領内の神仏混淆的旧状態があざやかに浮びあがってくる。(98)

＊　＊

改革後の苗木藩政の至上命題は借財の返済であり、明治四年末までに借財一四万五〇〇〇両余を五万二六〇〇両までに減少させ、そのためには城建物一式売却、藩有山林払下げ、江戸旧藩邸建物売却など、なりふりかまわない資金捻出策を講じていった。(99)

他方では平田国学を軸とする諸政策を展開していく。一つは藩校日新館を本校として藩領内に支校として小学校を設立し、民衆の教育をはじめると共に、教育の基本に平田国学的理念を据えることである。明治三年の七月には蛭川《ひるかわ》村と中之方村に、九月には坂下村に、一一月には神土村に、一二月には福岡村に小学校が設立され、桂川より改姓した村雲蔵太は今井賢三郎と共に神土村小学校の教師を勤めることとなる。

あと一つの施策が神道国教化政策の忠実な実践であった。明治三年七月、藩主は自分及び家族の神葬祭の実行を公表して菩提寺雲林寺に廃寺とする旨を告げ、これを前提として苗木藩は同月士卒に対し神葬祭を出願するよう、村々一同もその旨相心得べきよう布達する。

八月一七日には、村々に神葬とすべき旨を達し、また庚申堂・念仏堂・石仏などは相廃すよう布達する。

更に同月二七日には、「今般知事殿初め士族卒に至る迄神葬相願済に付ては御支配地の者共」一同神葬に改むべき事、九月一〇日限り届け出ずべしと布達し、諸社での神仏混淆の全廃、「堂塔、並石仏木像等取払焼捨或は掘埋可致」と村々の神職・里正に達するのである。

九月三日には、管内の寺院住職を呼び出し、「今般知事始士庶神葬相改候」との理由で、「治下寺院一同廃棄」、住職は帰農すべしと申し渡す。

苗木藩内の神葬祭化と廃寺の動きでの特徴は、管内寺院がすべて禅宗寺院であり、超越神的阿弥陀仏への信仰ではなく、各人の心の中の仏性を自覚させることを基本とする宗旨であったこと、日本の禅宗自体が神仏融和的な形で発展してきたこと、領民の宗教意識の基底に修験的な形で仏教化された土俗信仰が横たわっていたことなどが複雑にからみあっており、平田国学の浸透による加茂郡黒川村一村神葬祭出願などの下からの神葬祭化運動をふまえた藩権力の、全国「仏道一統の御廃止」を理由とする領民への神葬祭指令と廃寺命令は、全藩的には強い反発を産み出しはしなかった。桂川庄太郎の神土村では、檀家の者一統神葬祭となったので、伝来の田地を有していた旦那寺安泰山常楽寺は帰農し、藩より上下《かみしも》帯刀を許可され、屋号を安田屋、俗名を安江良左衛門とすることとなる(100)。

しかしながら阿弥陀仏への絶対信仰と「神祇不拝」を宗旨とする真宗が浸透していた木曽川沿いの中之坊村・飯地《いいじ》村・潮見村・姫栗村、また飛騨川沿いの名倉村や広野村（共に藩境に位置し西南平野部に隣接している村々）などの真宗門徒達は、苗木藩領外に位置する旦那寺久田見村法誓寺や田代山寺村洞雲寺と連絡をとりつつ頑強に抵抗しつづけ、藩主が直接村々に出向し、仏壇を焼却させるなどの強硬手段をとることとなった。この場合には藩権力による明々白々な信仰強要である(101)。

苗木藩改革の最も平田国学的特質をもっていたものは帰農政策である。それは維新政府の政策が長期に継続することと府藩県三治一致体制が永続的なものであることを大前提として断行されたのである。

維新政府は明治三年九月一〇日、今後の藩組織の基本線を示す「藩制」を布告する。そこでは例示として藩年貢収入一〇万石の内、四五〇〇石は海軍費として中央政府に上納し、のこりの四五〇〇石を藩陸軍費に宛てること、八万一〇〇〇石は役所費・士卒禄に宛て、「精々節減し有余を以て軍用に可蓄置」しと明記された。更に九月二八日、維新政府は諸藩の常備兵額を現石（藩年貢収入高）一万石につき六〇名、ただし士官を除くとした。

ここにおいて全国諸藩では現存のサムライ総数と割り当てられた常備兵額の矛盾を如何に解決するかの課題がつきつけられる。そして苗木藩の平田国学を信奉する藩主・大参事以下の藩政当局者の対応はきわめて平田国学的なものであった。平田国学の基本的な歴史観は儒仏伝来以前の上代、即ち天子と六十余州の「御国の御民」との「薄税寛刑」の時代を理想とし、そこへの復古を実現することである。この上代は「兵農一致」の時代、サムライ階級が存在しなかった時代である。他方で苗木藩の常備兵額は三〇名前後、現在の士卒数は二二〇名に上る。かてて加えて尨大な藩債務の返済は前途遼遠、ここで藩当局が政府の方針に従うとして考えたのが士卒全員を帰農させることであった。

当然士卒の間からは不安と不満が噴出し、対処しなければ納得されることではない。藩当局は、①明治四年から三ヶ年士族には三石六斗、卒には一石五斗宛支給する、②各士卒の借財に関しては藩が償却を引きうける、③帰農者には耕地八反歩を支給する、と約束し、苗木藩士も藩の長期存続を疑うことなく、閏一〇月一〇日、農籍に帰することを出願、政府の許可を受けたのである。

もっとも当局約束の③は、明治二六年の苗木旧藩士達の帝国議会宛請願書にあるもので[102]正確ではない。明治七年八月の旧知事の東京府知事宛書面では、「耕地配当可遣見込を以て田畑所持の有無届出候様申達し、是まで藩庁へ上地相成居候山林田畑反別等取調、概ね手順相立」てていたとある。また明治八年三月の内務省戸籍寮宛青山直道歎願書では、「帰農致儀迚、其侭差置候儀には無之、四五年の内には漸を以山林不毛の地を開墾し田畑を起し、或は楮桑茶の類諸植物を播種せしめ、一同へ割与へ、其余産物を盛大にし、右利潤を以て資本金をも分付致」す計画を説明したので士卒も「漸く屈服致、帰農出願に及」んだと述べている。実際にこのことは藩庁で具体的に検討されており、「生産会社を創立し掛役員を設け、管内の生産取調させ、新田開発の手順、旧士卒負債償却の方法等も種々評議熟談」中という状態になっていた(103)。制度的にも明治三年閏一〇月の藩制改革で「生産方」が設けられ、林壮太郎、鈴木三蔵、長谷川平二の三名が、「生産方附属」に脇田喜兵衛、林徳二郎の二名が任命されている(104)。

では常備兵額三十余名はどのようにして備えておくのか。この方法も平田国学的なものであった。帰農した元士卒から選抜するやり方をとらなかったのである。明治四年四月、苗木藩は維新政府に常備兵の撤廃を、「人員纔《わずか》三拾余名にして緩急御用には難相」との理由で出願（七月四日許可）、陸軍資金は今後兵部省に上納し、兵員徴募の令が出される節は、藩内の「強壮の者」を選挙したいとした。中央政府の陸軍編制に対しては兵農一致方針で臨み、それを実行する苗木藩は士卒世禄を廃止し俸給制が貫かれる藩士卒官僚制というのが、明治四年廃藩直前段階での苗木藩の実態となったのである。

(7)　山村・千村両家の朝廷直臣化運動

元来、山村甚兵衛家は中山道福島関所を幕府から委ねられ、それにかかわって木曽谷全域の民政諸般を裁く代官となり、そのため、中津川村始め恵那・可児・土岐三郡に五九〇〇石弱の所領を幕府から与えられた旗本であった。家格は表交代寄合並、江戸城中の詰所は小大名と同格の柳之間である。元和三年（一六一七）より尾張藩に附属させられ、それ以降は同藩重臣にして大身旗本という二重の性格をもつ異例の存在となった。千村平右衛門家も同一の性格を有し、幕府榑木《くれき》山支配代官として信州伊那郡山間部及び遠州の地に六二〇〇石の幕領預り地を委ねられ、飯田城下の荒町代官屋敷において支配、そのため美濃国可児郡久々利に屋敷をもち、同郡及び恵那郡に一八ヶ村、四六〇〇石の所領を幕府より与えられた。家格と江戸城中の詰所は山村家と同一、元和三年に山村家と共に尾張藩に附属させられたのである。慶長五年（一六〇〇）関ヶ原の戦い前後での苗木の遠山家、福島の山村家、久々利の千村家が如何に密接に結びついていたかは、三家の江戸屋敷が芝将監橋《しょうげんばし》に隣接して設けられていたことからも明瞭である。

王政復古はこの二百五十有余年の歴史を大きくゆさぶることとなった。帰順旗本は本領を安堵され朝臣化した。実高が万石以上の帰順交代寄合旗本達は大名に取り立てられた。尾張藩附家老成瀬・竹腰二家も大名身分に上昇した。

しかしながら、尾張藩は王政復古後、山村・千村両家への本藩支配を強化していった。明治二年（一八六九）一月、木曽福島には四〇〇石取りの側用人吉田猿松を長とする尾張藩木曽惣管所が設けられ、山村甚兵衛はそれまでの代官ではなく、猿松への「立会」を命ぜられた[106]。山村家は尾張藩でも城代格という大身、甚兵衛・靫負父子と家中一同はこの藩内身分を無視した仕打ちに憤慨、甚兵衛は間も無く「立会」職を辞任する。そして二月には維新政府によって福島関所自体が廃されてしまったのである。千村家でも事態は同様であった。信州の旧幕領は勤王周旋の尾張藩が接収することになり、当座は飯田荒町代官役所が機能するが、尾張藩は明治二年（一八六九）二月信州管轄地は名古屋から遠いので支配を伊那県に委ねたいと維新政府に出願し[107]、同月荒町代官役所は伊那県に引継がれ、代官の市岡雅智は久々利に移住し(108)、六月までには伊那県への旧預り地移管が完了する。

山村・千村両家の当主並びに家中とも、本藩の完全な家臣化政策には強く反発し、尾張藩からの離脱と朝廷の直臣化、そして交代寄合に既に見られる自家の「華族」化を実現させようと運動を開始する。その意図は明治元年一一月、千村家が本藩に対し自家の待遇改善を朝廷に上申することを求めた願書(109)の中に、「麾下交代寄合、朝廷にて御引立の旨も有之趣」との文言があることからも窺える。そして山村・千村両家は密接に連絡しあいながら運動したことは、この「家筋執達(110)」願いを山村家も本藩におこなっていた事実からも明らかである。両家とも、本藩にまず勤王のための単独上京願いをおこなったと思われ、次に「家筋執達」願いを提出するが、旗本ではなくなった両家ともに維新後は尾張藩の純然たる家来と断ずる本藩は共にこの朝廷への出願を拒絶したのである。

ここで両家共に要求実現のため、幕末期急速にその力を伸長させてきた東濃・南信の平田門人・平田国学の徒の手腕に頼ることとなる。王政復古後は彼等の同志・知人達が新政府の官僚になっているがゆえに、なおさらのことであった。松尾多勢子は幕末の国事奔走で広く京都の公家社会に知られた名士であり、明治元年九月からは岩倉家に仕えるようになっていたし、間秀矩は一七八頁で言及した如く、この九月、刑法官判事中島錫胤から明治天皇東幸時の「内監察」に任じられるのである。

東濃・南信の平田門人達にとっても、巨大藩尾張藩の上からの強圧的な支配よりは山村家・千村家的な支配のあり方のほうがよりましな支配であった。財政的には彼等が支え、両家の家臣とも顔なじみ、意見を率直に述べること、受容されることが可能であり、なによりもまず強圧さが存在しなかった。中津川平田門人達が尾張藩内で際立った国事周旋活動をおこないえたのは中津川宿が山村家の知行地であったからである。多勢子の伊那郡伴野村は尾張支藩高須藩飛地の中の大村、復古後は逆に多勢子が弱小藩高須藩藩士達の新政府就職を世話するのである。(111)

＊　＊

千村江戸屋敷の筆頭家臣櫛田伝兵衛（道古、神谷佐左衛門の弟）は幕府瓦解とともに上京、千村荒町代官屋敷の市岡男也（雅智弟）を在京中の多勢子のもとに派遣し、千村家朝臣化の実現方を運動し、多勢子もそれに協力している。(112)

また飯田荒町代官屋敷の千村家家老神谷佐左衛門（道一、櫛田伝兵衛の兄）も預所の一つ伊那郡小野村の白川家未勤家来の身分をもつ倉沢義随に直臣化の斡旋方を依頼、幕末期の神葬祭運動でも荒町役所の面々に深く援助をうけていた倉沢は在京中太政官に千村家の尾張藩からの離脱方を出願、(113)七月帰郷した後は新設伊那県に対してもその旨を申請した。

明治二年六月一七日、尾張藩が版籍奉還を申請、藩体制の整備・強化を進めようとする時期に入ると、本藩と山村・千村両家との対立は更に顕著なものに発展していった。山村家とその家中は中津川の間秀矩を頼み東京で直臣化運動を具体的に展開することを決意、秀矩は五月一一日、福島で世子山村靫負よりの直々の依頼を請け、東京に着するのが同月一九日、東京山村屋敷で横山右衛門太・白洲新五左衛門・大脇文右衛門、宮地源左衛門等の山村家中と相談、また同日、久々利の市岡男也と面談する。世子山村靫負も是が非でもの願望成就と、福島の家中が止めるのをきかず、脱走同様の姿で東京に着くのが同月二八日のことである。(114)

山村家の運動の財政的支援を中津川の面々が引きうけていたことは、脱走に臨み、市岡殷政・肥田通光両名宛に出した左の山村靫負書状(115)からも明白である。

> （前略）名は脱と申候得ども一時の事、且一家の浮沈、対先祖申訳不申立候よりして今般の所業と存候間、此旨相心得呉可申候、勝手方の儀、（千村）喜又等より追々為頼候処、調達も六ヶ敷趣、付ては我等も采邑迄出張、相頼候調に候処、不図も今般の次第に至候間、此後の処も令配意《はいいせしめ》、家中共飢餓に不差迫様、呉々も頼度候、又我等東京にて入用金も差支無之様、差送方、是又配意頼度存候、（後略）

また山村邸の財政窮状を訴え、送金方を依頼する六月三日付間秀矩（彼も東京で金策に奔走している）書状(116)の宛先も、「市岡正蔵（殷政）・肥田九郎兵衛（通光）・菅井嘉兵衛・間杢右衛門・高木伝兵衛」及び秀矩の息子一太郎となっており、中津川宿有力者総体が山村家を支える形となっていた。

また運動を強化すべく、千村・山村両家よりの懇請をうけて松尾多勢子が東京に着くのが六月六日のことである。

間秀矩も松尾多勢子も、その人的ネットワークを使って両家の願望を叶えるため運動するが、秀矩にとってはやはり中島錫胤が最有力の手掛かりとなった。「御家の御願成就相成候様仕度奉祈候所、中島氏刑法判官事御免にて、去二十九日弁事被仰付、渡りに舟を得候心地にて、直に一昨（六月一日のこと）、朝より内願罷出、今夕は御系図并是迄の御手続書、入内覧可申手順に相成候」と前出の書状で彼は述べている。

本藩の版籍奉還に倣い山村・千村両家も本藩を介して八月版籍奉還をおこない、その際両家とも由緒書・禄高書付・村高数書付を提出、直臣化を内願するが、この五月から八月段階の間秀矩は、運動の見通しを楽観していた。「版籍返上一件御落着の上は願書差上にも不及、自から御直臣の被仰出可有御坐哉」と五月二六日付福島役所宛書状で述べている。[117] 彼の根拠は『公議所日誌』第一二巻に掲載された水戸・久留米など二〇藩からの意見書である。そこには、「方今諸侯封土奉還の願ありと雖も提封（諸侯の領地）旧の如く、更に御判物を賜り、之れと始を正ふし、旧弊を除き庶政一新、詔旨を体認し皇室を翼載せし」めんとある。平田国学の基本的歴史観は儒仏伝来以前の上代を理想的社会とするものであり、郡県制と上からの強制的強圧的政治姿勢には否定的立場を取る。東濃・南信の彼等が山村・千村両家の直臣化要求を支持する理由の一つがここにある。在地主義・土着主義と社会の担い手を在地の有力者・名望家に見ようとするのが、その特質なのである。

諸方にツテを求めて内願する秀矩・多勢子と東京で交わるのが、山村家では前出の家中の他、世子山村靫負や原九郎左衛門・勝野礼蔵等の面々、久々利家中では市岡男也の他には櫛田伝兵衛・神谷佐左衛門・水谷忠之丞・岩佐儀兵衛等の人々である。[118] この運動期間中、秀矩は石巻県知事に任命された旧知の岩倉側近山中献の人選依頼（明治二年八月）を受け、山村家中の横山右衛門太を石巻県権少属に送り込む。[119]

間秀矩のこの時期の楽観論は彼一人のものでは無かった。千村家の朝廷直臣化に日夜奔走しつづける市岡男也は、明治二年九月一三日付の市岡殷政・肥田通光宛書状[120]で次のように述べている。

> （八月一四日、東京より久々利に「中帰り」しているが）周旋は悉く行届、御両家様御内願意は天下へ徹透致し、十月は被仰出候との御内意にて、御同前 歓《よろこばしく》敷奉存候、然るに尾州より種々の儀、久々里へ中越候趣、東京へ報知御座候間、是迄の旧習にてシミツタレ候返答抔有之候ては以の外の儀に

付、女丈夫（多勢子を云う）とも相談の上、中帰致申候（後略）

右文中にある尾張藩からの介入は両家直臣化運動の初発からおこなわれたものであった。小野村の倉沢義随の場合には、伊那県庁への働きかけが危険視され、彼が白川家未勤家来の肩書を帯びているのは不法だとして尾張藩は倉沢を信州伊那郡市田出張所に禁錮し、(121)彼はやむなく明治二年三月白川家より「御暇」の書付を得ることで、(122)尾張藩管轄下におかれた小野村帰村を許されたのである。

山村家への介入もおこなわれ、上述の世子脱走一件も、尾張藩からの藩外旅行許可問題がからんでいたと思われ、明治二年六月六日付の在東京秀矩・多勢子宛肥田通光書状中にも、「尾よりは追々気を付、成丈邪魔したきもやう、そろそろ相顕、甚おもしろからず」(123)とあり、実際、この年の一〇月、尾張藩より直臣化中止を説得する使者として小瀬新太郎他三名が福島に派遣され、報を得て同地に急行した山村靫負は同月一四日、四名の使者に「断然御不承知」と返答、翌日東京に出立する四名より一刻も早くと、靫負は翌暁福島を立つのである。(124)

千村家の市岡男也も明治三年六月二〇日、笠松県御雇となりはしたものの、千村家直臣化の立場に反対の笠松県権知事長谷部《はせべ》恕連《よしつら》によって翌月には罷免されている。(125)

間秀矩の楽観論を大きくゆるがせたのが、明治二年一二月二日の帰順旗本に対する過酷な禄制改革であった。それは知行所はすべて上地処分とし、かわって元高に応じて現米を支給、例えば元高九〇〇〇石以上の旗本は現米二五〇石、六〇〇〇石未満五〇〇〇石までの旗本は一五〇石、家来は数ヶ年の扶助米金を支給して全員を帰農商させるというものである。秀矩は一二月一九日付市岡・肥田宛書状(126)において、「旧旗下禄制五千石以上廿分一、是以下各有違」、「御家廿分一と相成被遊、御家来散り散りに可相成必定と察候、御勝手御借財は如何に可相成哉、御見込御洩し可被下候」と、山村家の多額の借財がこの処置によりどうなるのかと心痛する。借財の債権は半兵衛も含めた中津川豪商達が有していたのである。

帰順旗本への厳しい処置方針が明らかになった段階でも山村・千村両家の直臣化出願には何等の音沙汰も無いまま明治三年に入り、更に一押しが必要と在東京山村家重役は四月、中島錫胤門人の浜口真砂に左の如き書状(127)を送る。

旧臘おたせ帰発（一二月二〇日帰郷）の砌、御内意の趣にては、名古屋藩より如何様中立候とも最早心配に不及、甚兵衛・平右衛門願の通被仰出候儀は万々相違無之候間、安堵奉待御沙汰候様にとの御事の由、おたせより申聞候に付、其段即刻在所表へ申遣、甚兵衛は勿論、家来末々迄冥加至極難有奉存、安心御沙汰筋奉待居候義に御座候

と述べ、未だ御返事はないが如何と問うのである。と同時に秀矩に浜口に会ってもらったり、彼の平田門人仲間の若菜基輔に動いてもらい、遅延事情等をつかもうとする。

秀矩が重役に報じたのは、①直臣化の懇請だけではなく、出された願書案では「華族成」要求が加わっており、これは「強欲の御願」である、②尾張藩の附属を離脱すれば、「兼て士族へ仰出候通、殊の外減禄」「御両家共御家来の内不平を抱く者多分に出来」するので手間取っている、という内容である。(128)重役達は、直臣化を実現するため、山村家中惣代願書の形式をとり、尾張藩附属とならば一家中の惑乱は必定、御名家滅亡の基となるので、「名分御立被下候上は、如何様相成候とも命の通り被仰付候えば、不平を抱候様の者は決て無之」云々との文案を作成するが、世子山村靫負の意見を問うたところ、

山村家が直臣になったとしても、家臣が帰順旗本の家来のように処置されるのならば「余り難有も無之」、「差支候間、先見合の方可然」との彼の答、このため、とりあえず家中惣代の願書提出は見合わせとなる。間秀矩は五月一日付の多勢子宛書状において、「御両家一件、今に埒明不申、中印（中島錫胤のこと）も其後は更に面会なしに候、誠に沖の舟同様にて、皆々こまり申候」と苦しい胸の内を吐露している。(129)

山村・千村両家が焦燥感をつのらす中、政府より尾張藩に山村・千村両家を上京せしむべしとの指示がなされ、五月八日付で本藩大参事より山村甚兵衛宛に通達される。(130)福島での会議では「弁官より御呼出の期に至、善悪御周旋の上御発足と申は余り御柔弱且御条理も難相立に付、兎も角も早行御出府」(131)との方針が決定され、山村甚兵衛は出府の上、六月八日、政府に対し、左の如き歎願書(132)を提出する。

（前略）昨年来追々奉申上候通、表交代寄合・柳之間詰、外様《とざま》の家筋、御一新に付ては相応の御用相勤申度、其砌上京の儀、名古屋藩に申立候へ共取用不相成、其後家筋執達の儀も申出候処、是又採用無之、其余種々苦情の次第有之、終に御直願仕、今日の場合に立至候儀にて、即今右藩の管轄を請候儀は家来共に至迄情実難忍、乍恐御恕察可被成下候、然に今般士族の倍臣、御制度の趣にては帰農可被仰付儀に御坐候処、三百人余、何れも祖先以来十余代連綿召仕、枢要の地に居住仕候へば聊武術も相心懸、既に一昨年来屢出兵も仕、猶此上勉励微忠を尽し御国恩万分之一をも奉報度と気込居候者共、俄に帰農為仕候義、於事理難制の勢も有、旁以何とか破格の御制度被仰付度、且私知行五千七百石、白木五千駄代、石に直し千八百石、合七千五百石は旧幕府聞済の高に有之、外に出高過高新田高等、米八千石余、此取米四千三十石余、禄高人員共、薄免の小藩に比し指て軒輊《けんち》も有之間敷、依之三百有余の家隷は何れにも此侭御引請、県の士卒に御組込被下置候様、泣血奉懇願候、（中略）私身分の義は近傍県の士族に被仰付候様、是又奉歎願候

山村甚兵衛は旧幕府の譜代旗本では無く外様だったことを強調、山村家を尾張藩から離脱させて県士族にするようにと述べているが、文面からは「華族成」への願望を、「根拠」を例挙する形式でにじみ出させている。

このことは、山村家家中より伊那県から山村甚兵衛願書実現の斡旋方を要請された六月二〇日付中之条詰市岡昭智書状[133]からも窺える。彼はこう述べている。

（前略）内実は華族に相成度存寄、夫に付ては高総括八千石有之由、右書面一覧致候処、材木代米迄締込有之候、右に付華族には迚も六ヶ敷可有之、（中略）（県官員渡辺鍋八郎の意見でも）迚も華族迄は六ヶ敷、既に菅沼抔は知行も八千石にて人員も多分に有之候てさへ断然御聞届無之由、且又右歎願書も華族と云事を内心に持歎願書には無之候得共、何となく書面の趣曖昧にて、何を目的に相願候やら不相分、（中略）、（昭智として考えても）迚も華族には六ツカ敷、第一高が一万石に足らず、左様の義に何程力を入候ても、所謂労して功無き訳にて御坐候也

右書状は市岡「風説留」に綴られているので、市岡殷政に宛てられたものと思われるが、殷政は山村甚兵衛の出府に伴い、彼自身も五月一六日中津川を出立、市岡男也と共に伴野の松尾多勢子の許に赴き同道を求めるが、彼女は病気を理由に出府を断り、六月に入り東京から山村・千村両家の出府勧誘の使者を送るも、彼女はそれをも拒んでいる。殷政も山村当主・世子及び同家並びに千村家中と東京に留まり首尾如何と待機しつづけるが、回答の無いまま、九月一七日東京を出立する[134]。

(8) 気吹舎社中の立場と動向

明治元年（一八六八）から四年三月までは、東濃・南信の平田門人は気吹舎当主平田銕胤・延胤父子や角田忠行を始めとする平田国学者の面々と幕末以来の延長線の上に立ち深く結びつき、頻繁に意見を交換し、共に行動しつづけていた。従って有力な平田国学者の諸々の意見には、東濃・南信の門人達の考えや利害もおのずと反映されるものになるのである。

まず気吹舎はこの時期京都と東京に分立するようになっていた。銕胤は慶応四年（一八六八）一月に上京し、新政府の神道・皇学所行政に関与する傍ら聖護院で開塾する。東京大学校創設問題で明治二年三月より一一月の間京都を留守にするが、その後は京都で塾を継続し、明治三年六月には大学教官を辞任している。他方、延胤は明治二年一一月より東京の神祇官・宣教使で活動するようになり、三年三月からは明治天皇の侍講も勤めることとなる。

気吹舎の両当主を支え、その和漢を併せた底無しの該博な知識と論理性において幕末維新期の平田国学・復古神道の代表的理論家となったのが、ながらく京都に居住し国学活動を展開してきた矢野玄道であった。彼が慶応三年一二月九日王政復古大号令の直後、鳥羽伏見戦争以前に執筆、朝廷に建言した「献芹詹語《けんきんせんご》」(135)には、王政復古に歓喜した平田国学者達が思い描いた創出さるべき新国家構想が端的に語られている。

第一が祭政一致の実現である。これは天祖・列聖の政治理念が仁政におかれ、人民に衣食住を足らせ、天年を無事に遂げさせ、一夫一民と雖ども、其所を得ざること無きようにとの政治理念が祝詞を始めとする天皇と朝廷の諸々の上代の祭祀の中においてこそ誓約されつづけているとの認識とのつながりで強調されていることがらなのである。この理念への想起と回帰の制度化が「祭政一致」という観念に籠められている。

第二に、従って「祭政一致」は天皇親政ということを決して意味してはいない。聖武・孝謙以降藤原氏に抑圧されることとなる上代「神代名神の裔孫」達の家系を復活し、その中の有能な者は登庸し政治に参加させるべきである。「大祖以来も皆両三大臣にて御政を申給ひし御事」「御政権を大臣等は分て此を掌《つかさど》り玉」いしことが上代政治の基本とされる。この伝統主義的復古主義的発想は出雲・紀伊の国造家、伊勢の大神宮司と渡会氏・宇佐公・阿蘇公等の「神胤《しんいん》」抜擢の主張と表裏一体のものであり、引いては各国の在地名望家重視の思考法につながるものとなる。「至尊には一に天皇祖神を以て御親《おやき》と期し玉ひ、群公卿大夫等は古の五伴緒《いつとものお》の諸神等及古聖賢を以て自ら正鵠《せいこく》と被遊候は、則上代の如く無為の化、不言の教に至」らんと語るのは、儒学の理想である堯舜の徳治主義を「祭政一致」と群卿合議という復古神道的政治学を介し実現しようとするからである。またその後くり返される神祇官には中臣《なかとみ》・卜部《うらべ》・忌部《いんべ》を入れろとの主張となり、上代からつづいている「門閥」尊重の主張というものが、皇統の連綿たる継続性の保障と表裏一体のものとなることにも留意が必要である。

第三、新国家の核となる皇室を上代の如くするには、皇族家の数を増加させ、身分を三公の上に置き、皇后は皇族から選び、そして大嘗祭は中世以降のように悠紀《ゆき》・主基《すき》を近江・丹波に固定することなく、古式の如く卜定《ぼくじよう》により定めるべきである。

第四、新国家の教学の基本は儒学ではなく皇学とすべきなので京都に大学校を設立し、同時に貧院・幼院・教院・宿院を設けて、人民にその生を完うさせなければならない。

また矢野は建武中興の如き挫折をきたさないための提言を具体的におこなっている。箇条的にみていこう。

第一、新政の基本は人民の意向を見定めることである。「万端天下人民の耳を以て大聴し給ひ、天下人民の目を以て御大視被成、天下人民の心を以て御裁断」ありたい。

第二、新政の始めは、前代の悪弊を「痛鋤《つうじょ》」し、「民人と更始を謀る事を務」むべきである。一国一郡一里一村たりとも、相応の人物を発掘し、才幹有り時務に通達している者を登用し、人民の疾苦を探索させ、「倒懸《とうけん》を解が如く御一洗」しなければならない。とりもなおさず在地名望家の積極的政治参加を意味することに、この主張はなるだろう。

第三、新たに朝廷領となった土地は、①古代の税制を敷くか、②租法をやや減少するか、③二、三年の間年租の半を免じるか、「皇政」でなければ生きることが出来ないと、「一同心服」する措置をこそとらなければならない。そのうち五畿内は直隷として人民から兵士を徴して親兵とし、近畿に賊党蜂起の際は、この兵力のみでも鎮圧可能な農兵軍団を組織すべきである。

第四、遠隔の朝廷領には郡県制を敷き、国司・郡司・大少領《たいしょうりょう》等は公卿・大夫・士の中から人材を選び交代制をとり、その非違探索のためには巡察使を派遣すべきである。

第五、郡県・封建の両立制をとることを前提としても、尸位素餐《しいそさん》の諸大名と家臣のあり方は大改革しなければならない。この点に関する玄道の攻撃は痛烈を極めている。大禄の者は根本木偶《でく》に斉しき者共故、幕末の危機においてなんら戦うことが出来ず、治乱共に不用と断じ、「開闢以来の大恥辱を外国より取候根基」は諸侯と大禄家臣の無能力だとして、朝臣化した諸大名・旗本とその家臣においては、①

能力あるサムライのみに本禄を給与し、②該当しない者には家族に面扶持《つらぶち》を給し、③頑鈍無智にして文武の才幹取る処無きサムライは禄を奪うか追放し、冗兵淘汰《じようへいとうた》の結果出てくる財源を以て農兵を取り立て、「至る処兵卒有る事、水の地中に在るが如く」することが、無用を転じて有用とし、弱惰を化して精壮とする「医国」の急務、海内挙《こぞ》りて兵士となすことが、日本独立の前提だとする。

慶応元年一〇月条約勅許の後の献言である以上、「鎖攘」主張は最早あり得ず、有用資源の流出阻止の主張が替わって登場し、また物価安定のための「良善」貨幣の鋳造が強く求められることになっているのである。

＊　＊

矢野の献言段階では一年有半の戊辰・箱館戦争は全く想定されてはおらず、効率化を狙う新政府と諸藩の洋化政策のきざしもなんら見えてはいなかった。玄道の予想より一年半遅れて成立した太政官制度を骨格とする維新政府は、明治二年八月、東京において大学校を開校するが、皇学系と漢学系の対立で年末には機能麻痺に陥り、更に三年二月に制定された「大学規則」には皇学・漢学双方の主張の色彩が共に薄められたため、洋学派対皇漢派の対立の形となり維新政府としては統御が更に困難となってきた。

明治二年八月に開校する大学校のため、京都の皇学所から平田銕胤・西川吉介の両名が東下したが、京都においてこそ皇学を主軸とする大学校を設けるべきだとして、両名が東下することに賛同しなかった矢野玄道・玉松操《たままつみさお》・角田忠行の三名は混迷する大学問題にテコ入れするため、明治三年一〜三月にそれぞれ東京に向かい、対政府工作を開始する。(136)

中津川の市岡殷政「風説留」にはこの時期の矢野玄道と平田国学関係者の意見書が四点収められてい

る。第一が明治三年四月の弁官宛矢野・玉松建白書（A）[137]、第二が明治三年五月の矢野二一ヶ条建白書（B）[138]、第三が明治三年六月の東京矢野玄道塾塾生九名の「形勢意見書」（C）[139]、第四が明治三年七月（？）弾正台官員某建言書（D）[140]である。いずれも、依然として王政復古の目的実現を強く期待し、具体的政治批判を伴った意見書であり、客観的には廃藩置県以前の一つの政治党派の立場を鮮明にしたものであるので、まとめてその特徴点を明らかにしておこう。主張は重複しているので、史料引用の部分だけ、出典を表記する。

第一、大学（大学校を明治二年一二月改称）の性格が、当初は皇学が基軸とされ、漢土・西洋の学は「皇道の羽翼」とされていたのが、今回の「大学規則」には「皇道の大原は何処より出《いで》た」るかの言及は一切無い。以前の「聖旨」と甚だしく背反している（A）。

第二、大嘗祭は徳川の世にもおこなわれた至重重大の礼典にも拘らず、一新後三年の久しきにわたって挙行されていない。悠紀・主基東西両国の選定は東京では不可能であり、京都でなされる外方法は無い。

第三、明治二年冬、「明年三月還幸、大嘗祭は京都にて挙行」と京都市民に触れ、また当年三月には「還幸延期」と達せられた後何らの沙汰も無く、遷都の噂がひろまっている。「それ故児童走卒も御信義の不相立を密かに誹議仕」（D）、やむを得ない事情があるのなら、その理由を明確に布告すべきである。

第四、勅諚として布告されたものが容易に変更されつづけている。このままだと「下民朝憲を軽蔑し終には旧幕の時の如く三日法度などと相唱候様」（B）になってしまう。一旦出した御布告は貫徹さすべきである。

第五、苛政が甚だしい。「天下中に一人の御新政を悦喜仕候者も無御座、或諺に天下に悦喜候者月給取のみと申に至」る。大抵は徳川の旧に因り、罪悪は寛裕に失うとも苦酷に失うことなく、租税賦斂は軽微に失するとも暴政に失うことなく、人民に丁寧に「御仁慈」を尽くされたい（D）。鉄道敷設計画がある由だが、連年の荒凶、東山北陸の間、山間偏狭の地は食穀甚《はなはだ》乏しく、餓莩《がひょう》の者数多有る由、鉄道は暫く見合せ、其入費を「御憐恤《れんじゅつ》筋に引替、飢渇を御救助有之候事最至急の御義と奉存候」（B）。

第六、明治二年一二月の朝臣化旗本への処分は、「何一つ過失も無之、又減石被仰付、従卒共に至る迄極難渋に相成候を空く御打捨に相成候に至りては御信義共に相欠候事」（C）、「中大夫等と申も常禄を失ひ候より領《うなじ》を引て徳川氏の旧を慕候よし」「中大夫等の罪なきは先元の如く御差置被遊度」（D）。

第七、神職は御一新直後は神祇官附属とされたのに、間も無く府藩県支配に変えられ、身分が一等低下させられてしまった。前の如く神祇官附属に戻さない限り、「神典不案内の府県官吏神祇軽蔑の所置」（B）を致すだろう。

第八、神領が廃されて現米支配となり、「神戸《かんべ》の民」がいなくなって神祭差支えの事態となっている。「神戸神領の地も忽に廃棄の姿と成り、神社神主等は祭祀も難相務とて号哭仕居候、敬神の御礼も難相立歟」（D）。

第九、金札・贋金の事態への非難はきわめて厳しい。「かの金札の如きも初より有志の徒は屢御諌諍《かんそう》も申候処、遂には十三年限り通用の様に銘文もて被行居候、次に又其年限を待ずして真金と御引易へ可被下被仰渡、余は御焼棄にも相成候由の処、又一年も不立候て諸官諸司諸県及市人等も年限無之金銀銭鈔等無際限造出候より贋物も多生し、行旅の人甚困入候事、臣等親《したしく》目撃仕候事に御坐候」（A）。

第十、政府・諸藩の洋化政策への強い反発が前面に押し出される。「衣服は尊卑上下の所《わくるところ》分に御坐候へ共、当時甚煩雑に相成、国風を乱し候事、当今の如きは未曽有に御坐候、仍て平服は勿論戎服たりとも外国に不紛様《まぎれざるよう》御制度被立度事」（B）。

第十一、右の如き政策を主導しているのが薩長土三藩をはじめとする大藩だとの非難も表面化する。「人材は天下に普《あまね》く御探索可有之の処、参議及勅任已上は多分大藩のみを御用被成候は、志士甘心不仕候事に御座候」（C）。

第十二、前項の一般化された批判の中でも、大村益次郎暗殺者処刑（明治二年一二月二九日）は、Aの矢野・玉松建白書においては明確な政府批判となっている。処刑された団伸二郎と太田光太郎、死後梟首された神代直人は京都矢野塾塾生であり(141)、また「諸隊」の人々より大村は軍隊の洋式化、「諸隊」解隊を図る中心人物と目されていたのである。「昨臘廿九日刑の如きは天下人民其疑懼を懐候処にて候故、何卒昨年来の疑獄も寛典に被処候様御座候へは、必定皇祖天神の叡慮には御協《かない》被遊、年穀も豊穣して海内泰昌に帰可申」（A）。更にこの批判は平田国学の顕幽論によって裏打ちされてもいるのである。

＊　＊

東京の気吹舎当主平田延胤は矢野玄道より五歳も若く、玄道が京都を活動の場とし、白川・吉田両家とその神祇道に深くかかわり、同地の諸神社、神職達と太いつながりをつくってきたのに対し、延胤は父銕胤の庇護のもと、全国の平田門人と交わってはきているものの、身分は佐竹藩士として一貫して江戸で活動してきたサムライであり、京都への思い入れはさほど強く無い。延胤個人にとっては大学校の所在地問題は玄道ほどの重大性をもってはおらず、また遷都問題に関しても、玄道ほどこだわる必要は存在していない。延胤にとっては神祇官と宣教使での職務を遺漏無く遂行することに腐心せざるを得ず、更に気吹舎という大看板を背負っている以上、父に継いで侍講という大役を担うことにもなり、しかも父が不在のまま、東京での気吹舎塾を経営していかなければならないのである。

ただし、延胤は祖父篤胤のような「創業者」では無い。篤胤の国学研究と篤胤の復古神道神学に基づいて平田国学が成立し、平田門人が全国的に展開し、そして矢野玄道などの理論家が出現する。その意味では延胤は気吹舎当主でありつづけようとする限り、自由では無い。年長で深い国学理解と宗教性を内在化させた高弟達（「例のヤカマシ面々」とも延胤は父に告げている[142]）に囲繞され、彼等の合意を得なければ気吹舎の同志的結合は成り立たなくなっていたのである。

延胤が直面した焦眉の課題は宣教使神道弘布の際不可欠となる神道神学確立の課題であった。その中の「ヨミの国」の所在が月か地胎かをめぐって、関係者の間で意見が別れ、結局延胤は玄道に依頼し、明治三年七月下旬、玄道より一八ヶ条の「予美考証」を作成してもらっている[143]。

明治三年段階の気吹舎の判断がどのような流れで形成されたのかの一つの手掛りは、北原稲雄が正真の神代文字だとした伊那郡美女森《びじょがもり》神社に伝わる倭建命《やまとたけるのみこと》の古文書といわれるものである。稲雄はこの発見を広く世に伝えたいと、篤胤の『神字日文伝』附録に収められないかどうか、明治三年四月一三日以前に京都の鉄胤の許に「神字美女森社伝記」を送付した。また東京にも打診したようである。鉄胤は判断がつきかねて東京の延胤のもとにこの文書を送るのである。

四月一九日付書状[144]で延胤はこう父に伝える。

伊那県の少属北原森右衛門より中島数馬を以美社神字と申ものを日文伝の付録にいたし度相願候事

と奉存候、右神字は私も一覧仕候処、一体かな違ひ多く有之候へ共、古物には相違無之、日文伝の一助には相成候ものと奉存候、三十枚計りの一冊にて日本武命の御事実を記し候ものに御座候、本官にても評判よろしく、過日彫刻の儀、福羽・青山へも相談いたし候処、至極可宜と申事に御座候

この段階では延胤も福羽美静も青山景通も正真の神字とみなしている。しかし六月三日付書状(145)では延胤は否定的となっている。

伊那県の北原より申越候神字を日文伝の附録に彫刻の儀、本官中などはいづれも同意に御座候処、矢野・米川などは偽作と申居候間、先づ見合可申奉存候

気吹舎では、ここに見るように矢野と角田（米川）の見解が最優先されているのである。

延胤の返事を得て銕胤は稲雄に対し七月一五日付返書でこう述べる。

先般は倭建命の御古文書顕出候に付、御写被下、いかにも御珍ら敷拝見仕候、御懇切辱奉存候、扨右上木の事被仰下、是又辱、一応悴方へ相談いたし候処、同人は御同意に候得共、彼是難論の人々不少由に付、先見居候

この師の手紙写を同封、九月二五日付で親友の古橋源六郎に送った書状(146)中、稲雄は「併大活眼を以見る時は、文体時代の変化、更に紛敷事無之覚申候」と依然として自説を曲げてはいない。

右に見るような「東京気吹舎世界」の中で大学問題が動いていくのである。九月三〇日付書状(147)で延胤はこう父に伝える。

大学の事、去る廿日、玉松・矢野・後醍院・米川と四人へ学制取調御用掛り被仰付候、後醍院は直に御受相済候へ共、外三人はいまだ御受不相済候、乍去御受の方に可相成趣に御座候、先ツ我党計

り被仰付候御事、無此上難有奉存候

このように大学問題は好転し始めたと報知するのである。一〇月二四日付の書状(148)では更なる慶事を伝えている。

大学取調大に模様宜敷、漢学者は御用掛一人も無之、洋学者と本学家計に御座候、洋学者にも津田真一郎加はり居候間、如何と米川に尋候処、さすが同門（津田は気吹舎に嘉永三年〈一八五〇〉に入った古参門人である）にて大に宜敷、其外も洋学者の方は先つ申分なしとの事に御座候、右等に付、此節漢癖の徒は集議院へ建白するなど騒き居候よし、愉快の事に御座候、矢野・米川大悦、大元気に御座候

二　「復古・一新」路線の挫折と解体

幕末期東濃・南信における多くの平田門人の活動は、この地域における彼等の政治的力量を高め、また各地に展開した平田国学者・平田門人達は気吹舎を結集核とする全国的なまとまりを創り出していった。そして、その復古神道に基づく宗教政策論、天皇と「御国の御民」の直結論からする人民を「神州の神民」たらしめんとする復古主義的伝統主義的政治論、大藩中心や上からの郡県制的強制化を拒絶する在地主義土着主義的地域社会論は、相互に関連し、不可分離な形で王政復古直後から運動化されていった。しかし王政復古クーデターから鳥羽伏見戦争による維新政権の誕生は、薩長二大雄藩の軍事力を原動力とし、明治二年（一八六九）の版籍奉還運動は薩長土及び肥前四大雄藩の主導下に進展していっ

た。同年七月に成立する太政官制をまとった国家は、府藩県三治一致体制を採るとはいえ、そこでは薩長土肥四藩を主軸とする雄藩優位の中で政策が押しすすめられていったのである。東濃・南信で採られ、あるいは採られようとしていた「復古・一新」路線は、この権力構造の中で次々と挫折していった。その過程を時系列的に検討していってみよう。

(1)　伊那県商社路線の挫折

維新政府の責任である贋金問題の矛盾は、国内随一の養蚕・製糸地域の信州及び美濃に集中させられたにも拘らず、政府は贋金を正貨の三割で引き替ることを全国一律に押しつけて事態を乗り切ろうとした。しかも明治二年（一八六九）は慶応二年（一八六六）につぐ大凶作の年となった。信州ではどの藩でも伊那県でも乗り切れる訳はなかった。商社掛となった正木才三郎も丸山徳五郎も贋金問題が八月大一揆の引き金となった上田藩からの県官なのであり、伊那県自体が八月下旬、筑摩郡下の大一揆に見舞われている。金納年貢の中の贋金は正貨と同等に受納する以外、中央が何といおうが手が無く、そして、その際の巨額の損失を回収する方策も県主導で創り出すほか途は無かった。

しかし政府は、伊那県の措置は法令違反だとし、明治三年五月一八日、西信商社総代筑摩郡上神林村藤巻啓次郎を東京で捕縛したのを皮切りに、[149]「伊那県商社事件」の徹底的追及を開始し、高石和道を始めとする民部省官吏が伊那県に派遣され、彼等は各分局に出張した上で、六月一三日には飯島本庁において県官を尋問するなど厳しい糾問がつづけられた。[150]東京に滞在、商社問題で奔走していた松尾誠も六月二〇日東京を出立、帰県している。[151]

処分は大々的なものとなった。総責任者として知県事北小路俊昌は既に五月二七日付で免ぜられ、七月には県官の大量罷免が断行された。商社に関与したとして松尾誠もこの時罷免されるが、同時に罷免された渡辺千秋（鍋八郎）は、後年松尾の墓碑銘（明治二一年没）を撰しており、そこに「明治二年任伊那県権大属、不幾而辞焉、蓋以県治上与上司議論不協也[152]」と、商社事件に関し民部省の方針に異を唱えて誠が罷免されたことを明記している。渡辺はこの当時、松尾の立場を最も知悉していた人物なのである。

取調べの結果、「贋金引替方専断」との罪名を以て商社事件に最も深く関係した元県吏として、明治四年六月謹慎処分を受けたのは、北小路元知事の他に正木才三郎・渡辺鍋八郎（千秋、以上二人は一五日）、丸山徳五郎・河内衡平・伊谷脩・西垣鉞蔵（以上四名は五日）の面々となったが、正木・丸山・河内の三名は上田藩、渡辺は高島藩、伊谷は飯田藩、そして西垣は旧幕吏の人々であった[153]。明治三年六月一八日の諏訪での魁塚除幕式兼招魂祭は、単に相楽等の無念の思いをはらすだけではなく、この強圧的な政府の政策押しつけに抗する雰囲気の中で挙行されたことは注意する必要があるだろう。

糾問の進展は伊那県庁の大改造を必然化し、六月二九日、伊那県大参事心得に高石和道（民部省租税権正）、少参事心得に永山盛輝（民部省租税大佑）が任命され、七月一二日両名以下民部省官員一一名が着任、この七月にはこれまでの在地県吏の大量罷免と信州出身者以外の県吏採用が断行されて直轄県の中央統制が強化、そして一〇月、県治合理化のため、中野・御影・中之条三分局付の村々を以て伊那県から分立、中野県が新設[154]され、高石は中野県大参事に移動する。

この大改革は足助分局勤務の古橋源六郎より、八月一一日付の書状[155]を以て東京の間秀矩に次のように伝えられている。

（前略）松尾君等出府にて御聞取も可有之候得共、二分判贋金仕法商社事件にて、官員の内大勢民部省おいて御糺問、重科に可相成もの有之由、依之北小路被免、千種正四位（ただし六月二四日罷、後任無し）、大参事足立弾正少忠拝命、是も被命当節知事置由、先般出仕有之高石監督大佑、用度司大佑山下従七位、民部省出仕にて本県勤仕、八十八人余官員、凡十三人余相残、其余被免無人（後略）

飯島本庁に勤務し、商社一件には関係しなかった北原稲雄は罷免はされなかったものの、この大変革に関し、六月一四日付の源六郎宛書状(156)において

（前略）知卿御交代、愕然の至御坐候、新知卿廿日後東京御発途と申事に御坐候

と驚きの声を挙げており、政治の実権を握るサムライ達を批判、「士といふ題」のもと

おほきみのためは思はず高ぶりて
たちはくのみや物部の道

との歌を彼に送っている。また九月二五日付の同人宛書状（前出）の中では

（前略）御承知の通、同志之徒漸退職、更に鬱々罷在候（後略）

と、彼の衷情を吐露している。

しかしながら、中央政府が一方的に直轄県統治の規制を強化することで、府藩県並立体制下の官僚制的県治が果たして機能するのだろうか。それは机上の空論でしかないことは明治三年一一月二五日から開始した北信大一揆が証明する。松代藩に勃発した全藩一揆は、一二月一七日には須坂藩に波及、更に同月一九日には中野県に飛火し、またたくまに中野県全域に広がり、あの高石和道中野県大参事は県庁

よりからくも逃亡、大塚大属と県庁門番は中野町で一揆勢に惨殺された。一揆鎮圧には飯山・松代両藩兵の外、東京から佐賀藩兵六〇〇名も派遣される異常事態となった。中野町七〇〇戸強の内焼失戸数五二四戸、入牢者は一一二ヶ村四七七名に達し、死罪二八名、流刑一二四名という凄惨な結果に終わるのである。[157]

一揆勢の第一要求は「当午御直段三斗のこと」であり、米価格を引き上げて中央政府の年貢増徴政策を貫徹しようとする中野県政に対する正面からの惣百姓一揆的闘争となった。この年貢要求との関連で、「斗安の儀は先例の通り」「安石代例の通り」を一揆勢は併せて要求している。また伊那県商社には商社重役の働きかけにより各村名主・庄屋クラスの人々まで組織されており、分県後の中野県商社においても巨額の負債返弁のために商社活動が継続されていた。しかし、その活動が他律的に加入させられた各村の社中の面々には商社幹部の私的営業と受け取られることになったのは是非も無いことであり、一揆の要求の中には「商社相止め金子割返しのこと」が掲げられ、中野県商社幹部の家々はおしなべて打毀しの対象とされてしまった。中央政府の失政が人民内部の対立に転化させられたのである。

元伊那県官まで木曽福島山村家家中の村地八郎は市岡殷政・肥田通光両名に一二月二七日付書状[158]を以てこう報ずる。

去る十九日夜中野県下大騒乱、下民共右県へ押寄、斧鉞其外得物携打毀、或は放火、官員は松代迄立退候由報知有之、未だ其後の模様は不分、其後ヒダ《(日田)》県も右同様の始末、官員三四名即死有之由、誠に可恐世の中、歎息の限奉存候

中央政府としては、人民の不満が瞬時に伝染するこのような府藩県並立体制では年貢増徴政策も強行

し得ない。統治体制変革への権力側の欲求はここからもほとばしってくる。解体状態に陥った中野県を建て直すべく、民部権大丞林友幸が中野県知事に就任するのも、民部大丞吉井友実が北信大一揆の発端をつくった松代藩に廃藩を促すのも、共に明治四年一月のことなのである。(159)

(2)　山村・千村両家の華族化運動の失敗

明治三年（一八七〇）九月二五日、太政官弁官より山村・千村両当主に出頭命令が下り、二七日、両家とも笠松県貫属を命ぜられ、従前家禄の一〇分の一を廩米《りんまい》を以て下賜される旨が達せられた。両家共に「華族成」へ運動してきたが、その狙いは実らず、明治二年一二月の帰順旗本への措置と同一のやり方が取られたのである。従って山村甚兵衛は家禄が一四二石五斗（領知高五七〇〇石の二・五％を現収入と計算、その一〇分の一が家禄）と決定された。この結果、中津川村を始めとする山村家の旧知行地は尾張藩の支配地となり、間秀矩等の期待とそぐわない事態となった。

ただし、この明治三年九月の山村・千村両家への処分において留意すべき点が二つある。

第一は、両家とも尾張藩家臣という身分的制約から解放されたことである。その意味では両家共、直臣化運動の最低目標だけは達成したといえるだろう。

第二は、帰順旗本処分の場合には、三代以上の譜代の旗本家来と雖も、家禄は支給されず、数年限の扶助米金支給にとどまっていたものと異なり、両家共に、元家来も笠松県貫属とされ、元家来の給禄は取調べの上適宜の処分をおこなう旨が、同日付で達せられたことである。この明言は朝臣化旗本処分の際には一切言及されてこなかったものである。

従って翌年に入り、山村家の場合には、三代以上の元家来二二二家に対し総高一七八〇石の家禄が、(160)

また千村家の場合には、三代以上の元家来六四家に対し家禄[161]（総高不詳）が支給されることになり、二代以下の者達には扶助金支給、帰農ということになる。

朝臣化旗本への対応と異なる措置を中央政府が執らざるを得なかったのには理由があった。両家共に旧幕府に対しては代官的性格を有した旗本であり、代官機能を果たすべく、一般旗本に比して異例ともいえる多数の家臣団をかかえていたのである。かりに旗本的性格を捨象し、純然たる尾張藩家臣として扱えば、各藩共にドラスティックな禄制改革を断行している最中のこと、陪臣には自ずと過酷な処分になるだろうことは当然予測される。それが深刻な藩内紛争を惹起しうることは、明治三年五月、厳しい陪臣への給禄削減に反対し、本藩からの離脱運動を押し進めた淡路国洲本《すもと》の阿波藩城代家老稲田家家中に対し、君臣・主従の義をみだす動きとして本藩藩士が洲本を襲撃、多大の犠牲者を出した「庚午事変」や越前福井藩付家老二万石本多家の大削禄にともなって勃発した明治三年七月の武生《たけふ》騒動が証明している。山村・千村の離脱運動は正に同一の性格のものであった。朝臣化旗本のパターンをあてはめることも不可能、かといって尾張藩に帰属させ事件を勃発させせることも治安上困難と、処分方針がかほどに延引したのはそれなりの理由がしっかりと存在していたからなのである。

これがため、千村家の元家来で伊那県官吏を罷免されなかった市岡昭智は、市岡殷政・同政香に宛てた閏一〇月七日付の書状[162]において、

（前略）偖《さて》旧君家の儀も段々御配意被成下候処、今般主従共笠松県貫属被仰出、先以安堵仕候、外士族共違、元家来迄御扶助被成下、難有御儀に御坐候、山村家は如何（後略）

と安堵の思いを語るのである。

もっとも笠松県貫族《かんぞく》・廩米《りんまい》支給となった山村甚兵衛家は木曽福島に屋敷をもつことは不可能となり、除地とされていた屋敷地は明治三年一一月官有地とされ、広大な山村屋敷は取り壊され、それに従って山村家は中津川の元代官詰所だった屋敷に移転、福島に戻るのは明治六年のこととなる。

(3) 平田国学者国事犯事件

右に見た伊那県商社事件処分も山村・千村両家処分も、府藩県三治一致体制のもと、漸次的に国家の統一を図っていこうとする長期的展望のもとに、維新政府が下した処置であった。しかしながら直轄県への統制強化と一方的政策の押しつけは、いずれの県においても県官を中央と在地の双方からの圧力で身動き不可能な状況に追い込み、知県事を含む県政担当者の「専断事件」と彼等の罷免・辞任を続発させていった。伊那県の事例はその中のきわめて典型的なものなのである。そして政策の過酷な押しつけは、広範囲の百姓一揆を各地にひきおこす。

また政局が混迷する中で発生しはじめた中央政権内の腐敗は明治三年（一八七〇）七月二七日、集議院前での薩摩藩士横山正太郎の時弊十ヶ条建白・自刃事件を生み出し、薩摩藩は九月、東京警備の兵力を帰国させた後、交替兵力を東京に派遣しなくなった。更に薩長土肥中心の政治運営に反感を懐く久留米・柳河・秋田などの諸藩のサムライも各地の草莽と結びつきつつ活発に反政府運動を展開していく。

ここに、諸藩に超越した太政官政府が諸藩を府県に協調させつつ統一化政策を遂行していこうとする版籍奉還時の構想は放擲《ほうてき》され、王政復古の原動力薩長両藩の堅い結合を軸にそこに土佐藩を引き込み、三藩軍事力を東京に結集、強力な権力核を形成した上で、集中化された国家そのものの力量をもとに、国家的課題を一挙に解決しようとする方向が決定、一二月勅使岩倉具視が鹿児島に派遣されて西郷隆盛の出馬を促し、明治四年二月には薩長土三藩に親兵上京の命が下される。そして政府の権力集中と反対派の徹底的粛清の決意を更に固くさせたのは、岩倉・大久保・木戸らの東京不在中、留守を預っていた木戸とならぶ長閥代表者、参議広沢真臣《ひろさわさねおみ》の一月九日の暗殺事件である。

三月に入り、東京の警備体制が完全に整えられた段階で、薩長土肥閥以外の嫌疑がかけられたすべての人々が官吏・官僚も含め中旬から下旬にかけて一斉に捕縛されていった。平田国学と復古神道関係者では、矢野、角田、宮和田光胤・勇太郎父子、権田直助らの面々である。右のグループとの関係が不明だが、伊那県大参事落合直亮[163]もこの時、捕えられている。みな予防拘禁的な性格をもつものであり、特に東京遷都への反対と大嘗祭京都挙行の主張が問題視されたと推定される。捕縛の人物選定は、平田国学者・神祇官官員として矢野・角田等を熟知しながらも、津和野藩出身者である限り、長州閥と共に行動せざるをえない福羽美静《ふくばびせい》がおこなったと考えるのが自然であろう。平田延胤は対象外であった。

この事件は東濃・南信の平田門弟達にとっても甚大な衝撃を与えた。神祇官に出仕しながらも病気のため辞職し、明治四年三月一〇日妻や娘とともに東京を出立、二二日に帰郷した間秀矩は、事件を聞くや直ちに鎌倉宮勤番となっていた親友の清内路村原信好《まよみ》に問合わせの書状を発した。四月六日付の信好返書[164]にはこう述べられている。

（前略）扨被仰下候大学御用掛矢野・米川・権田の諸先生外数人、漢学生も数人、諸藩御預ケと申風聞に候、師岡・三輪田、此先生達は無事の由に候、如何の義に候哉、事態更に相分り不申、歎息仕候

この返書からすると、間は東京で交流した矢野・角田・師岡・三輪田の名前を挙げて問うたことと思

われる。原は四月一六日付の南信知人達への書状中[165]、この事件をより詳しく次のように報じている。

（前略）矢野・米川ら諸先生、大学御用掛被仰付居候処、先月諸藩へ御預ケに相成候由、いか成事に哉、事態更に不相分、其外権田・落合、外務権大丞丸山の諸先生其外数人、漢学生も数人と申事に候、当節は又県も如何取扱被為候処、意外の事にて歎息仕候、師岡・三輪田先生は無事、久保（季茲《すえしげ》）・伊能（穎則《ひでのり》）奉仕出仕にて有之候

北原稲雄の弟樋口与平が市岡殷政にこの事件を報知[166]するのが四月八日のことである。

昨今聞込候処、東京表にて如何成隠謀企候儀と相見へ、沢従四位卿始矢野・米川・権田・丸山、外連には久留米藩十五人計、其外秋田・東京府知事等迄多人数御召捕相成候よし、何様の次第を致し候哉不相分候得共、聞込に付一寸申上候、兎角正家も愚論に長じ候には困入候（後略）

樋口は、矢野・角田等が政治陰謀に関与したととらえている。

四月九日には松尾誠の長男恭太郎（千振）が東京宮沢（弾正台吏員）からの急報を殷政に書通[167]する。

（前略）今夕陽東京宮沢より来翰有之候よし、兼て御聞及も有之候哉、旧来の慷慨家連名の通被仰出候、夫々え御預候由、実に御一新の御かども無之御政体とは粗聞及候処、今日頃、箇様の事件に立至り候共不慮候処、不料の来翰に候、父よりも御知らせの為可申上様被申付候間、左に

三月廿二日より、中沼正六位、福井藩え御預ケ、丸山外務権大丞、岡山藩え、従六位権田直助、加州藩へ、中島中弁、熊本へ、矢野大学中博士、福井へ、小河宮内大丞、福井藩へ、坂田神祇大史、高知藩へ、落合伊那県大参事、阿州へ、角田忠行、米川信濃事、沢家令、山口藩え、宮和田又左衛門、以下御預の藩不相分候、同勇太郎、同（預け藩不明の意）、池村久兵衛、同、愛宕大夫、同、落

合直言、同、倉沢誠一郎、同、古賀十郎、同、照幡烈之助、国元にて入獄、山田江刺県権知事、ヒゴ山田十郎事、東京にて入獄、鳥居弾正権大巡察、同（東京にて入獄の意）、長沼弾正少巡察、同、多賀巡察属、慎、外四百五十人計り申事（後略）

この宮沢の急報は恭太郎の祖母多勢子も読んだはずである。どのような感情が彼女の胸中をよぎったのか。

四月一四日には山村家中の上田（崇部）武助が殷政に東京からの報知を伝達する[168]。

副啓、丸山作楽《まるやまさくら》、矢野茂太郎御召捕に相成候由、何に故の訳に哉、其儀は未相分候、是は京師にて富山《（外山）》某御召捕より事起候由　御地にても追々御噂の肥後・久留米・柳川・岡山の四藩、蒙御嫌疑、久留米藩は屛居被仰付候より、是は攘夷より事起候由、右東京より頃日申越候間、鳥渡申上候

上田は反政府派の公家・諸藩陰謀とのかかわりで事件を理解している。

同日、北原稲雄の長男信綱（東五郎）も殷政に今回の事件を書通する[169]。信綱は戊辰戦争時、奥羽の地で松尾誠と共に王政復古の実をあげるべく艱難辛苦しただけに、本事件の打撃は大きかったのである。

（前略）東京にては定御承知の義、如何の事共難言、諸有志召捕、諸藩御預、有名の正義方不残の様子、落合大参事、甲州知事、東府知事、奥野《（奥州・野州）》方県吏少々有之、別紙姓名乗写の義、決て御存知にも候に付不差上、池村・角田も同様、定て残懐の至被思候事、苦察仕候、長騎兵隊・有馬藩盟約、天皇還幸の策企、其上洋癖共討伐の議評を被致候事、噂に御坐候へ共、下生等愚考には、正傑のもの獄に落置、弥洋の執政専致姦謀と存、夫に三郎・大隅守多人数引率、東着の上は、何れも悪業変革も決出来候事と存候中、右の始末、定て彼等姦逆の魁首と存候、堂上方には沢主水正様・愛宕様、

西京外山様とか申事（後略）

右の文中、信綱は「決」「決て」を必ずやの意味で使っている。事態が全く不明のまま、各人の推測が噂・流言と結びつけられているが、今日の時点から見る時は、丸山作楽の「征韓陰謀」や愛宕・外山の東京遷都反対運動は事実だったにせよ、矢野・角田・宮和田・権田等がそれらに関与していた訳では無い。ただ、きわめてはっきりしていることは、矢野に典型的に現れている復古神道的伝統主義的考えを自由にさせておいたならば、この予防拘禁によって初めて可能になった政府の神道政策は決行されなかったろうということである。

第一は三月二五日、大嘗祭を本年東京でおこなうとの布告である。矢野達が京都においてこそ悠紀・主基両国が選定されると主張しつづけてきたことが、ここに崩れた。大嘗祭挙行のため、担当者となった大納言嵯峨実愛《さがさねなる》、大弁坊城俊政、神祇伯中山忠能《なかやまただやす》の下で神祇少副福羽美静が実務万端を取り仕切ることとなる。

第二に五月一四日、官国幣社以下のピラミッド型の神社班位令が布告、「神社は国家の宗祀」と規定されて、神職の世襲制が全面的に否定、神官職制が国家によって設定され、国家と府藩県行政当局が神官・祠官の任免権を掌握することになったのである。これにより在地名望家・在地の伝統を代表する知識人としての神職の性格が払拭され、官吏化・官僚化された近代神官制度が天皇制軍隊制度以前に創出された。復古神道家が想像してこなかった新しい事態の出現であり、国家神道の客観的な構造がここに据えられたのである。

この「国事犯事件」の検討を終えるに当り、捕縛者の中にその名が出ている伊勢久こと池村久兵衛が間秀矩の息子元矩に経緯を報じた五月九日付書状[170]を紹介しておこう。

（前略）野生、東京におゐて蒙御不審を候義、御聞に達し御尋被下、忝奉存候、事柄は委敷承知不仕候得ども、其頃京師にては外山様、東京は愛宕様、右両殿へ諸藩脱走人、或は草莽の士依頼し還幸論を主張致し候由、変名にて長々滞留致し居候に付、其事に姦計致し可居御不審を蒙り候義と被存候、三月廿三日より廿七日迄府留被仰付、御吟味の処、其事明白に分り候得ども、東京に長く滞留不成段被申付、俄に用事取片付、四月六日出立、参宮致し、同廿三日蹴上ゲ迄無事帰り候処、不計当府（京都府のこと）より出役有之、御尋の義有るに付、其儘出頭可致云々、不得止役人同道にて罷出候処、両掛の内悉御吟味、届状等一々御尋、中には開封も被成候得ども、差て不都合の文も無之、仍て町預ケ被仰付、当時謹慎中に御座候（中略）、矢野先生始権田翁・米川・丸山其外懇意の人々、諸藩に御預け、何とも御気毒に存候、是等も野生御不審と同様の事より右の次第と被存候（後略）

この書状によれば、愛宕・外山両名の還幸計画事件の取調べは四月に入っても京都府でつづけられていたことがわかる。文中久兵衛の変名は、高松藩松崎渋左衛門暗殺事件に関し彼が勤王派の面々のために運動して東京に出、高松藩には佐幕派が多いため、暗殺を警戒して「白山衛士」と変名・滞府していたことが嫌疑の一因となったのである[171]。

(4)　苗木藩藩政改革の中絶

薩長土三藩の精兵を東京に集結、彼等を東京及び東北・九州二鎮台とその分営に配置した段階で、薩長二藩の指導者はついに国家権力を集中して万国対峙を早急に実現するには廃藩あるのみと、明治四年

（一八七一）七月一四日、廃藩置県を断行した。全国の諸藩はその程度の差はあったとはいえ、愕然とさせられた。各藩押しなべての立藩以来未曽有の藩政改革は、いずれも府藩県三治一致体制のもと、新国家の基礎たるべき藩への体制づくりだったからである。この方向性をあまりに律儀に、そして強引に遂行した藩が、平田国学的理念のもと、「復古・一新」路線をまっしぐらに突き進んだ東濃一万石の小藩苗木藩であった。その極致となった士卒全員の還禄・帰農出願は、旧藩知事遠山友禄の言を用いれば、彼が政府の兵制政策を「畢竟御国内徒手素餐の者、其責を免じ候様、漸々可立到御趣意」と理解したがゆえの施策であり、旧大参事青山直道の悔悟の文を引けば、「維新後兵農一途は当今の急務と相心得」ての「躁進の挙動」となってしまったのである(172)。

しかも、藩主も青山大参事も、そして苗木藩士卒全員も、府藩県三治一致体制が長期的なものであることを疑わずにいたからこそ、この全国的に見て最もラディカルな「冗員」削減・兵農一致政策を採り且つ受納したのであった。「旧士卒共見込にては、知事は世襲、藩庁も永く揺動無之心得にて、只管《ひたすら》藩制改革の旨趣を体し、且は授産の約も有之旁、深き思慮も無之帰農仕候処、豈図んや、一年を出ずして廃藩相成、知事始諸官員不残免職被仰付」とは、述べる青山直道自身の慚愧の思いでもあるのである。

しかし、二階に上れと始終せかし、二階の間取を具体的に示し、範例を与えながらも、突然自分の都合で梯子を外してしまった者の責任を苗木の旧士卒は誰も問う者はいなかった。三年の帰農手当の支給が終わった明治七年から、彼等の生活の困難は一方で根強い復籍運動を生み出し、他方で帰農政策の断行者青山直道と青山家に対する激しい憎悪の炎を燃えたたせることとなった。西国各地に士族反乱が続発する最中の明治九年一二月二八日、青山景通の居住していた苗木の青山屋敷が焼打ちされ全焼した。

二ヶ月後西南戦争が勃発する。

(5)　木曽山林下戻し運動指導者の罷免

廃藩置県は二段階にわたって遂行されていった。明治四年（一八七一）七月一四日段階では藩が廃止され、旧藩主は東京に召集されたが、それ以外は旧藩の領域と旧藩の官員には手はつけられず、横すべり的に藩名が県名に変更されただけであった。「藩県」とよばれる所以である。本格的な置県は同年一一月に断行され、ここに中央集権的な三府七二県の府県体制がつくられた。木曽谷の場合は、明治二年一月、山村甚兵衛家の代官支配から尾張藩木曽総管所支配に移り、廃藩置県後は名古屋県福島出張所支配となった。明治四年一一月二〇日筑摩県が設置されても、事務が引き継がれるのに時間がかかり、筑摩県福島取締所の名前で機能するのは明治五年一月からのこととなる。

したがって、島崎正樹（五年重寛を改名）は他の木曽谷村々の代表者と共に、明治五年一月、前出の前年一二月願書と同様のものを筑摩県福島取締所に再提出し、ついで二月には松本の筑摩県庁に提出する。

しかしながら県の対応は名古屋県支配の時のそれと相違し、より硬化したものとなってきた。正樹を運動指導者とする山林下戻し運動は明山は勿論のこと、留山をも下戻しさせようとするものであった。他方筑摩県は、明治四年七月、国によって制定された「官林規則」を厳格に木曽山林のうち明山にまで適用させようとするものであった。[173]その後山林の地租改正を強引に押し進めることとなる筑摩県参事永山盛輝の明治五年一一月段階での言を以てすれば、「官林規則」以前の明山では、「官林の内檜・椹・あすひ・鼠子・槇右五木を除くの外勝手に伐木致させ、薪伐り出し・炭焼き、又は椀木地・櫛等小細工を以て経営罷りあり、尤も薪は無税、炭は一竈に付一か年永三百文ずつ税金相納め」て宿駅まで遠隔の山坂を持ち運んで売却してきたのに、規則適用後は、伐木は払下げを出願して納税しなければならなくなり、「伐木差し留め置き候ては眼前病発生、命にも関し候者出来」という事態になってきたのである。正樹等の運動は山林下戻しと共に、この「官林規制」適用反対運動の性格をも帯びざるを得なくなった。正樹は他村の重立ちと協議を重ね、明治六年五月一二日を期して、贄川・藪原・王滝・馬籠の四ヶ村から出るものが一同にかわって松本の県庁に出頭する準備を整えていった。

しかし、島崎正樹に福島支庁から、五月一二日午前一〇時までに当支庁に出頭せよ、ただし代人を許さずとの召喚状が届けられ、出頭するや「今日限り、戸長免職」をいい渡された。「官林規則」に対する請書も提出することなしに、一方的な歎願のみをくり返す木曽谷農民の動きが永山の怒りに触れ、その主謀者を島崎正樹とにらんだ彼は、正樹から戸長の職を剝奪して運動を挫折させようとしたのである。(174)

新しい木曽谷の統治者が旧尾州領の山地を没収するのに不思議はないといふやうな理窟からこれ（一〇分の九の官有地化）は来てゐるのか、郡県政治の当局者が人民を信じないことにかけては封建時代からまだ一歩も踏み出してゐない証拠であるのか、いづれとも言へないことであつた。ともあれ、いかに支庁の役人が督促しようとも、このまま山林規則の御請をして、泣寝入にすべきこととは彼には思はれなかつた。父に出来なければ子に伝へても、旧領主時代から紛争の絶えないやうなこの長い山林事件を何等かの良い解決に導かないのは嘘だとも思はれた。須原から三留野、三留野から妻籠へと近づくにつれて、山にも頼ることの出来ないこの地方の前途のことがいろいろに考へられて来た。家をさして帰つて行く頃の彼は最早戸長でもなかつた。

山林問題を扱った『夜明け前』第二部第八章は、右の文章を以て閉じられている。

三　変容の中の平田国学

(1) 間秀矩の健康悪化

伊那県商社計画の失敗から始まる東濃・南信の「復古・一新」路線の挫折は、明治二年（一八六九）五月以降東京に滞在し、領主山村甚兵衛家の尾張藩家臣からの離脱と朝廷への直臣化、あわよくばの「華族成」運動に中津川を代表して協力していた間秀矩の心身にも大きな影響を与えることとなった。平田国学関係者を介しての対維新政府交渉でも、山村東京屋敷の維持経費捻出でも秀矩が奔走しなければならなかった。当初彼が楽観視していた離脱・直臣化の見通しは崩れ、政府がどのように対応して来るのか、予想がつかなくなっていった。他方、気吹舎の有力門弟として、東京気吹舎当主として活動する平田延胤の推挙により、明治三年一月には神祇官の神祇史生に任命され、三月には権少史に昇任することとなるのである。

秀矩は平田国学を学び、復古神道を深く信仰してはいたが、復古神道神学はいまだ形成過程にとどまっていると憂慮していた平田門人でもあった。東京到着直後の六月三日、師の平田鉄胤のもとで大学校と復古神道広布の話を聞いた日の日記には、高天原の所在、神の「字義」、「隠身」の意味などはより深めなければならないと記し、イザナギ、イザナミ二神による国生み神話については、「二神国を生、山川を生の説如何、海外の人、此説に服すべきや、外国の服する服せざる関係なきや、唯恐らくは宇内に及ぼして疑ひなきに非ずば、皇国の人と雖も服すべからざるに似たり」と、また「日神」についても、

「古事記書紀の説、簡易に偏して、人々聞取よくせざれば、御功徳を解くに要領を得難し、又海外万国に拡充しても間然なきに非れば、唯皇国きりの説となるべく、今日格物窮理の学行るれば、皇国の人と雖、隘狭の説にては疑なき事能はず、疑あるものを以て教とするは誣《しい》るに近し、高明正大の説なくんば皇国の大道たたざるに似たり」と、一学派の神道理論から国家宗教に上昇転化する際不可避的につきつけられる神道神学深化の課題を文章化して明確にするのである[175]。

領主に頼られている課題が一向に解決しないまま、他方で神祇官での公務は決してゆるがせに出来ず、しかも自分の知識は不十分だとの痛烈な自覚とそのための必死の神道学習の研鑽は、彼にとって重いストレスとなっていった。残っている史料の限りでは、はっきりした病気の形であらわれるのは明治三年五月二六日、丁度間宅を訪問した市岡殷政の日記には、「折節胸痛にて家内周章の体、倶に介抱して有けるに漸苦痛も遠かりけれは人々安堵して盃事と成」と記されている[176]。この当時、妻のおたにと娘のいすずが秀矩とともに生活していた。しかしこれでおさまった訳では無く、殷政日記の八月一〇日の条に「秀矩病漸おこたりぬと伺ふ」とあるように、この発病時から決して軽くはなかったようである。しかも夜見の国の所在をめぐって平田門弟間で激しい論争があり、八月一〇日頃、地胎説を主張する西川吉介が詫状一札を気吹舎に入れさせられる事態にまで発展した[177]。西川は秀矩にとっては幕末期以来の親友中の親友、このことも彼の心労を更に甚しいものにしたことは疑いの余地はない。

九月二八日に秀矩は、五月下旬より発病、中々快方に向かわないので、医師権田直助の勧めに従って諏訪に入湯致し度との願書[178]を提出、許可されている。その後も本復しないまま、一二月神祇官の人員削減により、同月一二日免官となり、家族と共に中津川に戻ったのが、前述の如く明治四年三月二二日、丁度矢野や角田達が諸藩預けの処分を下された当日のことであった。

秀矩の病状は帰郷後更に重篤のものとなっていった。やや快方に向かった明治六年一月一六日の錬胤宛賀状(179)で彼は次のように報じている。

（前略）随て秀矩儀、在京中病起て病中故先生并皆々様よりも御懇命相蒙候処、一昨四月より七月半頃は可也《かなり》立居も出来候所、其後大病と相化、近隣の諸医匕《さじ》を投、兼山（久々利の北、木曽川沿いの町）西山老医（西山謙之助の父）、行程十二里、幸元大垣藩医にも脈察相受候所、是亦同様の次第にて、活路は更に無之、七十余の老母を相残し、甚以不幸の罪やる瀬なく、妻子にも名残は山々に候得ども、泪はなり丈相隠、太平楽の辞世なども詠出候、然る（に）枯木に花と可申哉、寒中より少快、医者も実に胆を潰候得ども、野夫医のかなしさ、暑中は如何など申候得ども、神等の御恵にや、尤嶋崎吉左衛門、一昨冬十一月十六日抽丹誠呉、妻悴なども不一方心苦致相祈候しるし正しくや候ひけん、筆紙に尽かたく候訳有之候、聴道なき秀矩等には何とも申上候て可然哉、只々奇にあやしく、去十一月より又一層平生へ相戻り、只今の様子にては二三里程も花の頃には歩行出来可申候哉之次第に付、乍恐御休意可被下、後室様始、師岡・三輪田・権翁・井上・若菜・千葉・千代田諸君へ御序の節可然御致声奉希候（後略）

安政期から市岡殷政・肥田通光と共に、その先頭に立って活躍して来た間秀矩を知っている我々にとってはなんともいたましいことではある。時代の急転と「復古・一新」路線の解体は、彼のような時代の犠牲者をも生み出していた。
と共に考えなければならないことは、秀矩を始めとする東濃・南信の世代の問題である。秀矩は明治三年、発病の年が四九歳、神祇権少史になった翌月の四月、彼は家督を二七歳の長男元矩（一太郎）に譲っている。市岡殷政は既に五一歳の元治元年（一八六四）、甥で嫡男とした政治に家督を譲り、長右衛門を正蔵に改名したが、政治が面部の疱瘡のため、実務は殷政が執りつづけ、政治の子で殷政にとって嫡孫となる政香が家督を継ぐのが明治五年、一七歳のこととなる。また明治初年まで中津川の庄屋を勤めつづけた肥田通光も明治四年で五七歳、家督の易吉が三五歳、通光の子で六代目菅井嘉兵衛の養子守之助が二九歳、通光の子で五代目菅井嘉兵衛の弟次郎平の養子三九郎が一六歳となっていた。南信においても北原稲雄の長男東五郎信綱が明治四年で二二歳、松尾多勢子の孫、松尾誠の長男恭太郎が一七歳、また多勢子の末子、長男の誠とは一八歳もへだたった為誠が二三歳となっている。第二世代は王政復古から廃藩置県の間の大激変をその青春の時代としたのである。

　廃藩置県直前に神祇官使部に出仕することとなった松尾為誠は、同年九月、廃藩直後の急変を次のように伝えている[180]。

　神祇官も省と相成、異風追々盛に行れ、例の固陋《ころう》家は不用の時勢、過日天皇も所々御行幸、明七八日頃神祇省え御覧御（実際には九月一二日行幸）、尤も馬車、宮中役員の席は勿論、抱（関）撃柝の処迄御叡覧の由、天皇も居簀の御座、其外堂上は追々散髪、主上も近日御散髪の勢也、不日官中之牛肉切実煮附弁当菜持参の人々多分有之勢ひ可歎々々、平田若先生も頃日散髪、高須松岡も権知事同道出府、松岡も大活眼、筧も段々御凌の処、河野少忠始、松岡抔種々愚弄、天下妨人と呼れ、無余儀近日散髪可相成、余り日新開化にて、終には廃帝にも可相成と心痛罷在候、諸藩も被廃、旧来懶惰《らんだ》に流れ、今更生活の道相立不申、思ひやられ候、門地門閥は勿論、華族士族に不抱平民同致（と同じく致し）、

穢多非人の称被廃候

上からの大変革が神祇省にも及んでいることが生々しく伝えられている。高須の話があるのは松尾家のある伴野村が旧高須藩飛地であり、同藩士松岡利紀も筧元忠（為誠は同人宅に寄留）も多勢子の口利きで維新政府に出仕出来たからである。松岡はこの時旧高須藩知事で当時名古屋県権知事となっていた松平義生《よしなり》が明治新塾に遊学するのに随従して上京した(181)。

(2)　国事犯事件後の混迷

気吹舎門人は全国にひろがり、また各地で平田国学者も輩出するが、上代への復古を希求して幕末維新期に一定の政治勢力になり得たのは東濃・南信地域だけであった。それがゆえに、江戸の戦火を恐れ、気吹舎の重要資料を信州に疎開させたのは北原稲雄であり、銕胤、延胤の江戸出立後、平田家留守宅を守っていた平田織瀬を始めとする平田家一族を無事に京都の銕胤・延胤の許に送り届けたのが稲雄の弟今村豊三郎だったのである。また延胤の養子として苗木藩士青山景通の三男助松（のちの胤通）が明治三年（一八七〇）初め、京都の養祖父銕胤のもとに引きとられた。

しかしながら、東濃・南信の平田門人の中から、まとまったグループとして苗木藩士達が抜けることとなる。明治三年閏一〇月の藩政改革の中で全員が士族の籍を捨て帰農したからである。そして彼等の構想した藩体制の長期存続を前提とした平田派サムライ達の「復古・一新」路線は廃藩によって消滅する。旧平田門人達はその後も平民として苗木地域で活動するが、最早苗木旧藩士全体を指導する立場ではなく、彼等の不満と批判の中で、あるいは抗弁し、あるいは妥協していく形においてであった。青山景通も明治五年神祇省廃止後、一時的に大鳥神社や三島神社の神官に任じられたと伝えられるが、すぐに辞任し、教部省下の神社行政に関与しようとはしなかった。助松も銕胤の家族と共に明治四年一〇月東京に移動するが、翌年一月には養父の延胤が四五歳で病没、銕胤と妻織瀬は、平田家を三〇歳の末子胤雄に継がせることとし、延胤の妻で久保季茲の妹てふを実家に戻し、側室ふじとの間のいしを手許に育て（ふじは同居）、胤通との養子縁結みを解消する。胤通はこの年壬申義塾及び進文学舎にドイツ語を学び、翌六年大学東校の後身医学校三等予科に入学する。[182] 洋学の道に彼は進むのである。

明治初年までの在地的伝統的あり方の廃絶は二四七頁で述べた如く神職の世襲制の廃止、それに伴っての神社への朱印地・除地の収公措置にきわだった形で表現された。官国幣社から郷社村社までの神職はすべて一端世襲制を切断され、国と地方の行政機関が宮司・禰宜、そして郷村社レヴェルでは祠官・祠掌を任命することとなった。平田国学にかかわって見ると、三河国の平田国学普及の最大の功績者羽田村神明宮・八幡宮神職羽田野敬雄《はたのたかお》の例が典型であろう。各地の新制度移行は明治五年末頃までに完了するが、明治五年一〇月、敬雄は「郷村社祠官祠掌新任に付、旧神官一同神勤御免」[183] といいわたされ、彼が中心となって設立・運営してきた日本で最初の公共図書館となる羽田八幡宮文庫も、羽田野と神社の手から離れ、会社組織とされてしまうのである。

また伊那郡南条村の舘松縫殿之助《ぬいのすけ》は同村八幡宮の神職で、元治元年八月、北原稲雄の紹介で気吹舎に入門、慶応二年二月、池村久兵衛の「申次」により白川家に入門している世襲の在地神職だった。[184] 稲雄の依頼もあり、江戸から座光寺村の稲雄宅まで気吹舎資料を運搬したのはこの縫殿之助なのである。その彼も明治五年、世襲神職廃止により八幡宮神職ではなくなり、座光寺如来寺に創設された筑摩県第三十二番小学の教師となった。[185]

この全国的な大変動は気吹舎の場合には明治四年三月の国事犯事件と丁度重なることとなった。東京の気吹舎を結集の場としていた平田門弟達が離散させられたのである。明治五年八月一日付の羽田野宛書状[186]の中で平田銕胤は状況をこう伝えている。

（前略）同門同志中格別困窮の人々へは十金二十金づつも貸遣はし、又矢野へ百両、米川へ百五十両、権田へ七十両、師岡へ八十両、其外五十・六十、或は二十・三十・四十、又は五円三円は数々にて、都合二千余金の出金にて、差支への事共有之に付、返金の事申入候へ共、昨年来十分の一も返り候哉にて、延胤死去いたし候ても一向忘れたるがごとく不沙汰の人多く、扠々困り申候（後略）

右の銕胤の苦情のうち、権田直助の一件はその経緯が明らかである。

明治四年春、権田に頼まれ間秀矩は若菜基輔《わかなもとすけ》の取次を以て七十両を延胤より借用したが、権田は二度督促されても返済できないので、銕胤は明治六年に入り、その間の事情を秀矩に伝えたのである。秀矩はこう詫状[187]を書き、三五円を送金する。

（前略）（故若先生は）小生御見込にて御取替被下置候哉に相考申候、斯心付候上はたとへ日月は延引仕候とも、どふ致して也共、せめて元金丈は御返済、為筋相立申度生々《せいぜい》心懸候間、延引致処は幾重にも御許容可被下候、偖《さて》頼少は人心なとと諺にも申候得とも、堅固成権翁父子并井上（頼圀）子なとも御存示の儀に付、たとひ若菜には面会不致とも、慥成人と相心居候程の処、昨年に至、二度の文書にて大に見込とは相違の廉も可有之哉に察候に付、秀矩手前にて少々金子、先に相納置候、其内権翁より返金相立候はば、追て御蔵書（借用書のこと）御返可被下候、人よい女は爺なし子をはらむとか申俚言のごとく、山出しの秀矩等が全く失策にて、顕幽両先生へ奉対甚以無申訳、悴元

矩へも気の毒成儀にて、愧入《はじいり》候仕合、御憐察被下度候

右の書状と共に、半金の三五円を秀矩は送金しており、平田織瀬の記録している「金銀入覚帳」明治六年三月一四日条に「三十五両、権田えかし金、はさま半兵衛より半金かへる」と記されることとなる(188)。ただし秀矩は国事犯事件で辛酸をなめ、明治六年七月より阿夫利山《あふりさん》神社に奉職するものの、翌七年四月に息子の年助を失った同門の長老権田直助に深い敬意を払いつづけていた。年助への香奠に直助の借金の内一〇円を呈上する、師家への直助借金半額は自分の方から送ってあり、その分は帳消しでいいと書通した後の明治八年一〇月四日、次のように直助に依頼する(189)。

其後不得貴意、御床敷奉存候、尊体益御機嫌能被遊御奉仕候半と奉遙賀候、随て小生儀、一昨年比より一ヶ月に三四日は小狂にて、年内七ヶ月位無異に相過候、名古屋病院にてもとんと無験、一家困入候、妙薬も候はば重便御申聞可被下候、扨先般師家へ三十五円弁金仕候内、十円は先般申上候通呈上、残廿五両也、師家に御さし上可被下様願上候（後略）

また秀矩はこの書状写を銕胤に送り、近く権田より二五円の送金があるだろうと連絡する。権田は一〇月一四日付で左の謝罪書を送り(190)、同日付の別紙で二五円は調達して師家に送ると約束した。

謝罪書

老生義は庚午歳十二月、会計向に付同門の縁故を以御融通被下、依之急迫を凌候段、忝仕合、然る処、翌辛未歳以来凶事再三に及び報恩の期を失し赧面《たんめん》相極り候より、遂に久絶音信候事、頗失本意、深く恐縮いたし候、依て今般謝罪書差出申候処如件

明治八年十月

権田直助㊞

間　秀矩殿

権田は一〇月一四日の書状と共に、「教院講録」一六～二六号、「心の柱」「詞の経緯図」「詞の真澄鏡」「同図解」「諡号考」等を市岡殷政・肥田通光宛に送付している。(191) また三輪田元綱《みわだもとつな》（当時は伊予大山祇神社宮司か）は一一月二二日付で書状(192)を秀矩に送り、二〇〇円借用したしと借金を申し入れている。文中「忽ち其実効世に顕はれ御改暦相成候はば本懐の至」とあるので、暦に関する著述と思われる。同門の人々の活動を助けたいと念ずる秀矩は市岡・肥田両盟友に宛て、明治九年一月二〇日付の書状(193)で、「先方より送呉候事故、御心配不及哉申出候処、今日考候得ば、市岡君仰の如く、少々御挨拶有之候ても可然哉、一円宛も御張込被下度哉に存候」「三輪田書状、御嶽《みたけ》（弟野呂万次郎宅）へ為持遣度《もたせつかわしたく》候間、御返投可被下候、小生よりは五円差上申度候、御両君思召如何に候哉、此儀は方今大一の忠勤と奉存候間、精々御心配可被下候」と書き送ろうとする。しかし「挨拶」が「相酌」となり、字が乱れるなどしており、実際発せられたかどうか疑問である。三日後の一月二三日、秀矩は享年五五で死没する。

権田直助は秀矩の死を聞き、島崎正樹を介して歌(194)を寄せた。

あひ見てしむかしもしぬびあへぬ間に
逢ふべくもあらずなりし君はも　　直助

幕末維新期の同志的結合の強さは、志を共にした者の没するまで長く継続する。明治一三年、市岡殷政は「東海道三嶋宿伝馬丁五十九番地権田直助方にて宮西諸助」宛に、権田年助七回忌に寄せた歌を送っており（権田はこの当時三島大社宮司を兼任(195)）、また明治二〇年六月、直助が没するや、「寄書懐旧(196)」と

題して

　　湜しく太しく立し神習ふ

　　　舎のはしらのおむかしきかも

との歌を詠んでいる。

(3) 復古神道の変容

一般的には明治四年（一八七一）三月の国事犯事件を境として、気吹舎への入門者が激減、結局消滅したことを以て平田国学と復古神道の衰退ということが語られている。ただし事の推移を押えてみると、この問題を単純化して論議することは中々以て困難である。

第一に、廃藩置県を帰結させた国家権力の極度の集中化は、神道行政を長州閥と結んだ福羽等の津和野国学の人々に掌握させることになったが、天皇制国家の形成が近代化一般ではなく天皇統治の正統性を国家構造の中核に制度化させる過程でもあった以上、神道と神社制度の整備は国家にとって根幹的課題の一つであり、明治五年三月神祇省の廃止と共に福羽は神道行政から排除され、神仏二教の合同布教によるキリスト教防遏を最大の使命とする教部省政策は、自藩において徹底的な廃仏毀釈を断行した黒《くろ》田清綱《だきよつな》・三島通庸《みしまみちつね》らの薩派官僚によって指導されることとなった。明治四年五月の神社班位令と神職世襲制廃絶は教部省においても、神社と神官、祠官・祠掌の権力による掌握と統制の基本的な道具建てとなるのである。

第二に、東濃・南信の平田門人にとっても、この変動は複雑な問題を生み出した。(197) 一方では伝統切断に対する危惧となる。明治四年一〇月一〇日付で北原稲雄が稲橋の古橋源六郎に書通したのも本件にかかわってのことである。

（前略）今般外山氏来訪、御伝言且種々御容子相窺、同人義も種々御厚情の由、辱仕合、大悦被致候、扨同生も例の神職御廃止に付、何卒祠掌なり共相勤度由、方今の時勢尤に付、当方にも心懸置可申候間、貴地にても御心掛置可被下候（中略）、形勢も漸変り歎息の至に御坐候、併是も神の御慮か、兎も角も時々の御令に任候方、日本魂かと愚考仕候（後略）

他方では、この変動が神職社会を流動の渦に投げこみ、従来は世襲神職が在地名望家として神社に奉仕してきた堅い体制が破壊され、神職出身ではない平田国学者・平田門人であっても神社界に就職する機会が出現したことである。神社の国家統制と表裏一体の形でこの事態が出現したことは、元来世襲神職の仏教支配からの離脱願望及び儒仏を介さない首尾一貫した復古神道神学樹立への希求要求に対応して構築されてきた復古神道の変容を意味せざるを得なくなる。

幕末期、佐藤信淵の農学思想を普及し、戊辰戦争時には赤報隊に参加・活動した佐藤清臣が明治五年一〇月、古橋源六郎居村稲橋村八幡神社祠掌(198)となったのも、伊那郡小野村の倉沢義随が明治五年一二月、小野村郷社矢彦神社祠官、小野村村社祠掌兼勤(199)を命ぜられたのも、この制度改変によってなのである。また美濃においても同様で、明治五年一〇月前後、青山直道と苗木藩藩政改革を主導した水野新兵衛忠鼎が郷社恵那神社の祠官(200)に任じられる。

伊那郡座光寺村の北原家にとっても同様の事態が生じている。稲雄の長男信綱が家督を継ぎ、明治六年四月には戸長に就任するが、信綱はまた神社祠掌を兼勤（祠官・祠掌のいない村社は戸長が兼務とされた）することとなる。稲雄はこの件も含め、明治九年一月一八日付書状で鋏胤に近況を報ずるが、同月二五日付の鉄胤返書[201]の中に左の一条がある。

信綱君祠掌戸長御兼勤、御繁多にて御困の由、御尤に候へ共、是は何卒御精勤被下度奉希候、諸国往々御困りの由も承り候へ共、即今御同志の衆中十に八九は神官御勤の事は深き御神慮の有之御事かと奉存候

右に見るように、鉄胤は平田門人と平田国学を学んだ者達の神社界進出を大いに喜んでいるのである。市岡殷政も、彼の「風説留」明治六年四月の箇所に、関係する同門の神社界就職の風聞を記録[202]しているが、それによると師岡正胤は京都松尾大社大宮司、飯田武郷《いいだたけさと》は越前気比神社宮司、落合直亮は陸前志波久神社宮司を拝命、千野於兎は摂津国広田神社、権田年助は三河国の一宮砥鹿《とが》神社に就職し、「権田直助・矢野玄道、鹿島・香取大宮司拝命にも可相成筈、教部より周旋の処、司法省小池某、御不審の義有之、右両人等文通も有之に付、又々見合相成候趣」と書き記している。

もっとも矢野玄道にとっては、上代復古の社会実現こそが彼の学問目的だったのであり（この意味では矢野はきわめて政治的な宗教家だったともいいうるのである）、「橿原の御代に返ると頼みしはあらぬ夢にて有りけるものを[203]」と自覚してしまった以上、その夢と切り離されての神社奉仕は無意味となり、神典研究に沈潜する道しか彼には無かった。しかし、政治での挫折を神への信仰心覚醒による人心一新を以て取り戻そうとする島崎正樹のような敬神家にとっては、神と神社への奉仕はこの段階では積極的意義を有していた。

国事犯事件で予防拘禁された宮和田光胤は薩閥の平田国学者後醍院真柱[204]の推挽で、明治六年八月東京葛飾八幡神社祠掌、ついで七年三月東京富岡神社祠掌に任ぜられた。また角田忠行の場合は、薩閥の宍

野半左衛門（宍野半、のちの扶桑教管長）が教部大丞三島通庸と相談[205]の上、まず明治六年四月、官幣大社賀茂御祖神社の少宮司に任ぜられ、つづいて明治七年二月、僧侶の影響力が強く教部省の神仏合同布教の実が挙っていない、テコ入れしなければとの理由で、官幣大社で神器を祭る熱田神宮少宮司という重要なポストに転任させられることとなる。権田の明治六年七月、県社阿夫利神社（社入金が豊かな神社である）祠官就任も、同様の推薦があったはずである。島崎正樹の場合は、中津川平田門人の勤王ぶりを熟知していた尾張藩尊攘派出身の文部大輔田中不二麿の推挙[206]により、明治七年一一月一三日飛騨国一宮水無瀬神社（国幣小社）宮司に任命されたのである。

近世後期から明治初年までの復古神道のありようとは大きく異なる神社・神職共の変容過程のただ中にある以上、旧来の社僧からの還俗を含む神職達・祭祀奉仕諸集団との争いと軋轢は不可避だった。阿夫利神社にしろ富岡神社にしろ神仏判然令以前の神仏混淆状態から数年しかたっていないのである。正樹が赴任した水無瀬神社にしろ、明治初年までは大宮司職の梶原家（毛利と改姓する）や藤枝家・藤江家といった世襲社家が奉仕していた大社であり、社地を八町三反余も有していたが、明治四年の上地令により僅か一五〇〇坪に削減されてしまっていた[207]。

新旧対立が典型的な形で爆発したのが熱田神宮の場合であった。旧神職で名族の大宮司千秋季福と旧神職集団は送り込まれた角田を快く思わず排斥運動をつづけ、角田は辞表を提出するも受領されないなか、角田の言に従えば、五代以上の家来五名ありとしての家禄請願が虚偽であることが露顕して季福が明治九年四月一七日自殺したことが角田の責任だと旧神職集団に糾弾され、明治九年六月広田神社少宮司に転任させせられる[208]。角田はこれを不満として辞職した。

熊本実学党出身の愛知県令安場保和《やすばやすかず》や次官の国貞廉平《くにさだれんぺい》は神宮改革のためには角田が不可欠と運動、明治一〇年一月、角田は熱田神宮大宮司に帰り咲き、あらゆる妨害を排除しつつ、熱田神宮を伊勢神宮に次ぐ第二の宗廟にすべく獅子奮迅の活動を継続する。これも変容の中の平田国学者の一つのあり方であった。

右に述べたように一見混迷の中にあるかの如くだったが、天皇支配の正統性を記紀神話に置く以上、国家は国家なりに自己の道筋をつけていったのである。その一つが創建神社の設立である。その大きな流れの中において、江戸時代の儒学の教学化、仏教の国教化と異なり、明治初年以降神道が宗教の第一に据えられることになったため、明治八年三月、国学の大成者本居宣長を祭る山室山《やまむろやま》神社が宣長の墓所に創建された。既に慶応三年八月までには、田丸藩士で気吹舎に同年三月入門した加藤三郎五郎成次がこの墓所に篤胤の「霊能真柱《たまのみはしら》」中にある歌碑(209)(「なきがらは何処の土になりぬとも魂は翁のもとに往かなむ」)を建てている。字はこの年の六月銕胤が成次の需めに応じて認めたものである。篤胤が宣長の学門を継承したと理解されたゆえであろう。この山室山神社には相殿に篤胤が祭られ、その霊代として銕胤は一月に鏡を送った。相殿に篤胤を祭る祝詞を読んだのが川口常文《かわぐちつねぶみ》(210)、神社創建に尽力したのが川口と美濃御嵩《みたけ》の野呂万次郎である(211)。銕胤は自分の名代として三月二一日の遷宮式に是非出席してもらいたいと羽田野敬雄に書通する(212)。この山室山神社は、明治一三年明治天皇の伊勢神宮行幸の際、七月六日勅使差遣の待遇をうけることとなる。

奇妙に聞こえると思われるが、銕胤は有力門弟の国事犯事件や長男延胤の死去という不幸に見舞われ、気吹舎塾を閉鎖したとはいえ、事態を楽観していたのである。幕府崩壊までは一介の肩身の狭い新参佐竹藩士でしかなかった彼が一新後、義父の家学を担って藩を指図する立場に立てたばかりではない。維新政府の大学政策・宗教政策に関し長男ともども積極的に参画する身分となり、更に明治天皇の侍講すら父子共に勤めることが出来たのである。舘松縫殿之助が明治四年四月、京都聖護院の銕胤塾を訪れた折も、銕胤は国事犯事件を長期的なものになるとは見ておらず、「東京にて御召捕の者の儀は決て心配致間敷旨、近々薩の大挙も可有之、左候へば右有志輩の存意もここに白日を看る時あるべし(213)」と縫殿之助に語っている。

東京到着直後の明治五年一月、延胤死去の非運に見舞われた銕胤とその家族は延胤が購求した番町の屋敷から二月二三日より三月末までに本所柳島のもと播州竜野脇坂侯隠居所として普請していた土地・家屋一式を購入、移転する。地所・家作共に代価二〇〇〇両、三五〇〇坪の門前船付、潮入りの泉水が築造された広大な地所である。銕胤は前掲の書状の中で一新後の「幸運」を年齢の同じ親友羽田野敬雄に率直にこう吐露する。

（前略）御一新以来格別の天恩を蒙り奉り、不肖不学の老拙及延胤迄、結構に被仰付、莫太の御給禄を頂戴、難有とも辱しとも恐懼至極の事に御座候（後略）

右に「莫太の御給禄」とあるが誇張ではない。銕胤が明治三年七月大学を辞任するまでは父子二人合わせての官禄だったのであり、織瀬が「金銀入覚帳」に集計するところに拠れば、平田家の収入は明治元年六五〇〇両、二年七二八〇両、三年一万三六二両、四年八八五一両、延胤が死去した五年も出板収入等で三七三五両、六年四四七二両、七年四五六〇両となっている。教部省政策のもとでも気吹舎の出板物は不可欠のテキストであり、増刷分が当然存在する。篤胤の復古神道は依然として旺盛な需要がつづくのである。気吹舎塾の閉鎖は塾主延胤の死亡と銕胤の老齢化のためである。博覧強記、神道神学理論・論理の首尾一貫性が鋭く要求され、しかも年輩の有力門人がとりかこむ学塾においては血統は全く意味をもたない。胤雄は病弱であり塾主たる力量も欠如していると判断した銕胤は正当にも塾の閉鎖を選択した。そしてまた既に家塾で神道家を育成する時代でもなくなってきた。教部省政策下の大教院・中教院・神道事務局、そして伊勢神宮などが組織的に教育する段階に入り始めたのである。

義父篤胤への敬慕は、仏教に対する神道の興隆、山室山神社の創建と相まって、本所柳島の邸内に篤胤を祭る霊社建設を銕胤に決意させた。完成は明治八年九月、費用は一〇〇〇円近くにのぼった(214)。東濃・南信の門人達は間秀矩を始めそれぞれ霊社に寄付している。

教部省政策も明治八年四月の神仏合同布教廃止以降は神道仏教自由布教の段階に入り、平田家邸内の篤胤を祭る霊社は、明治一一年五月八日官許を獲得して平田神社と称することとなり、銕胤の守り伝えてきた復古神道も「本教教会」という布教組織を立ちあげ、明治一一年七月二三日に政府より許可された(215)。もっとも銕胤は八〇歳、当主の平田胤雄が東京の井上頼圀《いのうえよりくに》等の協力のもとで布教の責任者となる。銕胤は本教教会の発展に積極的で、同年八月三〇日付の間元矩宛書状にも、「折節諸国より神道事務局へ会議にて出京の人々多ク右八□(虫クイ)八分同門流の人々(216)」と伝え、支部組織設立を中津川を始め苗木・加納・岩村・御嶽などに依頼していると書通する。当然神道事務局傘下の布教活動となるため、当主の胤雄は一一年冬に権少教正に、隠居の銕胤は一二年二月に大教正に任じられた(217)。

新たな出板物も、明治六年一二月、『玉襷《たまだすき》』第一〇巻（出板費用一九〇円、以下同じ）、七年二月、『毎《まい》朝神拝詞記《ちょうしんぱいしき》』（六〇円）、八年六月、『大扶桑国考《だいふそうこくこう》』再刻（二八〇円）、同年一一月、『毀誉相半書《きよそうはんしょ》』（一七

○円、ただし書肆には出さなかった）と次々と刊行しており、明治九年三月段階での鉄胤の出版上の課題は数千部を摺り出して板木が磨滅した『古史成文《こしせいぶん》』と『霊能真柱』の再刻、及び第二九・三〇冊分の稿本は大体整っているが、第三一・三二冊分はそこまでいっていない『古史伝』原稿の完成と多額の出板費用を敢て冒しての刊行への持ちこみであった[218]。鉄胤のプランの内、『考訂再版古史成文』は明治一二年六月に刊行される。『古史伝』に関しては鉄胤の一三年七月一五日付羽田野敬雄宛書状[219]に、進捗状況が明らかである。

（前略）兼て申上候古史伝神代の末、矢野叟の勤労にて増補相成り、神代部大抵満備いたし候に付、二十九の巻大嘗会の所上木いたし度、清書板下等にて昼夜寸暇な（し）

政治を断念した矢野玄道の力（一二年四月頃より取りかかった）で完成させられた稿本の内、第二九巻上はこの明治一三年一〇月に刊行される。鉄胤の没するのは同じ年一〇月二五日のことであった。

国事犯事件以後の復古神道凋落説に反し、幕末維新期全国の平田門人をたばね、無数といっていいほど多数の書状を以て結びつきを維持しつづけた平田鉄胤は、その八〇を超えた晩年においても、このように意気軒昂だった。鉄胤の楽観的な立場は、明治一二年九月三〇日付の中津川の市岡殷政・政香宛書状[220]にもはっきりとあらわれている。

（前略）アメリカ、亦コレラ病の事被仰下、御尤に御坐候、乍去右等は此方勝手にいたし難き事故、夫は夫にして差置き、即今為れば何でも出来る世の中故、只茫然として居るべき時に非ず、実には面白く難有き御時節に御坐候、只小言ばかり云て日を暮すは無益也、悪事を計ふれば随分少からず候へ共、善事は甚多く、御同前愁歎いたしたる皇政復古は申上も無之、神仏混合は改まり、葬祭は叶ひ、宮々様は仏者に非ず、其外数へも尽されず、只余りに慾が深き故、しくじる者多し、必遠からず悪習は改まるべし、此節第一に致すべきは学問也、但しかく言はば自分勝手とも云はるべきか、夫は得と御勘考、何と云ても不苦時節故、ココデ思ふ事を十分に云ひ置くがよし、学者の好時節此上なし、何卒善き人々御誘ひ、学問をして時節を得べき事に候（後略）

(4)　変容の中の東濃・南信

平田銕胤の返書が説得口調になっていることは誰にでも感じられることだろう。気吹舎史料には残念ながら市岡殷政の七月一〇日付書状は残っておらず、何を殷政が述べたのか不明である。ただし殷政の歌集の中に、その内容の雰囲気を伝えるものがある。明治一二年の歌集「己卯詠草《きほうえいそう》」(221)の中に、「米国前大統領グラントが入京のをり、貴顕の人々手厚くもてなさるるよしききて、平田大人へ文のはしに」と詞書のある和歌が次のようなものであった。

　　おもてにはつつみこそすれ瀬織津の
　　　神に祈りて袖ぬらし筒

グラントが横浜に着するのは七月三日のことなので、右の歌を七月一〇日付銕胤宛書状に認めたのである。瀬織津姫はけがれや罪を海に運び去る女神、この年大流行のコレラ病のことと結びつけて詠んだものかどうか、いずれにしろ銕胤の時代のとらえ方と相当異なっていたことは間違い無い。この明治一二年、銕胤は八一歳、殷政は六七歳、共に当主は胤雄・政香の世代に遷っている高齢者である。

殷政がこの明治一二年段階で、彼の「現代」をどのように感じていたかを窺わせる和歌を、この年の一～三月の間に、「思ふことありてよめる」と題して作っている。幕末期を回想したものである。

何すとか秋津島根のあきしこり（商売でしくじり）
　国さへ今はたたむとすらん

歌の下に「井」と記されているので、井伊直弼を念頭に置いたものか。

身は寒く覚えて有し太刀風も
　肌（に）たまらず吹通しけり

「久」とあるので久留米藩の幕末とその後を対比させたものか。

いつの間に心なまりて身に負はぬ
　金の太刀は取なくし剣

「薩」とあるので薩摩人の今昔の対比か。

えり人は鬼か畜かつまをしも
　めぐし《（愛）》といはで屠りけらしも

「黒」とあるので福岡藩とすれば、平野国臣《ひらのくにおみ》を思っての作か、判然としない。

よそなから国の護りと生ふしつる
　瓊鉾《たまぼこ》の霊の其ゆくへはや

「水」とあるので筑波西上勢の昔を頭に置いての作だろう。

思ひきや糺ししつみの断りも
　終には其身におよふべしとは

「江」とあるので、敦賀斬首の報いと幕府倒壊を因果づけたものか。

かつくへき海人のめもとを愛知潟
　沖津いくりにしつく白玉

「尾」とあるので、幕末維新期に国事周旋を期待した大藩尾張藩への失望を詠んだものか。「めもとの潮《しお》」は、眼許にただよう女性の愛嬌をいう。「いくり」とは海中の岩である。

この連作の末尾は、無記号での

をはをりの剣とりはき武蔵野に
　しける醜草薙《な》く人や誰

「をはをり」は「小さくて鋭利な」の意か、いまだ詳らかにしない。いずれにせよ、あまり穏やかな歌ではない。和歌である以上、当人のいだいていた感情・雰囲気以上に読み込むことは危険極まりないことなので、紹介だけにとどめるが、その雰囲気のただよう殷政書状への返事がたしなめ口調の前掲銕胤書翰なのである。頑迷な攘夷思想を依然として殷政が持ちつづけていただけとするならば、明治一五年の四月頃、中津川民権のリーダー、若き医師「林淳一が新婚に」と詞書して

千世経へき松に契りてふちなみの（藤波）
　咲栄《はは》ふ跡に春やいくらん

とのことほぎ歌を政香の友人林淳一に送りはしないだろう。

殷政は七月一〇日付の書状で、銕胤が依頼してきた本教教会への尽力方を謝絶したと思われる。銕胤の返書中に「教会に付御頼申候義も御坐候所、思召の所被仰下、御尤の御事、委細承知いたし候、御心長く御計ひ可被下候」とあるからである。殷政はそれ以前から伊勢神宮が御師職廃止以降、教線拡大の

ため組織した神宮教会神風講社の東濃地域での責任者となっており、「二重の仕事は不可能」と答えたと思われる。飛騨水無瀬神社宮司となった島崎正樹にしても、明治八年五月筑摩県管内神道教導職取締に任命されるなど、神道事務局に属しての神道布教活動をつづけており(223)、本教教会には属しはしなかった。鋹胤がもう少し若かったら、気吹舎門弟の再結集も可能だったと考えられるが、明治一三年一〇月に没し、後継者の胤雄は鋹胤・延胤程の統率力に欠如しており、更に明治一五年一月、神官の教導職兼補並びに葬儀への従事が禁止された後、本教教会が教派神道への道を選択するのならば、創業者として余程の宗教的カリスマ性・組織力・統率力量が要求されることとなり、気吹舎門弟の再結集の可能性はここに最終的に消滅した。

それにしても、神道の仏教からの独立と神社・神宮の発展に期待をかけ将来を楽観視していた最晩年の鋹胤と「現代」に対し並々ならぬ不満をいだいている明治一二年七〜九月段階の市岡殷政の感情の大きな喰い違いは那辺から生じたのだろうか。節を改めて検討していこう。

四　廃藩置県後の東濃・南信における地域と国家

(1)　政府への齟齬感

明治四年（一八七一）七月一四日の廃藩置県は「復古・一新」路線を組み伏せる中で断行された。東濃・南信平田門人達の国事犯事件処罰者への深い同情と彼等の身の上への憂慮は、門人自身の立場を問わず語りに明らかにしている。そこでは、ペリー来航以降の幕末経済、政治の真只中に身を置き、復古の到来を期待しつつ、時勢の次々とおこる転変に一喜一憂し、御一新の到来に双手を挙げて歓喜した第一世代と、一新後の政治というものの複雑さと怪奇性、短期ながら巨大な波動の中での期待と挫折を経験しつつ青年に成長した第二世代の二つの世代が、共に同じ空間の中で労働し生活していたのである。復古神道と平田国学の凋落と一括していわれているものは、その核心は東濃・南信での「復古・一新」路線の政治的挫折からくるものだったのであり、そして第二世代は、第一世代のように長州にも薩摩にも期待を寄せるどころではなく、何故大藩出身官僚達が天子の命令を以てこの上からの中央集権化・洋化政策を強行しつづけるのかとの当惑と疑惑の只中におかれた世代であった。

松尾多勢子の長男誠の明治四年九月五日付の左の書状(224)は、第一世代の共通する感慨だったと見ていいだろう。

（前略）如命朝夕べ変る世の中にて、四民不安所《ところをやすんぜざる》を、現今安民の叡旨も名而已に成行、庶民皇化に不安《やすんぜざる》も、其実は官吏の罪とも可有之は恐懼の至に奉存候、併廃藩県置の御所置は名実備るの気にも可有之、御見聞の通り、積年因襲の藩風、茲に至て一新可致は必然、只可嘆は夷風蔓延、官員肉食、腥膻日々甚敷、爾後皇華士族諸公子、海外勤学の上帰朝、此上如何なる世変に可立至哉、慨嘆此事に存候、何事も時の御令に可随は勿論たるに候処、免角知見の狭き頑陋は只日々御変態を疑怪而已、廟堂上の御大政を席上にて非議いたす訳には無御坐、実に奉恐入候儀に御坐候（後略）

「神武創業」期の再現、「新しきいにしえ」の到来に微力ながらも尽力しようと思っていた人々が直面したのが洋化と上からの「文明開化」政策の押しつけ、極度の中央集権化なのだから「疑怪」するのも無理はない。明治五年一二月三日を以て陽暦とするとの暦制の大改革も歓迎される訳は無かった。北原稲雄は明治六年の年頭に、「うごきなき吾日本のまこよみは月もろともに雲かくれつつ[225]」と皮肉をこめて詠んでいる。

北原稲雄という伊那谷平田門人リーダーの当該時期の考え方は、著者は同時期東濃・南信の第一世代平田門人達の平均的なものではなかったかと見ている。稲雄は神社社地上地には強い反対の立場をとっており、明治六年一一月、筑摩県権中属として租税課に奉職している時期、太政官に左の如き「社地上地中止[226]」を献言している。

（前略）固有の社地は従前の儘被閣《さしおかれ》、神領の儀も当時御廟議の折柄に可有之候へ共、官国幣の官社は勿論、式内式外の社格を被定、郷社村社に至迄聊たりとも神田被為附《つけさせられ》候はば、朝庭の御敬神の確然相顕候（後略）

この主張は明治七年四月、筑摩県十等出仕当時の彼の著名な左院宛「神祇官再興[227]」建白に発展する。

（前略）方今洋風頻に被行、皇国固有の大道既に頽廃（中略）方今祭政一致は有名無実に陥り、神祇官は被廃止、微々たる教部省を被建置と雖も、更に教則不相立、神官僧侶の所説区々にて人民迷惑至れり尽せり、将洋学の弊たる哉、男女同権の論よりして、門閥を廃し、漸々溯《さかのぼ》る秋《とき》は天皇陛下の至尊に至らん、然時《しかるとき》は吾皇国の国体宝祚隆盛、天壌無窮の神勅、君主専治の大道に悖戻し、従て神祇をだに軽蔑するに至らん、（中略）彼福沢諭吉が如き尊内卑外の説をだに不知して、妄りに皇国固有の大道を誤り、神国の風土に不応徒は速に追懲（すべし）（後略）

洋学者福沢諭吉は政府欧化政策の鼓吹者として攻撃の対象となる。この明治七年段階での平田門人第一世代の時代観は、同年一一月一七日、「かにのあなをふさきとめすは」云々の和歌を認めて献扇事件をおこした島崎正樹も共有するものであった。

ところで、千賀通世（助作）なる元高須藩士は、信州の藩領飛地に往復する中で東濃・南信の平田門人達と深く交わりはじめ、己も元治元年気吹舎に入門、尾張本支藩勤王運動の一翼を担うようになり、維新後は多勢子の口利きで新政府に出仕、廃藩後は教部省に転じ、明治七年七月現在では備後国鞆浦《とものうら》国幣小社沼名前《ぬなくま》神社宮司、その後大阪の官幣大社住吉神社禰宜となる経歴のもちぬしだが、明治八年六月九日付で、中津川の旧友市岡殷政・間秀矩・肥田通光三名に宛て、次の如き書状(228)を送っている。

其御地間武右衛門殿（間本家当主）社参の幸便に付、以口上書申上候、各様益御安全可被成御座奉欣賀候、小生事出京中、島崎氏一件に付司法へ云々、聊取計候辺を以、同氏赴任の際、屢出逢申候、其後如何不承候処、武右衛門殿御咄にては、無事奉務のよし（由）、つの（角）田も権中（ママ）教正に相成申候、師岡も権少教正なり、小生は住よしの禰宜を内願、転任いたし候、出京中、島左（島津久光左大臣）へ屢建言、其外へも尽し候へども、とどき不申、いまは住よしの郷に閑居罷在候、御笑察可被下候、御同志御中へ可然御頼申候（後略）

正樹の東京出立は明治八年二月一七日、司法省の取調べがそれまでつづいたが、千賀はなにくれとなく同志正樹のために尽力したと見られる。久光への建言云々も実際おこなった（正樹がしたことに関しては三二三頁参照）と考えられる手掛りに、彼が明治七年七月四日付で左院に提出した「祭政一途の儀に付き建白(229)」がある。そこで彼は、ヨーロッパの一神教が東漸してきており、このままでは日本の天神地祇は軽視され、其極、神人の脈絡がたたれて「共和政の端」が啓かれようとしている、それを阻止するには神祇の職制を改正、神官祭主以下の神官を太政官の管轄とし、教導職は教部省に所属させ、左大臣島津久光公を天皇補佐兼神宮祭主とさせ、「斯道の棟梁」となされたいと主張している。明治六〜八年の久光への社会的期待感は単に華族層や封権復帰志向の士族層のみならず、敬神の念厚い在村名望家達にも濃厚に存在していたのである。

日露戦後、天皇制国家と国家神道が確立した段階での北原稲雄的発言としたら、完全に体制内化した在村地主の言説ととらえられるだろうが、この当時では、政府の政策に対する強い抵抗感と反撥と結びついたものであったことは、市岡殷政が彼の「風説留」の明治七年一月頃の箇所に記録した次のような諷刺戯漢詩(230)からも明白である。

無残神国畜生界　当時日本唐土成　一体一橋大腰抜　大名小名安本円　間抜旗本八万人　大御苦労薩長土　無陀骨折損鳶餌　穢多非人大出世　百姓難渋大困窮　飛脚一里二貫文　養蚕運上十分壱同種紙一枚二分　寺院説教合羽屁　古今稀成地券触　出高一倍間違無　取事計出事御嫌

末尾の「取ることばかり、出すことお嫌い」とはいいえて妙である。この段階での国家と地域の関係をきわめて的確に表現している。国家機構と国家のためのインフラストラクチュアを形成すべく、地域と人民に譲歩する余裕は国家の側には微塵も存在しえなかったのである。

また、東濃・南信の平田門人第一世代の結びつきは明治一〇年代に入っても強固だったことは、この地域の歴史展開をみつめる上で留意していいことがらである。明治一三年六月、明治天皇中山道行幸の際、島崎正樹が「皇国暦制定」等の建白書を提出したことを、人は時代遅れの固陋さゆえと批判するが、復古神道を信奉し、その神学を誠心誠意地域で布教しつづける者からすれば、陽暦をキリスト教暦と見做すのは当然であり、この建白書が却下された苦衷を訴える相手は志を共にする同志北原稲雄、市岡殷政七〇歳（誕生日は四月三日）を祝って編まれた明治一五年四月の歌集「春のやまぶみ」[231]序文を、殷政の友人を代表して筆をとったのが正樹であり、そして明治一九年一一月二九日正樹の無慙な死を悼み、翌三〇日、「心隈なくても君はけふよりは月の御門につかへまつらむ」「雪深きゆへに隠るる君なれはきゆるまにまに嬉しからまし」（「乙酉詠草《いつゆう》」[232]）では下の句を「はるとともにやたちかへるへし」と変えているものの、元の下の句は消されてはいない）との挽歌を捧げるのが殷政であった。小説『夜明け前』の大尾は、そのままの歴史的事実なのである。

もっとも東濃・南信の数多くの平田門人達の中で、神官と復古神道布教者の道を選択したのは馬籠村の島崎正樹ぐらいであり、それは彼の青年期よりの純粋無垢で求道者的な性格が然らしめたものといいうるが[233]、北原稲雄にしろ市岡殷政にしろ他の第一世代にしろ、また彼等の第二世代にしろ、幕末期と同じ地域に住み、昔からの生計（ただし市岡家の場合、本陣では無くなる）をつづけている人々であった。そのような彼等が感じる明治政府への齟齬感とは何故だったのか、神道神学以外の場での検証に入っていこう。

(2)　下からの実業化

平田国学を論ずる場合、著者も含めて「新しき古え」との表現を用いることがあるが、それは儒仏導入以前の遙かな過去たる「上代」に理想的社会を設定することからする強い復古主義が、今この場に生きる百姓と諸々のものを産み出す生産活動への尊重、その生命・生活と生産を脅かす権力者の恣意性・暴力性への怒りと結合しているという特質を有しているからである。神が与えてくれた生命とその尊さ、その神によって創り出されたこの自然から如何に神によって愛でられた人間にとっての善きものを取り出すのかという生産技術論は、復古神道神学の構築に忙殺された平田篤胤よりも、彼より年長の門人佐藤信淵によって発展させられ、三九九頁以下で指摘するように、信淵諸著作は気吹舎を介して頒布されつづけていたのである。東濃・南信地域では若き日の佐藤清臣がこの側面を代表する。

神への厚き信仰が生産・実業・技術と結合しているという平田国学の特質から考えると、幕末から明治一〇年代にかけての伊那谷座光寺村の北原稲雄・今村豊三郎兄弟は、やはり注目に値いする人物なのであり、稲雄が南信での平田門弟の代表者となったのは、その卓越した政治力も相まってはいるが、その信仰心が農業を軸とする実業、治水を含む生産技術と分離せず、統一されていたからではないだろうか。しかもその「実業」とは単なる個人的富裕化ではなく南信地域の生活・生産能力の向上と結びついたものなのである。

北原稲雄は伊那県官員時代、伊那県商社事件の顚末を知悉していたものの、商社事務に関係しなかったため、またおそらくそのすぐれた民政能力を評価されて筑摩県官員に移行し、租税事務を担当する。筑摩県では明治七年四月、凶荒に備える一方、産業を開発し貧民を豊かにすることを目的に勧業社を組織、資本には明治四年以降の県官員の窮民救助積金と有志の出金穀、更に県下全住民からの半強制的醵出米穀が当てられた。この資本を以て動産・不動産を抵当にとり、年利一二%で殖産興業資金の貸出が計画されたのである。勧業社は明治八年三月開産社に拡充・改組され、創立資本には官員積立金、各郡村の「開産社積穀」及び大蔵省からの「拝借金」が当てられる。県下三〇の各大区区長が交替で社長となり、同年末には交替社長とは別に専任の社長・副社長を置くこととなった[234]。官民合同の窮民救済・産業振興金融組織であり、木曽谷では桑畑の購入資金に活用されている[235]。

明治九年八月の筑摩県の長野県・岐阜県両県への分割合併・消滅により、開産社は東西筑摩郡・諏訪郡・南北安曇郡・上下伊那郡計七郡（＝「南部七郡」）地域の全大区の代表者が組織する民間機関に移行した。

北原稲雄は県官時代から本機関運営に深くかかわっており、定詰役員の提案も彼がおこなったものである。彼は遅くとも明治一〇年一〇月までには開産社社長となっているが、それは信州での彼の声望と財務的力量が評価されてのことと思われる。当初の勧業社活動時より備荒貯蓄・窮民救済の性格を担わされていることは留意して然るべきことで、北原等の村落指導者層にとっては慶応二年と明治二年の飢饉は生々しく記憶されていたのである。明治七年一二月六日、北原稲雄は市岡殷政に、「先年福岡にて施本に相成候饑年要録再施板の儀相促、先般管下大壱区へ拾部づつ相施候」と述べ残部一〇部を送るので、岐阜県の尾崎参事他四名の県官及び肥田通光・間秀矩・加納一平（伏見）・野呂万次郎（御嵩）に届けてくれと頼んでいる[236]。岐阜県においても貯穀が指導され、中津川の「間杢右衛門日記[237]」には次のように記されている。

明治七年戌より村方御蔵へ積穀被仰出、明治六年学校寄附金高百円に付四斗づつ、依て手前三百円に付、米一石二斗づつ差出し、戌亥両年分米二石四斗、亥（明治八年）十一月廿四日御蔵へさし出し

ただし岐阜県ではこの貯穀を金融貸付資金に利用してはおらず、信州での勧業社・開産社の構想は筑摩県下の北原を含めた在地豪農層の創意が働いたものと思われる。民間に移行してからは社長一名、副社長一名、他の役員は委員となった。開産社社長の北原稲雄は明治一二年四月六日付で市岡殷政にこう同社の活動を報告[238]している。

（前略）小生無異、松本寄留罷在候、本意は信綱留主（当時名古屋裁判所出仕）旁、帰村申出候処、同僚はじめ達て所望に付、今一ヶ年の積勤居に決定候間、乍憚御省念可被下候、扨昨年来御無音申訳無之次第、先境弊社にて饑饉遠慮印施仕候間、則三拾枚呈上仕候、有志へ御配分可被下候、該松本住士族は苗木同様馬鹿げ候褫禄《ちろく》にて、野々山等は千五百石の処、現米二拾石に相詰、千五百石より八十石迄を廿石とし、其以下六石迄切詰、方今に到ては殆困難の容子に付、種々救助方施行の序に

よを済《すく》ふたち（太刀）からもなくいたつらに
くらすわかみ（力）にかなしかりける

御笑評可被下候、（中略）該国は因循県にて万事尺取《はかどり》不申、下方難渋仕候、況於郡役所乎《いわんやぐんやくしょにおいておや》、松尾誠主《うし》も此節議員にて長野出張、留主に御坐候（後略）

苗木と並べて松本士族の困窮を語り、南信の高遠・飯田、中信の諏訪の士族に言及していないのは、その度合がきわだっていたからであろう。この文面では既に何等かの措置を取り始めていた様子である。

しかし明治一二年五月、開産社が松本士族の窮迫に一万七千余円の救恤金下附を県に出願したことは、「開産社の偏仁」と同年八月民権派『松本新聞』に攻撃され、同新聞と北原の激しい応酬ののちに長野県が介入、一三年二月、社則改正協議会が県官を迎えて開催されるが、県が開産社の完全民営化を要求し、あわせて北原の「専断」を非難、反発した北原は途中退席してそのまま辞職、紆余曲折の結果、改正規則によって明治一四年一一月、小野村の倉沢清也《きよなり》（義随）が選挙によって選出される。

ところで、明治七年一月、民撰議院設立建白以降の士族層の動向は全国的政治過程を考える上での一

つの重要なポイントになってくる。苗木の帰農させられた旧サムライの復籍復禄運動は明治七年より継続しておこなわれており、ついに明治一三年三月復籍が認められ、併せて士族授産金として三万五〇〇〇円が貸与された。それまで頑強に拒否してきた方針を国が変更したのは、客観的に見れば、豪農民権・都市知識人民権に不平士族が合流することを阻止するためであった。

北原の松本士族救済方針は、彼の立場からすれば開産社以来の本来的趣旨に則ったものということになるだろうが、北原を攻撃した信州の民権活動家が窮迫しつづける信州の士族層を運動論的にどのように位置づけたのか、民権運動論の一つの論点となるだろう。

それにしても、明治一三年、北原にかわっての、開産社臨時社長が筑摩郡贄川村の倉沢隆之助、慶応四年三月、同村古参平田門人で中津川間秀矩の友人小沢文太郎の紹介で気吹舎に入門した人物、倉沢清也に至っては古くからの平田門人活動家で稲雄の親友、清也と時期を同じくして副社長になるのが稲雄の弟で平田門人の飯田町の樋口与平、稲雄の息子信綱は明治二〇年よりの副社長、松尾誠の息子千振も明治一六年より委員となっている。下からの実業振興にかかわる南信平田門人の層は部厚いものがあった(239)。

＊　＊

明治一三年、苗木では帰農させられた旧藩士達が復籍するが、復籍を求めず、百姓となって下からの実業振興に努めるのが、明治三年閏一〇月、藩の帰農政策を円滑に進めるための部局「生産方」が新設された際、同局員に任命された天保三年（一八三二）生まれの鈴木三蔵であった(240)。気吹舎には正式には入門していないものの、その学問を深く学んだ三蔵は、「計らずも一たび家禄奉還の声を聞くや、平田派の門下として勤皇の志に篤かった翁は何条黙して躊躇する所やあるべき、藩士皆その向背に迷って逡巡する折、翁独り率先してその家禄を奉還し、自らは帰農して、農耕の業に従」ったのである。廃藩以前、写真術を学んだ進取の気に富んだ三蔵である。廃藩後の明治七年、近江を訪れ、その地の牛馬耕技術を地元に移入、一〇年には恵那郡北部農談会の会頭となり、一四年には東京の第二回内国勧業博覧会を見学、そこで林遠里の牛馬耕耘作業を省力化する「抱持立犂《かかえ》」に注目、直ちに購入して地元に普及する。その一方で自分は希望しなかったものの復籍士族の授産製糸事業の立ちあげにも尽力、明治一三年九月の苗木製糸会社の謝状には、「足下も先に帰農の挙を奉じ、一端士籍を辞し禄を還納せられしより、我儕と見を異にし時態の変遷と嘆願の成否に関せず、志操確々乎として山の如く揺がず、粛々として一家の経済をなす、家富み財足り家勢殆んど士族百余戸に冠絶する、世人の知る所なり」と賞讃されている。明治二五年には蛭川村に報徳社を組織し、また大井から並松を経由して飛驒高山に至る「南北街道」（岡崎―高山）が明治二〇年代には整備されたものの、木曽川の渡河に難点があり、鈴木は千旦林村と苗木村との間の美恵橋を苦心惨憺の末明治三〇年に完成させている。明治四〇年、内務省は第一回の模範村表彰をおこなうが、筆頭の広島県加茂郡広村が賞金一〇〇〇円、次の七ヶ町村、償金各八〇〇円の模範村の中に三蔵が多大に貢献した蛭川村が加えられるのである。

明治二六年三月には居住地の苗木町から三蔵に感謝状が贈られるが、そこには「多年勧農に熱心し、種子交換、肥料の製法、馬耕の便利等の良否を一町に伝ふ、其他疎水架橋、道路開修の事、自ら労を辞せず、東奔西走有志を説き、常に故《ことさら》二宮尊徳先生の遺風を慕ひ徳義是れ重んじ、誠心是れ枉《ま》げず、偏に一町の公益を図るに孜々《しし》として止まず」と、彼の業績がたたえられた。

＊　＊

苗木の鈴木三蔵の場合には農事改良全般と農会・報徳社の組織化がその功績となるが、中津川では明治初年から一〇年代にかけての製糸業が下からの実業の発展の典型であり、それは県の振興政策をなんら必要としない、完全に下からの自生的なものであった。既に安政六年（一八五九）・万延元年（一八六〇）の横浜に出向いての生糸交易は間秀矩・馬島靖庵二人だけの試みではなかった。交易をして尾張藩に処分された者には秀矩の同族間五兵衛や高木勘兵衛もおり、勝野七兵衛と勝野吉兵衛も履歴書上げ(241)によれば交易協力のかどで二年間の禁足処分をうけていたのである。中津川を中心とする恵那郡では信州などよりマユを買い入れ、賃引きをさせて生糸を販売することが開港以前から産業として発展しており、国内市場向けの商活動が開港を機に横浜に向かったのである。

明治初年から一〇年代の統計資料分析から大迫輝通氏はこう結論(242)している。

東濃とくに恵那郡は、飛驒と並び岐阜県製糸の中心をなしていたが、飛驒と違って繭生産が少なく、それを近隣から移入していた。ここは、県下で最も早く器械製糸の創設をみ、またそれが普及しており、その最先進地であったが、養蚕については普及が遅れていた。この最初の器械製糸の導入は有力生糸商人の手になるもので、その後これは県下最大の器械製糸工場に発展する。

ここでは大迫氏が指摘する最初の器械製糸導入の勝野家に焦点をあわせて幕末から明治一〇年代を見ていこう。

大坂屋勝野七兵衛正方は文政五年（一八二二）生まれ、天保一二年（一八四一）より製糸業「繰糸の業」を始め、当初は岐阜方面に販売していたが、弘化二年（一八四五）になって初めて京都西陣に販路を拡大する。気吹舎入門は文久三年（一八六三）、長男正倫も慶応四年（一八六八）に一六歳で入門、門人帳には七兵衛とあるので、病気となった父から既に家督を相続していたと見られる。勝野吉兵衛は天保四年生まれ、落合村鈴木利左衛門由澄二男で、安政三年七兵衛正方の養嗣子となって正方娘と結婚するが、文久元年には七兵衛同族故勝野吉兵衛の没後の嗣となって正方の家業を助ける立場となった。気吹舎入門は慶応元年である。「吉兵衛履歴書」には、「時の藩主尾州侯、外国貿易を嫌忌せらるる際に太田陣屋に召喚せられ貿易に係る買次をなせる廉により禁足を申付らる、之が為め二ヶ年間外国向の売買を中止せしが為に大に不利益を来」せりとある。中津川の他の例からみて、文久三年一〇月の処分と思われる。「横浜開港後は甲州上州の商人より依託を受け輸出の目的にて生糸を横浜に仕向けたり」ともあるので、直接の売込みではなく、売込み商人への生糸販売である。

条約勅許後は横浜交易を再開、七兵衛正方病気のため、明治元年以降は吉兵衛二明と義弟七兵衛正倫が協力して家業をもりたてることとなった。

勝野吉兵衛等が横浜市場でぶつかった問題は、これまで仕入れ販売してきた手挽生糸では売れゆきが悪い、製糸技術の改革がどうしても不可避ということであった。そのため、明治四年、率先して坐繰製糸法を採用、同業者にも広く勧誘、これを東濃地域に普及させた。一業者の抜けがけではなく、地域全体の技術が向上しなければ、己の商品価値も高くならないのである。

勝野兄弟は更に明治六年、富岡製糸場の刺激があってのこと、岐阜県下では誰も導入していなかった六人取りの器械製糸業を開始する。坐繰よりも良好な製糸技術だと確認した兄弟は、恵那郡南端明智《あけち》より北端付知に至るまでの各地に人を派遣し、又は職工を送り、器械製糸の優秀さと器械設置方法を伝えるのである。これも地域全体の品質向上が己の商品価値上昇の前提となるからのことである。勝野兄弟の先進性に着目した岐阜県は明治六年五月、岐阜県生糸取締に吉兵衛を任用する。器械製糸の優秀性に自信を強めた兄弟は明治七年二〇人取りに、更に九年三〇人取りに工場を改造する。

事業を拡大すればするほど、地域全体の品質向上が必要となってくる。明治九年、兄弟は、「市場に声価を得んには品位を一定ならしむること、粗製品を防ぐこと」が急務と考え、恵那・土岐・加茂三郡を主とし、あまねく地方製糸家の勧誘につとめる。明治一〇年には第一回内国勧業博覧会に出品、褒状を授っている。製糸業の技術改革とともにマユの品質向上も必要と認識した兄弟は一二年には厚信蚕社をも設立するが、この事業はうまくいかず数年後には解散している。

明治元年以降一二年までは勝野兄弟は共同で製糸業の拡大に努力してきたが、一三年以後は正倫は岐阜県下の蚕糸業振興に専念することとなり、岐阜県蚕糸業組合取締所組長を命ぜられ（年不詳）、一八年頃には恵那製糸組合改良事務委員も勤め、明治三五年四月に、四九歳で没している。

他方吉兵衛は事業を拡大する中で、明治一八年には岐阜に出張所を設けて長男勝野文三を派遣、一九年には二男田口助次郎（後に堅三と改名）に工場を担当させ、三男勝野又三郎を横浜茂木商店に派遣して生糸売込み事業に従事させ、併せて「顧客需要の趨勢及内外の商況を報道せしめ」ることとなる。吉兵衛は中津川の勝野工場を一七年には六四人繰り、二二年には七〇人繰り、二四年には二〇〇人繰りに拡大しつづけるのであった。吉兵衛は大正三年（一九一四）三月、八二歳で没している。

横浜交易の先駆者間秀矩家には、禁門の変での生糸荷焼失後は生糸販売に従事した記録は無いが、彼の弟野呂万次郎（幕末期可児《かに》郡御嵩《みたけ》本陣《ほんじん》野呂家の養子となる）は旧家として明治五年より戸長を勤めるなど御嵩のために率先して活動し、松方デフレ期には農民の困窮軽減のため遅れていた養蚕業の導入、振興に努力し、明治二三年には三五釜の野呂製糸場をつくり、高台という地の利を活用した水車動力で操業を開始、万次郎は三二年、五七歳で没するが、野呂製糸場は三九年段階では職工数一六三人と県下で第三位の規模にまで発展し、大正初年には親族間五兵衛の経営するところとなり、屋号をとって「山五製糸」と改称されるのである。(243)

(3)　下からの教育普及

廃藩置県により上からの「文明開化」政策を押し進めようとする国家が掌握しようとする社会と地域は、幕末・明治初年と連続している社会と地域の外にはなかった。国家が教化のため在地社会から切断し再編しようとした神社と神職にしろ、狙い通りにいかないことは、二七四頁の北原稲雄による強烈な教部省批判からも明らかなことである。中津川でも明治四年（一八七一）一一月段階では旧領主山村家家臣の千村喜又が戸長、松井八左衛門が副戸長となっているが、五年四月には戸長が市岡政香、副戸長が間元矩と幕末期と同一の体制、東濃・南信ではすべてが同様、伊那郡小野村では倉沢清也（義随）が明治四年六月、伊那県第三三区戸長、大小区に移行した後の七年では第一七大区三小区戸長、八年第一七大区小野村戸長となり、座光寺村では明治六年四月、稲雄の息子信綱が戸長に就任する。

明治八年、町村合併がおこなわれるが、九年八月現在の南信地域における平田門人の行政担当者を見ると、北原信綱が上郷《かみさと》村戸長、今村禄七郎が副戸長、大原伴衛が神稲《くましろ》村戸長、大沢僊太郎が副戸長、竹村盈仲が米川《よねかわ》村戸長、太田健治が副戸長、奥村邦秀が飯田町戸長、上柳喜右衛門が副戸長、金野年穂が泰阜《やすおか》村戸長、倉沢清也が小野村戸長、吉沢作右衛門が喬木《たかぎ》村戸長、倉沢隆之助が贄川《にえかわ》村副戸長、橋都多賀司が市田《いちた》村副戸長、平田鍬太郎が信夫《しのぶ》村副戸長、日野香々彦が第一七区大区長、太田伝蔵が第二〇大区長、そして松尾誠の息子千振が第二一大区学区取締となっている(244)。

創世期の中央集権的国家に地域に廻す潤沢な資金などあるはずはなく、下からの実業振興の先頭に立つのは東濃・南信地域では平田門弟の第一・第二世代の人々であることは、既に見た如くである。

小学校教育でも同様のことがいえるだろう。気吹舎出板物の中でも教育用テキストは幕末期より幾種類も刊行されていたし、明治五年八月の「学制」頒布以前からこの地域での教育の試みは試行されていた。伊那郡小野村の倉沢清也は明治四年三月、郷校時修館を設置して伊那県の許可を得ており、五年六月には小野学校創設世話人となっている(245)。平田国学の理念に基づく教育制度を作ろうとした苗木藩では、藩校日新館の支校として明治三年七〜一二月の間に蛭川村・中之方村・坂下村・神土村・福岡村にそれぞれ小学校を設立して地域住民子弟の教育を開始している(246)。

学制頒布前後からの南信の小学校教師と平田門人第一・第二世代との全体的関係は不明だが、本論の登場人物に限ってみると、天保五年（一八三四）先まれの南条村神職舘松縫殿之助（千足）は明治五年六月座光寺学校教員となり、七年飯沼学校に転じ、小学校教育に従事すること二六年の永きに渡ることとなる(247)。また文政五年生まれの清内路村の元名主原信好《まよみ》は明治五年八月筑摩県皇学教授となって飯田で諸生を教え、同年八月山本村（明治八年五ヶ村合併して米川村となる）の並穂《へいずい》学校が設立されるや初代校長となり、校名が山本学校と変更したのちも、一三年五月、病気で辞職するまで訓導として奉職している。同僚には平田門人の酒井居平（天保一三年〈一八四二〉、久米村の生まれ）や太田健治（弘化三年〈一八四六〉、竹佐村の生まれ）がいた。[248]

＊　＊

東濃・南信での教育と平田門人第二世代とのかかわりを知るには飯田町の窪田治郎八家が好例となるだろう。治郎八の妻は北原民右衛門因信のきょうだいのぬゐ、従って治郎八の子にとって市岡殷政は伯父、北原稲雄ははるか年上の従兄弟となる。また治郎八の娘まち（姉）は松尾多勢子の次男で竹村家を継いだ太右衛門盈仲の妻となることにより、娘むゆ（妹）は間秀矩の息子市太郎の妻となることにより、松尾・竹村・間三家とも縁姻関係をもつこととなった。治郎八の息子鎌吉信久と禎造信道は幕末期伴野で馬島靖庵に学び、禎造（弘化四年生まれ）は文久三年（一八六三）、鎌吉（天保一一年生まれ）は慶応二年（一八六六）に気吹舎に入門する。

鎌吉は慶応二年一一月、秀矩娘みつと結婚、間家にゆかりある絶家園田家を継ぐが、男子光太郎出産（慶応三年一〇月一六日）直後にみつは産褥熱で死亡、信久が中津川隊隊長として岩倉東征軍に従軍している最中の慶応四年六月、光太郎も京都であえなく夭折、信久及び間家一同の落胆は想像に余りある。中津川に帰るも、義父秀矩の命（山村家独立運動に関するものと思われる）を受け明治二年三月京都に上り、そのまま刑法官より明治天皇再幸での監察に任命されて東下、五月義父秀矩と東京で再開する。妻も子もいなくなってしまった信久は義父と合意の上で同年七月、園田家から窪田家に戻り、秀矩や多勢子の勧めで平田銕胤の同年一一月京都帰還に同行、京都大学校使部となる。[249]彼も平田門人として「復古・一新」路線の実現に期待をかけつづけており、明治三年三月二七日付の中津川宛書状では、「長も其後慥成噺も不承、一説に隊長三拾六人梟首、六百人計降参と申事、風に承り申候、残念の事に御座候[250]」と脱隊騒動の失敗にホゾをかんでいる。また同年一二月一八日付の伯父市岡殷政宛書状[251]では「如何相成候事やわからぬ世の中と相成申候」「来春は弥御遷都被仰出候噂も御座候」と伝え、京都での風説に

明六ツ時　夷人、五ツ時　月給取、四ツ時　儒者、九ツ時　百姓、八ツ時　職人、七ツ時　町人、
六ツ時　侍、くらやみ　坊主

というものがあり、また来年明治四年の暦の大小にかけて

七二五十二《なにごとに》つけても四九《よく》の大正官《太政官》

との諷刺川柳が出廻っていると書通している。陰暦明治四年の暦では、一・二・四・五・七・九・十二の月が大の三〇日月なのである。明治四年六〜八月には飯田に帰省、廃藩後京都府市政務課に出仕するも、四年末より病気[252]となり、翌五年七月、三三歳の若さで病没する。幕末から明治初年の一青年の軌跡がここにある。弟信道は慶応年間、伊勢宇治山田の小川家の養子に入り小川民五郎と改名する。馬島靖庵の伊勢神宮行きも、一つには民五郎が同地にいたからであった。しかしながら明治元年一二月六日、近辺より出火、小川家は類焼、中津川の市岡殷政に二〇〇両、七ヶ年賦の借金が出来ないかと申し込んでいる[253]。その結果は不明だが、明治二年現在では神宮の宮崎・宇治両学校の会計兼内監察として年禄六石を支給されることとなる[254]。家業が思わしくなかったのだろう、明治四年には東京に出、鎌倉宮出仕の原信好のもとで暮らしていたが、廃藩とともに七月末原も清内路に戻ることとなり、民五郎も同行[255]、その後京都の兄のもとで生活するが、兄は大病、しかも伊勢神宮では師職全廃という想像も出来なかった大変動のため、同地での展望を失った民五郎は、明治五年初頭宇治山田の川崎に赴き養家との関係にケ

リをつけ(256)窪田姓に復帰、郷里の飯田町に帰郷することとなる。民五郎の場合にも歴史の急変と個人の生き方が分かち難くからみ合っていた。

平田門人第二世代の一人として窪田民五郎が進んだ道が学校教師の道であった。明治六年には郷里の飯田学校に勤務するも、四月には退職する。(257)それは間秀矩の弟野呂万次郎が戸長を勤めている可児郡御嵩村が同年五月に創設する小学義校啓溟舎《けいめいしゃ》（野呂万次郎居宅）の「皇漢学習字教授試補」として迎えられるからである。(258)「中津川村平民市岡政香附籍　市岡民五郎」とあるので、この就職に間・市岡両家の尽力があったことは疑い無い。履歴は「慶応元丑年より慶応三卯年迄三ヶ年の間本国恵那郡中津川村馬嶋靖庵に随テ皇漢学筆学修行」と時期的にはいささか不正確な履歴書である。民五郎は良き熱心な教師だった。静岡事件で捕縛、一二年の刑に科せられた可児郡池田村出身の民権活動家小池勇の回想録に拠れば、小池が岐阜師範学校を第三位の好成績で卒業、郡内小学校に奉職した際、「可児郡中教員の錚々《そうそう》たる者は窪田民五郎・近藤良敬とよし、常に学事の改進を図り、始めて教育会を興こ」し、小池が議長、近藤が副議長、窪田（小池より七歳年長）が顧問を勤めた、とある。(259)この時は市岡姓から窪田姓に戻っていたようである。明治一六年現在では御嵩小学校校長(260)となっており、二一年まで在職している。その一方で、明治一七年一〇月、官選戸長制が敷かれるや、可児郡伏見村外二ヶ村戸長役場が中山道伏見宿旧脇本陣に置かれ、初代連合戸長に伏見村の可児民五郎が任命される。明治一七年、窪田から可児に改姓したのである。(261)可児民五郎は明治三〇年現在でも伏見村長（明治二二年伏見村・上恵土《かみえど》村・比衣《ひえ》村三ヶ村が合併して伏見村となる）を勤めている。他郷の人ながら、人望があったと思われる。

＊　＊

下からの小学校教育の典型となるのが中津川の興風義校であろう。学制頒布が明治五年八月、同年の冬、中津川村有志の「同心協力」で小学義校時習館が発足、「国書の稽古要略（慶応三年気吹舎刊行の平田国学テキスト）・国史略、或は今川庭訓《いまがわていきん》、彼の漢書は大学或は論語、手習と云ひ算盤と云ふも、亦皆俗間に従来行はるるもの」を以て教育が開始された。生徒数は当初五〇人未満だった(262)。校舎には市岡政香所有の「控御蔵」を年一〇円の借料で宛てたものの、翌六年七月頃には狭くなり、本町の舞台小屋を借り入れて普請（費用一五〇円）、学校資本金として村内資産家より寄附金が募られる。二〇円以上の者を示しておこう(263)。

五〇円森孫右衛門（戸長）、一〇〇円間元矩（副戸長）、三〇〇円菅井守之助（学校監務局・会計局、以下の二人も同様の肩書）、三〇〇円間杢右衛門、二五〇円高木伝兵衛、七〇円岩井休助、八〇円高木兵七、五〇円市岡政香、七〇円高木為七、四〇円肥田九郎兵衛、四〇円中川万兵衛、五〇円勝野七兵衛、三〇円勝野吉兵衛、六〇円成木治兵衛、三〇円成瀬平七、二〇円成瀬長蔵、二五円久野伊兵衛、二五円遠山林蔵、三〇円高木官兵衛、二五円水野孫兵衛、二五円山中佐平、二〇円間吉右衛門、四〇円大屋敬一。

大口寄附金募集と共に高持・小前の者には二分・三〇銭までの寄附が「申付」けられて、元金は二八〇〇円、この元金の年一割の利息が学校校費に宛てられることが取決められる。

他方で明治六年、中津川村社中総代岩井織之助・市岡武充・肥田通一・川口豹象・小林廉作の連名、戸長・副戸長連印で校則・教員等を示しての「小学義校(264)」設立願書が岐阜県県令長谷部《はせべ》恕連《よしつら》までに提出される。学校の位置が「市岡政香控家」とされているので、七月以前のものである。校費は一ヶ年一〇〇円、内八〇円を「助教句読算師給料」としておよそ一五人に宛てるとしているが、その説明が興味深い。即ち「(読書・諳誦・習字・数術) 四科教員へ至当の給を出す時は多分の金高なりて、社の如き固より義校の事なれば、教員も亦同社中なり、之に依てかくの如く薄し、将来此校盛大になり、基金増殖に随て之を増加す、然れば則ち概略の薄計にして定額とするにあらず」としている。有志者が社中を組織して小学義校を設立、教師はその社中の中心人物なので薄給も甘受、基金を増加させることによって給料の向上を図るという学校経営論なのである。男女共に八歳より入学、謝義は身分の適宜に応じ「困窮の輩は謝義におよばず」としている。

教科書は「童蒙入学門」「古道訓蒙頌」「神徳略述頌」「稽古要略」「古学二千文」「皇典文彙」など平田国学テキストが挙げられているのは、中津川の状況がそのまま反映されているが、読書の中には「万国公法訳義」(漢文『万国公法』の和訳したもの) が入っていたり、同時に作成された「教則等級表」には下等三級で『学問ノススメ』が「諳誦」とされているなど、変容期のものであることも如実に現われている。

教員履歴では「教師苟時《しばらく》欠之」として筆頭は助教、旧山村家家臣の嫡男小林廉作 (二六歳)、山村家儒臣武居拙蔵に安政六年 (一八五九) から文久二年 (一八六二) まで学び武居塾で句読を勤務したとある。句読は四名、旧山村家家臣の嫡男川口豹象 (一九歳) は武居塾で慶応二年 (一八六六) から明治元年まで学んだとある。

肥田通光の息子肥田通一 (二九歳) は「当村儒医馬島靖庵」に元治元年 (一八六四) より慶応二年まで漢学を、元苗木藩士の青山景通に慶応二年より三年一一月まで皇学・筆学を学んだとある。

市岡政香の妹と結婚、中津川市岡家に養子となった元千村飯田役所代官市岡雅智二男の市岡武充 (二六歳）は元飯田藩儒臣渡辺八五郎に文久二年より元治元年まで漢学を、青山景通に慶応三年、一ヶ年間皇学を学んだとある。

岩井織之助（二七歳）は馬島靖庵に元治元年より慶応二年まで漢学を学んだとある。

この願書では、これ以外の教師には馬島靖庵及び小林廉作の門人達を以て宛てるとしている。気吹舎への入門は肥田が文久三年、岩井が慶応元年（門人帳には岩井録蔵知将となっている）、市岡が同二年、小林が明治二年、いずれも第二世代の人々であり、この肥田も岩井も市岡も小林も、明治三年六月魁塚除幕式には和歌を寄せている[265]。維新期の悲劇を心に刻みこむ青年でもあったのである。ただし川口は入門はしていない。

この当初時習館と称した中津川の小学義校が文部省の諸規定に準拠した「正則」の学校「興風義校」として発足するのが明治七年八月二〇日、そのためには小林廉作が岐阜師範学校において、「教育」されなければならなかった。廉作は同年二月二〇日付で、師範学校の様子を市岡政香（監事、肩書は同年八月現在のもの、以下同じ）・肥田通一（監事）・岩井織之助（助教）・市岡武充（百姓代）・高木伝兵衛（会計）・間元矩（戸長）・成木某・某正国宛に次のように報知[266]している。

（前略）岐阜地にて（肥田）通一兄・（市岡）政香兄・（肥田）敬一兄に別れしより、人力車にて十六日午時大垣着、苗木土岐（正徳）氏に面会、試検の模様聞取る、即時監事野村暎氏へ届く、師範校生徒寓宿魚の店小川屋と云旅宿に在り

十七日午前八時出校、試業の生徒凡四十五六名出頭、順序追々試検、僕十二時頃試検場に出づ、尤試検場は教師両名にて両所にて両名宛、書籍上等聯邦誌略・気海観瀾《きかいかんらん》、下等日本外史・登高自卑《とうこうじひ》・

理学、僕は上等の書、各半葉計宛講ず、習字得意の書真行草、僕は草書いろはにほへと、かく認候、外真行

右試検相済し、余り多人数に付、作文は明日の由、帰宿す

十八日午前は算術、出校致さず、午後一時出校、即時教場に出て作文二時間、問題禽獣牝牡あり、草木亦雌雄ありや如何、野人多寿説、僕答門禽獣草木の説、禽獣牝牡あり各交り子を生ず（中略）右一時間に済し、登第《とうだい》の当否は追て張出しの旨、帰宿、十九日出校、登第定らず

二十日授業参観を願、出校いたす、登第三十六名、内算二人、僕二番に張出し有之、教場を参観す、入寮并通学の生徒一同、博物新篇補遺の輪講有之、大分義論有る、今回登科の生徒は二十二日より始めの由し、未だ模様相分らず候得共、登第の上は三四十日は授業致さずては不相成、川口（豹象）氏も下等の登第二十六番云々、同人入寮相願候、授業の様子は六歳より十三歳迄の生徒に相成、教へたり教へられたりの由、誠にをかしきことと申候、それに就き器械等も少々は調へねばならぬ様子、土岐氏とも相談、帰郷の節名古屋にて調へ候方かと存候、左候はば追て願上べく候得共、金子入用の節は宜敷奉願候、可相成は卒業の上帰郷いたし度候、政香・通一氏へ土岐氏もよろしく

（後略）

明治七年初頭段階での師範学校の試験・教育の状況が今日でも目に浮かぶように報告されている。文中の土岐正徳は青山直道とはイトコの関係(267)にある元苗木藩士、明治三年八月、直道の弟佐藤順平の紹介で気吹舎に入門、同年一一月文武修業のため東京に出立している(268)。明治六年四月、旧苗木藩校を校舎として日清義校が創設された時、この土岐正徳（二〇歳）が皇漢学教授試補、千早正理《まさあや》（五四歳）が筆道

教授、そして前出の鈴木三蔵と林徳二郎（明治三年閏一〇月「生産方附属」に任命されている人物）が学校取締となっている。書状によると小林廉作・市岡政香・肥田通一・土岐正徳は親しく交友していたようであり、この土岐は興風義校日誌にも「（明治九年六月三日）日進校教頭土岐正徳参看」「（明治一二年三月二五日）土岐正徳恵那郡学区取締拝命」と出てくるように、興風義校と共同歩調で地域の下からの教育普及に尽力する。

この中津川の第二世代は教育上の交わりだけではなく、それ以前の文化的交流でもサークルをつくっていた。この当時のものと考えられる市岡武充の「月並会二十四日於拙家相催」度との歌会招待状があるが、同居の義弟政香の名はないものの、宛先は小林廉作・肥田通一・肥田直臣（三九郎）・間元矩・勝野正倫（二代目七兵衛）・菅川直臣（勝野義三、「勝野三家」の一つ）・岩井織之助（知将）・岩井将興・中川正憲（丈之助、慶応四年、二一歳で入門）・辻井正孝（忠左衛門、慶応二年、二二歳で入門）・大屋定武・菅井嘉久（安政四年生まれ、九三の息子）、この中で気吹舎に入門していないものは大屋と最年少の菅井嘉久の二名のみである。

明治七年八月二〇日、「正則」の学校として興風義校が発足、駒場村に開業舎、手賀野村に習興舎、千旦林《せんだんばやし》村に松風舎、茄子川《なすびかわ》村に道生舎を分校として設置するが、翌八年六月四分校体制が維持困難となり、千旦林と茄子川の二校は独立、手賀野村と駒場村の二校は興風学校に合併となったが、通学上の問題から駒場村・手賀野村の両村には駒場の福昌寺を仮校舎として興風第二校が設けられるなど、制度上の変遷が相継いだ。明治一二年末現在の教員は校長が小林廉作、男子教員が岩井織之助・菅井三九郎・菅井吉之助（嘉久の弟）・遠山林蔵・森杜太郎・矢島宣之丞・成木奈良吉、女子教員が田口とみと市岡かた、裁縫生が菅井ふく（嘉久の妹）となっており、教員総代として三九郎が卒業証状授与式での祝辞を述べている。[272]

(4) 地租改正への抵抗

地租改正は旧国単位におこなわれていったが、旧貢租の水準を維持するとの政府の大方針のもと、美濃国では、慶応元年（一八六五）から明治二年（一八六九）までの五ヶ年間の貢租の平均額を一〇〇とすれば、新地租（地価の三％として）は一国平均で一三〇・四と三割以上増税される厳しい査定となってしまった。[273] 特に旧貢租に比して地租が増加させられたのは、西南濃輪中《わじゆう》（洪水）地域であり、常習水害村の生産力不安定という特殊性を無視しての画一的地価算定方法の押しつけによってであった。美濃国の中でも当該地域の抵抗は強く、明治九年一二月の伊勢暴動は同月二一日にはこの西南濃地域に波及し、岐阜県支庁、区戸長宅、巡査駐在所、三井・三菱の銀行支店が激しい打ち毀しに遭うこととなった。次に増租となったのが東北濃地区の僻地郡である。恵那郡では六万五四六一円と旧租の一一五・五％となったのである。明治八年一二月一一日付書状[274]で北原稲雄は市岡殷政にこう筑摩県の改租状況を伝える。

（前略）県治も何が何やら実に閉口閉口、地価も高価にて下々難渋申立候へ共、泣々承伏、此節掛り両人出府の事に御坐候、（中略）貴地地券高価に付、郡中一同歎願中の由、此節如何御坐候哉、承度事に御坐候

この書状は殷政書状の返書なので、恵那郡地価査定の不当さに「郡中一同歎願中」とは、殷政書状にあったと思われる。筑摩県でも濃州恵那郡でも事態は同様となった。

稲雄・殷政の間では地価・地租問題が論じられつづける。明治九年二月かと思われる稲雄返書[275]にはこ

うある。

（前略）地価も殊の外高価にて御困難の由、伊那郡も兎角苦情有之、行末如何と心配罷在候、夫に引替県吏下情に粗《うと》く笑止千万の事御坐候、夫役学校抔物入の事にも眼も不着、迚も一洗候半では六ヶ敷、何方も同じ春の朝、東京も其内何角《なにか》何発し可申と承込の由、嘸《さぞ》と被存候、然処、当国は養蚕不景気より金詰り、米価下落、地券は高直、弥昨年分より地券税引直し、旧毛抔も一倍程の地価に相成、永続無覚束事と存候（後略）

明治九年八月二一日付殷政宛の稲雄書状は筑摩県庁放火（明治九年六月一九日）見舞への返書[276]だが、そこにも地租問題が言及されている。

（前略）（火事は）実に不図災厄にて困却仕、併右賊捕縛に相成糺問中に御坐候、過半上田住士族に御坐候、尚文迷怪化とは困入候事に御坐候、（中略）岐阜県地券いかが、当県も右は定り候処、米価下落、下民難渋の処、不計天幸にて蚕直段格別引上、多分の歳入にて一息致候事に御坐候、諸入費等は相嵩、実時勢《じつにじせい》とは乍申憫然の至に奉存候（後略）

繭の価格の上昇が米価下落を相殺し、農民の高額地租への不満激化を阻止しているとの筑摩県下の状況を報じている。それにしても政府への批判姿勢は尋常ではない。「文明開化」は「文迷怪化」とされてしまっている。岐阜県での地租改正の強行・高額地租の押しつけは増税地帯の反撥をひきおこすことになり、そこに自由民権派の進出がからんでくる。明治八年六月二〇日より木戸孝允が議長となって地方官会議が開催されるが、傍聴人の中に島本仲道が代表を勤めていた法律事務所北洲舎《ほくしゅうしゃ》員で代言人の安八《あんぱち》郡（水害常習地域）東結《ひがしむすぶ》村平民岡田文太郎が、区長より白紙の奥印を受領して参加の許可を得ていた。違法だとして岡田は傍聴差止め処分を蒙るが、(277)十余県の傍聴人は河野広中等の指導で民会案の審議を求める建言書を議場に提出、民会案が否決されるや、公選民会開設を元老院に建白することとなる。

＊　＊

右の北原書状にある如く、南信を管轄する筑摩県は、明治八年一二月、農民の不満を抑圧、県指示地価を押しつけて地租改正事業を結了させ、明治九年からは新地価に従っての地租徴税を開始した。しかしながら南信の農民はこの国家主導の改正事業を甘受しなかった。(278)たとえば伊那郡最上等村とされた松尾村の場合、安曇郡最上等村倭《やまと》村と比較すると、田方一反当りの地価は前者が七二・八二六円、後者が五七・三二五円とあまりの較差がつくり出され、それは天竜川縁などの流作場《りゅうさくば》の本田畑への組み入れ、類外田畑の課税地組み入れなど、よほど杜撰で強引な土地丈量と地価押しつけが原因となったのである。地租改正反対闘争は南信伊那郡の場合には地価修正・軽減運動に継続されることになった。

松尾村（島田村と毛賀村の合村）は明治九年一一月、長野県飯田出張所に土地丈量をやり直し、地価を修正してほしい旨の嘆願書を提出する。理由は左の如きものである。

一、収穫に適合しない地価が付けられている。

二、官選鑑定人は一ヶ所の調査のみで村全体の坪米収穫を七合五勺としたのはあまりに高すぎ不当である。

三、畑作各種作物の換米比が一率大豆に引き直されたため、高くなりすぎてしまっている。

四、村には天竜川等の諸河川があり、田畑反別二百八十余町歩あるも、その中には湿地百五十余町歩、水害を受ける場所九十余町歩、現に荒地が七余町歩もある。再度点検調査をしなおしてほしい。

五、改正時の官員派遣実地丈量の際は、地味・湿地・水害度等は考慮してもらえなかった。松尾村以外にも上郷《かみさと》（座光寺村・上下黒田村・別府村・南条村・飯沼村の合村）・喬木《たかぎ》（阿島・加々須・小川・富田・伊久間村の合村）・久堅（南原村・知久平村・柿ノ沢分・虎岩村・柏原村・柏原山分の合村）・里見（山吹村・北駒場村・北駒場新田村・上平村・竜の口村・名子村・古町村・上新井村の合村）村も同様の嘆願をおこなうこととなる。

明治一〇年一月、松尾・上郷・久堅村等は村総代の名において県知事宛に地価修正・再丈量の嘆願書を提出、三月には伊賀良他四〇ヶ村が地価修正・再調査を長野県を通して地租改正局に嘆願する。地価修正運動は伊那郡全体の運動として取りくまれることになってくるのである。

ところで、地価修正要求を実現するためには複雑な法律問題を処理・活用しなければならないことから、松尾・上郷・久堅・里見・市田（上下市田村・吉田村・出原村・大島山村・牛牧村の合村）・片桐（片桐村・上片桐村・七久保村・田島村・前沢村・小平村の合村）・生田（福与村・中山村・長峰柄山分・部奈村・峠分・河野村の合村）・信夫（駄科《だしな》村・長野原村・時又村・桐林村・上下川路村の合村）の八ヶ村は明治一〇年二月から五月にかけ、上川路村の森多平の斡旋紹介により、東京北洲舎と約定を結び、地価軽減交渉を委任し、法的手段を用いて大蔵省地租改正事務局・内務省・大審院などに対する運動をすすめることになる。北洲舎員も度々伊那郡に出張、各村総代と会議をもち、各種の嘆願書作成に協力する。

伊那郡全体の下からの圧力により、異例のことだが地租改正事務局員八名が一〇年一〇月より再丈量を試み、地租改正時の丈量の不十分さ、不正確さが国家の側からも確認されることとなった。その後も郡下各村より種々の嘆願書が出され、各方面に働きかけた結果、ついに明治一四年六月、大蔵省地租改正事務局官吏一一名、県官吏一四名という大調査団が来郡、手分けして伊那郡下の「地価修正実地検査」をおこない、大部分の村は地価減少となったのである。例えば松尾村は田方二〇％・畑方四〇％減、毛賀村は田方二四％・畑方三六％減、喬木村は田方二〇％・畑方四〇％減、竜丘村は田方一八％・畑方四〇％減となり、ここに至って多くの村々は記載を修正された地券を受けとることとなる。しかし、修正の恩恵をあまり蒙らなかった黒田・座光寺両村（明治一四年九月、上郷村が分かれる）の総代は一五年一月、丈量・地価算定を不服として「修正の指令」を大蔵卿に求めているのである。

我々が注意しなければならないのは、北洲舎との約定書に署名する上郷村戸長北原信綱（東五郎）も、同村総代斎藤磐根（保輔）も、片桐村総代前沢清嶺（万里）も、里見村総代石神作楽香《さくらか》（権五郎、座光寺家旧家臣、片桐春一郎の盟友）も気吹舎の門人達であり、そして信綱の父北原稲雄も、前沢万重も、斎藤保輔（黒田村の人）も、石神権五郎も幕末以降一貫して南信地域の政治的リーダーだったという事実である。東京に赴く代表に対し前沢は「国のためみたみのためぞ官人《つかさびと》いかにとくともうけひくなきみ」と歌を送り、代表として赴く斎藤は「世の中にかかる嘆きの通らすは道ある世とは誰か言はまし」と決意を歌っている。(279)先に述べたように明治一五年に至っても地価修正の不十分さを主張するのが北原信綱の居村座光寺村であり、同村には稲雄の弟今村豊三郎がおり、黒田村斎藤磐根とともに伊那郡中央部一四ヶ村（元大島・大島・山吹・吉田・大島山・上市田・下市田・座光寺・飯沼・黒田・別府・北方・上川路・山本の各村）総代となって明治一五年一月、一四年の地価修正を不十分だとして更なる修正を要求している。(280)

また久米村の平田門人酒井居平は、明治八年末、地租改正の際、山本・竹佐・久米の各村より推されて代表者となり、村の等級付けが不当だとして修正と地租軽減を迫り、「課長は職権を以て之を抑へんとしたが居平抗弁数日に亙りて屈せず、携ふる所の握飯を食し夜に至るも庁庭を去ら」ず、修正を認めさせたと伝えられている(281)。

伊那郡小野村の有力門人倉沢清也（義随）もこの地価修正・軽減運動に尽力し、地域での声望をたかめたことは、彼が生涯をふりかえっての三大事業の一つとして、「地租改正に県下に比類なき下等価格を附記し、村地に厚調を残せしは陰徳なりし、但し実価の高きにて知るべし」と挙げていることからも知ることが出来る(282)。

全国的にみても、伊那郡の地価修正運動は新潟県蒲原郡・福井県越前七郡・愛知県春日井郡とともに特筆されているのであり(283)、新潟県の場合は巨大地主の反対が主だったが、福井の場合は闘争の中から民権指導者杉田定一《すぎたていいち》を、愛知の場合には林金兵衛《はやしきんべえ》を生み出し、「春日井事件」を全国的なものとした。伊那郡の場合はとりわけ丈量の杜撰さを国側にも認めさせる闘争をおこなったのであり、伊那県の闘いは全国的視野からきちんと評価されなおす必要があると著者は考えている。

＊　＊

地租改正でもその過酷さで際だっているのが木曽谷の山林にかかわるものであり、『夜明け前』の全体を貫いている基調をつくり出したものであった。

前述した如く、筑摩県が明治五年より施行した山林規則により、税金が課せられ、盗伐によって処罰される人々がたえまなくなってきただけではない。明治七年に入ると(284)、権中属本山盛徳は停止木《ちょうじぼく》（五木）のあるところはすべて官地としてしまい、村民たちの驚愕狼狽はいわずもがな、再三再四の調査要請を本山は頑として聞き入れなかったのである。

更に明治七年一一月、それまでの地種目「公有地」が廃止され、官有地か民有地いずれかに区分編入することが指令された。この結果、本山の調査においてすら公有地とされた山林のある部分が、官有地に編入される事態となったのである。明治九年八月の筑摩県分割、長野県への合併ということを間にはさんで、明治九年から一一年に調査がおこなわれていった。

長野県での旧公有地の官有地編入が如何に不当なものであったかは、岐阜県に編入された飛騨国部分でも、美濃国裏木曽の付知・加子母・川上三ヶ村部分でも、旧公有地はすべて民有地とされたにも拘らず、木曽谷では全くそうならなかったことからも明白である。

このような県の措置により、四〇万町歩にわたる木曽谷の山林原野は、面積の八、九割が官有地に編入され、わずかに民有に帰したものは禿山か不良部分に過ぎず、山に依存して生活を営んできた三万余の人々は、薪炭は勿論、柴草・下笹にも不足を生じ、家作の用材・木工原料も欠乏することとなったのである。国内きっての優秀林である木曽山林全体を「全山官林」とし、重要な国家資源とするという国家方針が妥協することなく貫徹させられていったということが出来るだろう。

この不当極まり無い国の政策に木曽谷一六ヶ村の統一した下戻し運動がおこるのはあまりに当然のことであった。島崎正樹は戸長を解任されたのちは山林問題から離れていたが、明治一〇年代の運動を担うのは次の世代の人々となる。明治一二年一〇月、木曽谷全戸長による山林局長宛嘆願書提出、一三年二月一日再提出[285]、そして一四年五月、「木曽谷山地官民有区別の儀に付御再調請願書」は一六ヶ村総代によってなされるが、そこには正樹の長男で神坂村戸長の秀雄も、また正樹の妻の実家である妻籠の島崎家に養子に入っていた二男の島崎広助も吾妻村総代（広助は明治一七年吾妻村戸長となる）の肩書で加わっているのである[286]。特に島崎広助は山林問題に尽力し、日義《ひよし》村の征矢野《そやの》三羽《さんう》、読書《よみかき》村の勝野正司と共に一六ヶ村を代表して奔走、弁護士料・宿泊料などの運動費は全村が負担した。再調査要求運動は一〇年代後半になると、壁のあまりの厚さによって停滞せざるを得なくなるが、広助は明治一七年に上京、東京で金石社を営業していた中津川の自由党員高木勘兵衛と交流、また一八年末には旧自由党幹部の岡本健三郎と面会、岡本が重役をつとめている日本郵船会社への入社を頼んでいる。しかし、面会の二週間後に岡本が急死したため、広助の努力は実らなかった[287]。木曽山林問題は父と子において、このようにまったく異なる軌跡をつくり出すのである。

上条宏之氏の研究によれば、明治一三年四月に結成された信州民権結社奨匡社《しょうきょうしゃ》の木曽谷地域の社員には吾妻村（妻籠村と蘭《あららぎ》村の合村）の島崎与次右衛門がいるが、彼は弘助の養父、神坂《みさか》村（馬籠村と湯舟沢村の合村）の坂井茂（教員）、贄川村の小沢文太郎（間秀矩の親友）と陶山《すやま》吉右衛門、二人とも平田門人、福島村の千村喜又（平田門人）他九名、この外にも藪原村の四名、宮ノ越村の一名がいる[288]。民権運動とのかかわりでは、この地では妻籠の島崎父子の如く、木曽山林問題が深くかかわっていたと思われる。

おわりに――平田国学と中津川民権

明治一〇年代の中津川は岐阜県下では県西安八郡や大垣の士族民権とならぶ民権運動の中心地域とし

て著名なだけではない。全国的に見ても運動のもりあがった地域であった。元岡崎藩士の民権活動家岩田徳義は明治一二年（一八七九）に岐阜県に移り、一四年一〇月の自由党結成大会に参加、一二月には帰県して濃飛自由党組織のため、恵那郡で働きかけた相手が、岩村の浅見与一右衛門（質屋・酒屋・地主を兼ねた豪商）・安田節蔵（岩村士族）とならんで、中津川の市岡政香と高木勘兵衛及び苗木の土岐（旧姓宮地）政徳であり[289]、更に自由党勢力を拡大すべく、板垣退助を岐阜県に呼ぶのも岩田だったのである。

板垣は明治一五年三月三一日多治見に至り、四月一日には岩村に移動、三日の朝九時に板垣一行は岩村を出立して午後五時に中津川に到着するが、出迎えのため午後一時[290]に中津川より出発するのが小林庸作・菅井（旧姓肥田）三九郎・高木勘兵衛・大屋定一・遠山林蔵の五名、四月三日旭座の演説会の責任者は市岡政香、最初の弁士は中津川青年医者の林淳一、四番目の弁士内藤魯一が「人民は国家の義務を尽し、また愛国の至情を以て租税を納むると雖も、其果を見ざるなり、果して然らば人民の結果は此の如き圧政政府の組織」ときたところで集会条例第六条違反で弁士中止を命ぜられ、やむなく学術演説会に切り替えられた。当日の懇親会は旧脇本陣森孫右衛門宅で開かれ、間杢右衛門・間元矩・間（馬島）秀一・中川万兵衛・勝野吉兵衛・二代目勝野七兵衛などの町の重立ちや苗木の水野忠夫（苗木士族）・土岐政徳など四七名が参加している[291]。この夜板垣等は菅井守之助宅に、岩田徳義らは肥田家の旅宿田丸屋に宿泊、翌四日板垣一行を岐阜まで送ったのは小林庸作と菅井三九郎である[292]。岐阜中教院での板垣遭難事件は四月六日に発生、全国から多くの支援者がかけつけるが、中津川からは市岡政香と高木勘兵衛が、苗木からは土岐政徳が馳せ参じている[293]。

またこの明治一五年九月から一六年一月にかけては中津川や苗木で盛んに自由党活動家による演説会

が開催されることになるが、地元からの弁士は林淳一・菅井三九郎・土岐正徳・千早錬吉（旧苗木藩士千早正理《まさあや》の三男で医者）の四名である。特に三九郎は「日本人民に告ぐ」「政治は時々変ぜざるべからず」「結合一致の致」「自得論」などの演題で民権思想を鋭く訴えている(294)。

明治一五年六月の集会条例改悪により政党の地方支部設置が禁止されたため、同年一〇月、自由党に直接加盟した中津川の人々は次の通りである(295)。第一世代の者としては天保八年（一八三七）生まれの金物業者の高木勘兵衛（「蔦勘」と呼ばれていた。万延元年〈一八六〇〉横浜交易第二陣の一人）、安政四年（一八五七）生まれの息子の高木伝蔵と父子そろっての入党である。肥田通光の息子で六代目当主菅井嘉兵衛の養子となっていた天保一三年生まれの菅井守之助は第一世代となるだろうが、中津川自由党の中心で、菅井家関係者を二人入党させている。一人は安政五年生まれの久野金次郎、あと一人は安政三年生まれの大島文四郎、共に菅井商店の番頭である。菅井家六代目当主嘉兵衛の弟菅井治郎平の養子となったのが、これまた肥田通光の六男、安政二年生まれの菅井三九郎、最も活動的な青年であった。町の有力商人間杢右衛門家の分家間五兵衛（屋号「山五」）の弟で、徴兵のがれのため中根家を継いだ中根陸助は残念ながら生年不明である。有力商人の一人高木伝兵衛養子の弘化四年（一八四七）生まれの高木滝二郎は、正木敬二氏によれば飯田町本町問屋小西利右衛門の息子で(296)、この利右衛門は北原稲雄や奥村邦秀と親交のあった人物である。有力商人勝野吉兵衛の長男で万延元年生まれの勝野文蔵も入党者の一人である。中津川商人でこの外に入党したのは、提灯製造業の山下伝吉（安政四年生まれ）、薬種商の小木曽森七（安政二年生まれ）、料理屋経営の吉田瀧蔵（安政五年生まれ）、商種不明の古田倉吉（嘉永元年〈一八四八〉）の四名である。安政四年生まれの東京大学医学部卒業の林淳一は青年医師、安政二年生まれの前田藤三郎は士族の肩書きを持っているが、職業は不明である。

気吹舎入門者をその中から改めて確認していくと、市岡政香（外祖母は松尾多勢子）・土岐政徳・小林廉作・菅井三九郎・間元矩・間秀一・中川万兵衛・勝野吉兵衛・二代目勝野七兵衛・菅井守之助・高木伝兵衛・勝野吉兵衛などがおり、平田国学と民権運動の関係は、一般的に思われているのとは異なり、相当に強いものがある。

この平田国学と自由民権運動とのかかわり方に関し、いくつかの論点を絞り込んでみよう。

平田国学と復古神道を信奉する以上、神道への帰依と神葬祭、神社尊崇、そして尊王主義は共通のものとなる。奥三河稲橋の六代目源六郎古橋《ふるはし》暉皃《てるのり》の場合には、明治一七年現在の土地所有は田畑二一町歩、山林五二町歩、家業を酒造業とする豪農[297]だが、明治一〇年代前半までに製茶等種々試みた、村を豊かにするための殖産興業試策がすべて失敗に帰し、結局村の一致団結をつくりあげる中での山林経営を成功させる方向に努力を集中、明治一六年一一月、地租改正で官有林にされてしまった旧村共有林の有償払下げをようやくかちとり、村全体での植林計画を樹立していく。この村の共同一致体制をつくり出すために、暉皃は在村の神道家佐藤清臣の協力を得て神尊崇意識の普及・風俗改良・農談会活動をおしすすめていく。このような姿勢は農本主義的協同組合的農林業振興を意図していた長州閥品川《しながわ》弥《や》二郎《じろう》の高く評価するところとなり、政治路線としては反民権の立憲帝政党的な方向を選ばせることとなった。分岐点となったのは、この奥三河では地租改正事業が大きな矛盾をひきおこさず、逆に官有林の払下げを暉皃の卓越した政治力で実現させ、地域民衆の強い支持をかちえたところにあったと思われる。

居村での卓越した豪農・名望家といった人々は暉皃のように一村に一名の気吹屋門人ということにな

る。伊那郡最東端の山村大河原村の前島正弼にしろ、最西端の山村清内路村の原信好にしろ、最北端の小野村の倉沢清也（義随）にしろ同一のタイプである。『夜明け前』のモデル島崎正樹も馬籠村唯一の平田門人、村と地域を一身に担う強烈な自意識が、明治元年から六年までの木曽山林下戻し運動に駆りたてたのである。この強烈な自意識が、盟友北原稲雄宛明治一三年八月の書状に、「奨匡社《しょうきょうしゃ》とか申社を結ひ、数百人連結の由、何の為に相成、如何成事を致す社にて候哉、一向不得其意候、兎角数百人にて致候事区々に相成、一致難致ものと奉存候」（三四頁）となるのは、このような立場の名望家においては無理のない感慨なのである。しかしながらこの発言は決して一般論なのではない。山林官民有区分が決定された直後からの木曽谷民衆の猛烈な反対運動の中で民権結社奨匡社のメンバーがこの地で増大し、彼の義兄もその一員となり、正樹の長男秀雄も義兄の養子となった次男広助も、その動きの中で考え、活動していることへの正樹の違和感の正直な吐露でもあった。古橋暉皃の如く旧村共有林下戻しに絞り一身に課題を背負い、見事実現させた幸運な事例とは異なり、事は山国信州全体の地租改正の焦点、山林原野官民有区分にかかわった大問題であり、運動が正樹の思惑をはるかに超えて国家を相手として組織化されざるを得なかったのはあまりに当然のことであった。

地租改正問題と平田門人の対応は一律ではなかった。

伊那郡自由党員が上川路村の森多平一人といったところから、南信平田門人の保守・反民権的性格なるものが論じられているような印象を受けるが、事はそう単純なものではないように思われる。伊那郡全域の強力な地価修正運動の第一の原因となったのは、明治八年段階での筑摩県飯田支庁のでたらめな地租改正事業の指導であった。必要経費の三割引きを指示した立場上、予定の地価額に到底及ばない計算の辻褄を収穫高の水増しで合わせるようにと命じておきながら、上部の厳命に唯唯諾諾と従い種子料引きは一割五分と改め、しかも水増し収穫高の低減変更は一切許さない（これが松尾村のいう「収穫に適合しない地価」となったのである）という強圧的姿勢[298]への全郡的怒りが、あの長期にわたる闘争をつくり出した。事は長野県全体というよりは伊那郡という一郡全体にしぼられた問題であり（全国化する必要はない）、しかも民権結社や自由党が組織化に乗り出す必要もなかった。平田門人の全郡的な政治的ネットワークは既に幕末期から維新期につくられているのであり、それが有していた権力からの自立性と自発性は、このような権力の暴圧に対しては、しぶとく息永い闘争を可能にするのである。平田門人のネットワークは、民権運動より以前に形成されていた武士階級以外の日本で最初の政治的組織ということが出来、民権運動がおきていないから保守的・反動的だときめつける思考様式は近世から近代への過渡期の重要性を無視する「歴史輪切り主義」の悪弊ともいえるものだろう。

明治一三年奨匡社への下伊那郡下の加盟者は三九名を数えるが[299]、その中の里見村の石神作楽香と佐伯繁三郎は旧山吹村座光寺家の家臣で平田門人、門人の矢沢常三郎も山吹村の旧八社神職であり、藩閥官僚政府への士族民権的色彩がそこには感じられる。

明治一五年一月から一六年四月まで、伊那郡自由党員の森多平により、「民権の恢復」を発起趣旨にうたった「深山《みやま》自由新聞」が刊行されるが、同新聞の株主分析を正木敬二氏は詳細におこなっている[300]。それによると、平田門人かその子供が三一人、全株主の約一〇％を占めており、個人名としても北原信綱（座光寺村）、稲雄の弟樋口与平（飯田町）、竹村盈仲養嗣子大助（山本村）、前沢万重（清嶺）の子磐雄（上片桐村）、倉沢清也の子道太郎（小野村）、上柳喜右衛門（飯田町）、木下与八郎（飯田町）、大原六兵衛（飯田町）、木下与七（飯田町）、平沢庄九郎（飯田町）、奥村邦秀（飯田町）、窪田治郎八（園田市兵衛・小川民五郎の父）、今村英太郎（下川路村）、亀割増雄（睦沢村）、大原伴衛（神稲《くましろ》村）、松尾千振（多勢子の孫）、宮下楠実（大島村）、太田伝蔵（竹佐村）、太田健治（竹佐村）、倉沢美會彦（大草村）、日野香々彦（中箕輪村）などが株主に名前をつらねている。

また右の中の竹村大助は明治一五年五月の「全国酒屋会議」による「酒造税軽減請願書」四三名の署名人の一人となっている。(301)このような史実からしても、幕末以来の政治的伝統をもつ伊那郡の場合には自由党とそうでない者を、民権か反民権かで峻別することは、あまり有効でないように著者には思われる。

東濃・南信地域の廃藩置県以降の動きをつかみにくくさせている大きな要因は南信の指導者北原稲雄が集団論という方法論に立ってのしっかりとした人物研究がなされていないことである。土着主義・農本主義、反文明開化思想で神道ゴリゴリ、福沢諭吉の頑迷な敵対者といった純個人的なレッテルを頭の中にすりこんでいては、誰も稲雄を分析対象とはしたくなくなる。しかし北原稲雄は弟に今村豊三郎と樋口与兵衛を持ち、「若し泥棒が入ったら、稲雄様は叩き出すであろう、豊様（豊三郎）は座らせて改心させるであろう、松様（与兵衛の幼名は松之助）は逃げるであろう」(302)と座光寺ではいい伝えられているほど性格が異なった兄弟でありながら、一貫してこの三人が協力して地域の諸問題に対処していったことも事実なのである。しかもその指導は必ず稲雄から出た。

伊那谷での気吹舎出板物助成を最初に発起したのも稲雄なら、水戸浪士飯田城下通行問題を弟二人に指図しつつ見事解決し、南信平田国学の声望を一挙にたかめたのも稲雄であった。しかし飯田城下に近い座光寺村の豪農のこと、小なりといえども飯田藩という大名・サムライ権力に対しては慎重な態度をとりつづけ、浪士のかくまいは高須藩飛地伴野村の松尾家や千村預所小野村の倉沢家に任せ、他方で水浪通過の不始末を理由に処分を受けた藩主雪冤工作のため率先して江戸に赴いているのである。慶応三年末から翌年初頭にかけては、江戸気吹舎に人を派遣し、篤胤稿本を座光寺に避難させたのも、豊三郎に平田鉄胤・延胤家族・縁者を無事京都に送り届けさせたのも稲雄の発案と指示、そして一点の紛失も無く五年後篤胤稿本を東京にきちっと戻している。

伊那県出仕後、ほとんどの地元からの県官吏が罷免されるか辞職しても、彼のみは伊那県から筑摩県と出仕をつづけ、しかも租税や救恤行政にかかわることになったのは、彼の尋常ならざる緻密で見通しのきわめて良い行政能力が「余人を以ては替え難い」ものだったからに相違無い。伊那県商社失敗渦中の苦々しい経験をなめたが故に、各県共通の備荒貯蓄事業を筑摩県においては開産社事業に県官吏の立場から結びつけ、筑摩県廃県後、全大区から推されて社長となったのである。しかも伊那県時代、相楽総三らの魁塚建設の影の指導者でもあった。明治九年から一五年にかけての頑強な地価修正運動には息子の信綱と弟の豊三郎が前面に出ているものの、一四年一〇月死没するまで、稲雄が深く関与・指示していたと著者は見ている。

神祇官再興主張に関していうならば、平田門人である限り、彼だけの主張ではなく、他の門人も同様に主張することがらなのである。いまいましい欧化主義者、政府の上からの近代化推進の鼓吹者として福沢諭吉を位置づけるならば、稲雄のみならず中津川の平田門人も、廃藩以降明治八年末までは太政官保守派島津久光に期待をかけていたのであり、稲雄のみにその「愚」を帰すべきではあるまい。

問題の所在は福沢にあるというよりは廃藩置県以降の平田門人達の側にこそあったのである。「復古・一新」路線が挫折してしまった以上、繰り直すことは出来ない。すべての歴史は一回性の歴史でしかない。始原的な神祇を軸としたミカドと御民《みたみ》の予定調和的な社会形成が眼前の太政官政府によって不可能にされた以上、新しい社会を創る下からの「主体」は何か、この問いは稲雄自身にも問われることになる。稲雄の激烈な「福沢批判」はその模索の片面でしかない。弟の今村豊三郎も樋口与兵衛（与平）も同じ歴史の問いかけに在地の人間として対峙し、方向を見いださなければならなかった。

廃藩は鎌倉時代以来の封建倫理、主従の義・君臣の情なるものを一瞬にして破砕した。教育の理念を何に求めるか、それは福沢の『学問のすすめ』以外に誰も提示することは出来なかった。中津川興風義塾の明治六年カリキュラムの中に『学問のすすめ』を諳誦課目に入れるのは中津川平田門人第二世代によってなのである。廃藩後の福沢問題は平田門人の間でも一律に論じることは出来ない。

幕末維新期の平田国学旋風にまきこまれなかったおくての森多平《もりたへい》が下伊那郡唯一の自由党員となったきっかけは居村における当局の犯罪事件捜査に疑惑をもったことにある。明治七年七月、森は司法省に再調査を出願するために敢て上京、その際助言を得るために福沢を訪問、福沢からもと陸軍省官員で代言人となった中定勝を紹介されている(303)。福沢が「中と申人物、陸軍省に居て松本（良順）さんと喧嘩をせし人なり、此人も陸軍を止め代言社へ加はり、毎日司法省へ出掛け、やかましく喧嘩致居候(304)」と述べている人物である。明治七年七月段階になると、伊那郡地域においても福沢が官の立場ではなく民の立場で考えている知識人だという理解がなされだしてもいたのである。しかし八方手を尽くしても、結局大警視川路利良《かわじとしよし》に、伊那の警察の手落ちとなれば「上に対し相済不申」、失態となることは許されないと諭されてしまい、出願は却下され、「三ヶ年患難何ら御役所にても明白の御取調出来難しとは嗚呼情なや悲しや」と、国家権力の限界を痛感するところから自由民権運動に目覚めることとなる。

福沢評価が東濃・南信の平田門人第一世代でも変化するのは明治一二年のこととなる。

幕末期千村平右衛門家の信州飯田荒町代官を勤め、元治元年一一月気吹舎に入門した市岡雅智（鉄叟）は北原稲雄と熟知の仲（両家は親しい親類である）、稲雄の考え方もよく知っている人物だが、この一二年一月、二男が養子に入った中津川旧本陣市岡殷政にこう書通している。[305]

当地も演舌会等盛に被行申候、福沢諭吉なるものは一個の洋癖家と存候処、左はなく至極の愛国者にて、其論高尚、折々演舌有之、正武（三男）など時々聴聞に罷出申候、西洋物品など成丈不用様、社則相立居候由、生徒の運動、西洋体操法等は差《さし》て役にも立不申とて、剣術を相始候趣、著述書も多き由なれども見不申、其内通俗民権論（明治一一年九月刊）・同国権論（同月刊）二冊買入、一見仕候、通常の洋学者流とは異表の論にて面白御坐候、先達て彼は勤王家だと云人有之、不被受合義と存候処、実其噂の通り歟と存候

平田門人間での福沢評価の徐々たる変化があってこそ、「深山自由新聞」の株主に北原信綱や樋口与兵衛がなったのだろうし、今村豊三郎も明治一五年一月、地価修正請願のため上京した際、同月二八日には三田に福沢等の演説会を聞きに行き、またこの上京の折、英米仏三ヶ国の革命を論じた久松義典の『泰西革命史鑑』を購入してもいるのである。[306]

山間部の一村を圧する一名望家といった島崎正樹的なあり方はとることが不可能な伊那谷中央部平地農村を拠点とする北原稲雄が明治一二〜一四年、弟達とどのような議論を重ねたのだろうか。少なくと

もはっきりしているのは、「復古・一新」路線の「情義共同体」形成が不可能となり、法律でがっちりと国家がかためられた以上は、官ではなく民の立場に立つ法律家と彼等を代弁者とする「民の権利」即ち「民権」主張がきわめて重要な課題となってきていることの意識の形成である。これまで述べてきた明治八年地方官会議傍聴席への法律結社北洲舎社員の参加や伊那郡地価修正運動に際しての伊那郡八ヶ村と北洲舎との法律顧問契約にその一端が表わされるのである。この事態を裏側から見るならば、民権運動を組織する上での代言人及び法律問題を人民の立場からとりあつかうことの重要性という問題となる。北洲舎代表の島本仲道と北洲舎研究は大きなテーマの一つとなるだろう。

しかしながら廃藩後の平田門人達が外部からの影響によって徐々に考え方を変えていったばかりではないことも確認しておく必要がある。岐阜町で蘭方医院を営みながら、他方で皇国学塾桃廼舎《もものや》をつくって青年達を教育していた高木真蔭[307]は明治三年一〇月、三四歳で気吹舎に入門、平田門人の長老市岡殷政には翌年四月付の入門挨拶書状[308]を送っている。高木は明治五年一〇月には伊奈波神社祠官に就任、その後岐阜中教院を盛大にすべく神官活動をつづけるのである。右の通信ののちも数通殷政宛真蔭（明治一一年七月没）書状が市岡家に残っているが、明治八年末の書状[309]は次の如きものである。

真陰より申上候、方今大政府も種々紛議有之様子、有栖川二品親王・島津左大臣・板垣参議・内田（正風）従五位・海江田（信義）従五位等の建言有之、右五人四通は頃日入手、いつれも三条太政大臣を黜陟《ちゆつちょく》せんとする点に有之、木戸参議の建言書は征韓の儀を主張せり、外に中山（忠能）従一位初の建言有之由に候得共、右は未だ一見不仕候、何等の所論なるや不知、右一見の分にて推考候得ば、大政府の失策は太政大臣の軽卒に出でたり、然るに太政大臣は度外の形をなし悉皆罪を聖主

に負せ候段、不都合と申事、小夫等は尤と存候、貴説如何

無気無力の民風を歎きて

かねて神のたはりしたまをいかていかて
いきのかきりとみかかさるらん(310)

（後略）

相当詳しい情報交換がなされており、高木・市岡間の親密な関係と高木のすぐれた情報収集能力がわかる史料となっている。また書状からは、高木が、天皇に政治責任を負わせてしまう現今政府のあり方を強く批判し、政治を支えなければならないはずの人民の「無気無力」性を作興しなければならないと意識していたことが窺える。事実、この高木は明治七年六月、「民情の弊を一洗し出張所を設るの議」を左院に建白(311)している。その趣旨は、今日官吏がややもすれば強談以て民権を束縛し、人民またこれに抗する智なく、官吏の私怨返報を恐れて訴えることが出来ない、このような「(官吏が) 私見を主張し民心を抑制し人民の権利を妨礙し人民の自由を損害する陋習を破り、幾万の人民をして益智識を開達せしめ、人間交際の義務を尽さしめ、天地の公道を奉行」するため、東京に府県の出張所があるように、「人民の出張所」を設置、人民の投票を以て一国一郡の「総代員」を選出し、この出張所において国郡の公用を掌り、出張所経費と惣代員の給料は民費を以て充用するようにしたい、というものである。左院は「其所論到底民撰議院に異なることな」しと却下してしまうが、岐阜県神官でれっきとした平田国学者から、このように整った民権論と議院構想が明治七年段階で出されていることは、中津川平田門人にとって他人事ではなかったからである。廃藩置県後、強圧的な上からの中央集権化路線の中で、下か

ら地域をつつみこむ産業を興し、下から地域共同の力で教育を組織化していった平田門人第二世代の若者は、地域レヴェルからその「元気」を吸収し、天皇と藩閥官僚の間に「民撰議院」というクサビをうちこむ政治理論をわがものにしていったのである。

　選挙による議院構想が平田国学の中から発生し、福沢評価が全面否定ではなくなっていく中で、東濃が南信と異なり、政党結成に抵抗感が乏しかった要因として、明治一二年に開会する岐阜県議会の問題があった。岐阜県政史では周知の山岳派と治水派との対立である。この対立は後年、結果論的に単なる地域利害の対立ととらえられてしまうが、発生史的に見るならば初めて県という単位が実態的意味を持ちはじめ、南信の地価修正運動と異なり岐阜県内二大地域が政治的に結集しはじめたという点において東濃での政党形成の衝動を生み出していったのである。明治一五年一二月に選出された県会議員選挙ボイコット恵那郡総代は市岡政香・鈴木利左衛門・土岐正徳[312]、いずれも平田門人の面々である。

　このように見てくる時、改めて明治六年一〇月の征韓論分裂と、七年一月板垣退助ら辞職参議達の「民撰議院設立建白」の重要性に思いを致さざるを得ない。平田門人の神官高木真蔭の民撰総代員東京出張所設立建白にしろ、民権代言人結社大阪北洲舎創立にしろ、福沢諭吉の「政府ありて未だ国民あらず」をスローガンとした国民形成論の提起にしろ、あの鉄壁と見えた太政官大分裂と藩閥官僚政府路線とは異なる政治路線の創出なくしては全くありえることではなかったのである。薩長土肥旧四藩藩閥結合とは異なる、日本六十余州総体を結集し組織化していくとの宣言は平田国学が浸透していた東濃の地にも短期間のうちにうけとめられていた。苗木藩の藩政改革と青山景通・直道路線を強く支持し協力した福岡村豪農安保謙治（正員）もその息子で後継者の天保二年生まれの弘太郎（正常）も共に平田門人であったが、明治八年六月、東京の堀内真次郎から左の如き急報(313)が寄せられる。

（前略）

地方官会議長三議《ママ》木戸孝允殿に候、本月二十日より東本願寺地中にて会議設立に相成候、御報知候事

（中略）

銀座三丁目、安全社にて民撰議院の内会を論ずることあり、追々議院を設立に相成事との建白上申は時々刻々なり、此件御報候事（後略）

安全社とは板垣らが明治六年末、政党結成と民撰議院設立運動のために銀座に設けた集会所幸福安全社のことだが、その動きが安保弘太郎の同志の者によって恵那郡福岡村に報知されているのである。

太政官政府が島津久光を明治七年四月左大臣に任じて閣内に入れたのは、政府批判の拡大を押さえるためであったが、明治八年三月板垣が参議となった後は、先の真蔭の書状にあるように、板垣・島津の連携行動が形成され、一〇月両者の罷免と島津の政界からの隠退は、板垣の運動が、維新変革の正統性は藩閥政府ではなく、民撰議院設立運動の側に継受されているのだ、ということを主張することにもなっていくのである。明治一五年四月の板垣退助歓迎会に、王政復古と維新変革の一翼を我々もしっかりと担ったのだとの誇りをもつ中津川平田門人第一・第二世代の多くの人々が列席したことは、故無しとはしえないのである。

〈講演〉明治維新と中津川

はじめに

ただ今ご紹介いただきました宮地です。私が育ったのは関東なので、この中部地方の中津川という名前を知ったのは、やはり『夜明け前』を読んでからです。小説の中では、青山半蔵ですが、島崎正樹が学び、そして生涯の親友を得たこの中津川というのは、一体どういうところなのか、一度は来て、町の様子を見たい。実際、十数年前、馬籠に来たついでに、中津川に下りたのですが、駅に何にも『夜明け前』の案内がないのですね。これには驚きました。その時には、すごすご帰ったのですが、いい御縁がありまして、一昨年の夏ぐらいから、ここにおじゃまさせていただき、間家の史料なり、市岡家の史料なりをぼちぼち見せていただくことになりました。やはり、見せていただいて、あらためて私の感じていたイメージ、もっていた期待というものを裏切らないところだ、という確信ができました。

というわけで、今日は私の個人的な調査の中間報告という形で「明治維新と中津川」について、お話をさせていただきたい。これが前置きです。

一　明治維新をどう捉えるか

最初に「明治維新をどう捉えるか」ということを、皆さんと一緒に考えてみたいと思います。

明治維新というのは、これは日本人であれば、何らかの形でイメージをもっている。もたないと我々の生きている近代日本がわからないという意味では、どうしてももたざるを得ない時期です。そのイメージを作るため、『夜明け前』を含めた様々な歴史小説、あるいは新聞・雑誌などで見られる研究者のそれなりの発言が、皆さん方の目にとまっていることと存じます。戦前では、尊王愛国の精神が日本人にあったから、こうなったのだ、と説明されてきました。現在はさすがにそういう説明の仕方はありません。色々な説明の仕方で、何故あの大変革がおこったのか、という議論がされているわけです。ここでその議論のすべてを紹介するわけにはいきませんが、皆さんのお耳に、必ずや入っている問題として、江戸時代における日本人の識字率の高さ、ということを取り上げてお話してみたいと思います。これは色々な人が、研究者でいう方も、そうでない方でいう方もいらっしゃる。実際は、ヨーロッパよりも、日本人の方が江戸時代は、字を読む能力が高かった。このレベルの高さが明治維新を可能にした、という説明です。これは、日本人、私も含めてですね、日本人の自尊心をくすぐるいい方ですし、そうかな、案外そうかもわからない、と思われるかも知れません。

ただし、ここで少し考えていただきたい。歴史というのは、常識論ですっと入りそうなところほど、危ないものはない。それが素人談義になる、と思うのです。どういうことかといいますと、字が読めても、読むものがありましたか、ということです。手紙を書くための往来物は、それは、寺子屋で使います。ただし、往来物を学んでも明治維新はできません。そして昔からいわれていました通り、江戸時代の政治の原則は、「寄らしむべし、知らしむべからず」、これが幕府・諸藩の原則でした。だから新聞というのは、幕末には出なかった。というより出せなかったのです。日本の新聞の最初は、ジョセフ・ヒコ、アメリカへ漂流した人が作ったということ、これは事実です。ジョセフ・ヒコがヴァン・リードというアメリカ人と一緒に横浜で作った新聞ですが、これは潰れてしまうのです。買おうという人間がいると幕府が調べる。誰がその新聞を買おうとしているのか。これでは、新聞は成り立たないのです。外国事情も長崎の出島にそのような報告の義務を課しているのです。ですから幕府の人間は読むことができる。しかしながら民間には流布されない。それはできないのです。

一番はっきりしたところで、我々がもう常識のようになっているペリーとの間に結んだ日米和親条約、この条約は公開されたかというと、公開は一切されないのですね。当り前なことですが、やはり基本的なことをおさえないと、歴史の説明というのはものすごくこわいものになる、と私は思います。大学で歴史学を教える商売をやっていますから、つくづく思うのです。そして幕府にとっては、民衆が海外知識をもとうとすれば、それは弾圧の対象になりうるのです。皆さんもご存知の例では、蛮社の獄で渡辺崋山、高野長英という、今日から見れば国宝級の人間が、あのような切腹なり、捕吏に踏み込まれて自殺するような事態になったのは、海外事情に関する文章を書いたからなのです。公表を前提としなくても、ああいう事態に陥る。これは当時の日本人は肌身にしみて感じていました。そういう中で、日本の将来を考える場合に、中国の阿片戦争で、いかにひどい形で中国が負けたかということを、西暦でいえば一八四九年、元号でいえば嘉永二年に嶺田楓江《みねだふうこう》という当時有名な漢詩人の方が、本を作って『海外新話』と名づけて出版しました。外国の事情を公にしたということで忽ち捕まって、投獄後は江戸処払《ところばら》いです。この人はお侍さんです。字が読めても読むべきものが手に入らないという、一番単純な事態を頭に置かないと、私は幕末維新、特に民衆にとっての幕末維新はわからないと思います。ただし、私が驚くのは、このような事態のもとでも、幕末の日本人は驚くべきエネルギーと熱心さで情報を非合法的に集めた。権力が一切手をかさず、事によれば弾圧されるという状況下において、そのような情報収集がおこなわれていたということの方が、むしろ識字率よりも大事なことではないでしょうか。

一体、日本がどうなるのか。幕府がどういう条約を結んだのか。あるいはハリスが下田に来て、その翌年には江戸に出府する。何を相談するのか。そこで問題になっている日米修好通商条約案とは何か。一切公開されていないのに、日本がどうなるのか心配する日本人は、あらゆる手段を使って、その情報を集め、その集めたものを周りの人間と一緒に回覧しました。そしてそのことが前提となって、幕府の外交政策に対する激しい批判となり、あるいは外圧のもとでこの日本という国と国民をどう維持し、生存させるのか。そのために国事運動がおきたのです。そういう事こそが、明治維新を考える場合の前提になるのです。知識があるかないかということではありません。読まなければならないものを集め、みんなで考えるという熱意とエネルギーが明治維新の前提になったのです。私は、教育水準だけで説明するのは、あまり良い説明ではないと思っています。

このような色々な情報、あらゆる努力とエネルギーの結果として集められた情報は、写されて冊子に仕立てられます。そして私の言葉では、「風説留《ふうせつどめ》」というのですが、そういう形で日本全国に残っている。現物そのものを回す形もありますが、やはり冊子にした方が、みんなに見てもらうためにはいいのです。この中津川にも、今述べた「風説留」の典型と断言できるものが、当時の本陣であった市岡殷政《いちおかしげまさ》さんによって作られ、一〇冊の「風説留」として、現在、市岡さんのお宅に残っています。ただし一冊が相当に厚く、余所で見るものの大体五、六冊分の分量になっていますから、普通の「風説留」の冊数の勘定でいえば、五、六十冊というように、今のところ考えています。しかもそこに収められているものは、市岡さんと一緒に運動をやった間半兵衛《はざまはんべえ》さんとか、庄屋の肥田九郎兵衛《ひだくろべえ》さんとか、その他多くの中津川の人たちの手紙が綴られている。更にこの中津川の人たちの情報収集だけではなくて、後でも出てきますが、伊那谷の国学者や豪農の人たちとの連絡、あるいは全国の平田国学者たちとの連絡情報がそこに入っているという意味では、全国的に見ても第一級の質と量を、現在市岡さんのお宅に大事に残されている「風説留」はもっている、と私は思います。

この史料一つとって見ても、この町の人はあまりそう思っていないようですが、私から見ると、この町の動きというのは、全国的に見ても第一級レヴェルの活動であったという証拠の一つになるだろう、と思います。では何故このような事態に、一見すると他の街道の宿場町とあまり変わらない、この中津川という地域がなったのか、ということが次の問題になってくるわけです。

二　ペリー来航と中津川

「風説留」というのは、今申しましたように、日本の将来がどうなるのか、日本の政治状況が対外関係を含めてどうなるのか、というその地域の人の危機意識が出発となります。ですから当然、余所の「風説留」と同じように、市岡さんの所に残されている「風説留」も、ペリー来航の直前から情報が書かれている。これは全国一律です。日本人全体が、政治に目覚めるというのはあの大きいショックからなのです。面白い史料(1)がありますので、それを紹介しながら話を進めますが、ペリーが浦賀に来航したのは嘉永六年（一八五三）六月三日です。この中に残っているのは、六月一七日付で、尾張藩が美濃を支配する場合の拠点とした太田陣屋というところがありますが、その太田陣屋に市岡さんと当時問屋をやっていた森さんと連名で出した報告書です。どういう報告書かというと、ペリー来航についてこの宿場で収集した情報の報告なのです。一七日に出していますから、二〇日はたっていない。非常に早い時期に必要な情報をきちんと集めています。一つはこの中山道を江戸から彦根に向かう飛脚です。飛脚からこの中津川宿で情報を得ている。彦根藩が相模国の警備を命ぜられていて、その増援の兵を要請する飛脚なのです。少し史料を読んでみますと、「御家老岡本半介《おかもとはんすけ》殿始め御家中日々発足にて、当十七日、掃部頭《かもんのかみ》様にも、彦根御出立にて彼地へ御詰に相成り候趣」という情報が、尾張藩に入っている。二番目は、同じくこの中山道を通行した大垣藩ですが、大垣藩の戸田のお殿様というのは、特にペリー来航とは関係があります。何故かといいますと、戸田の分家の戸田伊豆守という人が、この人は旗本ですが、丁度その時、浦賀奉行なのです。ペリーとの応接は彼がやらなければならない。そしてこの分家の伊豆守は戸田本家に兵力とその他の支援を頼んでくるのです。ですから、急報があれば、直ぐに人と物とを整えて浦賀に急行しなければならない。その話が出ている。三番目は、これも当然ですが、中津川の直ぐ北の苗木藩《なえぎはん》の動きです。ペリー来航の情報がくると直ぐ江戸に弾薬と火薬を積み出している。この情報が第三です。第四番目は、これはなかなか面白いのですが、飯田藩の情報が、この中津川から太田陣屋に届けられる。飯田藩の情報というのは、藩主は堀家ですが、この堀家から江戸に鉄砲隊が急行したということです。この情報を誰がもって来たのか、といえば、中津川の商人なのです。飯田に行っている中津川の商人なのです。それがこの町に帰って来ると直ぐに宿場の本陣が情報を押さえている。

それから最後になりますが、この街道を通過した旅人の話が非常に要領よく押さえられている。ここでは二点報告しているのですが、一つは浦賀に来たアメリカ艦隊が、非常に頑強な態度をとっているということ。たとえば他の者を拒否して、浦賀奉行そのものを出せ、渡した国書の返事をもらわない限りここを動かない、といっている、という情報が入っている。あと一つの情報は、これはかなり誇大にいわれていますが、船の長さ一二〇間、幅三〇間、船縁の厚さ九尺という、当時の江戸あるいは江戸の情報を受けとった人間が、そういう形で黒船の脅威というものを受け止めた、という意味では、非常にリアルな情報が入って来ているのです。

ここからいくつかのことがわかると思うのですが、一つは尾張藩がこの中津川を、重要な情報センターとして押さえていたということ。中津川というのは、この中山道を通る西側の大垣であれ、彦根であれ、必ず寄る宿駅なのです。東はともかく、日本の西、この中山道を通る大名・旗本の情報はここできっちり握ることができるということ。それから二つめは、これはあまりいわれていないことですが、苗木から北に上って、飛騨の情報が入ってくるルートというのがある。逆に南方の情報も入ります。この市岡さんの「風説留」でいえば、南の岩村とか、奥三河の稲橋とか、街道でいえば秋葉《あきば》街道に沿った情報がよく入っている。この中津川は、縦と横、東西・南北の街道の中心、交差点なのです。それから、飯田の情報、これは後の話と全部かかわってきますが、非常によく入ります。というより南信州の情報は、この中津川が押さえている。いわばこの情報センターということと、それから中津川がこの東濃での経済的センターということが、幕末期を考える場合の前提になるだろう、と思います。

二つ目は、この地域は、しかし尾張藩の直轄地ではなかったということです。木曽の福島に本拠を置く山村甚兵衛《やまむらじんべえ》家の支配地でした。山村家というのは、一方で尾張家の家臣であると同時に、他方で幕府の旗本なのです。いわば尾張本藩の重圧が直接かかるような地帯ではない。しかも山村家は、財政的にこの中津川にいる豪商たちの財政援助なしに支配は出来ない、という状態なのです。したがって政治的に武士階級の重圧をあまり受けることなく、中津川とその周辺のあり方について、実際的な判断と治安維持をおこないうるし、おこなわなければならない立場に、この町の人たちがおかれていたということです。

三つめは、これは後の話とも関係しますが、今申しましたように、伊那谷との関係が非常に強い。私のような関東の人間には、何故強いのかよくわからないのですが、たとえば、本陣の市岡殷政さん自身が、伊那谷の座光寺《ざこうじ》の北原家から養子に来ている。いわば姻戚関係・親戚関係でつながっている。その後、伊那谷の幕末維新期のリーダーになる北原稲雄《きたはらいなお》という人がいますが、この方は、本陣の当主にとっては甥なのです。ですから北原稲雄からの手紙はかなりありますが、皆、叔父上様となっている。こういう形の結びつきが、この中津川と伊那谷にある。と同時に、姻戚関係だけの問題ではない。調べてみると、伊那谷そのものが、尾張藩と非常に関係が深いのです。飯田藩というのはそれほど大きい藩ではありません。あのあたりは、旗本領、幕領、諸藩の飛地が多いところです。たとえば松尾多勢子《まつおたせこ》という有名な活動家がいますが、この松尾多勢子の旧姓は竹村で、松尾家にお嫁にいったのですが、その伴野《ともの》村《むら》というのは、これは飯田藩ではなくて、尾張藩の支藩の高須藩の飛地なのです。ですから飛地には、高須藩の侍が何人か陣屋詰をしている。ただし飛地の年貢収取には、伴野村の松尾家がかかわらなければならないのです。そういう意味では、武士の圧力が弱いところなのです。伊那谷であと一つ尾張藩との関係は、千村平右衛門《ちむらへいえもん》家です。これは美濃の少し西の久々利《くくり》というところに本拠地がありますが、その幕領預地は伊那谷に多いのです。これも山村甚兵衛家と同じ尾張藩の家臣であると同時に幕府の旗本です。ですから、両方の性格をもっている。そしてそういう人たちが往き来に、必ずこの中津川を過ぎます。その意味では、伊那谷との関係は非常に面白い。むしろ美濃の西の地域よりも南信州と東濃との方が関係が強いと思います。

伊那谷で平田国学がよく動いたといわれますが、それは武士が直接村を支配しておらず、豪農たちが、そのような武士支配の緩やかな下で、自分たちで村を維持していかなければいけないという責任と自負が、彼らの活動の根拠なのだと思います。

それから第四番目に考えなければいけないことは、経済・交通、あるいは武士支配の緩やかさということと並んで文化の問題です。『中津川市史』できちんと取り上げられているように、この中津川では、幕末期に、和歌が非常に盛んでした。和歌というと、個人が部屋の中に閉じこもって作るようなイメージがあるかも知れませんが、当時は必ず、サークルを作って歌を勉強したのです。優れたお師匠さんがいると、ある期間来てもらって、指導してもらう、これが当時の歌の勉強のやり方です。この本陣を中心に、幕末期にそういうサークルがあったことを示す史料がよく残っています。そして和歌を作るというのは、歌を作る人の個人的な能力ですから、男女の差がないのです。他のところでは男尊女卑の考え方が出てくると思われますが、歌がいいか悪いかは作品でしか判断できない。ですから、松尾多勢子があれほど有名になったのは、一つは、彼女が和歌を詠み、公家の社会にまでちゃんと入れる力量をもっていたことによる、と思います。これが彼女の自信とか、力のバックになっていました。これは何も松尾多勢子だけではありません。たとえば、間半兵衛さんの娘のおミツさんという人は、半兵衛さんが非常にかわいがって、自分が旅行に行く時に一緒に連れていったりしていますが、この娘さんも歌詠でした。そして、その歌は、この地元の史料だけではなくて、京都の人がつけた記録にもちゃんと残っているのです。そういう意味では、和歌の文化というのは、日本の歴史を考える場合に、私は大事にした方がいいと思います。何故かといいますと、このような和歌を作るということは、日本の古典に対する志向性、あるいは日本の国学に対する研究の意欲となって出てくるわけです。今いった市岡さんの書いている「風説留」にも、市岡さんが作ったと思われるのですが、和歌で政治の批判をしています(2)。

太刀風にいで打ち払え科戸辺のみこともまたんもあやにかしこし

とか、

そやといわばわれおくれめや梓弓引はなれたる身にはありとも

というような和歌をよんで、ペリー来航の時の自分の気持ちを表しているのです。

それから、当時江戸で流行った狂歌なども、よく留められています。皆さんもご存知の、

毛唐人などと茶にして上喜せんたった四はいで夜も寝られず

というのも、ちゃんとこの中に留められていますし、

古の蒙古と今はあべこべでさっぱり吹かぬ伊勢の神風
伊勢というのは阿部伊勢守にかけていますから、話が二倍面白くなっている。あるいは江戸の人たちは、非常に色々な形で、風刺をやっていますが、辻占という風刺の形式があります。もともと吉原の遊び客と遊女との会話を元にしていますから、色々な解釈が出来るものですが、
早くおいでよ、水戸様ご隠居。
胸がどきどきするよ、貧乏の御家人。
また胸がどきどきするよ、八月長崎表。
というものも記録されています。しかもここには、プチャーチンの話も入っている、ペリーだけではないのです。また、
可愛いね、日本の船。
もっときつくおしよ、伊勢殿。
といった話も入っています。そこからこの地元の人の、あるいは市岡さんの周辺の人の感じ方がよくわかると思います。ただしこの中津川でも、ペリー来航は余所のところとそれほど違う受け止めかたはしていない。余所で見るのと、大体同じような史料が集められているのです。

三　横浜の開港と貿易開始

中津川にとって幕末の決定的な年は、嘉永六年（一八五三）のペリー来航の年ではなく、安政六年

（一八五九）です。この六月、横浜開港、その直後、中津川の間半兵衛さん、そしてその先生で義兄の馬島靖庵《まじませいあん》は、この町の豪商の菅井嘉兵衛《すがいかへえ》さんのバックアップがあって、大量の生糸を仕入れて、横浜に売りに行きます。商人としては当然のことですが、新しいマーケットができると、そこに一番高く売れそうな生糸を売り込む。情報を集め、進取の気性に富んだ商人たちにとって、当然のことと思います。そして後の例を見ると、これは今あげた人たちだけではなくて、この町のかなりの人たちが、お金を出し合って、出来るだけ多くの生糸を買い集めたようです。そして、横浜に出て、生糸貿易をやりました。

この馬島靖庵と間半兵衛が、このとき江戸で平田没後の門人に入門したのです。没後門人というのは、篤胤はもう亡くなっていますから、その養子の鉄胤《かねたね》は篤胤の門人として、自分の門人を引き受けるので、没後門人と、普通いわれているのですが、そういう平田国学の門に入っている。一見矛盾しているようですが、そうではありません。今お話した市岡さんの「風説留」の第一冊目で、一番量が多いのは、ペリー来航の話ではなく、安政五年の話なのです。ご存知のように、安政四年に江戸に出府して幕府と対等の交渉をしたハリスがもって来た日米修好通商条約案というのは、和親条約とは全然違う。全面的自由貿易と開港開市、また外国公使江戸駐劄《ちゆうさつ》という、正に国家対国家の関係までが、全面的に規定されているものでした。幕府もこれは、おいそれとはのめない。孝明天皇の勅許をとって事態をしのごうとしたことは、日本史の常識ですが、当然、勅許は当然とれると思って上京した。その勅許が、意外にも拒否されたのが、安政五年三月二〇日のことです。「条約勅許せず」と孝明天皇が非常にはっきりした態度をしめしたのでした。

江戸時代というのは、朝廷と幕府は一致するものだ、と当時の人々が思っていた時代でした。分裂するとは夢にも思っていない。それがこの問題で、幕府と朝廷が分裂してしまう。江戸時代からいえば、異常な事態が開始されたのです。何故朝廷が、こういう態度をとったのか。これは、全国の人、この中津川の人も注目し、情報を非常によく集めている。普通は京都のお公家さんとか、天皇が世界の情勢を知らないから、こういう態度をとったのだと説明されてきました。今だにありますが、実は、彼らは、すべての情報を手に入れているのです。幕府から情報が提供され、知悉《ちしつ》した上で、結局勅許はしない、というのですから、とてつもなく深刻な問題なのです。どういう理由で公家と天皇が反対しているのか。一例を市岡さんの「風説留」から引きますと、徳大寺公純《とくだいじきんいと》という人の意見では、最初は下田だけを許し、今回は一〇の港を開くことを許している。許せば許すほどかぎりがない。この調子でいけば、商館が取りたてられる。あるいは京都・大坂の周辺に城郭が設けられる。こういう危機感、一歩譲れば十歩むこうが入って来る。これをどうするのか、というのが、当然、孝明天皇にもあった危機感なのです。

こういう情報を間半兵衛も馬島靖庵も、全部知った上で、横浜で貿易したということなのです。事情を知らずに貿易していたわけでは全くない。日本全国の動きを押さえた上で、彼らは貿易をしたのです。したがって、自分たちの商人としての行動、これは正当な利潤を上げる当然な行為、その行為が日本のあり方として、一体どういうことになるのか、という問題を、自分で考えざるをえなくなる。今までは、武士が悪い、幕府が悪いでよかったが、自分で自分の商売のもっている意味、日本にとっての意味を考えざるをえなくなる。したがって、私は平田国学という学問に入るというのは、彼らにとって、ある意味では必然的なことだ、自分自身の問題を解決する行動だったのだ、と思います。しかもこの前提としては、万世不易《ばんせいふえき》と思っていた幕府がペリー来航以来思ったよりも早くがたがたになり、いつ立て直るのかわからない状況になってきた。人を批判し、余所を批判するだけの問題ではなく、自分たちの生活と商売、それから日本国家の在り方という問題が突きつけられたのが、安政六年なのです。

ただし、この平田国学と外国貿易については、『夜明け前』の中でも否定的に書かれていることは、みなさん印象深いことだと思います。したがって、馬島靖庵については、自分のお師匠さんだけれども、結局外国貿易などをやって中津川から伊那谷に引き込んでしまった、という形で書かれている。ただし貿易をやったのは馬島靖庵だけではない。彼の一番の親友である間半兵衛が中心になってやったことなのです。しかも、馬島靖庵が伊那谷に引き込んで、考え方を変えたかというと、そうではない。今残っている史料から見ると、少し後の、一八六〇年代の文久年間には、彼は信州伊那谷、先程の松尾多勢子のいる伴野村で塾を開いている。お医者さんをやりながら、塾を開いている。その後は奥三河の稲橋の古橋源六郎《ふるはしげんろくろう》という人のところで教えている。彼は明治元年（一八六八）に、伊勢で林崎文庫というところの先生をしている時に死ぬのですが、彼の手紙を見ますと(3)、伊勢神宮の文庫でも平田国学の本が大変少ない、何とかその本を手に入れたいというので、この中津川に本を送るように頼んでいる。そういう意味では、中津川の動きと馬島靖庵の動きは、『夜明け前』の記述とは全然ことなっているのです。

四　中津川国学形成の特徴

このように見ると、一般的に平田国学というのは遅れた山村地域での宗教運動というように捉えられがちですが、そうではない。むしろ幕末期という日本の国家と国民にとっての大変革期での、地域からの政治運動だと考えた方が、史料に即して無理のない解釈だと思います。市岡さんの「風説留」の第二冊目の最初は、桜田門外の変です。よくこれほど集めたと思うほど、事件に関する情報を集めています。無勅許開国路線というのは、幕府の方針ですが、その全責任者の井伊大老が反対派によって、安政七年（一八六〇）三月三日に暗殺されました。これは当時の人間にとって、度肝を抜かれる大事件です。いわば政治が、誰も予想しないところから激変し始めた。そしてこの事件から、幕府は政治をとる自信を失ってしまいました。

市岡さんの「風説留」は次いで、翌文久元年（一八六一）二月からおこるロシア軍艦ポサドニック号の対馬占拠事件の情報が入ります。狭い東濃の話ではない。江戸の話があれば、次は対馬の話がある。対馬の情報が入った次には、五月の末におこった東禅寺事件です。東禅寺事件というのは、当時イギリス公使館があった品川の東禅寺に水戸浪士が切り込んだ事件です。文久期になると、非常にテンポが速いのですが、翌文久二年一月一五日には、井伊直弼の後にはこの人しか残っていないといわれた老中安《あん》藤信正《どうのぶまさ》が、坂下門外で襲撃される。この三ヶ月後の四月には、島津藩主の実父、島津久光が幕府の命令を一切聞かず、一千余の精鋭を率いて京都に上洛する。これも普通の江戸時代では想像できないことでした。一体どうなっていくのか。こういう情報が非常に細かく記録されているのです。ご存知のように、このような動きの先には、同じ年の年末には、孝明天皇が幕府に対して攘夷の命令を下し、将軍家茂がそれを慎んでお受けする、という奉勅攘夷政策を幕府が正式に決定し、その翌年には将軍が上洛するという、江戸時代初頭以来二百数十年間おこったことのない大事件が、おこったのです。天皇を中心にして、対外的に日本をより強い形にもっていき、そこに国民の結集を図ろうとする国家が形成されつつあるように見えました。平田国学の夢見た国家と社会の在り方の典型が、ここで実現するかと思われたのです。このような状況の中でこそ、この中津川で平田国学が展開していったことを、当たり前のことですが、まず押さえておきたいのです。

本陣の市岡殷政さんが間半兵衛さんの紹介で、平田没後の門人になるのが、文久二年、将軍上洛が決まった同じ年の一二月です。政治状況と全く一致して、この中津川の人たちが平田国学に入り始めます。そして次が、馬籠の青山半蔵、即ち島崎正樹です。あの『夜明け前』に出ている間半兵衛、市岡殷政、そして島崎正樹の三人が、馬島靖庵のよき弟子であり、この動きからわかるように、間半兵衛さんは最初に自分が声をかけられるところから、声をかけているのです。この文久三年一月には、馬島靖庵の養子である馬島秀一《しゅういち》とか、間半兵衛さんの実の弟である菅井九三《くぞう》さんとか、三月にはこの中津川の庄屋である肥田九郎兵衛さんが入っています。その後、勝野《かつの》七兵衛《しちべえ》さん、民権運動で名前の出てくる菅井守《もり》之助《のすけ》、あるいは高木《たかぎ》伝兵衛《でんべえ》、中川《なかがわ》万兵衛《まんべえ》という、この町の主な人たちが、この政治の激動のなか、平田国学に入り始めた。そして京都の、中津川の人や伊那谷の人が上京したとき世話になっている染物商の伊勢屋《いせや》久兵衛《きゅうべえ》さんも、この文久二年一二月に、京都に上っていた松尾多勢子さんの紹介で、平田国学の門人になっています。この中山道地域の経済的な繋がりがこのバックにあります。伊勢屋久兵衛という人は、それ以前からずっと染物の注文をとるため、中津川にも馬籠にも伊那谷にも回っています。そういう人々の結びつきが、平田国学にそのまま入ってくるということ、これも非常に面白いことです。そして武士中心の政治の動きを、ただ見ていただけかというと、決してそうではないことが、この中津川国学の面白いところなのです。

ご存知の通り、「中津川会談の場所」というのが町の標識に出ています。少し古い標識になり、見にくくなりましたが、毛利の御殿様が、京都が大変な状況になっているので、京都に入るのだが、江戸に向かう島津久光と顔を合わせるのは嫌だからこの中山道を通じて入る。京都の状況を報告するために、桂小五郎がこの中津川で御殿様と会談するという、有名な事件が、文久二年六月におこっている。この武士・大名の内密の会談に、間半兵衛が参加しているのです。これは少し説明が必要ですが、平田国学の門人には武士もいます。それで長州藩の門人のなかに世良孫槌《せらまごつち》という名前の人がいるのですが、この人が御殿様に付いてこの中津川に来ています。どういう連絡をとったのかわかりませんが、間半兵衛は江戸でこの世良を見知っており、よく話をした間柄なのです。その人が紹介して、この中津川会談に、当然会議そのものには参加しませんが、かかわってくるのです。そこで顔をつなぐのが井上聞多《いのうえもんた》、後の井上馨で、この中津川で間半兵衛と会っています。ただし、桂小五郎の名は記録が残されていませんから、来たことは来ましたけれど、間さんとは会っていないはずです。長州藩は、高杉晋作とか久坂玄瑞とか、松陰門下がヘゲモニーを握るような大変な藩に変わったのですが、この長州藩の情報を握るということは、当時全国で一番ラディカルな藩の情報が、中津川の平田国学の人々には、手に入るということになります。逆に間さんが集めた情報は、世良を通じて、長州に渡っていきます。武士の動きが中心ですが、そのバックには、草莽として、あるいは美濃の「御民《みたみ》」、天子様の民という意識で、美濃の「御民」といっていますが、そういう意識で中津川の平田門人が動き出しました。

ただしここで押さえておきたいことが二つあるのですが、一つは、今いいました世良の例のように、平田国学の門人というのは、何も学問をするために門人になった、というわけではないということなのです。国学では神道の解釈はやりますが、むしろ今、世良さんとの関係でいいましたように、志を同じくする人々のつながりを作る、この方が強かったのだと思います。藩とか地域の枠を超えた横断的なつながり、その主体は、武士ではなくて、豪農とか豪商で、いわば当時でいえば民衆的立場の人が横につながりをつけていく、その非常に有効な武器が、平田没後の門人なのです。「あなたも門人か」ということで、腹を割って話ができる、情報交換ができる、こういう形のつながりはそれまでなかったことで、何種かありますが、平田没後の「門人帳」というのは、そういう意味で非常に大事に使われていました。一体誰が連絡をつける相手なのか、その「門人帳」で調べるのです。ただ学問をする意味だけではありません。

それから二番目は、この中津川国学の特徴というのは、あくまでも地元の観点・立場で事態を見つづけるということが、徹底しているということです。余所の例ですと、地域を飛び出して、武術の心得のある人は、刀を差して、あるいは刀を振り回すということがよくおこりますが、この地域では、そういう人はいませんでした。これも中津川国学の面白いところです。この地域と自分たちの家業とを踏まえた上で、国事運動に関係していくというあり方だったのです。

五　天狗党の中津川通過問題

そして先程いった「奉勅攘夷」という事態は、文久三年（一八六三）にピークに達します。孝明天皇は、この三月には賀茂神社に行幸、四月には石清水八幡宮に行幸して、攘夷の祈願をする。ここに将軍も含めて、全国の大名が集まる。こういう前代未聞の機会に、間さんや市岡さんは、自分の家族をつれて、京都に上ります。そこで等持院事件と行衛不明の松尾多勢子捜索ということにぶつかります。そして、次の年になりますが、平田没後門人の関係があったからこそ、元治元年（一八六四）一一月二七日にこの宿場を通った天狗党の人たちにも、あれほどの協力をしたのです。水戸がいい、といったそれだけの話ではありません。当時の政治状況のなかで、この人たちは大事にしなければならない、というはっきりした見通しをもっていました。また、その見通しを裏付ける情報もきちんと手に入れていた結果なのです。この水戸浪士の中津川通行というのを、地元の人は、当たり前のことのように思っていますが、あれだけ歓待したのはこの宿場だけです。他の宿場ではやっていません。やったら幕府に何をされるかわからない。それを知った上で、あらゆる情報を仕入れ、幕府に介入する口実を与えないで歓待できた、という、当時この中津川を預かっていた人たちの能力は並大抵ではありません。そしてこのようなことが、逆に、全国の平田国学者のなかで、中津川国学者、中津川の人々の名声と地位を一段と高めることになったのです。

ご存知のように翌年の早い時期に、三五二名の人々が、幕府によって首を切られました。それほど幕府は水戸浪士とその関係者に厳しかったのです。これは私の個人的意見ではありません。客観的な材料で申しますと、飯田藩がいい例なのです。伊那谷からこの中津川に入るためには、飯田藩が幕府から預けられている清内路《せいないじ》関所を通過しなければなりません。この関所には二〇名の足軽と二名の侍、斎藤長左衛門と合田肇という侍が詰めていました。許可なく関所は通過させられない、これは関守としての当然の義務です。したがってこの二人の関守は、三回にわたって、このような状況だけれども、通過させるべきか、させるべきでないか、飯田の城に注進を立て、問い合わせました。そして拒否すれば、打ち破られるだろうけれども、自分たち二人は、腹を切る。これならば、藩にも、幕府にも申し訳がたつ。しかし三度目の問い合わせに対して、関所を通過させよ、というのが飯田藩の命令だったのです。そしてこの二人は通過させ、天狗党は落合と馬籠に泊り、この中津川では昼食をして、中山道を西に向かって行きました。ただし、このことが幕府の逆鱗に触れました。関所を預かっていながら、賊徒を通過させるとは何事だ、このような圧力が幕府から飯田藩に加わります。結局、可哀そうなことに、翌年一月三日、二名の人間は切腹、そのために上意を受けて、四名ずつの侍が、二人の家に行きます。合田という人は、六五歳、かなりのお年寄りです。四名の内の一人に介錯してもらって、そこで腹を切ります。あと一人の斎藤という人は、それはおかしい、といって上意を受けませんでした。藩が許可したからこそ、私は通した。私の手落ちではない。そして息子と一緒に脱走するのです。最初に逃げたのが、自分の娘が嫁に行っているこの美濃国の石田というところの家です。そこでも追及が厳しくなると、高野山《こうやさん》に親子で逃げる。高野山にはなかなか簡単には踏み込めない。こういう事態になり、上意を受けた四名の人間が、逆に責任をとらなければならない事態になりました。期限付きで追捕《ついぶ》し、飯田に連行してこいという話になって、結局、飯田の町方の人の力を借りて高野山まで行きます。ただし山上までは上がれない。そこでこの斎藤という人の奥さんが、国元の話を伝えるために、高野山の麓に来ている。それを上手く使って捕まえました。斎藤さんは、既に覚悟を決めていたのか、その時には、「お手数を掛けました」、といって縛《ばく》につきます。四月の初旬に飯田に入り、そして五月二二日に首を斬られたのです。(4)天狗党を通過させるというのは、それだけの危険性がある。それをこの中津川では、一切の捕縛者も出すことなしに通過させました。

六　幕府崩壊と中津川

文久三年（一八六三）八月までは、長州のような激派武士が中心になって動いています。支配階級でない、民衆の一部に過ぎない商人、あるいは豪農が動くことはないと思っていたのです。ところがそういう事態ではなくなり、実際に政治行動をしなければならない事態に中津川国学の人が立たされる。たとえば、本陣の市岡殷政さんは、筑波勢を通過させる直前の、元治元年（一八六四）一一月に、建白[5]をします。これは尾張の御殿様に建白をするのですが、丁度その時、尾張の御殿様は、幕府の命令を受け、第一次長州征伐といいますが、長州を屈服させるために、兵をひきいて大坂に詰めていました。これに中津川の本陣、身分としては武士ではない人間が建白したのです。どういう建白かというと、非常に露骨に当時の状況をいっています。

> 人気一体長州の威風を慕い、交易拒絶のみ訴え居り折柄故、天下の庶民に至る迄、長討内乱の御奉公に身命を投げ打ち候儀、覚束なく存じ奉り候。何卒此上列藩へ掃攘の命令あらせられ候て、天地神明に誓い、死力を尽し、忽醜虜をみなごろしにし、皇国の御武威を四夷八蛮に轟し云々

と、長州の助命嘆願を平気でやっています。しかし事態は、この中津川の人も含めて、思っているよりももっと急速に展開する。世界史の動きというのは、地元の人が考えるよりもテンポが速かったのです。薩英戦争で、薩摩が戦争に勝てないと自覚します。下関砲撃で、長州の砲台が全面的に解体させられ

ます。次にイギリス・フランス・アメリカは、何を狙ったかというと、孝明天皇から条約を勅許してもらうこと、このことでした。孝明天皇が条約を勅許しないから、これだけ国内で大争乱がおこる。幕府を介して、条約を勅許してもらおうということで、慶応元年（一八六五）九月には、連合艦隊が大坂湾に入ります。期限付きで、回答をよこせ、そうしなければ戦争状態に入るぞ、といったことになります。結局この圧力で、今まで頑張ってきた孝明天皇が、条約を勅許するのが一〇月五日です。中津川の人たちの考えからすれば、これはまずいことなのです。幕府はどこまで後退するかわからない。その動きに対抗して、朝廷を盛り立てようとあれだけ努力した。その朝廷自身がこうなったら、日本は一体どうなるのか。この報を聞いて、間半兵衛さんと市岡殷政さんは、二人で上京して朝廷に建白をおこないます。この建白には、二つの力点があるのですが、一つは朝敵となった長州征伐がおこなわれている最中にも拘らず、長州を許せ、長州も含めて全諸侯を集めて、事態の打開を図れと主張します。今一つの力点は、薩摩や備前、あるいは尾張というのは、この頃強硬派でしたから、そういう強硬派の諸藩を召して攘夷の体制を作れと主張します。このままだと日本全国は瓦解する、このような建白をするのです。

この一地方の宿場の人間が、どうして朝廷や関白二《に》条斉敬《じょうなりゆき》に建白できたのか。これもなかなか詳しい材料が残っていて面白いのですが、二条関白に接近するために、二人の人を使っています。一人は非《ひ》蔵人《くろうど》という朝廷の下級官人の松尾但馬《まつおたじま》という人物。それから二条関白の信頼が厚い山中法橋《やまなかほっきょう》という坂本大宮の神主の隠居（二条家未勤の臣）を使っている。ここで、関白二条斉敬に直接建白書を渡します。そうすると、二条はこの建白書はいいから、中山忠能《なかやまただやす》、明治天皇の外祖父ですが、あれにも回せと話があり、大口大和守《おおぐちやまとのかみ》という人間をつかって建白します。この大口大和守というのは、平田の門人なのです。

平田の門人というのは、こういうケースでも使えるのです。それから今度は、近衛家にも建白をしろ、という話になる。では近衛家に誰が仲介に立てるのか。それまで中津川の人々との関係はないのです。その関係を取り持ってくれたのが水戸の京都本圀寺党と呼ばれている人々です。前年の筑波勢に対しておこなった援助がここで生きてくるのです。中津川の人間ならあいだを取り持とうということになり、この二条、中山、近衛家に建白をしても咎めは受けません。そして、この状況の時にも情報は非常によく集めていまして、孝明天皇はこの頃こういう状態だという報告をしている。(6)

主上は、長州を始め西に下った諸卿（三条実美《さんじょうさねとみ》など）を敵の如く憎み居り候

ですから、平田国学というのは、天皇個人をただ好きだというのでは、全くないのです。日本の国を維持するための働きをする天皇には、信頼を置き支持するけれども、そうでないならば、話は別だという、そういう考えの上にたった国体論なのです。これは非常に合理的なものの考え方です。

この時期のものを見ると、情報も全国からきていて、十分使うに足りるようなものを集めています。こうなると、逆に武士の方が、情報を中津川の人々に求めるようになってきます。これも二つだけ紹介しますが、一つは千賀、この人は尾張藩支藩高須藩の家臣で、信州伴野村にも時々来ている人ですが、当然中津川を通過しますから、市岡さんや間さんとは、非常に懇意な侍ですが、彼が水戸天狗党のここを通過する直前の一一月四日に、手紙を出している。(7)どういう手紙かというと、

くれぐれも御地の御踏込には、驚感致し候。しかし成るべきたけは忍び下さるべく候。忍びも返って君の御為かと存じ候。又因循《いんじゅん》なることを申述、お叱下さるべく候。新説此れあり候はば、御漏し下さるべく候。間氏（半兵衛さんのこと）はいかが候や。未だ御滞京に候はば、この頃中は頻り

に御文通と御察中候。

その情報を俺にくれというのです。この手紙にある通り京都の情報がここ中津川にたまっているのです。その情報を、武士が欲しがっているのです。この千賀という人は何通も手紙を出していますが、あと一つ、慶応二年（一八六六）、第二次長州征伐に敗れて、徳川慶喜《とくがわよしのぶ》が一五代の徳川家の当主にはなるけれども、将軍宣下までは受ける自信がないという、非常に面白い時期がありますが、この九月にまた彼が手紙をだしています。(8)

薩藩の動静如何御座候歟。右藩の儀は近頃良き御便誼も出来候哉。前顕橋悔等の義、此辺にては其実を得もうさず、異聞これあり候はば、御報じくださるべく候。

このように、薩摩の情報は、普通の藩の侍より、むしろ中津川の人々の方が詳しいのです。こういう状況に最幕末期にはなってきました。

七　御一新と中津川

明治維新、王政復古というのは、いうまでもないことですが、この中津川の人たちにとっては大歓迎です。世の中は一変すると思いました。ただご存知のように、そうはなりません。これは『夜明け前』の話と全くおなじで、そうはならなかった。そして中津川の人の見る視点は、先程いいましたように、あくまでもこの地元から、地域の目から日本と社会を見る、そういう視点だったということです。自分が権力を握ってどうするか、というような視点が全くない。それが良かったのか、悪かったのかは、以下の話からお考えいただきたいのです。

つまり、幕末までは一緒に動いていたいろいろな勢力が、幕府が倒れた途端、二つに分かれ始める。一つは、幕府はどうしても国家を維持できなかった、朝廷中心の国家にしなければいけない、というところまでは一致します。中津川の人も含めて。その力は、全国の人間の力を集めなければいけない。外国の圧力があるならば、全国の人の力を結集して、対抗しなければならない、という考えなのです。ただし権力をとった人たちの考えは、ご存知の通り、鎖国攘夷ではなくて、開国和親になっていきます。当初はやはり外国の圧力が強いですから、開国和親をとった途端に、むこうの要求に一歩一歩譲歩していくのではないかという危機感が、在野・在地の人にはある。一番いい例が、贋二分金の事件です。戊辰戦争の軍費を稼ぐために、薩摩藩も、福岡藩も含めて諸藩は贋金を作る。そして民間に流通します。この贋金が外国の商人の手に入る。外国商人の理屈としては、日本の貨幣なら、贋金でも同じ金額の正貨にかえろ、という要求なのです。逆に贋金を買い集める。これはいい商売になる。これに対してどうするのか、こういうところから明治最初の外交交渉が始まってきます。対外関係にどのように対抗し、日本の国家を強化する方向にもっていくか、ここで意見が分かれ始めます。

二番目は、国のイメージに関係しますが、在地の視点からということになると、日本にある六十余州のそれぞれの地域の力を結集して、日本を良くしなければいけない、こういう発想になってきます。在地の人間としては当然の発想です。したがってそういう形での政治参加ということを、平田国学の人々は、中津川の人々も含めて考えます。伊那県という、三河とか信州の旧幕領をもとに直轄県になっていたところには、平田国学の人が、北原稲雄を含め、県役人に入ってきます。そういう形で、新しい政治というものを、彼らは考えます。そしてこの中津川の人々は、面白いことに、自分たちの直接の領主である、山村甚兵衛家を尾張藩から独立させて、朝廷に直轄させせようとする動きに出るのです。このために明治二年（一八六九）に間半兵衛さんは、東京に上ります。これは少し説明しますと、幕末期で石高が実質的に一万石以上だったたいくつかの旗本は、大名に取り立てられます。大半の旗本は没落しますが、ある部分は大名になり上ります。山村甚兵衛家は、石高を計算すると一万石以上の草高《くさだか》がある、という理由で、間半兵衛さんなどの力を借りて運動をするのです。この中津川の人にとってみれば、尾張藩という圧力がなくなり、しかも財政的には、この中津川の財力にたよっている山村家が朝廷直轄となれば、それは自分たちの政治的な地位を低下させるのではなく、向上させることになるわけです。そうでなければ、山村家というのは陪臣ですから、朝廷に対して全然力が出せません。このように、明治初年には地元の発想がはっきりして来ます。しかし現実の朝廷政治というのは、大藩が握っているのです。大藩でない人、あるいは草莽の人々は、朝廷のなかにうまく入れません。こういう不満が出てきます。市岡さんの「風説留」に入っている明治三年の議論(9)では、

材は天下に普く御探索これ在るべき処、参議及び勅任以上は多分大藩のみを御用成され候は、志士の感心仕らず候事

というのがありますが、これは中津川の人々の気持も含めていっているのです。

三番目は、一番これが大きい問題だと思うのですが、なんとしても民政を安定してくれ、税金を高くせず、百姓一揆をなくしてくれ、ということなのです。これはこの中津川を預かっている人々の切実な気持で、しかも運の悪いことに、明治二年・三年というのは、とてつもない大きい一揆がこの美濃と信

州におこっています。明治二年三月には、有名な梅村騒動という、飛騨一国全般に及ぶ一揆がおこりました。梅村知事が逃げ出したところは、苗木藩なのです。直接その話が、この中津川に入ります。同じ年の夏には、先程いった贋二分金で、信州にも大一揆がおきる。贋金で収めたら、その金通りではなく三〇%から二〇%しか計算してくれない、百姓としてはたまったものではない。正価で受け取った金が、贋金といって受け取ってもらえないのでは、話にならない。この憤激です。しかも明治二年から三年というのは、大凶作です。年貢が入りません。

そして明治三年には信州で、猛烈な一揆がおきる。松代《まつしろ》一揆、そして松代の北の中野県の中野騒動。市岡さんの、明治三年一二月の記録[10]では、次のように留められています。

　去る一九日夜中、中野県下大騒乱、下民共右県へ押寄せ斧鉞其他得物携え打ち毀し或いは放火、官員は松代迄立ち退き候由。

これが一つです。二つ目は、

　豊後日田県も右同様の始末、官員三、四名即死これある由、誠に恐るべき世の中、嘆息の限りに存じ奉り候。

これは市岡さんの同志からの手紙です。一体世の中はどうなっていくのか。御一新といっているが、一新ではない。年貢は安くならず、百姓一揆はおこる。ただし政府としては、八〇〇万石しか政府の直轄領の草高がないのです。これで国家の政策を展開するのだから、税金をまけるわけにはいきません。取れるものならばもっと取りたい。この問題は明治二年以降の大きい問題になってきます。これは恐らく市岡さんの書き付けた[11]メモだと思うのですが、明治四年の最初に、次のように書かれている。

政府は日本国中は我が物也とし、天下は万民の天下たることを知らず、此において人心離反す。方今海外交際盛んなり。この時に中り人心を失う、嗚呼危哉。

これがこの地元の方の感想なのです。

意見の食い違いはこれだけではありません。宗教政策も関係してきます。平田国学というのは、神道を宗教的に深めようとした考え方です。間さんが非常にはっきりいっていますが、外国の人にも、納得してもらうのなら、筋の通った教理を考えなければいけない。天地を創造したのはどのような神か。人間が亡くなったら、どこに霊魂が行くのか。外国の人にもわかるような筋道を付けないかぎり、人は納得しない。しかし、このような意見は、権力を握っている人たちの意見ではありません。民衆に接し、地元の政治をやっている人たちは、権力を使って、物事を解決しようという発想はもともとありません。そのかわりに、教育と宗教を使って、民心を安定させようとする志向が強くなります。これも平田国学の、私は特徴だと思うのですが、それは政府の方針と違っていきます。政府の方針は、出来るだけ早く洋学を入れ、手っ取り早く上から近代化しなければいけない、ということなのです。ところが平田国学も含めて当時の日本人の、当たり前の、地元からの発想は、都は京都なのです。天皇を、何度も動かすべきではない。そして大嘗祭は京都でやらなければいけない。こういう日本人的な、下からの、徐々に自分たちの力をそのなかに加えていくという改革の方向とは、政府のやり方は違ってくるのです。

それから最後の問題は軍隊問題です。軍隊というのは平田国学も含めて、やはりその郷土を守るために、人が金を出し軍服を作り武器を買ってやるものなのです。イギリスでいうヨーマンリィというものも、本来はそういうものなのです。自分たちが自装自弁で地域を守るということです。ただしそれは有産階級の軍隊なのです。ですから彼らは草莽隊と呼ばれますが、彼らはそういう発想の人たちです。政府が考え、そして大村益次郎が一番はっきり考えていたのは、全面的な洋式訓練、徴兵制軍隊、命令系統は天皇の下に軍隊を指揮する、こういうことですから、ここでも意見が食い違ってくる。これは、「遅れている、進んでいる」といったものではなく、置かれている立場で、両方の意見が非常に分かれていくのです。下から見れば、未だ全然世の中は変わっていない。『夜明け前』の言葉でいえば、「いまだに夜明け前」という意識なのです。ただ政府としては、こういう物の考え方をする人は、だんだん邪魔になって来ます。政策を遂行するための邪魔になってきます。しかも政府としても局面を全くきりひらくことができません。結局、政府と岩倉具視が、事態を打開するために決断したのは、薩摩と長州と土佐の三藩の精鋭を上京させ、御親兵として組織するということでした。軍隊を東京に結集し、上からの改革を断行する。これが明治四年の初頭です。

八　平田国学者への弾圧と廃藩置県

一体何が起きているのか。全国的に政変のうわさが広まり、この中津川でも、薩摩の西郷などのうわさが出てきます。しかし正確な事態はわかりません。市岡さんの記録に留められているのでは、「遷都お止めの事」、京都に戻る。二つ目は、「封建にご回復の事」、強引な郡県政策は、ここで止めになる。それから「異国との条約従前の通りにては体裁を失うにつき、自今御国威確乎御改めの事」、条約を日本に有利なように改正するといった、こういううわさとして入ってきたのです(12)。実際には、権力集中です。その第一段階が、明治四年三月の政府からの平田国学者の一掃粛清という大事件になります。中津川の人にとっては幸いなことに、間半兵衛さんは、前の年の末、体をこわして朝廷の官職を辞して、国に帰っていました。そして中津川の人が一番よく知っていた伊勢屋久兵衛、即ち池村久兵衛も、折り悪く東京にいて捕まっています。疑わしい者はすべて捕まえられました。このような体制を敷いた上で、明治四年七月に廃藩置県が断行されます。

おわりに

ですから、私が最後にいいたいのは、この地元の史料から見ると、明治維新というのは非常に複雑な過程だったということです。明治維新はそう簡単に考えることは出来ない。ただいえることは、いくら上から改革をやろうと思っても、下の力、地元の力がなければ、国は作れません。たとえば、学校を作る。政府が金を出すわけではない。この地元の人が作らなければなりません。地租改正をやる。土地の丈量《じょうりょう》は誰がやるのか。地元の合意で人を雇い、測らなければ計算もできない。役場の行政をどうするのか。地元の人が、それなりの選挙か、あるいは人を選任して、町や村を作らなければ維持できない。こういうことが、廃藩置県の直後から、現実の地元の問題になってきます。そしてこの論理をつきつめて行けば、やはり国を作るという、先程の話のように、天下は万民の天下、税金を出す人なしに国が成るかという、自由民権運動に当然行くのです。そしてこの中津川の場合には、先程も菅井守之助の名前を出しましたが、幕末に平田国学に入った人々の内、二十歳代位の人々が、明治一〇年代には民権運動をやるようになります。そういう意味では、全国にまたとない「日本の青春地帯」といっていいと思います。ただし私がこの中津川を調べ始めた一九九八年から、まだ丸二年にもなっていません。今申しましたことも、かなり仮説的なこともあり、もう少し史料が集まれば、修正しなければならない点が出てくるかもわかりません。それから調べれば調べるほど、わからないこともあります。

ところで、この中津川で、私が非常に珍しく有難いことだと思っているのは、幕末から大きい町全体を焼くような火事がなかったということです。したがって幕末の手紙も池村久兵衛さんの手紙も含めて残っています。松尾多勢子さんの読み難い手紙も出てきます。探せば沢山出てくる。間さんと市岡さんのところだけでも、かなりの量があります。肥田九郎兵衛さんのお宅、あるいは勝野七兵衛さんのお宅、あるいは高木伝兵衛さんのお宅などの関係の史料が集まって全体が見られるようになると、町の歴史というのは更に面白くなるはずです。そうすれば、『夜明け前』というものが、何も島崎藤村という優れた文学者の頭の中だけで作ったものではなく、当時の日本の地域の内の最も典型的な地帯を描き切った小説であり、しかもその舞台はこの中津川だということが明らかになるでしょう。その周辺に馬籠があり、妻籠があり、そして奥三河の稲橋があったという形になるだろうと、私は確信しています。そういう意味では、この地元の方々の史料が、何らかの形で纏められ、私のような関東の人間にも見られるようになればいいと思っているのです。

第二部　平田国学と佐藤信淵

第一章　気吹舎と四千の門弟たち

気吹舎《いぶきのや》（伊吹迺舎とも記される）とは、国学者平田篤胤《ひらたあつたね》の号であるとともに、その娘お長《ちょう》の婿銕胤《かねたね》、嫡孫延胤《のぶたね》にうけつがれ、さらに三代にわたる平田国学塾の名称ともなっていった。この平田国学の門弟の数は、文化元年（一八〇四）から明治五年（一八七二）にかけ四三八〇名余の多きに達し、しかもその周囲には、幾重にも積み重なる支持者、理解者の層を結集し、一九世紀変革期日本の最大の知的集団を形成していったのである。

著者は一九九四年、「幕末平田国学と政治情報」と題する論文を執筆する機会にめぐまれたが（中央公論社『日本の近世』第一八巻）、調べる中で、その藩域を超えた全国的情報ネットワークの広汎さ、武士とそれ以外の身分の垣根を取り払った横断的結合の強固さ、そして、これらを統轄する江戸佐竹藩邸内の平田塾の求心力に関心を惹きつけられた。この見通しにさらなる実証的裏付けが得られるかどうか、著者は一九九八年の夏から、島崎藤村の名作、国民的歴史文学にもなっている『夜明け前』の主人公青山半蔵が、ともに学び、生涯にわたる親友を見い出し、そしてともに国事運動に携わった場である岐阜県恵那郡中津川への調査に入ったのである。

この調査は二〇〇三年三月に一段落したが、そこで得られた結論は、この地域での平田国学の運動は、昭和初年まで、同地方の経済と政治の主導権を握っていた名望家・豪農商層の幕末維新期におけるきわめて合理的で広がりをもった政治運動であり、維新変革の底辺を担い、下からの近代化を推進した前進的な政治変革運動だった、というものであった。著者はこの地域を、日本近代の「青春地帯」と表現した。

他方、戦時中に教育を受けた世代においては、平田国学と聞くと、非合理主義、排外主義といったマイナス・イメージと条件反射的に結合して意識され、生理的嫌悪感は覆うべくもなく強烈である。また常識化された理解では、戦前の国家神道そのものを創り出した張本人として、祭政一致・廃仏毀釈も含め平田国学が非難されつづけている。さらに、平田国学を自己の正統性主張の中にきちんと位置づけて然るべき神社界自身も、現実には「敬して遠ざけ」ており、学術的には本居宣長《もとおりのりなが》を強く押し出し、明治期では津和野国学《つわのこくがく》を前面に据え、問題を糊塗している印象を著者は強く受けている。

というわけで、著者は幕末維新の政治史研究者の立場から、篤胤自体の思想形成と思想の特質、その思想的波及性という問題を少なくとも自分自身のために改めて納得させなくてはならなくなった。以下展開する著者の論は、あくまで中間的なものだが、結論を先取りして述べれば、篤胤の提起した諸問題は、一九世紀の日本と日本の知識人にとって、もっとも根本的な性格のものであり、篤胤を嫌う当時の人々にとっても、一つ一つにつき自分への回答を見つけなければならなかったこと、そして、そのうちの相当部分は、二十一世紀的課題としても依然としてとどまりつづけていること、この二点である。

一　「千島白波」

従来の篤胤研究家への著者の不満は、国学者宣長とのつながりという視角においてのみ、また思想史的にのみ枠組みを立てようとする根強い傾向である。寛政七年（一七九五）、二〇歳のとき、親の許しも得ず、また藩にも届けることなく、しゃにむに脱藩して江戸に出てきた篤胤は、なにも最初から国学をやりたかったわけでは決してない。一〇〇石取りの佐竹藩士大和田家の四男であるならば、すでにどこか養子に行っているのが通例であったのに、それも拒み、また秋田の閉鎖的な城下町にあたら一生を埋もらすのをも潔しとしない、ずばぬけてすぐれた能力と制御できないほどの覇気ある青年が学び取りたかったのは、江戸での最高の学術、最新の学問でなければならなかった。その中での思想彷徨の末、結果的に国学の道を歩むことになったのである。

いつの時代も、真剣な学問は時代と切り結び、現実が提起する課題に真っ向から取り組む姿勢を有している。しかも、彼が江戸に出た時期は、鎖国成立以来、日本が初めて世界史と正面から対決しなければならない異常な時期に当たっていた。篤胤を出府に駆りたてた内面的衝動も、おそらくきわめて鋭敏な彼の時代感覚だったのである。

寛政四年ロシア使節ラクスマンの根室来航と通商要求は、それ以前からの蝦夷地への危機感を一気に加速した。つづいて寛政八、九両年のイギリス海軍ブロートン艦長の蝦夷地来航は、翌寛政一〇年の近藤重蔵を含む大規模な蝦夷地調査隊の派遣を結果し、箱館から東蝦夷地を経由した千島列島に至る軍事道路の迅速な開鑿工事が必然化された。そして享和二年（一八〇二）には東蝦夷地全域が松前藩から収公されることとなる。

文化元年（一八〇四）、ラクスマンへの約束を幕府に履行せしむべく、大ロシア帝国皇帝全権使節レザノフが長崎に来航、七ヶ月も無為に待たした上の幕府の回答は、通商はできないとの、文化二年三月の木で鼻をくくった内容であった。しかし、このつれない回答が恐るべき結果を生みだすかもしれない、という危険性を幕閣はよく理解していた。それが故に、同月の文化二年三月、大規模な蝦夷地探索隊の派遣が決定されたのである。

レザノフは激怒し、部下のフヴォストフとダヴィドフに日本北辺への武力攻撃を命令した。文化三年九月のカラフト攻撃の報告は、冬期のため宗谷海峡を渡海できず、翌文化四年四月に江戸に届き、同じ月にはエトロフ島が攻撃され、さらに同年日本人捕虜を帰国させる際、ロシア側が携えさせたカタカナ文書状には、「通商を認めないならば日本に戦争を仕掛ける」旨の脅迫が明白に示されていた。当然のこととして、幕閣は、レザノフへの拒否回答に対する結果がロシア帝国の対日攻撃となったのだ、と考えたのである。しかも追い打ちをかけるが如く、文化五年八月、英国軍艦フェートン号の長崎来襲事件が勃発し、長崎奉行は引責自刃、長崎警備の担当藩佐賀藩の責任者二名は切腹させられたのである。

このような結果、敷かれた長崎・江戸湾・蝦夷地の厳戒態勢の中に、文化八年、ゴロヴニン艦長率いるディアナ号が千島列島に来航、クナシリ島で艦長以下が日本の捕虜となった。幕府の最大の関心事は、文化三〜四年のロシア対日攻撃がロシア皇帝の命令か否かを確認することにあった。交渉の重点はここにおかれ、日本側の高田屋嘉兵衛、ロシア側の副艦長リコルドの誠実な努力により、ようやく文化一〇年九月、ゴロヴニン以下のロシア人捕虜はロシア側に引き渡され、ここに一七九〇年代初頭からつづいた対外危機の時代が終了することとなった。世界史から見るならば、それはフランス革命期という世界史的時代の極東日本への、エピソード的な、しかし歴史必然的な波及であり、世界史への包摂への明確な事前通告だったのである。

このような対外危機に対しては在野の処士も当然対応した。寛政三奇人と幕末にたえず想起される林子平《はやししへい》、高山彦九郎《たかやまひこくろう》、蒲生君平《がもうくんぺい》はその典型である。だが幕閣は処士横議を忌み嫌い、『海国兵談』を寛政四年に絶板処分としたように、国事と外交を論ずることは厳禁とされた。日本の将来を憂うる志ある人々は、ひそかに材料を収集し事態を理解しようとするほか手段はなかったのである。

そのような中、もっとも深く事態の推移をとらえ、問題の本質を考え、それへの対応を模索した人物が、著者は平田篤胤だと思っている。

寛政一二年、篤胤は備中松山藩士で江戸定府の平田藤兵衛の養子となるが、藤兵衛が山鹿流の兵学者だったことからもわかるように、篤胤は、その江戸での苦学の当初から対外危機と日本の軍事的対応の問題を勉学課題の正面に据えていた。その前提こそが客観的で多角的な情報収集だったのである。彼がどれほど時局への危機意識をもち、どれほどの収集能力を有していたかは、秘密裡に収集した時局情報の編纂物である「千島白波《ちしまのしらなみ》」を見るとよくわかる。この編纂物は、蝦夷地問題での当時個人レヴェルで収集された最良の情報記録であるばかりではなく、フェートン号事件に関しても、しっかりと確実な情報を獲得しているのである。

しかも注目すべきことは、天文方の渋川家や幕府翻訳御用の大槻玄沢《おおつきげんたく》家レヴェルでなければ入手が困難だったはずのロシア語原文あるいはロシア語カタカナ書きのフヴォストフ文書をもどこからか入手し、対露問題の実態を第一次史料により、可能なかぎり実証的に把握しようとした彼の姿勢であり、また最上徳内や近藤重蔵にまで直接に問いただしながら精細な各種の蝦夷地地図を作成し、できうるかぎり具体的に事態を理解しようとしていた彼の態度である。この「千島白波」の編纂が終了するのが文化一〇年、それは象徴的なことに、対外危機が去ったまさにその年に当たっていた。

二　『霊能真柱』

同年の文化一〇年（一八一三）、篤胤は主著『霊能真柱《たまのみはしら》』を刊行する。それは、彼の親友蒲生君平が『山陵志《さんりようし》』（一八〇八年）や『職官志《しよつかんし》』（一八一〇年）等において、危機に対応しうる国家体制の構築論を律令制国家をモデルに模索していったのに対し、「大倭心《やまと》を太く高く固めまく欲《ほり》するには、その霊《たま》の行方の安定《しずまり》を知ることなも先《さき》なりける」と執筆目的を明言しているように、このような対外危機に対決しうる主体側の国家・国土意識のあり方と主体側の魂の行方への確信を形づくるためのものであった。

そこに流れる思索の根底に存在したのは、彼の祖父、父、そして彼自身とたたき込まれてきた儒教的宇宙論への確信の崩壊であった。自分の師蘭方医吉田長淑《よしだちようしゆく》（平野満「平田篤胤の蘭馨堂入門と蘭方医学研究」『日蘭学会会誌』第一九号、一九八五年一〇月）のもとでの解剖への参加、対外的危機での世界地理の学習、そして何よりも西洋天文学の教える地動説の真理性等、人体も含めた自然への認識は西洋のそれが深く正確であり、中国のそれは誤っている、この命題こそ篤胤が江戸で学びとった衝撃的結論だったのである。

篤胤が親しんできた朱子学の哲学、それは性理学《せいりがく》といわれるが、そこでは「窮理《きゆうり》」ということがもっとも強調される。すべてのものには個々に理が具わり、理は感覚できる物のように存在するものではないので、その探究は現象次元の事象に即して、その理を窮めなければならない。さらに個別の事物に内在する理は、その事物をその事物とさせつつも、同時に世界の全体秩序そのものであるという性格をも有する。このような理が主体の内外を貫き、一事一物に内在しつつ、それを超越する根本原理が事物に内在するというのが朱子学の宇宙論・コスモロジーだったのである（『中国思想文化事典』）。だが、この内在する理を「窮理」したはずの宇宙の秩序なるものが、不動の地球のまわりを月、水星、金星、太陽、火星、木星、土星等が回転するという典型的な天動説となっている。このような中国の儒学に対比させた西洋人の学問のあり方を篤胤は、「彼国人の俗に天地の間なる事物を測算術を以て、考への及ばむかぎりは惟考へて、その及ばぬさきのところは、闕《かき》てこれを論《い》はず、すべて神の御心なることを弁へて、信《まこと》に古を好み、厚く古伝を尊《とうと》む国風《くにぶり》なれば、さらに漢土《もろこし》のさかしら説《こと》とひとしなみならず」と要約する。

朱子学の根底にある宇宙論・コスモロジーたる性理学が、眼前の自然とその秩序を正しく説明していないことがはっきりしたときの精神的空洞なるものを、何で埋めるのかという問題は、今日では想像できないほど甚大な問題であった。それは新たな宇宙論・コスモロジーへの強烈な要求とならざるをえない。換言すれば、自己と関係性をもつこの世界全体を包み込んでいる宇宙とその生成を、篤胤をはじめとする自分自身にどのように納得させるかの問題となるのである。

それは篤胤が篤き敬神《けいしん》家《か》だったことでのみ説明すべきことではない。朱子学の理の理論と正確に同一の理論であるイデア論を以て世界の現存する事物を説明しようとしたプラトンは、同時に創造主デミウルゴスによる世界生成を神話（ミュトス）によって物語っている。プラトンによればこの論理の体系だけが世界を統一的に説明することができるのである。また一七世紀から一九世紀半ばにかけてのイギリスの科学者の多くが、きわめて信仰心の厚い牧師や宣教師であったことも想起されてよい。神の栄光は科学によってのみ証明されたのである。

「科学への探求と古伝説への信仰」という形で理解された西洋の古伝説＝神話とは、篤胤の知識では次のようになっていた。まず創造主ゴッドなる唯一神が存在し、彼によって世界が創造される。人類の始祖はアダムとイヴという二人の男女であり、当然はじめは単一の言語である。バベルの塔の崩壊後、ようやく諸民族に分かれ、諸言語が成立する。篤胤没後に日本人が知ることとなる西洋史の通史においても、斎藤竹堂《さいとうちくどう》の「蕃史《ばんし》」（一八五一年）は、世界創造は紀元前三九四七年とし、民権期も含んだ明治前半期、英語学習のためもっとも多く使用されたパーレーの「ユニヴァーサル・ヒストリー」は、それは紀元前四〇〇四年のことだと語っていた。

他方で篤胤には、『古事記伝』という強力な武器があった。漢心《からごころ》の排除と徹底した文献学的考証学的方法により、従来仏教的儒教的に種々に牽強付会的に説明されてきた古代日本のありさまが、宣長によって国学的方法を以てみごとに解明されたのである。篤胤は、太陽と地球と月の形成を地動説的に解釈した上で、キリスト教的世界創造神話と旧約聖書的歴史展開を意識しつつ、天御中主神を創造主とするきわめて首尾一貫した神道神学をつくりあげるのであった。それは近世後期における記紀神話の復活であり、復古神道神学のたしかな成立を意味したのである。

このことがどれほど大きな意味をもったかは、復古神道神学が、文政八年（一八二五）の会沢正志斎《あいざわせいしさい》の「新論《しんろん》」や、弘化四年（一八四七）の藤田東湖《ふじたとうこ》の「弘道館記述義《こうどうかんきじゅつぎ》」の中の基軸思想として取り入れられていることからも理解できよう。そこでは朱子学的性理学はまったく影をひそめてしまっていた。儒教的合理主義対国学的非合理主義といった陳腐な対比のさせ方は、この段階では、そもそも成り立ちえないのである。篤実な朱子学者松崎慊堂《まつざきこうどう》は日記の文政六年七月五日条に、「司天台にゆき高橋観巣《かんそう》（景保《かげやす》）に謁す、ヲルレレイ（天体儀）を観る」と記して実地の確認をおこない、翌日条に「余は再び天文台に於て遠鏡を以て河漢《かかん》（天の川）を窺うに、誠に西人の説の如し」と感嘆し、翌年五月二日条では「太陽と恒星とは動かず」と西洋天文学の根本原理を記録する。この時期以降、儒学の主潮流は、哲学を欠如させた清朝考証学の方向に急速に移行していくこととなるのだった。

『霊能真柱』では、日本の国生みにおいてこそ天地創造がおこなわれる以上、日本が「万《よろず》の国の本つ御柱たる御国《みくに》にして万の物万の事の万の国に卓越《すぐれ》たる元因《もとのいわれ》、また掛まくも畏《かしこ》き我が天皇命《すめらみこと》は万の国の大君《おおきみ》に坐《ま》しますこと」が当然のこととして強く主張される。それは、世界史への包摂過程での儒教的な東アジア知的共同体からの日本の離脱であり、単一の世界史を創り出そうとする西洋への日本単独の明白な自己主張の形をとることとなった。そして「万の国の本つ御柱」だとする日本の位置づけは、篤胤段階では、何故諸外国が不断に日本へ交易を求めに来るのかを説明するために使用された。また日本は世界の中つ国、うまし国である以上、物豊に自足自充し、他国にはなんら求むべきものが無いとの主張の前提ともなったのである。

ケンペルの「鎖国論」がオランダ通詞志筑忠雄《しづきただお》によって訳出されたのが、対外危機の真っ直中の享和元年（一八〇一）であったこと、さらにその写本の主系統は、文化元年（一八〇四）末、レザノフとの交渉のため来崎した幕府要員支配勘定太田南畝《おおたなんぽ》が長崎で写し取らせたものを出発点としていることも、以上の文脈とのかかわりで注意すべきであろう。篤胤は『霊能真柱』において、この「鎖国論」をしっかりと踏まえ、今日までつづく日本文化論・日本風土論の一つの典型を展開するのである。

三　「御国の御民」

『霊能真柱』の第二の特徴は、一方で天皇を神孫としての現津御神と位置づけながらも、他方で、日本を成り立たせている人々を身分を超えて「御国《みくに》の御民《みたみ》」として積極的に自覚させようとしていることであった。同書では人々の「神魂《たま》はもと、産霊《むすびの》神の賦《くま》りたまへる」もの、「この平篤胤も神の御末《みすえ》胤にさむらふ」ものといわれ、『玉襷《たまだすき》』第三巻では、「世に有ゆる事物は此天地の大なる、及び我々が身体までも尽く天神地祇の御霊《たま》に資《よ》りて成《な》れる物にて、各々某々に神等の持分《もちわ》け坐《まし》まし」ているものとされ、「古道大意」では、「賤の男我々に至るまでも神の御末に相違なし」と断言される。特に中つ国たる日本においては、「神国の神民」たることが強調される。そこでは絶対的創造主と原罪を負ったヒトというキリスト教神学とは異質な神とヒトとの親和性が説かれるのである。平田国学の物のとらえ方のうち、もっとも普遍的に支持者によってわがものとされていくのは、このような特有の自己認識の方法なのである。『古史徴開題記《こしちょうかいだいき》』の序において、篤胤のパトロンで武州越谷の豪商山崎長右衛門が「天離《あまさか》るひなの御民《みたみ》となり下りて」とも、「浦安《うらやす》の安国《やすくに》と平《たいら》き神《かみ》の御国《みくに》の、現御神《あきつかみ》の御民《みたから》」とも自己規定し、「講本気《こうほんい》吹颰《ぶきおろし》」の序では門人小島元吉と千本松吉周《せんぼんまつよしちか》（両者ともに下総の人）が「神国の神民」と語り、そして「牛頭天王歴神弁《ごずてんのうれきしんべん》」の序に筑前の門人大三輪茂興《おおみわしげおき》が「筑紫道　白浪よする志摩郡名細き桜井の里にすめる御民大神の臼杵千音」と名乗るが如くである。このような自己主張の特質は、当時の一般的な行政文書の書式と比較するとよくわかってくる。たとえば幕末伊那谷《いなだに》の平田国学の指導者北原稲雄《きたはらいなお》は、法的には「堀石見守領分座光寺村庄屋森右衛門」と、まず領主との関係性を明記しなければならず、また姓は有していても公然と使用するにはきわめて厳しく制約されていた。他方、彼等の私的文書においては、「信濃国御民誰の何左衛門」であり、または「美濃国御民誰の何兵衛」となるのであった。そこでは封建的主従関係そのものを相対化する論理がたしかに働きはじめているのであり、日本国を下から成り立たせている六十余国のいずれかの国の御民を明白に自覚することによる、ゆるやかな国民的意識の萌芽が目ばえはじめてきたのである。

四　復古思想

国生み神話を世界創造神話に位置づけ、日本を世界の中つ国、日本人を神の御末・御国の御民とすることにより、日本人の「霊能真柱」を確立しようとするならば、当然そこには始原主義と復古主義が色濃くあらわれてこざるをえなくなってくる。中国文明が伝播する以前に、日本に文字が存在したはずだとする神代文字論や、中国の度制渡来より前に日本固有尺があったはずだとする議論はその典型的なものであろう。

ちなみに、このような議論は決して篤胤個人のものではない。古代日本を実証的考証的に研究できるようになりはじめて以降、多くの和学者・国学者の共有する関心事だったのである。神代文字論は伴信《ばんのぶ》友《とも》や屋代弘賢《やしろひろかた》も同論であり、それははるか後の明治二二年（一八八九）刊の『懲狂人《ちようきようじん》』において、平田国学の最後の代表者矢野玄道《やのはるみち》が、神代文字の存在を批判した「神代文字之弁」に反論を加える頃まで、その存在の有無が長く論争されつづけるテーマとなった。

また、日本固有尺の存在の主張が屋代弘賢によって「古今要覧稿」第二一四巻器財部度（ものさし）においてなされているが、その原稿は篤胤自らが執筆している。ただしそのような立場は、考証学の第一人者で固有尺の存在をはっきりと否定した狩谷棭斎《かりやえきさい》と弘賢や篤胤間の学問的友情を必ずしも壊すものにはならなかったのである。

とはいっても、篤胤の場合には、その宇宙論と結合しての始原主義・復古主義は濃厚であり、儒教が入り仏教が伝わることによって皇威が衰えていったとする論理は動揺することはない。『玉襷』第一巻に「上下挙りて仏法を信仰し神を汚し侮ることの多かりし故に、神々の御守り薄く、種々御手違ひの事ども出来て、朝廷の御稜威《みいづ》も自づから御衰う」と明言する通りであった。だからこそ、篤胤の考える正しい学問たる古学とは、「熟《よ》く古《いにしえ》の真《まこと》を尋《たず》ね明らめ、そを規則《のり》として、後を糺《ただ》すをこそいふ」ものなのである。新しき古の実現がその目標となる。「儒仏の道を借《かりる》事なく天下は治まる」（天保一四年二月篤胤書翰）とも彼は述べている。

しかも、この特質は彼の高弟生田万《いくたよろず》においてはより鮮明に現れていった。天保四年（一八三三）に著された「古学二千文《こがくにせんもん》」は、一面彼の師平田篤胤への頌歌であるが、他面古代への憧憬は強烈である。儒仏以前の古代は「倹は租税を蠲《のぞ》き、恩は縲紲《るいせつ》を輟《や》む」と薄税寛刑のよき時代として理想化され、仏教伝来は「馬賊（馬子を指す）は寿を完《まつたく》し、厩戸《うまやど》は哲《てつ》を殲《ほろぼ》す」ときわめて否定的に描かれる。その歴史変遷叙述の末尾におかれるのは、「噫曩昔《ああのうせき》の昌《さかり》なるに、詎《なん》ぞ杪末《びょうまつ》の衰《おとろ》えたる、徐《よう》く醇朴《じゅんぼく》を散《さん》じて、遄《すみやか》に澆漓《ぎょうり》に趍《わし》る」との一六文字なのである。

この生田万は篤胤の学問をもっとも理解していた者の一人であり、それ故に文政一〇年（一八二七）刊の『医宗仲景考《いそうちゆうけいこう》』の序文を書き、天保五年に篤胤の著作目録を作成して「大壑平先生著撰書目序《だいがくへいせんせいちよせんしよもくじよ》」を執筆し、さらに天保七年刊の『大扶桑図考《だいふそうこくこう》』の跋文を認めたのである。

だが現実の社会は理想の古代ではまったくなかった。実際には、領主が居、地頭がおり、年貢がはたり取られ、夫役《ぶやく》が不断に懸けられ、貧窮し反抗する百姓があった。その間を庄屋、名主が走りまわらなければならなかったのである。下総国香取郡松沢村の名主で平田国学を学ぶ宮負定雄《みやおいさだお》も天保五年には「狂病」となり、自嘲して「御民等の財《たから》掠《かす》む村長は世の盗人の種といふなり」との歌をよむ（川名登編『宮負定雄　下総名勝図絵』）。そしてそれを報知した同村の神職宇井出羽《ういでわ》も、その後大原幽学《おおはらゆうがく》の門人となっていく。平田門人の直面する時代の壁は厚くそして高かった。

天保飢饉のただ中の天保八年、越後柏崎の桑名藩陣屋が強行しようとする米の津出しに怒り同地で開塾中の生田万が門弟・同志と蹶起して敗死するのが六月一日、その第一報を同月七日にもたらしたのは、皮肉にも桑名藩士の篤胤門弟森田鉄兵衛であった。森田は師の篤胤に生田万からの諸来状の内容を問いただし、篤胤はその大略を覚書にして森田に渡さざるをえなかったのである。

五　「みよさし」の論理

篤胤は学者であって政治家ではない。反幕意識も個人的には強くはなかった。ただし彼が扉を開いてしまった一つの学問、一つの神学は論理的には復古主義・始原主義になっていくことは不可避であった。

彼自身の思いがけないところから、それは生田万の例のように、師の意に反し、師の志に背き現実のものとなっていく。しかも、篤胤は彼等の心情を理解できるよき師でもあったのである。

尚古主義《しようこしゆぎ》といっても、儒教の場合には堯舜《ぎようしゆん》の世に還れというに過ぎない。科挙をおこない仁政を施せば事おわる。儒教においては尚古主義はあっても真の意味の歴史主義は存在しえない。性理学のいう宇宙の根源とされる「太極《たいきよく》」の論には生成論が欠如し、無限の循環が陰陽二気のアクセントを以て繰り返されるのみである。しかし、篤胤の学、篤胤の神学には明白な歴史主義が貫徹している。それは、客観的には現実を相対化する力をもちはじめるのである。

篤胤自身、この矛盾をよく自覚していた。それがために、彼は自己の学問、自己の神学を普及するため、『玉襷』の刊行に力を傾注し、第一、第三、第四、第五の四巻を天保三年（一八三二）より出板するが、第二巻のみは欠落させ、篤胤の没後の嘉永二年（一八四九）から安政三年（一八五六）にかけて第六、七、八、九巻の四巻が出板されるも第二巻は入っていなかった。第二巻の出板はようやく文久元年（一八六二）になってからのことである。この巻は武家政権論を正面から扱っているのである。

この論理的な危険性を回避するためにも、篤胤理論での「みよさし」（「任命」の雅語）論が必然化されたた、と著者は現段階では考えている。神孫たる天子と将軍以下の現実の支配体系との結びつけ方の政治理論である。『霊能真柱』では、「天皇命《すめらみこと》は山城国に御座《おわ》しまして顕事《あらわごと》の本を治看《しろしめ》し、将軍家はその大御手《おおみて》に代《かわ》りて天下の御政を執奏《とりもう》したまひ、八十《やそ》諸《もろもろ》の大名がたを帥《い》てその御尾前《みおさき》となりて仕へ奉りたまふ」と定式化され、篤胤の著作に繰り返し主張される政治理論となっていく。

ここで留意されなければならないのは、この「みよさし」論と松平定信《まつだいらさだのぶ》の「大政委任論」を決して混同したり混淆したりしてはならない、ということである。たしかに定信は、その老中就任直後、将軍家斉《いえなり》に「古人も天下は天下の天下、一人の天下にあらずと申候、まして六十余州は禁廷より御預り遊ばされ侯御事に御座候へば、仮初《かりそめ》にも御自身のものと思召すまじき御事に御座候」と、その心得方を進言している。だが定信は将軍のためにのみ進言したのであって、一般的な政治理論として公にしたわけでも、そのつもりでも決してなかった。公的な政治理論はあくまでも朱子学的な政治論であり、その冒頭に位置づけられるのは、「其の位に在らざれば其の政を謀《はか》らず」という論語泰伯《たいはく》篇及び憲問《けんもん》篇に重出する儒学の大原則なのである。

他方、篤胤の「みよさし」論は儒学的政治論とはまったくかかわりない形で形成され、しかもその理論の受容層は支配身分たる武士以外に存在した。そしてこの理論は、篤胤の「御国の御民」論と連結されることにより、きわめて普遍性の強い政治理論に成長していく。在地の豪農商は、一面では被支配階級であり、他面では庄屋・名主・本陣・問屋など全国的行政の最末端に位置づけられる政治的中間層なのである。その彼等が、自己の職分論を篤胤の「みよさし」論を手掛かりに発展させていくとき、一方では自己の行政下におく一般民衆へ公儀秩序を具体的に説明する道具として、他方では、職分を遂行しえない上位の職務分有者への公憤・義憤を噴出させる武器として機能していくのである。

実際には、各地の平田門人の間で、それぞれに発展させられると同時に、門人以外にも、彼の学問が広く普及していく過程で、地域に応じた在地の理論となっていった。たとえば土佐の郷士層においては、天保年間に「庄屋同盟」が組織されるが、そこにおける庄屋とは、神勅中の「天邑君《あめのむらきみ》」にはじまる「歴然たる朝廷の御直臣にて神授相伝の官軍」（内田八朗『細木庵常の生涯』）と位置づけられることとなる。

このような思想的土壌の上にこそ、郷士で庄屋たる吉村寅太郎の文久二年四月の脱藩があり、郷里の両親に、「四海王臣たらざるは無しと雖も、就中《なかんづく》諸侯・里正は先魁《さきがけ》致すべき理《ことわり》に候」との訣別状が送られることとなったのである。

六　顕世と幽世

『霊能真柱』の思想を論じるには、顕世と幽世のテーマを逸することはできない。篤胤は対外危機に対処する「御国の御民」の安心を獲得しようとするために、執拗にこの課題を追究した。それはほかならぬ自分自身への納得の問題でもあったのである。しかも、このことは、上述してきた朱子学的性理学の崩壊問題と深くかかわっていた。

儒学では、一方で「未だ人に事うること能わず、焉《いず》んぞ能く鬼《き》に事えん」「未だ生を知らず、焉《いず》んぞ死を知らん」と語りながらも、他方では、「礼」の基本を鄭重このうえない祖先祭祀においている。儒教の最大の徳目たる「孝」は、この儀礼を介して実体化・日常化されるからである。この際の理論については、朱子は、鬼神は陰陽の屈伸する気であり、造化にかかわった気はやがて消失する、としている。もし性理学が崩壊するならば、この気論での「鬼神《きしん》」説明（それを儒学では「鬼神論」と呼んできた）はその生命力を喪う。では、それにかわって死後の霊魂を如何に説明すべきなのか。

ここで中国の鬼神論について留意しなければならないのは、今見た儒学の一定の現実主義的宗教観、それはまた「怪力乱神《かいりよくらんしん》を語らず」とも表現されているところの宗教観念は、種々の霊的存在を前提とした中国一般民衆のきわめて豊かな宗教世界の上に据えられた士太夫層のみの限定された世界にすぎず、当初からこの二重構造の中においてのみ機能しえていた、ということであり、士大夫《したいふ》自体も公的世界からいったん身を退くや、どっぷりと民衆的宗教の中につかっていたのである。そして日本では、この性理学は知識人層に観念的には理解されていたとはいえ、その下位意識としては仏教的な心性と理解、霊魂観が支配的であり、その意味では近世日本の国教は仏教であった、ともいえるのである。

したがって篤胤は、性理学的な鬼神論に訣別するためには、『霊能真柱』執筆以前に「鬼神新論」を書かねばならない論理的必然性があったのである。と同時に篤胤は、師宣長説の、死後の霊魂は黄泉《よみ》の国に行くほかないとの冷然とした主張に非常に強固な反論を加えることとなる。「冥府と云ふは此顕国《あきつくに》をおきて別《こと》に一処《ひとところ》あるにもあらず、直《ただ》ちにこの顕国《うつしくに》の内《うち》いづこにも有《あ》なれども、幽冥《ほのか》にして現世《うつしよ》とは隔《へだ》たり見えず、（中略）その冥府より人のしわざのよく見ゆめるを、顕世《うつしよ》よりはその幽冥を見ることあたわず」と篤胤は主張する。ごく我々の身近におり、我々を見守り加護しているものの、我々の目からはまったく見ることのできないという霊魂とそれがすむ幽世《かくりよ》の理解、またそれらとむすびつきながら村々の氏神・産土神は我々の生命と郷土の安寧とを加護してくれているという神々の理解は、村々の神社を守り維持し、その年毎の多くの祭祀を執りおこなうことによって、その村々の秩序とリズムを保持していかなければならない村々の豪農層にとってはきわめて理解しやすいものであり、神社を基軸として村の倫理とモラルの維持強化を図ろうとする方向性を加速することにもなっていった。何故ならば、復古神道の神学においては、幽冥界での主宰神は大国主命であり、そこにおいて生前の行為に対する賞罰が下されることとなるからである。

この「顕世幽世」の理論は、日本人の霊魂観の理解において、仏教思想から復古神道を自立せしめる転轍手《てんてつしゅ》としての巨大な機能を果たした。これ以降、国内の民俗的風習と民俗的慣行は仏教的解釈なしに直接神道的なものと結びつけながら理解されることがようやく可能となり、善悪をはじめとする各種の倫理感と倫理意識も仏教哲理から解放されて個人的に深く内面化されていくのである。

その思想的影響の広さと長さは、平田門人の範囲をはるかに超えていった。柳田国男の歌の師の松浦辰男は、桂園派の歌人であり、なんら平田国学とは関係をもってはいなかったが、篤胤を敬うこと厚く、「まさやかに君がとかずばぬば玉の暗き黄泉をいかで知まし」と詠み、「御互ひの眼にこそ見えないが、君と自分とのこの空間も隔世《かくりよ》だ、我々の言ふことは聴れている、することは視られて居る。それだから悪いことは出来ないのだ」と柳田に語っているのである（兼清正徳『松浦辰男の生涯』）。

柳田によって見い出される『遠野物語』と座敷ワラシの世界は、この敷かれた路線の延長上にしっかりと位置することになるであろう。

七　知の体系

篤胤の伝記を調べる中で、もっとも関心の惹かれることの一つは、当時の学術社会での交友の実態である。近代ヨーロッパの分化した学術制度がそのままの形で移植され、鉢植え方式で人工的に育成されていった明治以降の分散的排他的学術システムとは異なり、モデルのない中で学術のあるべき姿を模索し成長させていこうとする上昇気運の中に篤胤がおり、知的体系をつくり、その蓄積に協力する中で自らの実証的考証的学問を確実なものにしていこうとするその姿勢にすがすがしさを感じるのは著者一人ではないだろう。

篤胤の古代研究（彼はそれを「古学」とか「古道学」と呼んでいた）のレヴェルの高さは、文政二年（一八一九）に彼が刊行した『古史徴開題記』を一読すればよくわかるが、それは同時に塙保己一《はなわほきいち》がリーダーとなった「群書類従《ぐんしょるいじゅう》」叢書への称賛歌でもあった。知を共有する体制を創りあげ、自らもそれに参画する中で、中国の学ではない自国の客観的認識の学術的土台を共同で確立すること、このことへの誇りと確信がそこには充満している。然り、日本の古代研究の基礎はまさにこの時期に据えられたのである。古事記の真福寺本の篤胤の閲覧は、この編集事業においてはじめて可能となったのであり、篤胤の仲介で「常陸風土記」諸書校正本が「群書類従」に収められることとなる。

篤胤は「群書類従」にかかわっただけではない。文政二年に編集が終了したのに引きつづき、「続群書類従」編集計画が進められ、彼はその相談にあずかるブレインでもあった。保己一の後を継いだ塙次郎とは、従ってしげく交流する。

塙の学塾温故堂の塾頭石原正明《いしはらまさあき》の学問を篤胤は高く評価し、石原も津軽侯への紹介等を篤胤のためにしてくれている。篤胤は好かれていたのである。「群書類従」と和学講談所との関係では、幕府祐筆所の屋代弘賢が篤胤をもっとも理解し庇護し諸方に推薦してくれた人物である。また屋代の不忍《しのばず》文庫は篤胤のまたとない図書館ともなった。そして屋代が文化七年（一八一〇）「古今要覧」編纂の幕命を受け、文政四年より幕府への調進献納を開始するに及んで、篤胤の存在とその学識は屋代によってさらに必要性を増したのであった。「古今要覧」の編纂スタッフは相当数いたが、その中でも故実家栗原信充《くりはらのぶみつ》はきわめて親しく篤胤と交わることとなる。

幕臣を核とする古記録・古文書の編集・編纂事業をとりまくようにして、篤胤をはじめとする国学者たちが存在する。その中で彼は年長の堤朝風《つつみあさかぜ》を尊敬し、そして少し年長の伴信友には、その能力に舌を巻きつつ、よき意味のライバル意識を燃やしていた。両者の不仲がよく問題となるが、これほど個性の強い両者が、かくも長く学問的交流をつづけえたものだ、との感の方が著者には強い。力量的には甲乙つけがたい江戸の両巨擘《きよはく》であった。そして、その不仲は性格上の問題だけではなく、後述のように政治問題がからんでいたと、著者は今のところ考えている。

この時期に古代研究が盛んとなるのは、全国各地の民間レヴェルでの「国誌」編纂事業が深く関係していた。下からの国家意識形成の主要な作業でもあったこの事業には、式内社の確定、風土記逸文の収集、古代地名の考証等々、古代日本と律令制度の研究が不可欠となってくる。篤胤はその動きにも全面的に協力する。駿河の新庄道雄《しんじようみちお》や山梨稲川《やまなしとうせん》、遠州の内山真龍《うちやままたつ》との交友は、一面ではこのような共通課題を介してのものであった。そして若者の中からは前田夏蔭《まえだなつかげ》が篤胤から教えを受けるようになり、レザノフ宛の和文国書を屋代弘賢が書いたように、ペリー来航後の和文国書を夏蔭が認めるようになるのだった。

古代研究で欠かすことのできない篤胤の友人には、ならやと呼ばれ、正倉院学を開拓した穂井田忠友《ほいだただとも》がいた。ただし関西で研究をしていたため、主として書状を介しての交流である。

篤胤の学問の一つは古伝説＝神話学である。日本の記紀神話と同じ構造の古伝説をそれぞれの国の史料によって再構成していくこと、このためにインド研究では厖大な仏典を読みぬき、そしてサンスクリットを学んだのである。この関係で悉曇学《しったんがく》の権威で江戸当山派総学頭の円明院行智《えんみょういんぎょうち》とは親交を結び、ヒンズー教の理解においても彼から知見を得ている。また仏教的天文学（天動説）の正しさを主張して「仏国暦象編」を著し、当時は増上寺恵照院に住していた普門律師円通《えんつう》とも交わっている。篤胤の仏典研究が世に聞こえ、永平寺の禹鱗《うりん》より「蔵経を研窮するは僧家と雖も少し、（中略）日月の真燈を挑《かか》げ、古今の妄闇を払う」と賞されて、「東華大壑居士」号を送られるのが天保一一年（一八四〇）のことである。

中国古伝説＝神話研究においての文献は、屋代以外では狩谷棭斎から借用していたのではなかったか。狩谷は清朝考証学の本流を歩み、篤胤の古道学にはまったく同調はせず、篤胤側からは生漢心《なまからごころ》の持ち主と批判の対象ともなるのだが、学者としての交流は天保期もつづいており、最後に狩谷家の督促を受け借本を返却するのが天保六年の七月一日、棭斎は翌月の閏七月四日に病没する。逆に天保二年には、棭斎は篤胤から「栄花物語」を借りているのである。

篤胤と水戸学との関係は深くかつ複雑であり、藤田東湖は平田塾に出入りし、養子銕胤とも知りあいとなっている。そして、天保五年には「史館に入用」と『古史徴開題記』を求めてもいる。平田国学と水戸学の深いつながりは篤胤没後もしっかりとつづいており、藤田東湖門人の角田忠行《つのだただゆき》が平田塾に入門するのが、東湖圧死二ヶ月前の安政二年（一八五五）八月のことである。平田国学と水戸学との関係は、まだまだ調べなければならないことが多い。

篤胤の交友の中で見落とすことができないのは篤農家との親交である。宮負定雄の「草木撰種録」は一枚摺のこともあり、平田塾からは販売部数最高の一万一〇〇〇部以上（一八二八～七一年）が頒布されている。そして、小西藤左衛門の『農業余話』、宮負定雄の『農業要集』や「民家要術」、農業史家古島敏雄氏がもっともすぐれた農書と評価した田村仁左衛門の『農業自得』が篤胤のもとにそれぞれ持ち込まれ、彼の後援を得て世に広められていった。彼の学問のどこが篤農家を惹き付け魅了したのか、これも平田国学研究の依然とした一テーマでありつづけるだろう。篤胤自身、江戸の借家でも家庭菜園をつくりつづけており、秋田に追放されるや、田村の助けを得て、サツマイモの栽培を同地で試みるのである。

もしタイムマシンがあり、篤胤のもとに飛んで行けるとしたら、私がもっとも臨席したいのは、篤胤と最上徳内との談話の席である。二〇歳以上年長の最上徳内が、よくも頻繁に篤胤の家に出入りしたものである。その最後は、徳内の没する天保七年（一八三六）の二月二七日となっている。八二歳の徳内にとって、いよいよ足もとが覚束なくなってきた頃である。話題は多岐にわたったに違いない。蝦夷地のことと思われるかも知れないが、徳内は本多利明《ほんだとしあき》の高弟、物産学あり測量術あり、また中国の古典研究や度量衡制度研究にも確かな一家言を有している。そして蘭学の知識・造詣はいうまでもない。篤胤の話相手として恰好の人物であったろう。おそらくアイヌに関する人類学的知識もまた、篤胤は彼から得ていたのではないだろうか。

徳内死別後の空虚感を埋めるかの如く、天保九年からは蘭学者で測量家の奥村喜三郎《おくむらきさぶろう》との交流が始まる。奥村といえば蛮社の獄の発端となる江川・鳥居の争いの焦点となった人物である。最新の蘭学知識を篤胤は彼から入手する。

最後に述べておかなければならないことは、佐藤信淵《さとうのぶひろ》との交友である。今日でも信淵に対する評価は定まってはいないが、少なくとも篤胤は深く信頼して終生交流し、さらに平田・佐藤両家とも、次世代に入っても同様だったことは歴史的事実である。軍事や経済論など、信淵の得意とする分野では、むしろそれを平田家の方で活用し、平田家が間に入って信淵の著作を普及していったのである。安政五年に刊行された『入学問答』には、門弟たちの著作物も広告されているが、その中には信淵の「農政本論」「鎔造化育論《ようぞうかいくろん》」「実武一家言」「天柱記」の四種の著述が内容紹介文を付されてきちんと掲載されている。

八　攻　撃

歴史学でもっとも大事なことは、その時代の雰囲気を皮膚感覚で知ることである。篤胤の活動した時代は、学問的には朱子学が支配し、その背後を仏教界が押さえていた。政治的発言や不用意な噂は、どのような弾圧の口実とされるかもしれなかった。このような基礎知識がなければ篤胤の伝記は決して理解されない。

出板問題も、『玉襷』に見たように、細心の注意が払われていた。『出定笑話《しゅつじょうしょうご》』が嘉永二年（一八四九）、大坂の座摩社から刊行されたが、平田家は直ちに抗議して（田崎哲郎編『三河地方知識人史料』）木《もっ》活字《かつじ》を海路江戸に送らせた。この当時の平田家は、仏教批判を出板の形ではやりたくはなかったのである。出板は当時座摩社の社人となって国学運動を展開しはじめた平田門人佐久良東雄《さくらあずまお》が平田家に断りのないままおこなったものであり、彼の勇み足だった。また安政六年（一八五九）刊行の『大道或問《だいどうわくもん》』も、安政大獄の暴風がふきすさぶ中、書肆にはいっさい出さず、秘密裡の門弟間への頒布となったのである。

平田家にとっては、対幕府配慮とともに、学問を社会中層以上にひろめる目的を持っていた以上、彼等からとかくの批判を呼び起こしかねない篤胤の諸著作もまた、刊行の対象から外していた。それは篤胤の学問を深く理解しえた者だけが写本で学習すべきものであったのである。その中には「稲生物怪録《いのうもののけろく》」「仙境異聞《せんきょういぶん》」「密法修事部類《みつぽうしゆうじぶるい》」「歌道大意《かどうたいい》」などが含まれていた。

しかしながら、篤胤の学問がひろまるにつれ、彼の学問は儒仏及び従来の神道を誹謗し、世道人心を迷わすものだ、との非難と攻撃が強くなっていった。天保二年（一八三一）の篤胤の屋代弘賢を仲介しての弁明書（渡辺金造『平田篤胤研究』）は、これを受けてのものだったのである。

だが、攻撃はますます強力となり、彼の著作の絶板をも求めるようになっていった。そして学術行政の総責任者林大学頭も、大筋では、この攻撃勢力の論理に賛成したのである（『国学者伝記集成』第二巻）。最初に篤胤に対し下された措置は、天保元年より尾張藩から給されていた三人扶持を、同藩に圧力をかけ、その支給を停止させることであった。幕府の意向を示されて拒む胆力が同藩にあろうはずはなかった。天保五年一一月、この旨が同藩により篤胤に申し渡される。

このようなことが幕府の意向である以上、屋代弘賢がいくら水戸藩に推挙しようにも、一人扶持ですら給されることはありえなくなったのである。

さらに天保六年には、篤胤は文政三年（一八二〇）以降居住していた湯島天神男坂下の居宅の明け渡しを迫られることとなった。天保四年に改造し書斎を新築した家をである。地主は旗本の小嶋祐介、当時京都二条御蔵奉行として赴任していて留守である。しかも小嶋は文政六年以来の平田の門弟、普通ならありえない話である。これもまた、幕府の意向が暗々裡に働いての結果だと、私は今のところ考えている。

親しい屋代からも離れ、根岸の地に転宅せざるをえなくなるのが同年の一二月、彼を庇護しつづけ、京都の朝廷にもパイプをもつ輪王寺宮家来進藤隆明の近くに住む目的をもってのことである。

この際はさすがの「猛剛心」の持ち主もいささか気落ちしていたと見えて、「今し世にひく人もなき道のくのあだたら真弓張ずも有らなむ」との歌を詠んでいる。

この根岸の新借家で翌天保七年、「弘仁歴運記考」を清書、いつものように伴信友に批評を乞うたが、このときには「いと異しき学びぶりよ」と、明白な拒否的反応を示される。伴はもともと篤胤の復古主義には同調しておらず、まして篤胤の政治的立場の危うことは譜代小浜藩主酒井家の家臣として熟知できる立場である。この際態度を明白にしたほうがいい、との伴の判断もそれなりの判断ではあったろう。だが、そのような政治の場にはまったく縁遠い篤胤にとっては、この態度表明は衝撃だったのであり、「此人にさへ棄られたる事の悲しく且は憤ろしくも思ゆるままに」と詞書して、「葦原のひとりをのこのひとり言、曽富勝《そほど》よりほか知る人もなし、よしかあしかは」と歌を詠んだ。そほどとはカカシのこと、篤胤の崇敬する学神久延毘古《くえびこ》はカカシの姿をとっていた。

ついで天保一一年七月、四年前の天保七年に刊行した『大扶桑圀考』の絶板が町奉行所より申し渡され、板木・摺本ともに町奉行所に没収されてしまった。さらに同年一二月晦日には、秋田藩に対し、「篤胤は国許に差遣し、以来著述は差留」との旨が達せられた。幕命である以上遅延は許されない。出立は翌天保一二年一月一一日、夕方七ツ時、妻織瀬のみを伴ってのことであった。

おわりに

儒学の権威は、一八四二年アヘン戦争での清国の大敗によって大きく動揺し、嘉永六年(一八五三)のペリー来航以降は急速にその権威を失墜していった。復古神道の力は、神道界では一八二〇年代から次第に力を増していき、江戸では白川家のみならず吉田家も平田国学を自己の神道理論の中に取り入れざるをえなくなっていった。

ペリー来航以降は、神職や神道信仰家のみならず武士階級そのものの間にもひろまりはじめた。国許・江戸両地での藩校は、従来の漢学とならび日本の歴史と文化を学ぶ国学を教育と学習の対象としはじめた。さらに安政四年(一八五七)から安政五年に条約勅許をめぐる朝幕間の激しい対立とその分裂は、これまで朝廷・幕府合体しての公儀だと思い込んでいた民衆の中に、日本とはいかなる国であり、いかにして対外危機に対処しうる統一的な国家をつくりあげるべきかという課題を鋭く提起したのである。

民衆が絶対の信頼を置いていた将軍家と諸大名の軍事的無力さは、年を追うごと、月を重ねるごとにいよいよ明々白々なものになっていく。「職分を果たせ」という声は次第に国内体制の改革と変革を求める声に代わっていく。平田国学はこの段階において、あたかも乾ききった大地に雨が吸い込まれるように、多数の門弟を介し、全国各地に急速に広まっていくこととなるのである。

第二章　三人織瀬

はじめに

平田篤胤《ひらたあつたね》といえば、国学四大人《しうし》の一人として、国民的知名度もあり、また高校の日本史教科書にも定番的に出てくる人物でもある。しかしながら、一般的理解では、廃仏毀釈運動や戦前天皇制国家のイデオロギー的根拠を創出した国学者であったり、戦時下超国家主義のもと、八紘一宇的侵略主義思想に豊富に素材を提供した理論家として、あまり印象はよろしくない。近代から遡及しての結果論的評価が圧倒的に強いのである。

著者などは幕末維新期政治史研究の立場から、当時での驚異的普及と、全国各地の草莽国学者の思想的・行動的根底となった理由は何か、という角度から久しく平田国学に関心をいだきつづけてきた。そして一九九八年夏から、『夜明け前』の歴史的舞台となった東美濃中津川での調査を開始して以降は、益々この視角が間違いではなかったとの確信を強めている。平田国学のターニングポイントを、復古神道の挫折と青山半蔵の狂死におく、発生論的視角の正しさである。この延長線上に、二〇〇一年秋以来の東京代々木平田神社に所蔵されてきた平田家＝気吹舎《いぶきのや》資料の調査が位置づけられる。志《こころざし》を共有する若い仲間達との平田家資料の整理の過程で、平田国学を一八世紀末の発生期から考えなおす条件があらたに与えられ、私のかたくるしい幕末維新期政治史研究の中では、鉦と太鼓で探しても出てくることのなかった男と女の問題が現われてきてしまったのである。以下はそれについてのおしゃべりとなる。

一 篤胤の恋人織瀬

篤胤の印象の悪さは、一つは宣長と対比させられるからでもある。「もののあわれ」を論じ、『源氏物語』をこよなくめでた宣長に対し、篤胤のイメージは、男女の恋愛を真向から否定し、記紀神話から硬直した神統譜を強引に創出した国学者というものであろう。しかも秋田藩士の四男というサムライが国学者になってしまった、という事実が、それに追い打ちをかける。

ただし、今も昔も、恋を語らないからといって、その人物に恋愛経験がないとか、「あまり恋愛に熱中してはいけないよ」、と忠告する人物が恋愛のために勉強が出来なくなったり、円形脱毛症になったことがない、と判断するのは推論の飛躍である。宣長だけではない。近世後期から明治期にかけ、全国無数の歌のサークルで、歌題に「会えぬ恋」とか「忍ぶ恋」とかが始終出され、参加者が苦心して作歌するにしろ、武士の歌会は勿論のこと、豪農・豪商レヴェルのサークルの中でも、身をやきつくすような激しい恋愛経験を有した男女は、おそらく千人に一人もいなかったろう。家格と家柄というものがあり、家と家、親と親同士の約束があり、その中で男も女も年齢が来れば結婚し、迷う娘の場合には、特に少しでも年が過ぎれば、母親はじめ、日夜世間体と他家の例でなじられ、責められる。兄嫁のもと、家にいるよりは、どんな男とでも世帯を持った方がまし、と若い娘が思うようにしむけられるのも、むしろ自然のなりゆきであった。江馬細香《えまさいこう》のように、頼山陽《らいさんよう》のプロポーズがあっても、一生独身で通すことが出来たのは、よほど理解ある両親の存在という希有の条件があったからこそである。

そのような歌会での恋愛歌は、弔歌と異なり、実体験がないから当然のことながら、千篇一律の、観念的な歌となるか、あるいは同性同士のあわい思慕経験を踏まえての擬似リアリスティックな恋歌となるかのいずれかであった。

ところで、篤胤は身をこがすほどの恋をした、江戸時代としてはごくまれな青年の一人だったのである。寛政七年（一七九五）、江戸で最新の学問がしたい、このままでは一生家督を継いだ兄の厄介者として終わってしまうと、家にも断らず、僅かの金を持ったまま、脱藩、出府したとはいえ、秋田藩との関係が絶無の若者に働き口があろうはずがない。勉強するより以前の生きるための労働として、大八車の車夫や火消人足をやったとか、商家の炊夫《すいふ》として働いたとかいった篤胤伝説は、当たらずとはいえ、それほど遠くはない話なのである。九九・九％は今も当時も挫折する運命のこの無謀な企てを、なんとか軌道に乗せたのは、篤胤自身のいう、「猛剛心」、人の気をそらさず人の気にいられるという生来の彼の善き性格、そして目標への確乎たる不動心にあったと著者は思っている。当時の彼の念願は、なんとか夜の時間のゆとりが出来、勉学が可能な奉公先を探すことであった。そして、どのような手蔓をたよってか、ある旗本屋敷の武家奉公人になったのである。武家奉公人といっても、所謂三ピンと蔑称される三両一人扶持の年間給料すらもらえたかどうか。しかし、そこで篤胤は織瀬という、この屋敷の奥に勤めていた娘と出会い、激しい恋に陥った。不動心もぐらつき、〝学成らざれば家を持たじ〟との決心もいとも容易に吹き飛んでしまった。ただし円形脱毛症にならずにすんだのは、相手の娘織瀬も、この篤胤に深く恋したからである。

この相思相愛関係の成り立ちが、寛政一一年のこととすれば、篤胤がかぞえで二五歳、織瀬が一八歳のことである。織瀬は沼津藩士石橋清左衛門の娘、当時の武家の娘のならいとして、結婚前の数年間、奥づとめをし、武家の主婦となる上での行儀作法と必要な教養を習得するために、ここに働いていたのである。明治時代には女学校が果たすことになる女子教育機能を、近世の江戸では大名や旗本屋敷の奥が有していた。しかも織瀬の母は故あって清左衛門より離縁され、まだ当時会えぬまま生存していたため、一〇代の女性とはいえ、人生というものを、そのさびしさと共に一般の娘以上に思慮していたはずである。

その織瀬は、普通の他の娘と同じように、好男子だから篤胤を好きになった、ということだけではないだろう。生き生きした彼の話し方や内面からほとばしる彼のどっしりとした実在感も織瀬を魅了する要因になったと思われる。そしてなによりも篤胤の異能さとこころざしを、他の多くの男性に比較してよく理解しえたはずである。後年服部中庸《はっとりなかつね》が、「古事記・日本書紀を初め、六国史其外皇朝の書をば目を通さざる物なく、出雲の神賀詞を初、鎮火祭・鎮魂祭・道饗祭等の諸祝詞・諸国風土記・宣命の類、都《すべ》て神代に懸り候事共は悉く文言等迄空にて読うかべ申候」「其卓見驚入候事に御座候」（『毀《き》誉《よ》相半《そうはん》書《しょ》』）と舌を巻いた、その異能さとこころざしである。自分の一生を託す男に邂逅できたのである。自分の目と心で主体的に相手を選ぶことのできた織瀬は、当時の女性としては希有の幸せを自らつかみとった、ということが出来るだろう。

凡俗な男ばかりの世の中、意中の男性にめぐりあわないまま三〇代に入ることの多い今日の時代では、これで「めでたしめでたし」と大団円となるところだが、篤胤と織瀬の二人にとっては、ここが問題の出発点となった。武家の娘の織瀬としては、かけおちや野合《やごう》は論外であり、夫となるべき恋人篤胤は、武家の篤胤でなければならなかった。だが現実の彼は実家と絶縁した底辺身分の武家奉公人に過ぎない。短慮をおこさず、数多の障害にもめげず、この若い二人は協力して目標に接近する。まず篤胤はいずれかの武士の養子になる必要があった。いろいろ探した上であろう、養子を取ったものの、養子に死なれてしまった備中松山藩士で兵学者の平田藤兵衛夫婦が篤胤を養子とすることに同意する。しかし、今の身分のままでは養子とする形式が整わない。ここで篤胤の人から好かれる性格が取り持ってくれたのであろう、上総久留里藩黒田侯三万石の藩士高久喜兵衛が篤胤の叔父分となってくれ、養子縁組に親身になって尽くしてくれたのである。平田家の養子となったのが寛政一二年八月、その上で、武家の平田家が養子篤胤の嫁として、沼津藩士石橋清左衛門娘織瀬を正式に石橋家より貰い受けるのが翌享和元年八月、前途にたちはだかる幾多の困難を、篤胤・織瀬の二人が相談・協力しあい克服しながら、両者の目標を二年がかりで達成したのである。

二　塾は共同経営体

熱烈な相思相愛の恋愛結婚とはいえ、結婚して半年もたてばそののぼせ熱は冷えきってしまう、というのが今も昔も世間一般の常識というものであるだろう。結婚前の外づらをとりつくろった態度もつづけることは不可能だし、経済問題にも直面する。平田家は、名目禄高は五〇石とはいえ、一九世紀初頭の諸藩の困窮と松山藩が無縁であるはずがなく、実質は八人扶持の禄高しか支給されず、また養父の藤兵衛は文化六年（一八〇九）まで健在（養母は結婚直前の享和元年〈一八〇一〉六月に死去）、しかも当然のことながら結婚一年後の享和二年五月には長男常太郎（翌年六月に夭折）を、文化二年一月には長女お長を、文化五年四月には二男半兵衛を織瀬は出産する。そして織瀬自身、文化九年五月、夫とあとに残す二人の愛児に後ろ髪を引かれながら病死してしまうのである。近代医学が発達する以前、多くの女性がたどらざるを得なかった不幸を、篤胤の妻織瀬もたどることとなったのである。

だが、江戸時代、無数の家族に生起し、そして無名のまま歴史のかなたに消えてしまったこのような女性の運命を、織瀬は免れることが出来た。篤胤が、翌文化一〇年四月に刊行した彼の主著『霊能真《たまのみ》柱《はしら》』において、「我魂の往方は疾く定めおけり、そは何処にといふに「なきがらは何処の土になりぬとも、魂は翁（宣長）のもとに往かなむ」、今年（文化九年）先だてる妻をも供ひ《いざな》（かくいふをあやしむ人の有るべかむれど、あはれ此女よ、予が道の学びを、助成せる功のこころありて、その労より病発りて死ぬれば、如此は云ふなり、そは別に委《くわし》く記せるものあり）直に翔《あまがけ》りものして翁の御前に侍居り」と明記したことによってである。織瀬と知りあってから十数年たった時点でも、篤胤の思いはなんら変わってはいなかった。織瀬への彼の愛情の深さは、これによっても知ることが出来る。さらに篤胤は文政六年（一八二三）、学者活動に専念すべく、この年六月松山藩士を辞して浪人となり、自分の著作を叡覧に供すべく上京、その面倒な段取りのついた直後のほっとした八月二九日、この亡妻織瀬を夢に見たのである（国立歴史民俗博物館蔵平田家資料冊子一—四「上京日記」、以下番号のみを記す）。宣長の弟子で京都の国学者城戸千《きどち》楯《たて》は、上京した篤胤を山師とみなして忌み嫌い、篤胤の宣長への夢中入門の話も、「夢中に門人と成しと被申候一事にても、小子は不得心に御座候、本人の口より被申候事故、嘘やら誠やら相分り不申、実に夢中に故大人許容ありし事ならば、小子にも故大人より夢中に、平田は御弟子に相違なき趣、報告させ給ふ迄は、小子は同門とは決して承知不仕候」（『毀誉相半書』）と不平を述べたてているが、古代人的感性をも具有していた篤胤にとっての夢中の人とは、魂と魂がよびあい、相むすばれた時においてのみ現われるなつかしくゆかしい人だったのである。

ただし、このような篤胤の情念を、結婚以前からの恋情が一貫してこの時まで持続していたからだとロマンティックに説明するのには、著者はためらいを感じている。『霊能真柱』でも、織瀬が自分の仕事を助けてくれた、と言及しているではないか。そして、この助力は一般的に理解されている「内助の功」とは、織瀬の場合は異質のものでもあったのである。

紙幅の関係上、明治初年（一八六八）までをふくみこんだ幅の広い話となるが、平田国学における塾（文化元年より文化一三年まで真菅乃屋《ますげのや》、それ以降は気吹舎《いぶきのや》、しかも明治元年から明治四年までは京都と東京の二ヶ所に気吹舎が開塾する）活動は重層的な性格を有していた。篤胤塾は本居系国学の江戸での学塾としてその活動を開始する。塾経営の収入の基本は入門時の束修料と肴代、それに節句ごとの祝儀（ただしこれは任意のもの）だが、門弟には復古神道の教義と平田国学の地方への普及が期待され、さらに『霊能真柱』を始めとする篤胤著作物刊行に際しての出版資金助成者の役割も要望されているのである。篤胤の月六回の講釈日の門人や支持者の家の入来時の応対だけではない。いつ何時、門人や後援者や「先生拝見」といった雑多な客が来訪するかわからない。今の共働きの夫婦のように、「それは夫のお客様」と、放り出して妻がさっさと外出する訳には決していかないのである。むしろ平田塾は小売商店と似ている。商店が繁盛するかどうかは、仏頂面した男主人が店に出るよりは、愛想のいいおかみさんが店を取り仕切るかどうかにかかっているように、どのような門人や一見の客にも、〝逆さぼうき〟を立てることなく、いごこちよく、また来てみようという暖かい雰囲気を創り出す必要があり、時には酒や食事の仕度も求められる。このためには、まず篤胤の遂行しようとしている学問的学術的事業の意義が内面的に妻の側に理解され、次にこの事業の拠点たる塾を経営体として維持・拡大する上での共同経営者であるとの自覚が要請される。

もっとも、理解と自覚だけでは不十分である。共同経営者には記帳能力がそこに付加される。誰が束修料と肴代を払い、誰が誓詞だけを提出して金を納めていないのか、出資金を約束した協力者の一人ごとに、いくらの約束をし、今までにいかほど納入しているのか、協力の上刊行した書籍を、誰に配り又は送ったのか、これらのことは正確な記録なしには一文たりとも処理できない。そして、一文でも計算が相違すれば、相互の信頼関係は、ここで破綻してしまうのである。

著者が平田家関係資料を見て最も感心するのは、この金銭的な厳密さと正確性が長期に持続していることである。資金があまり無いのだから、篤胤著作を次々と上梓する訳にはいかない。どうしても地方の門人・支援者からの写本の注文が多くなる。そのためには筆耕する人々（誤字や脱行の無い人が求められる）の手配が必要だし、送金されている金額が必要経費より多い時には、いくら残高があるのか、写本を送付する際の書状に、依頼主ごとに報告しなければならないのである。写本と刊本両者の注文の場合には、摺師に来てもらい、必要部数のみ蔵板木を取り出して摺り出させ、製本屋に頼んで表紙を付けさせ、あるいは本屋に在庫があれば、そちらから取り寄せた上で細かな金の計算をしなければならない。塾経営と不可分離の形で写本営業と出板業務が日々かかってくるのである。

　塾経営ではあと一つ言及しておかねばならないことがある。内塾生の問題である。江戸在住の武士や町人はかよいで勉学可能だが、地方から江戸に来る門弟や平田国学勉学者の内には、数ヶ月平田塾内で生活しつつ、篤胤や養子銕胤の講釈を聴聞し、併せて篤胤の各種の学術著作を読み（著作は原則として塾外持出しは禁止されていた）、写し取る人々がいた。私宅兼私塾の狭い家屋内での共同生活には、家刀自《いえとじ》がその中心に据わらねばならない。三度の食事や病気の際の世話も当然のこととなる。ほとんどの場合問題はおこらないものの、今も昔も学生には色々な者がいる。極貧の者も礼儀知らずの者も、ご多分にもれず、平田塾にもいたのである。文政期から嘉永期頃にかけては飯米料プラス雑費で月二歩一朱と一律に定めていたようで、滞る場合には、やんわりと共同経営者の側で催促したはずだが、あまり滞納すると正式に男の側が出ざるを得なくなる。

　文政一二年一二月の史料だが、江州大津下北国町丸屋清七の倅村居三次郎は前年一一月より一三ヶ月分の内塾生の未払い経費残高六両一歩一朱の借用証文を平田塾（この時の塾は湯島天神男坂下の旗本屋敷内にあった）に入れ、帰国してこの負債の工面をしたいと平田銕胤宛に申し入れている（書翰一六―九一―一二）。

　この三次郎の場合は、家からの仕送りが杜絶したためであったが、嘉永三年（一八五〇）七月、秋田での門人拡大活動の際、加藤なる人物から紹介され、秋田で入門させた松前藩士で医者の岩谷芳洲（二三歳）の場合は不良学生であった。京都に医学修業に行く間ということで、同年九月江戸に同伴し内塾生（この時の気吹舎は鳥越の佐竹藩邸内にあった）にしたものの、芳洲は一向上京する気配もなく、また国学勉学にいそしむそぶりもなく、いたずらに九ヶ月もたってしまい、父が長崎修業から戻ったら費用は完済するとの約束も、戻って来た父親の量蔵が、「京都などへ上り候義は不存寄義、仍ては江戸へ罷上り候は無益の次第、此方より相頼候義にも無之、且師弟の間柄を以被召連候、然れば費用滞をり候迚も、書付など差出し可申儀存外の事」とのけんもホロロの挨拶、さすが温厚な銕胤も秋田の紹介者加藤某に次のような書状を送ったのである。

一抑拙子方、御上の御厚恩にて可也に取続き罷在候得共、無益の事に費し可申金銭の有余無之、諸品共如陟《のぼるがごとき》の高直に有之時節、少分ながらも、今更父子共右の所存にては大に迷惑仕候、貴兄如何思召候哉、甚つまらぬ所為と被存候、此段、桜田氏へも御談じ被下、御返事承り度奉存候

一飯米料の事、チト厳密過候哉の御推算も可有之候哉、拙方御扶持方は、御存知の通り不少頂戴（実際は一〇両一五人扶持）仕居候得共、近来御仕法にて、家内人数十人分ならでは、正米御渡し無之、其外は余米として、金一両に付玄米九斗の相場にて代御渡しに有之、夫故少々づつは高き米を買入申候、中白にて両に四斗一二升にて御座候、甚立入たる事には御座候得共、此段序故、申上候、内々御承知御推察可被下候

一芳洲を江戸へ召連候儀は、貴君よりの御頼にて、量蔵より直に相頼まれ候には無之候得共、本文申上候口上は、余りなる麁言《そごん》と被存候

一証拠の一札可申受と拙方より申出候は、如何敷も思召可有之候得共、惣て彼等のいたし方、愚意に落兼候事間々御座候故、右様申出候儀に御座候、其段不悪御賢察可被下候（書翰一五―一―二）

この憤りを含んだ詰問状からも、内塾生問題がはらんでいる困難さがよくわかる。共同経営者の腕の見せどころは、このあたりにもあったのである。

さて、本筋に戻ってみよう。織瀬は松山藩士平田篤胤の妻であるとともに、養父の面倒や子供の世話をした上で、開塾当初の平田塾がかかえた塾経営の問題にも携わらざるを得なかった。多くの講釈本の原型はこの時期に整えられ、初期門人の入門も始まっており、さらに『霊能真柱』刊行のための資金調達も緊急の課題となってきている。家事を任せた上に、気苦労の多い塾事業にもいやな顔一つ見せず、テキパキと協力し、一つ一つ課題を解決していってくれる妻織瀬に、篤胤はその有能さと賢さを改めて認識しなおし、尊敬と感謝の気持を深めていったはずである。共同の目標に向かって二人で前進するこのような場合、愛情はよりしっとりと潤いを帯び、そして持続性を有するものになっていくものなのである。

三　後妻織瀬

篤胤は二児を遺されている。世帯のこと、塾のこと、それらがからんで文政元年（一八一八）四月に後妻を迎える。三四歳、日出《ひじ》藩江戸屋敷の奥に勤めていた女性であったが、二ヶ月で離縁、さらに同年一二月、越谷《こしがや》の有力門人山崎長右衛門の世話で、同町の豆腐屋の娘（二八歳）が後妻に入ったのである。豆腐屋の娘とはいっても、残っている史料を見る限り、漢字を使用した文章を十二分に認める力量をもった教育のある女性であった。この九月には篤胤を始終ハラハラさせた病弱の二男半兵衛が死に、お長一人が先妻の子供として平田家にいた。この後妻は、平田家の家刀自となると共に織瀬を名乗ることとなる。現在の考え方からすれば、先妻の名前を名乗れといわれたら、後妻は「では出ていきます」とすぐ言うのではなかろうか。篤胤がどのように後妻に承知させたか、平田家代々の家刀自の名の襲名ではなし、「先妻忘じ難し」と語るはずもなく、この部分は時代小説の領域に譲るほかない。史実としては、この女性は自然とそれを受け入れ、また子供が出来なかったこともあってか、先妻の娘お長を吾が子としていつくしんだのである。秋田には篤胤に同伴して下り、私達老夫婦だけではさびしい、江戸の孫の内一人をよこさせたい、と篤胤といつも相談、篤胤の銕胤宛書状にも、「母事そなたの七人（夫婦と孫五人）のことを言い出し語り出して泣き、且此文（篤胤が同封した後妻織瀬の書状）も泣きながら認め候こと、偖々《さてさて》見るに忍びず候」（渡辺金造『平田篤胤研究』三八五頁）とあるような、後妻としては気持ちの豊かな理想的タイプの女性であった。と同時に、「塾は共同経営体」のところで述べた諸課題に関しても篤胤のよきパートナーとして奔走した。渡辺氏が、「篤胤の窮乏の経済を繰り回し、書肆との懸合、板木屋・紙屋・製本屋との交渉、板本の売出、其外資金の融通等随分四角八面に応酬して敏腕を揮った」（同上、二六頁）と指摘している通りである。

平田国学を調べている著者も含めた研究者の間では、文政七年一月、銕胤が養子となって以降は、養父篤胤を学問に専心さすべく、銕胤が気吹舎塾の塾務全般を担当したように思いがちなのだが、渡辺氏の指摘も踏まえ、より厳密に考える必要がありそうである。

銕胤が引き受けた仕事には、第一に篤胤の学問活動全般への協力、第二に気吹舎での教育の助力と地方での出張講釈・門人拡大・出板資金獲得活動、第三に不断におこってくる地方門人・支援者との間の頻繁な通信活動などがあげられる。気吹舎の諸活動と人の出入りを記した気吹舎日記の作成も彼の仕事の中に入る。しかしながら、日々の金銭出入の記録は銕胤の担当でなかったことは、彼が明治八年（一八七五）、気吹舎の天保一二年（一八四二）以降の年ごとの入金を計算した「入金大調帳」の冒頭に、「文化元甲子年、父君御開業以後、文政年中より天保十一庚子年迄の帳面類、多く亡失して知へからず」（冊子六）と自ら記していることからも推察できる。

他方、後妻の織瀬は追放された篤胤について江戸を出発した天保一二年以降、第一に詳細な日記を記録しつづけ（『平田篤胤研究』一一〇六頁以降に翻刻されている）、第二に篤胤の給与・気吹舎諸本代売上げを含んだすべての収入と支出を月日を追って記帳した「金銀出入帳」（冊子四）を作成し、第三に、篤胤が秋田で開催した気吹舎の講釈日毎に参会したメンバーの氏名を「気吹迺舎御会日出席牒」（冊子三）に全員書きとめていくのである。

さらに興味深いのは、平田篤胤夫婦が秋田に下る天保一二年正月以降、江戸気吹舎の責任者となった銕胤・お長夫婦のなかでお長が、後妻織瀬の作成していた「金銀出入帳」の内、夫の給与、本の売上げを含む月日を追っての収入（支出の記入なし）を克明に記す「金銀入覚帳」の記載を開始したことである。

以上のことから著者は今のところ、気吹舎での諸収入記録と講釈聴聞者氏名記録は家刀自の分担ではなかったろうか、と推測している。なお、この点に関しては、平田家資料をより精査する中で検討を深めていきたい。

この後妻織瀬は、天保一四年閏九月、夫篤胤の死去に臨み、葬儀をとどこおりなく秋田で済ませたのち、銕胤に伴われて弘化元年（一八四四）四月に江戸に戻り、弘化三年六月七日に五六歳で没している。

四　篤胤娘織瀬

篤胤娘お長は、前述したように文化二年（一八〇五）一月に誕生、生母との死別、男やもめ篤胤の苦しい世帯のやりくりなど、若い時分、十二分に苦労し、学者の家族として生活することの大変さを経験していた。そのお長の夫となるべき豫州新谷《にいや》藩の碧川《みどりかわ》銕胤を篤胤が平田家の養子としたのが文政七年（一八二四）一月、お長がかぞえで二〇歳、銕胤が碧川の家がある浅草反畝の新谷藩邸から平田家に移るのが翌文政八年年四月のこととなるが、この間、文政七年の三月、お長は大名酒井家の奥に奉公に上がるのである。この酒井家は、当時の篤胤の伴信友との親交状態から考えて、小浜酒井家のことだと著者は今思っている。ただし、夫となるべき養子が決まってからの御屋敷奉公というのが、当時の通常の形だったかどうか、これも興味深いテーマである。もし他の例も出てくるならば、「花嫁修業」そのものとなる。

このお長は、義母が没して後、平田家の家刀自となって織瀬を名乗り、天保一二年（一八四一）から明治八年（一八七五）までのきわめて詳細な「金銀入覚帳」を記録しつづけ、経営体としての気吹舎を研究する上での最良の史料を提供してくれているのである。篤胤の面影を伝える唯一の娘として、全国多数門人の信頼と尊敬を一身に集めた女性である。渡辺氏が、「此の人は流石に篤胤の血を受けて非常に頭脳が善かった。若し男子であったなら、立派に篤胤の後継者として立ったであろう。織瀬は平素父の著書は悉く読み浮かべて暗記してゐた。晩年に英語迄少しは習って覚えたといふ。身体強壮で、老年に及んでも一向に白髪も生えず、腰も曲がらず、歯も落ちず、眼鏡も用ひなかったさうである。手跡を善くし、父の代筆をして短冊なども書いたのが数多残ってゐる」（同上、三〇頁）と述べている通りの女性であった。

塾の共同経営者としての働きも、たとえば前出の文政一二年一二月の銕胤宛村居三次郎証文の中に、「御新造様方へも宜敷寛仁の御大慮奉仰上候」との一言が入っていることからも伺えよう。これは銕胤と織瀬が気吹舎経営の主体となる弘化三年（一八四六）以降になると、より明瞭な形をとる。安政四年（一八五七）三月、南部藩の国学者菊池正古は一昨年に内塾生として世話になりながら、飯米料支払いが不足だったとして、「去々年は御家内中様の御世話御礼申上尽も無之所、食料をも不足に差上候筈、此度金子二歩二朱、外に御礼料二朱、都合金三歩差上候」と、銕胤・息子延胤、そして「御家内中様」に宛て書通しているのである（書翰一九―二―一四）。

また薩摩藩士の葛城彦一は、嘉永三年（一八五〇）初頭、内塾生にもなり、厄介になりながら、お由《ゆ》良《ら》騒動に巻き込まれ筑前藩に亡命、ようやく書通することが可能となったとの安政三年八月付書状の中で、「奥様え申上候、先年は段々御深切御世話被為成下、忝奉存候、妻よりもよろしく申上度申出候、こころざし候品も御座候よしに候へ共、今便間に逢不申由に付、いつれ後便相待申候、末長く御左右可申承とあらあら賢」（書翰一―一八―一）と、銕胤・延胤宛とは別項建てで、織瀬に旧年の謝意を表するのである。

篤胤娘の織瀬の場合には、母の実家石橋家とのつながりは絶えることが無かった。日記によれば、天保五年八月二六日には、平田家で二三回忌の御逮夜をやるというので、浜町沼津藩江戸屋敷から石橋家

（おそらく兄弟で当主の清左衛門）の人が来ているし、天保九年八月二七日にも、「生母君二十七回忌御法事」には、浜町の石橋家の人が平田家に来訪する。逆に篤胤娘の織瀬にとっては母方の祖父となる法人院五〇回忌の法事が嘉永五年八月一二日におこなわれる旨の通知が平田家に来るや、織瀬は前日の一一日より浜町に一泊予定で出向くのである。

日記を見る限り、女同士のいきかよいは、泊りがけも含め驚くほど頻繁である。夫鋹胤の母（伊勢子）は「反畝の母」とか「反畝の祖母」とか書かれていて、平田家に顔を出す常連（平田家は神道、こちらは日蓮宗の熱心な信者というとりあわせも面白い）だが、鋹胤が平田家に養子に出たあと碧川家を継いだ弟好尚《よしひさ》が、天保一一年五月新谷詰を命ぜられた後は、鋹胤が実母を平田家に引きとり、その後はしばらく鋹胤の実母と義母が仲良く平田の家で生活している。好尚は、篤胤が幕府の処分を受け、母親の面倒を平田家でみられなくなったとの理由をつけ江戸定府の許可をもらい、母親を新谷藩江戸藩邸に引きとるのが、天保一四年一〇月一〇日のことである（碧川家のことに関しては潮地ルミ氏の御教示を得た）。

その後もこの女性（嘉永三年没）は平田家に顔を出しつづけ、弘化二年九月一二日には「反畝御祖母様御帰り、浜丁御叔母様同断」と書かれていて、織瀬の親類と一緒に平田家で楽しんでいるし、弘化三年三月一〇日には、「反畝御祖母様御出、小石川おつる殿御連也」とあって、自分の孫娘で幕臣宮本家に嫁いだおつるも同伴しての来訪である。なお同年四月一九日の条には「浜丁より使来る、写物出来」とあり、気吹舎に依頼された書物筆耕を織瀬は石橋家にも頼んでいたらしい。

「反畝御祖母様」の二男で家督をとった碧川好尚は、兄の鋹胤と甲乙つけがたい熱心な平田国学者で、篤胤著作の整理にも尽力した人物であったが、安政四年一一月、五一歳で病死する。残されたのは、嘉永三年に結婚したばかりの未亡人としと三人の幼い娘（八歳のみね、四歳のなみ、三歳のゆき）であった。江戸期なら、そう少なくない不幸な家族のケースである。としは、安政五年、和泉国伯太《はかた》藩士小玉官次の三男真澄を碧川家の死後養子とし、家督と切米一〇石三人扶持を相続させた上で、実家の後藤家に戻って町人と再婚、おなかという子供をもうける。残された三人の娘は、伯父夫婦の銕胤・織瀬が平田家に引きとり、なみ子を延胤養女としたが、文久二年（一八六二）二月一〇日に病死、長女おみねは平田家で成長するのを待ち、かぞえどし一七の慶応三年（一八六七）三月、新谷から江戸に出てきた碧川真澄と結婚、浅草反畝の新谷藩江戸藩邸で新世帯をもつも、同年六月には新谷に夫婦で下っていった。このおみねは、夫が維新後按察府《あぜちふ》召出し等で国事に奔走しなければならなくなったため、明治三年には京都聖護院で京都気吹舎を開いていた銕胤夫婦のところに再び世話になり、翌年一〇月の東京行きに同伴、末娘のおゆきは、明治六年三月、旧新谷藩士族の山田謙と結婚するまで、伯父夫婦のところに家族の一員として生活していたようである。

本人はいたって聡明で健康、家の中には親類・縁者の笑い声が絶えないとはいうものの、明治五年一月、両親の期待を一身に集めていた長男延胤が病死したことは、両親にとって一大痛恨事となった。しかも延胤の子は慶応三年一月に誕生した石という娘一人だけなのである。学者の家を継続させていくことは如何に大変なことなのか。銕胤・織瀬夫婦は末子の平田胤雄を延胤の跡に据え、この措置との関連で青山景通家から延胤養子に入っていた平田（青山）助松（のちの胤通）を離縁するが、学力が未だ十分ではないとの理由で、胤雄をば平田家第四代当主には数えさせなかった。銕胤が明治一三年一〇月に没したのはいたしかたなしとするも、この胤雄も明治一九年三月に病死してしまい、残されたものは八〇歳過ぎの織瀬と孫娘お石の二人となってしまったのである。お石に婿を取り、気吹舎第四代目の学者の家を継がせなければ死ぬに死に切れない。岐阜県人戸沢盛定（盛胤と改名）をお石と結婚させ、平田家を相続させるのが明治二〇年五月、ほっとしただろう篤胤の娘織瀬がこの世を去るのが、翌明治二一年三月二一日、享年八四のことであった。

おわりに

以上で三人織瀬についての著者の物語は終わろうとする。この物語を読んだ人は、それぞれ独自の印象を持ち、関心の焦点を異にするだろう。それだけ面白い諸テーマを、この三人の個性豊かな女性達は身につけている。著者などは文化元年（一八〇四）に篤胤によって開かれ、明治五年（一八七二）、篤胤の嫡孫延胤の病死によって終焉を迎えた平田塾という七〇年に及ぼうとする一家塾が、どのようにして維持され、しかも拡大していったのか、当たり前のように見えるが、幕府や諸藩の援助も全くなく、かといって庶民教育そのものでもない国学学習機関の異常なまでの長期の存続の秘密への女性の関わり方に最も興味がある。それなりの著者の理解はここで述べてみたものの、はなはだ不十分だし、小経営体の男女の役割分担での理論化もほとんどしてはいないのである。ただし、過去の時代の男性優位性とその批判を一般的に繰り返すだけではなく、それぞれの時代に、どの分野のいかなる部分に、女性の輝きと創意性が発揮されえたのか、ここで述べたような課題の検討も、女性史研究での、主要ではないが、全く無意味でもないテーマの一つだと、著者などは思っている。

第三章　佐藤信淵と房総

はじめに

著者は佐倉の国立歴史民俗博物館に在職中、二〇〇四年一〇月から一二月開催の企画展示「明治維新と平田国学」の準備に関与した。その過程で、従来の著者の固定観念を大きくゆるがせる史料に邂逅した。一つは平田国学と大原幽学性理学《おおはらゆうがくせいりがく》との関係である。

下総香取郡松沢村の神職宇井包教は、同村の宮負定雄《みやおいさだお》に漢学を教える立場の知識人でもあったが(1)、文政二年（一八一九）平田篤胤の学塾気吹舎《いぶきのや》に入門、しかし天保五年（一八三四）八月には大原幽学の門に入って(2)気吹舎とは絶縁状態となり、更に安政三年（一八五六）八月、宮負定雄の仲介で師家に怠状を提出して平田国学に復帰する(3)。そして、その子かと思われる宇井包高は明治初年、宮谷《みやざく》県の教化政策の中で中心的人物の一人として登場してくる(4)。

今日的常識では、師匠対門弟、教師対学生の関係は固定したものとしてイメージされやすい。しかし近代初頭までは、むしろ学ぶ側が師匠と教師を主体的に選択し、また変更するのであって、師は必ずしも一人とは限らない。在地の生活者・知識人が生きる上での思想として何を必要としていたか、どう変わったかという下からの目線から思想なるものを考察していくことの重要性を宇井の例から学んだのである。

あと一つは平田国学と佐藤信淵《さとうのぶひろ》との関係である。著者は気吹舎資料(5)を整理し始める段階では佐藤信淵のことは全く念頭になかった。彼の著作「混同秘策」は、戦時中「高度国防国家論」の理論づけやその歴史的前提探しの中で、始終利用されていたいわくつきのものであったし(6)、戦後では、彼の「家学《かがく》」そのものが怪しい、蝦夷地もカラフトまで行ったといっているが、松前藩領時代、それは可能だったのか、更に彼の「西洋列国史略」は、山村才助《やまむらさいすけ》の「西洋雑記」の剽窃だ、といった批判がなされ(7)、著者も当然このような批判的プリズムを介して彼を見てきたのである(8)。

しかしながら、自分で気吹舎資料を丹念に当るようになってからは、どうもこの色眼鏡ではマズい、自分できちんと彼の著作と彼の史料にとりくみ、自分なりの実証的イメージを形成しなければならないことを痛感するようになっていった。

二つの史料がこのきっかけとなった。信淵は文化一二年（一八一五）、四七歳で平田篤胤（四〇歳）の気吹舎に入門し、貪欲に平田国学を学び始める。一方篤胤は神話研究の一環として、日本神話・中国神話と並び大蔵経分析の中でインド神話の古層構造を解明するため、大部の「印度蔵志《いんどぞうし》」著述を進めていた。そして世界地誌に詳しい人物として信淵に印度五大陸の説明を求めたのである。信淵は「印度蔵志」草稿本の該当箇所にこまかな自筆メモを貼付し(9)、篤胤は清書本(10)に次のようにこの見解を取り入れた。

篤胤云、門人佐藤は西洋の輿地学《よちがく》に精ければ、此論（朝夷厚生《あさひなあつなり》の「仏国考証」）を示せるに言けらくは、ムガールの始祖をタムーランといふ、ダッタン部中、北高海の東境なるチャガタイ国のサマルカンドと云地より出たる者にて、其始は群盗なりしが、漸々に印度諸邦を蚕食し、北印度より中印度を併せ、我が応永三年（一三九六）に帝号を称し、其後にまた西印度を併せ、遂に三天笠に主となりてアグラに都せるが、後に南印度の北方をも附属とせり、東印度と云はベンガラ河の東にて、アヴァ・アラカンおよびシャム等を云つと云へり、然れば朝夷氏の説いまだ尽せりとは云難けれど、大旨は適ふことそ

著者は平田篤胤を屋代弘賢《やしろひろかた》にも深く信頼された本当の意味での学者だったと考えている。と同時に人の掛値なしの能力を正確に評価する力量をも有していた。その篤胤が信淵を高くかっているのである。

この信淵への高い評価は、養子鉄胤《かねたね》にもしっかりと受け継がれていた。相当後の文久二年（一八六二）二月二五日、伊那谷平田国学の一方の担手、旗本座光寺家家老片桐春一郎の質問に次の如く彼は回答している(11)。

佐藤信淵ハ秋田の人にて御座候、藩中ニハ無之候、去ながら早くより出国いたし、終ニ南部藩中ニ成り、十余年前（一八五〇年没）物故いたし候、今も悴御同藩ニ有之候、医師ニ御座候、信淵元来経済学鍛練ニテ、其向キノ著書多く御座候、信淵悴当道（内科）佐藤昇庵と申候

以上を前置きとして、佐藤信淵に対し、思想史の常道の『全集』分析からではなく、交友と門弟の側面から迫り、その上で彼と房総とのかかわりについて考察を進めていくこととしよう(12)。

一　佐藤信淵の学問の広がり方

(1) 明君・英主

信淵の農政学・経済学は、彼の用語を以てすれば、創業・開物・融通・垂統《すいとう》の四つのフィールドがしっかりと統一されたものであり、しかもそれは一貫した政策としてのみ展開されるべきものであった。著作を刊行し、それを広く読ませ、読者に農耕技術・物産技術を実践させるという性格のものでは全くなかった。従って彼の建策と著作が対象とした人物・読者は、なによりもまず明君・英主となる。具体的には初期には上総一宮藩主の加納久周《かのうひさのり》、つづいて鹿児島の島津重豪《しまづしげひで》(13)、宇和島の伊達宗紀《だてむねただ》と世子宗城《むねなり》、丹波綾部の九鬼隆都《くきたかひろ》、更に天保改革の老中水野忠邦《みずのただくに》、幕府代官としては韮山代官江川太郎左衛門《えがわたろうざえもん》、そして最晩年では伊勢津藩藩主藤堂高猷《とうどうたかゆき》が、その明君・英主となる。国家に君たる者が彼の政策を統一して実践するならば、子々孫々万世衰微することなく、此の国家を全盛ならしめることが出来るという考えは、信淵の終始一貫した堅い確信であった。

(2) 門人

だが一介の処士たる信淵が容易に明君・英主に接触出来るはずがない。彼は文政期には自分の周辺に彼の農政学・経済学の有効性を認め実行しようとする少数の忠実な門弟を得つつあった（彼は生活のために門人を増加することを決してしなかった。生計は医者として立てていた）が、同時に自分を君主に接近させうる有能な理解者をも求めていた。天保期に入ると、この理解者の中に三州田原藩の渡辺崋山《わたなべかざん》が加わることとなる。(14)明君・英主と信淵との媒介役として最もきわだった人物が漢学者塩谷宕陰《しおのやとういん》であった。宕陰は信淵の学問（そこには外交論・軍事論も入っている）を深く理解し、天保一〇年（一八三九）の蛮社の獄では、彼に捕縛の危険性をひそかに伝え、また主君の老中水野忠邦に信淵を強く推薦した。更に信淵が嘉永三年（一八五〇）に没した後でも、彼の農政学・経済学の有効性を認めつづけ、安政六年（一八五九）、木活字本として出板された信淵の主著『経済要録』の序文を執筆するのである。(15)

信淵が没し、長子昇庵《しょうあん》が彼の著作を管理するようになっても、昇庵は容易には人に信淵著作を見せることはしなかった。

新渡戸稲造《にとべいなぞう》の祖父新渡戸伝《つとう》・父十次郎《じゅうじろう》が連名で昇庵に対し左の如き書状（四月五日付）を発したのは、早くても嘉永三年以降、あるいは安政期のものかも知れない。(16)

貴家御累代之御学風頻リニ仰望之余、何卒熟読之上活用之道をも相尽し申度心底より深く欽慕仕候て御秘書拝読仕度志願ニ御座候（中略）、幸ひニ奥瀬・塩川・野々村を始其外入魂之諸人勤番仕候ニ付、御秘書御無心申上候て写取呉候様相頼申候事ニ御座候、右ニ付ては筆墨料旁諸雑費相掛り候ハ当然之事ニ候得共、其費を厭ひ不申、強て懇望仕候心底より相求置申度と申遣候（中略）、依て此度父子両人謹て執束脩、入門之式相行ひ申候間、願之通御承引被成下、御祖先大人方之御著述追々拝読被仰付候様依て奉希候（中略）、其験ニ別紙相認呈上仕候間御取納被下度（中略）、御祖先御伝来農政学深欽慕仕候ニ付、束脩料金三歩進呈仕候

この書状に見られるように、写本作成も簡単にはいかず、入門手続きをとらなければならなかったのである。文中にある「別紙」なるものは、入門誓紙のことと考えられるが、安政五年段階での一子相伝

書誓紙の場合は次のような形式となっていた。昇庵がこの年竹山新兵衛なる者に示した文例である。(17)

誓盟之事

貴家御累世被成御研究候御家学之義執心ニ付、近年来御藩飯島楠左衛門え従学、無怠慢相励、大方伝達受候得共、尚御一子相伝と相成居候文武諸御秘訣之儀、未同人え御伝授無之儀多有之、右ニテハ折角御家学相学、古先生厚御教示御坐候尽忠報国之存意難相立、尚御秘訣之儀無残御伝授被下度趣一向相願候処、格段之執心御聞届ニテ、残居候御秘訣追々御伝授可被下旨御許容有之、厚忝奉存候、依て右之内此度坑場法律御伝被下、都て御一子相伝被成居候御秘訣之儀ハ、仮令楠左衛門たり共他へ洩し候儀決て仕間敷、且子孫之者たり共其念ニ不当者えハ聊相伝申間敷候、右之趣若於相背ハ

上下神明之冥罰忽可奉蒙者也、仍誓盟如件

年号月日　　名乗花押血

佐藤昇庵殿

(3) 気吹舎が媒介となっていること

しかしながら、これほど厳しい制限をつける一方で、昇庵が父の著作の普及を江戸佐竹藩邸にあった気吹舎に媒介させていたこと、これもまた明白な事実なのである。気吹舎諸出板物の巻末には著作目録のつけられるのが常例だが、そこには篤胤著作と並び門人著作も紹介されており、安政五年三月に刊行された『入学問答』巻末には、信淵の主著となる「天柱記《てんちゆうき》」「鎔造化育論《ようぞうかいくろん》」「実武一家言《じつぶいつかげん》」「農政本論《のうせいほんろん》」の四著作（いずれも未刊本）が説明文つきで紹介されている。写本作成を気吹舎が仲介することを、こ

の広告は意味しているのである。

ただし、信淵著作の仲介の開始が安政五年以前であることは、気吹舎門人の薩摩藩士川畑宗之進が安政三年一月二九日付の書状中、[18]「佐藤氏之実武一家言、農政本論等御願申上候」と鋏胤に依頼していることからも明らかである。また徳島藩江戸留守居の気吹舎門人片山東樹は嘉永六年、主君のために信淵の「存華挫狄論《そんかざてきろん》」特別版写本の作成を極秘裡に頼み込んでいる。[19]

ところで、先に言及した木活字本『経済要録』は、父の著作の普及のため、昇庵が例外的に多大の借金をした上で刊行したものだが、[20]出板は幕府に認められず、危険な非合法出板物となっていた。それを承知で平田鋏胤が同書の普及を積極的におこなっていたことは、次の書状（安政六年九月一六日付）からも知ることが出来る。[21]即ち、

拙方到て懇意之者ニテ、活板之経済云々拝受仕度相願候者有之候、壱部此者へ御渡し可被下候、御礼物三分二朱也差上申候、尤も少も御掛念無之者ニ御坐候間、御安心可被下候

と鋏胤は昇庵に人物の安全性をうけあっているのである。このように、「農政本論」と並ぶ信淵主著普及の媒介を気吹舎がおこない、学習を欲する者達が気吹舎を介し信淵の農政学・経済学に接近しようとしているならば、昇庵はどの範囲までは気吹舎を媒介として父の経済学を普及させ、どの部分からは彼自らが許可したのか、これが次の問題となってくる。

(4)　越後新発田藩新津組大庄屋桂慎吾誉重の事例

右の設問に昇庵宛桂慎吾書状群がある程度の回答を与えてくれている。桂慎吾の父東吾は天保一四年鈴木重胤《すずきしげたね》の紹介で気吹舎に入門し、息子の誉恕《たかひろ》は明治五年（一八七二）に気吹舎に入門しているが、慎

吾自身は門人帳にその名は見えない。しかし、気吹舎では桂家として入門していると考えていたようで門人扱いである。

桂慎吾が越後に遊歴し桂家で農政学を教えていた佐藤清臣《さとうきよおみ》の紹介で昇庵のもとに入門したのは安政六年九月かその直前である。入門許可と「培養秘録」三巻分送付方への感謝書状を同年一一月二四日付で昇庵宛に発しているが、[22]その書状の中で「別紙之通追々平田先生へ願、入手罷在候、此下御下し可被下分、右之外御下し方奉願候」と慎吾は述べている。彼が銕胤を介して既に入手していた信淵著作[23]は、「実武一家言」「農政本論」「存華挫狄論」「水陸戦法録」「陸戦秘訣」「経済要略」「経済問答」「鎔造化育論」「禦侮儲言《ぎょぶちょげん》」「種樹園法奥秘共」「経済復古法」「鉄炮窮理論板本」(これのみ安政二年、木活字本として刊行されていた)の一二点である。同書状では、「気候審験録」「土性弁《どせいべん》」「草木六部耕種法」「堤防溝《ていぼうこう》洫志《きょくし》」「経済要録」の五点は特別に書名を挙げて写本作成を求めていた。

その後、昇庵側から木活字本『経済要録』だけは送ったが、「大殿御附」のため多忙で、「培養秘録」残り二巻は未だ写本を作成する時間がないと連絡したようで、この連絡をうけ慎吾は万延元年(一八六〇)六月一四日付返書[24]の中で、忙しいならば「平田氏ニ被仰含被下度、御同氏ニテハ筆工人揃取候様ニ奉存候」と気吹舎の写本製作システムの活用を希望し、また特に入手を急いでいる「土性弁」と「気候審験録」の写本作成促進方を要求した。併せて送付されてきた五部の『経済要録』に関しては、「追々熟覧、実ニ古今未発之御高説とも有之感佩《かんぱい》仕候、依之君侯へも一部献じ、其外執事役所へも二部上達申候」と普及方に尽力している旨も伝えている。

同年一一月までに昇庵から来た写本は「草木六部耕種法」全巻、「土性弁」四巻分、「培養秘録」残り四巻分となったので、慎吾はこの月の書状で、改めて必要な信淵著作一覧表を昇庵のもとに左のように送っている[25]。○印は急いでいるものである。

○土性弁　残冊
○審験録
○勧農秘訣
垂統論
同法話
通移開闔《かいこう》法
漆園法律
復古論　但復古法と同書ニ候ハ、所蔵仕候間不用
田畯年中行事
○御校正本草木六部耕種法
稲種名目帳

桂慎吾はその後も文久三年（一八六三）四月まで、昇庵宛に書状を出しているが、それ以降のものは弥高《いやたか》文庫には存在しない。鴇田氏の伝記によれば、昇庵は「晩年幕末に至り世情を慨し、諸国を遊歴して画策する所ありしも容れられずして、慶応元年（一八六五）九月二日五十九歳を以て病没した[26]」とあることとこの音信中断はつながっているかも知れない。

(5) 佐藤清臣の位置づけ方

佐藤倭文雄《しずお》清臣といえば、一般的イメージとしては平田国学者の中でも古神道系の純粋無垢の宗教家といったものだろうが、安政六年九月頃、桂慎吾の佐藤門への紹介の労をとっているとなると、彼の気吹舎正式入門は文久三年二月のことなので、相当以前より信淵の経済学に傾倒していたこととなる。弥高文庫にも昇庵宛の清臣書状が存在するが、(27) 駿府滞在中とあるので、今のところ安政四年頃のものではないかと推測している。即ち

亡父憲澄殊之外骨折候事故、農政本論率育法位之処は聊記憶仕居候間、右等之説を以て諸農家ニ申聞せ候処、何も感心仕、猶委敷問対被致候得共、殊之外秘伝之由ニ申聞かせ、容易ニは不伝申候処、此小林と申者殊之外執心篤志ニ御坐候て、数度懇望仕、殊ニ当時庄屋相勤候間、家業之急務、且一郡小前之者之助共可成儀ニとて、数度私迄申出候間、此度貴家之御門人ニ相願候間、何卒可然御教道可被下候

と庄屋小林某入門の周旋をおこなっているのである。この清臣書状の中にも農業技術の修得と普及という課題が「庄屋の家業」「一郡小前の助成」という社会的ひろがりの中でとらえられており、また桂慎吾の入門許可感謝書状においても、「小生元来之支配村々高三千石余、近年当分兼帯支配分八千石余ニ御坐候、此中には年々水腐村御座候、何卒御良策を受度奉存候」とあるように、私的経営発展という枠内で考えられているというよりは、技術の吸収と民富全体の増大という基本線で両者共に意識されていたことは注意して然るべきだと思われる。

はじめにでも述べたことだが、門人の目線・生活者の目線で思想を考えていくことの重要性は佐藤信

淵の農政学、経済学を理解する上でもいえることなのである。桂愼吾は鈴木重胤の門人であるとともに気吹舎の門人でもあり、民政家大庄屋の立場としては、どうしても佐藤経済学の堤防築造技術が学びたかった。この全体を統一した上で桂愼吾の人物とその思想は理解されなければならないだろう。佐藤清臣にしても、赤報隊《せきほうたい》、古橋源六郎、稲橋村と直結させての古神道家評価以前に、佐藤信淵の農政学・経済学を遊歴する駿河でも越後でも普及しつづけ、その普及のプロセスの中で、ようやく文久三年気吹舎に入門し、赤報隊事件後は稲橋の古橋のもとで宗教家として活動する。この精神構造を全体としてとらえることが可能になった時、始めて佐藤清臣と現代との対話が実現しはじめるのである。

(6) 平田国学からの農学・農業技術と佐藤信淵への接近

明君・英主への建策という基本線が堅持されていた佐藤信淵在世中は、彼の著作を一般の人々が入手することは非常に困難だった。そして「坑場法律《こうじょうほうりつ》」のような極秘書は昇庵の代になっても一子相伝とされつづけた。

しかしながら、アヘン戦争以降は、信淵の著作の中でも軍事関係のものは需要がたかまり、『鉄炮窮理論』のように刊行されるものが出て来た。ただし昇庵がおこなったものなのか、海賊板なのか、よくわからない。いずれにせよ社会的需要との関わりで、販路の窓口に気吹舎が表口でも裏口でも立つことになってくる。門人数・支持者の数は平田国学の方がケタはずれに多く、その結果、写本製作システムを完備させてもいたのに対し、昇庵は南部藩江戸屋敷の藩医、入門者の注文においそれとは対応出来ない弱みを有していた。

他方気吹舎としては、ペリー来航後門人層は全国の神職とともに豪農商層が次第に多くなり、彼等の関心は、村落共同体維持のための神道と神社の理論であると同時に、民政担当者としての生産技術と農政学・経済学という社会全体を把握する理論になってくる。気吹舎としては生命と生産の理論を復古神道の教理と結合させつつ普及することは、組織活動の根幹とつながるようになってきたのである。気吹舎門人の宮負定雄の一枚摺「草木撰種録」は文政一一年（一八二八）以降、既に気吹舎において販売され始めており、その後も小西藤左衛門の『農業余話』（刊本）、田村仁左衛門の『農業自得』（刊本）、宮負定雄の二著作『農業要集』（刊本）と「民家要術」（写本で販布）などが気吹舎を媒介に普及されうる対象となっていた。そしてこの中に、弘化三年（一八四六）に江戸十里四方追放を赦免された信淵の著作が加わるのである。天保一一年一二月の篤胤秋田追放までは、気吹舎は篤胤著作の刊行化の努力で手一杯だったが、嘉永二年篤胤（天保一四年没）処分が解除されてからは、出板、普及活動が再度可能となり、ペリー来航後は、信淵のものも含め門人、支持者の農政・経済学著作普及が意図されるようになっていく。

二　佐藤信淵と房総

(1)　東金大豆谷での長期滞在

佐藤信淵は出身地は秋田であるにしろ、その農業技術の実践を長期にわたっておこなったのは上総の地であった。[28]寛政四年（一七九二）、加納侯に召された年、埴生《はにゅう》郡岩川村の名主白井喜右衛門が入門しているし、[29]寛政九年にはこの白井喜右衛門の紹介により山辺郡大豆谷《まめざく》村の木村久右衛門をたよって、これ以降文政末年までの長期間、間に出入りはあるものの、大豆谷村とその周辺で収入は医業からのものにせよ、農耕を営み農業技術の研究をおこない、その学問をこの地で大成させたのである。

平田篤胤が、その学問の普及のため支持者の獲得を下総、上総の地に求めたことは周知のことだが、彼の遊歴の最初は文化一三年（一八一六）であり、信淵の方がそれ以前からこの地に深く関係していたこととなる。

となると、この地において信淵と篤胤の交友、知人が重なってくるのは自然の流れとなるだろう。船橋太神宮大宮司富上総介《とみかずさのすけ》は篤胤有力門人の一人だが、信淵は既に遅くとも文化八年には交友を開始しており(30)、文化一三年一二月、江戸払い処分にされた時には富上総介方に退去するなど(31)、手厚い庇護を受けてもいた。

埴生郡岩川村白井喜右衛門の一族だと思われる同村の白井忠蔵も信淵から農業技術の伝授を受け、陸稲の栽培や土質の改良を試みている(32)。この白井忠蔵への訪問を篤胤は文政二年（一八一九）の第二回遊歴の際に計画していた(33)。この計画は実現しなかったようだが、忠蔵の推薦は信淵がおこなったと考えていい(34)。

根岸延貞なる人物は多田屋新兵衛と称し、江戸南新堀に醤油屋を営む商人であったが、信淵の最も信頼していた門人で、信淵が江戸払いになった後は、彼に深川永代寺境内の別宅を提供し、信淵の家族には自己の所有する霊岸島の家作に居住させるなど、信淵とその家族を本当に親身になって世話しつづけた篤志家だった。文政一〇年、信淵は彼に「山相秘録《さんそうひろく》」を校訂して伝授している(35)。

この多田屋新兵衛が文政二年九月三日、下総香取郡須賀山村の高橋治右衛門正雄（笹川治右衛門とも表記されている）の紹介で気吹舎に入門する。同日に香取郡小見村の多田正兵衛（安政六年刊行の『国学人物志』にも下総国学者として名前が出ている）も入門しているので、新兵衛の出身地も香取郡笹川附近と推測される。そして翌文政三年一〇月には篤胤著『天満宮御伝記略』の出板資金の醵出者となると共に、(36)その序文を多田新兵衛が、跋文を紹介者の高橋治右衛門が執筆するのである。多田屋新兵衛は天保八年（一八三七）一〇月に病没するが、(37)その間一貫して佐藤信淵と平田篤胤の双方に関係しつづける人物なのである。

信淵、篤胤の双方にかかわる人物の一人に東金《とうがね》城手《きで》の鵜沢市右衛門なる者がいる。市右衛門は信淵の友人で、『経済要録』の中で、紀州から蜜蜂を取寄せて養蜂業を営み、数十箱にまでなったが、天敵のトンボ対策を怠ったために、蜜蜂が他所に移動してしまったと言及されている篤農家である。(38)この市右衛門に篤胤は文政二年の上総遊歴の際会いに行っており、「奇士なり」と彼を評していた。(39)この東金城手まで篤胤を案内したのが上総富田村の大豪農で門人となった大高善兵衛その人であった。当然大高は市右衛門を介して佐藤信淵の人となりを聞いていたはずである。

この鵜沢市右衛門と気吹舎とのつながりは、この時だけにとどまってはいなかった。文政九年養子銕胤の上総遊歴の際、彼は市右衛門を訪問したが、折悪しく病気だったため会えなかった。(40)天保元年（一八三〇）二月には気吹舎から市右衛門宛に書状が出されており、(41)同年一一月には、この市右衛門は出府して篤胤・銕胤と面会しているのである。(42)

ただし、この寛政から文政末年までの時期における信淵と上総との関係は、彼の農政学・経済学の普及を介して、というよりは、日々の収入を得る本業の医術を介してであったと、著者は今のところ考えている。

先にも指摘したように、信淵にとっては明君・英主のみが政策主体だったが、このことを裏返せば、圧倒的多数の領主階級である大名と旗本は、彼の激しい攻撃の対象になる、ということなのである。現状への忿懣と批判こそが彼の農政学・経済学に一貫した体系性を保有させた、ともいい得るのである。信淵は文政五年一二月一九日、門弟の松本治部に次のような書状を著作「経済要略」に添えて送っていた(43)。

扨は此経済要略二冊、依卿等之懇望今度新に所著也、其許並根岸（延貞）氏両人に令授与候、議論之勢不得止、当時之諸侯謗候文句有之候に付、他見決て可為御無用候

愚老も来春暖気相催候はば出府可致と存居申候、社中皆々衆へ御伝声宜頼入申候

支配階級への政治批判は、どのような結果を招くか予想不可能である。事情が大きく変化したはずの安政六年（一八五九）段階においてさえ『経済要録』の出板申請が「開板不相成事(44)」と拒絶されたのは、為政者批判がそこに存在したからである。

刊本だけが危険なのではない。写本でも、無闇に人に示してはならないことは、右書状中に「他見決て可為御無用候」とある通りであった。明君・英主に仲介してくれるはずの大名・旗本の家臣から洩れる場合もあるのである。このことを恐れるのが、家族の辛酸をなめ尽した長男昇庵なのである。弘化四年（一八四七）、自著の「防海余論」を藤堂高猷《とうどうたかゆき》に献ずることに強く反対した昇庵の言を信淵はこう記録する(45)。

家厳は草間の賤人なり、卑賤の身を以て広大の策を建る者は往々不測の厄に遇ふこと多し、固より

家厳の所知なり、今夫れ権貨《かくか》法を行て官庫を満溢し、士民の貧困を救ひて日本四海の武備を強盛にするは、蛮夷を慴伏《しょうふく》するの良謀なることは信に然り、然れども執政の御老中に非ざれば及ぶべからざるの大事なり、然るに斯在《（ママ）》大事を安濃津《あのつ》侯に伝授するとも何の益か有んや、此は偖置き、今の世に当て太平二百余年、世人至治の繁華に怠敖し、諸大名は淑女艶婦を集て清歌妙舞の宴楽を縦にし、士大夫は歌妓娼女を愛し、嘉魚醇醪《じゅんろう》に酔て罣慮《けいりょ》の事を聞くことを悪む、誰か英吉利亜の既に大莫臥児《ムガール》国を滅し、且つ大清国を打破て百万の士女を糜爛《びらん》し、益々東征せんと欲するの大患を知て此を慮る者あらん乎、仮令此警《いまし》めを聞き及びたる者ありと雖ども、只風脇《かざわき》の天火の如く心得て、己れが身には禍あるまじと思ひ、頑要《ずるけ》て年月を渡るのみ、然るに家厳の論は諸大名の放蕩を禁じて大砲を鋳造し軍船を製作せしめ、士大夫の無頼懦弱なる者に大砲を放たしめ、武事を励して身体を労動し険難に馴習《なれならわ》しめんと欲す、故に見る者皆狂に非ざれば耄せりとして非謗せざる者あること無し（中略）、故に此を献ずると雖ども、君侯の御為めにもならず、唯た徒らに多士の嘲弄を受んのみ、殊更此権貨法《かくかほう》は実に執政家此を用て、貧富偏重なる悪弊を不知不覚の間に改革して、四海の困窮を済給《すくいたま》ふべきの大計なり、然るに此法万一弘く世に漏るるときは大に政に害有り、且又越俎《えつそ》横議《おうぎ》の咎あらんことを畏る、願くば固辞して献ずること勿れと、抱書悲沸《（原本には涕カ）》し泣血漣如《きゅうけつれんじょ》たり

信淵の農政学や経済学、そしてこの体系に連動して論じられる右の如き軍事・外交論は、従ってごく限られた、話を漏洩しない門弟の間でのみ、この時期は展開されていったのである。

この特徴は、平田篤胤の学問のひろがり方と比較するとよく理解されるだろう。篤胤の復古神道理論の需要者は当初在地の神職層であった。彼等は信仰の篤い人々であり、奉仕する神と神社の由来と由緒

を知ること、神霊の感銘する祝詞を作成すること、これらは自己の職業上の必須の学問と技術であったのである。この要求に篤胤の復古神道理論はよく応えた。また日本の古い時代を明らかにする使命を有する国学（篤胤はこれを古道学と称した）研究も、政治批判が含まれていないならば、それなりに開板が認められたし、更に幕府の最も嫌悪する朱子学への批判も、篤胤は可能な限り巧妙におこなっていった。その篤胤ですら、天保一一年（一八四〇）一二月には秋田に追放処分となる。

あと一つの問題は佐藤信淵という人物の性格であった。歴史には今も昔も、この個人の性格は相当大きく機能するのである。篤胤は会話が見事なほど上手く、人間的にも人好きのするタイプだったが、信淵は漢文調に表現すれば傲岸不遜・独立不羈、自己を持することきわめて高い人間だった。

この人の性格を最もよく知悉する者は、これまた今も昔も、夫には苦労させられつづけの妻なのである。

天保一二年、宇和島侯に献上した「責難録」の中に、彼の妻が強硬に反対した理由を、このように記録している。(46)

今般此書を上《たてまつ》るに就て、愚老が老婦切に止て曰、老爺に大なる失徳なしと雖ども、天稟悍塞《てんぴんかんそく》にして直言を放ち、朋友に疎まれ、同僚の嫉《ねたみ》を受け、且世人の慍《いきどお》りに触れることを畏れざるを以て生涯を誤るに至れり、数《しばしば》罟擭《こかく》・陥穽《かんせい》の中に落て進退維谷《きわまる》の厄窮を受け、妻子に飢寒の困苦を係たるも、皆是己れ一人智ありと思て、親戚の異見を拒み、衆人の怒りをも顧みざるより、禍の基因《おこら》ざるは無し、今夫《それ》年既に七十（七三歳となっている）に余りて恒々甕《かめ》に飯米の無きに困るも、悉く自ら作る孽《わざわい》なり、尚も其苦痛の酷きに懲りず、高貴なる御方の御威勢を惶《おそ》れず、苦口なる諫言を上つらんことを欲す、何ぞ其猖狂の甚しきや、且御大家には諫議を司る貴臣も多し、然るに卑賤なる処士の身分を以て斯の如き唐突を為さんことを図る、若夫此書を上るに於ては越爼の罪を蒙り、其禍必祐三（信淵の愛子、この年一一月、僅か一八歳で病没する）に及ぶべし、願くは此上書を已めよ已めよと云ひて、悲沸（原本には涕カ）して勧沮《すすめとめ》ること甚切なり

しかしながら、人の性格はいくら周囲から注意されても容易に矯正できるものではない。おのずから外に表出されてしまう。「平田篤胤関係資料」の中にも、次のような紙片が残っている。(47)

　佐藤百祐（信淵の通称）異名
仏蘭西ノ偽帝ボナバルテ・ナボレヲン、右天下ヲ席巻する志、至極百祐能似タリ中候様存候、尤百祐も頻リニナボレヲンヲ感心の体ニ御座候
　甲斐源氏信充ノ異名
イギリス国ノ将軍謀士ボテンチヤ

英将謀士とあるのは、アヘン戦争において英軍の全軍指揮官をつとめたポティンジャーのことであり、従ってこの紙片は天保一三年以降のもの。信淵のあだながナポレオンとはいい得て妙である。自分でもまんざらではなかったらしい。なお信充とは幕臣栗原信充《くりはらのぶみつ》のこと、国学者として屋代弘賢のもとで活動し、篤胤とも親交を結んだ学者であるが、この史料では信淵とならび軍学者の側面で評されていることは興味深い。

(2) 望陀郡久保田村浜宿での開墾指導

鴇田氏の伝記(48)によれば、伊勢の豪商で江戸店を有する竹川竹斎《たけかわちくさい》（彦三郎、あとで勝海舟のパトロンにも

なっている）及び彼の弟で竹口直兄の養子となった竹口喜左衛門信義と知りあいになったのは文政一二年（一八二九）のことであり、そのきっかけは信淵の医術だったと述べられている(49)。ただし文政一〇年(51)、「経済要録」を授けた門弟の中に中西速雄なる人物がおり(50)、この人物が後で述べる中西素六と同一人物なので、門弟を介して竹川、竹口両家につながっていったと考えた方が自然であろう。

ともあれ、信淵の経済学が房総の地で最初に実践されるのは、この竹口喜左衛門とのかかわりであった。開墾事業である。信淵の経済学では土地兼併《けんぺい》の否定と流通（彼の用語では「融通」）問題の重視が特徴の一つである。従って、土地の獲得は田畑の買収を避け未墾地開拓によっておこなわなければならず、また商品として販売されることが生産物の目標となるので、開墾地は江戸のような大都市の近郊がよく、しかも運賃削減のためには外房よりも内房の地が選ばれる。

このような佐藤経済学の実践のため、上総望陀《もうだ》郡久保田村浜宿の松林の開墾が試みられるが、この土地は竹口喜左衛門が所有しており、開墾事業の責任者となったのが、信淵の門弟であり、また竹口家の支配人でもあった中西素六なのである。天保九年（一八三八）素六は信淵と共に同地を視察し、直ちに信淵の「秘伝種樹園法」に則って開墾事業に着手する。弘化二年に七六歳で没したとあるので、視察に入ったのが六九歳という高齢であり、自分のついのすみかの実現の目的もあったはずである。

この地にしきりにおこなわれていた堕胎・陰殺を素六は痛く憐れみ、この開墾事業の中では孤児、貧児を養育し、成長の後はこれを使用し家を建てて与えた、と述べられている(52)。この指摘に従えば、間引きを為政者の悪政の端的な発現と厳しく非難し、その防止策を経済学の中でくりかえし説きつづける師佐藤信淵の学説の忠実な実行者でも素六はあったようである。

(3) 幕臣勾坂内蔵介の内海干拓計画

信淵の経済学が次に房総の地に実践が試みられるのはペリー来航後、安政期に入ってからである。この事実を解明したのが内田龍哉氏の「佐藤信淵と内洋開発」論文である。[53] 同論文に従って少しく紹介してみよう。

信淵は天保四年、「内洋経緯記」を著して以下の諸点を主張した。

1、勢子石技術で下総行徳《ぎょうとく》附近から上総富津《ふっつ》までの干拓が可能であること

2、運送の便のため干拓地と旧陸地帯の間に運河を建設すること

3、干拓用の土砂には沿岸地域の台地と花見川《はなみがわ》開削の土砂が使用可能なこと

この信淵の内海干拓事業計画を、安政四年二月に、蘭学砲術師匠佐藤信淵の弟子と述べる小普請組勾《く》坂《さか》捨次郎父隠居内蔵介が出願するのである。幕府より許可を得れば金主を募ると彼は主張した。翌年三月、内蔵介は幕府よりの回答を督促するが、勘定奉行永井玄蕃は申請を却下、内蔵介はそれにもめげず文久三年（一八六三）に二度目の開発申請をおこなって、この時は許可されることとなった。しかし資金の都合がつかず、内蔵介の権利は芝増上寺に継承され、同年一一月、寺は資金運用先の大名貸付が減少してきたので、この事業で資金運用を図りたい、と述べるのである。申請先は時の老中水野忠精《みずのただきよ》である。

幕末の大混乱のなか、増上寺のそれ以上の動きはなかったようだが、安政期に入り幕府の政策自体が大きく民富増大の方向に舵をとりなおした（ただしこれは継続しなかったが）ことを敏感に察知した者達の行動としては、十分注意していいと思われる。

(4) 大高善兵衛と弟平山仁兵衛の間引き防止運動

房総幕末・維新史の上で、大高善兵衛《おおたかぜんべえ》とその弟平山仁兵衛の間引き防止運動と捨子養育所設立運動の存在は看過出来ない社会事業だが、この運動は一で見たように、平田国学が佐藤農政学を包摂する形で農村に浸透していった一つの結果ではなかったか、と著者は今のところとらえている。

まず事実から確認していこう。(54)「子育て善兵衛」と称された大高秀寿《ひでとし》は、平田篤胤の上総有力門人大高善兵衛秀明《ひでたか》のあとつぎであり、富田村を含む一二ヶ村の大名主であった。秀寿は安政四年、勘定奉行所に間引き救済の出願をおこない、翌五年に再出願し、養育不能の貧民の子供を引き取り、一四、一五歳の一人前に育てた上で親元に帰すことを約している。更に万延元年（一八六〇）には、秩父大宮郷の同志井上如常《いのうえにょじょう》と共同して出願した。(55)平山仁兵衛は秀寿の弟、弘化三年匝瑳《そうさ》郡富谷《とみや》村の平山家に養子として迎えられていたが、万延元年には兄を助けるため半数（六名）の育児を引き受け、捨児収容所を富谷村の本郷に建設した。

ところで佐藤信淵は平田篤胤の復古神道を学び吸収する中で彼の「創業」論を形成していった。それは神と神による宇宙創造がどのような意味を有するのかという復古神道を土台とした佐藤神学である。彼は神が宇宙を創り出した目的は人類の生の享受とその繁殖にあるとし、この神の旨を受け、神によって与えられた自然を民のために開発（佐藤の用語では「開物」となる）・活用するのが支配者の職分と規定する。支配者がその職分を果たさないがために、神の趣旨にたがい、民は間引きをおこなわざるを得ない。彼にとっては間引きの有無は支配の良否の至重の試金石なのである。この理論は平田国学を学んだ以降の彼の全著作に貫徹している。彼は陸奥、出羽、関東で多いと指摘しているが、実際には最も長期に農村生活を送った上総農民の現状を踏まえたものであった。

信淵は為政者への建策の中でその対策をくり返し説きつづけ、捨子と貧民幼児の収容所（慈育館）の設置は、教育所の設置とともに、彼のきわめて特徴的な国家機構論（「垂統」とよばれている）の上で、基本的な位置づけを与えられていたのである。更に、信淵は安房嶺岡の幕府牛牧場についても知悉しており、[56]「農政本論」の中でも、「我祖父翁痛く此を悲みて、小児の非命に寃殺せらるるを済救せんことを欲し、垂統泉原法を工夫せられ、此慈育の仕方を説くこと精細を尽せり、且数多の小児を十分に哺育する乳汁の製造等は、先哲も未曽て知らざる良法多し[57]」「小児を哺育する乳汁は、牛乳に山慈姑《やまくわい》の細末と水飴とを調和して製したる者にして、小児を養ふに甚だ利益あるの良法也、凡そ乳牛を飲ましむることは、出生してより大抵十八箇月にて宜しき者也、然れども虚弱なる小児には、二十五箇月も用ふることあり[58]」と、捨子、貧児収容所での牛乳使用に関しても明記している。

反論が直ちに出されるだろう。平田門人の大高善兵衛は天保一四年に没しており、秀寿の入門記録はないのだ、と。ただし桂慎吾の事例で言及しておいたことだが、父子共々入門と意識されている場合には、両人共入門せずとも門人扱いをされることが気吹舎ではありうることなのである。また秀寿自身も万延元年閏三月二〇日、江戸の気吹舎において、桜田門外の変に関し、現在水戸家は二つに分裂しているとの内密情報を平田延胤にもたらしている[59]ように、平田家とは、父子二代にわたり親密な関係を保ちつづけているのである。従って、この当時の気吹舎が平田国学普及の一環として佐藤信淵著作の普及に非常に積極的だったことを知り得る立場にもあったと考えて無理はない。

次なる反論は、安政期という信淵没後の時期に房総の地に彼の著作と思想が浸透していた、という事実があるのか、というものだろう。著者としては『千葉県史』からその事実を学んだ。即ち安政三年九月、平田銕胤は下総松沢村の高弟宮負定雄に次のような書状を発しているのである。(60)

被仰下候事、一々承知いたし候、第一御頼申候佐藤信淵は甚六ヶ敷所、御借出被下、右ニ付被仰下候事、御尤ニ奉存候、御深切千万辱仕合、大慶仕候、成文差急キ返納可致候、又申候、佐藤信淵之天（柱）中記と申もの、若も所持の人々ともより御借出し被下度奉希候

この書状によれば、平田銕胤以上に深く宮負定雄は佐藤信淵の農政学・経済学に関与しており、佐藤昇庵とのパイプも太いものだったことがわかる。宮負自身が下総の百姓として、地域農民の生活向上のため尽力・奮闘しつづけた篤農家だったのであり、その立場から信淵の学問を貪欲に学び尽そうとしていたことは、至極自然なことでもあった、と著者は理解している。

ただし「子育て」大高善兵衛は佐藤信淵経済学とのつながりがあった、という著者の意見は、今のところあくまでも蓋然性レヴェルの推論にとどまっている。幕府権力への建策である以上、その論理の中に為政者糾弾の信淵理論がストレートに出されるはずがない以上、今後は第一に、間引き防止の各地の下からの運動を集約、比較検討し、第二に、これらの運動の中で、社会施策、社会政策的な制度化への方向性が内在化されているのかいないのかを明らかにし、第三に、乳幼児の保育に牛乳の有効性が主張され、ひいては農民営業としての牧畜産業への展望がそこに含まれているかどうかを点検する作業が必要となるだろう。そして、このことは全国史レヴェルのテーマに発信しうる千葉県固有の地域史研究の課題でもあるのだが、そのためには、明治元年以前を近世とし、それ以降を近代と截然と区分し、両者相関せずといった姿勢が除去されない限り、実現し得ない課題でもある。

おわりに

佐藤信淵の学問を、ペリー来航後、安政期の段階で、最も的確にその本質を見抜いていた人物は、武士階級の吉田《よしだ》松陰《しょういん》だと著者は思っている。松陰は安政三年（一八五六）七月に「農政本論」を、同年九月に「経済要録」を、父親と共同して校正しつつ写本まで作成しているのである[61]。

他方、松陰は野山獄中で開始した「孟子」講釈を、家に戻された安政二年一二月以後も最終章の「尽心章句」下の第三八章までやりぬいたが、安政三年四月一五日の「告子章句」下第一〇章に関る講釈の中で、佐藤信淵その人に言及している。即ち、「余故に一言断じて云く、白圭《はくけい》は猶近時の佐藤百祐の如き男なり、然らずんば孟子何ぞ尤《とが》めらるることの深きや[62]」と厳しく難じているのである。

白圭はこの章の前段に論じられている許行《きょこう》とならび称された戦国期の神農家であり、その許行は孟子によって鋭く非難されている（「滕《とう》文公章句」上第四章）神農家の代表的実践者であった。孟子は許行の「賢者は民と並び耕して食し、饔飱《ようそん》して治む、今滕には倉廩《そうりん》も府庫《ふこ》も有り、則ち是れ民に厲《たよ》りて以て自ら養うなり、悪《いずく》んぞ賢なるを得ん」、いいかえれば、賢者は民と並耕して食し自炊しながら治めるべきで、民にたよって以て自ら養うは非なりとの主張を、「人に治めらるる者は人を食《やしな》い、人を治むる者は人に食《やしな》わるるは、天下の通義なり」と主張する儒学的支配者論の立場から徹底的に否定しているのである。

松陰は信淵の学問を武士階級の立場から正確に見抜いた。信淵の経済学は武士階級窮乏対策から立てられたものでは全くなかったからである。逆に支配者と支配階級の奢侈を可能な限り削りとって民の富を重農主義的立場から蓄積せよとの主張がその論理の骨格となっていた。松陰は嘉永六年（一八五三）五月、江戸に出る途次に勢州津藩の斎藤拙堂《さいとうせつどう》を訪問していた。儒生の名儒歴訪パターンである。この時拙堂は松陰に主君藤堂高猷は信淵に深く傾倒している事実を語り、主君は、津藩では米作りよりも綿作が有利なので政策を切り替えるべしとの信淵案を採用したがったが、自分は、もし飢饉になった時にはどうするかと、世禄を食む武士の立場から反対し、しぶる主君に断念させた旨を告げていた[63]。

ここからも、信淵の経済政策は、日本一国を一単位とする国内市場の育成とその発展を大前提としていたことがよく判るし、その故に封建割拠の諸藩と諸藩士達にとって、容易に採用しうる政策にはならなかったのである。

だが、この問題のポイントは、その松陰が安政三年に「農政本論」と「経済要録」を各々全冊写し取り、安政四年一月二六日付の友人小田村伊之助宛書状の中で「佐藤が書、御読み成され候由妙々、僕も此の節大いに其の書を愛し申し候[64]」と断言している事実なのである。

ペリー来航という衝撃は日本の社会に根本的な変化をもたらした。政治史的には安政改革期というくくられ方がされているが、その経済的・社会的基底には日本全体をいやおうなく一つの単位として、その民富と国富の蓄積をどのように図るのかという課題が日本人、とりわけ豪農豪商層に提起されたのである。一と二で見た佐藤信淵の学問の当該時期での需要のたかまりは、客観的には、このような新しい歴史段階に規定されて出現したものといっていい。欧米の経済学を学んだから経済学が成立する、というものではない。日本社会がそのような学問を求めざるを得ない段階に入り、その一つとして佐藤信淵の学問が平田国学とタイアップしながら浮上してきたのである。武士階級の吉田松陰は炯眼《けいがん》にも、尊王攘夷を政治スローガンとする国家恢復の運動の中に、民富形成と武士階級の立場からの民衆組織化の課題を位置づけていく。

しかも安政六年六月、横浜、長崎、箱館開港と自由貿易の開始により、わが日本の国内市場は世界市場と結合しはじめる。

佐藤門に入門していた、信州上田か、その近辺の某藩士ではないかと今のところ臆測している長沼宗右衛門なる一人の武士は、文久二年（一八六二）三月二九日付の昇庵宛書状の中で、こう語っているのである(65)。

開港以来養蚕之業自然ニ相励、諸色高直に順し米穀も殊の外高価ニ御坐候故、自然ニ農業出精致し候様相成、田地ハ案外開候様相成、是迄年々声掛、油種、藍等進め候処、穀物、粟、稗にても直段宜故、何分進方不宜、扨々上より声を掛候ものハ何分不相進候処、米価之高直ハ自然之勧農ニ相当り、且養蚕ニて手元融通宜故か、一統暮し方ニハ格別難渋不致様相見、最極貧之者計弥増難渋と被存候、此節柄融通之道開き候方可然哉奉存候間、何卒通移開闔法・合壁融通法、且漁村維持法・垂統法等御相伝相願度

長沼は、開港後は一藩限りの勧農政策では対応できなくなったので、経済全体を把握する方法論を学びたいと昇庵に要請しているのである。

翻って考えてみれば、佐藤信淵の学問は、一九世紀初頭の対露危機を直接のきっかけとして、日本全体の経済のあり方とその社会的政治的制度化の課題を解明しようとしたきわめて特徴的な学問であった

が、ペリー来航後、日本社会と経済が新段階に突入する中で、明治一〇年代に至るまで、全国の篤農層・老農層に学ばれていき、そして帝国大学が西洋から移植する農政学・経済学・農業技術が日本全国に普及する中で衰退、消滅していくことになった。その学問に佐藤信淵全集からではなく、それを学び実践しようとした門弟や支持者、理解者の側から接近することは、単なる農学史や経済史の前史研究にとどまらず、近世末から近代初頭という日本史の中で最も地域が生き生きしていた時代そのものを我々がつかみとる上で、決して無意味な作業ではありえない、と著者は思っている。

第四章　竹川竹斎と佐藤信淵

はじめに

平田国学は古道学、復古神道、百姓の主体性のもととなる御国《みくに》の御民《みたみ》論といったものと共に、その宗教的主張を踏まえての佐藤信淵の特徴ある経済思想を媒介としても、近世後期と幕末社会に受容されていったのではないかとの見通しを、著者は第二部第三章に述べておいた。そして実証的分析の視角は、佐藤信淵の著作から出発するのではなく、あくまでも、その受容者の立場に据えるべきだとも強調した。思想とイデオロギーは門人・受容者の社会的立場によってきわめて様々の受容・理解のヴァリエーションが生ずるからである。ここで取りあげる人物は伊勢飯野郡射和《いざわ》村の大豪商、幕府の為替方を勤め、江戸・大坂・京都で両替商を営み、併せて酒・醤油・荒物店を江戸で経営していた竹川家の分家竹川彦三郎家（東家）の第七代目当主竹川彦三郎（一八〇九〜八二年、諱政胖《まさひろ》、三〇年家督相続、四八年隠居、号竹斎、以下隠居前から竹斎と表記する）である。竹川竹斎は嘉永七年（一八五四）、日本で最初の公立図書館射和文庫を開設した知識人商人として著名だが、他方、幕府為替方を勤める大豪商竹川家の一族として、瓦解に至るまで、幕府支持の立場を決して崩すことの無かった伊勢商人でもあったのである。

一　竹斎の平田国学と佐藤信淵への接近

伊勢商人の場合には特に同族集団のあり方を念頭に据えなければならない。竹川家は本家並びに二つの分家（東家と新宅）の固い結合の中に成立しており、本家を二分家が護り維持し、射和村を本拠地として江戸店と支店へはかわるがわるに経営の監督に赴く体制がとられていた(1)。本家当主が若年の場合には当然分家の当主が後見することとなる。また近隣の伊勢大商人との濃厚な養子・縁戚関係も数代にわたり網目状につくられていた。竹斎の次弟礼蔵信義（一八一二〜六九）は文政一二年（一八二九）、飯野郡中万《ちゅうま》村竹口喜左衛門直兄政常の養子となっている。竹口家は江戸南茅場町店の外、深川佐賀町永代橋際で乳熊《ちくま》味噌を販売する一方、金融にも深く関わっていた豪商である。また竹斎の三弟熊五郎信親は射和村の、江戸店をもつ豪商国分勘兵衛家（「亀甲大」印醤油商）の養子に入っている。

他方で、射和村は松阪のごく近く、伊勢神宮の膝元でもあり、竹斎の父政信（〜一八三四）も竹口直兄（〜一八五二）も共に本居宣長門下(2)、更に竹斎の母は神宮権禰宜で著名な国学者荒木田久老《あらきだひさおい》（真淵門人、宣長と同門）の女菅子、叔父の荒木田久守《ひさもり》も国学者、本居国学の伝統は竹川家の体質ともなっていた。鈴屋《すずのや》系の国学は気吹舎系の宗教色の強い傾向とは一線を画し、対立していたとの理解が一般的であり、竹川竹斎も文政二年（一八一九）から同九年まで店務見習いの江戸勤務、同一三年閏三月から繰り返される江戸店出勤の動きの中では、気吹舎に顔を出した形跡は無い。ただし国学に関心をもち、神道を奉じている知識人商人にとってみれば無関係ではありえなかったこと、これもまた事実であった。竹川本家の当主を文化三年（一八〇六）から勤め、嘉永二年（一八四九）に隠居する竹川政寿（素行、一七九〇〜一八六二）は、天保三年（一八三二）三月三〇日、平田篤胤から『玉襷』一・三と『神拝式』を贈られている[3]。政寿の方から依頼していたことは間違い無いと思われる。竹斎の日記[4]に平田篤胤著作物が現われる最初は、江戸見習い後、大坂支店での修業を終え、文政一一年（一八二八）に帰郷した翌年の八月一九日条「相可《おうか》に行き神代系図かし遣」である。多気《たけ》郡相可村には竹斎の姉が西村三郎右衛門家の分家喜左衛門家西村栗蔵（広美）に嫁しており、緊密に交流していたのである。西村家も江戸店をもつ豪商であった。縁戚間で気吹舎本が貸借されているのである。この『神代系図』は西村家も所蔵したかったらしく、出府中の文政一三年八月二四日条に「平田神代系図為尋《たずねさす》、使常蔵」、九月一三日条に「相可、神代系図遣」、同月二四日条に「三郎右衛門殿より神代系図代金受取」とある。所蔵希望者は西村本家だったようである。その後も竹斎日記には天保三年八月一日条（在郷中）に「（叔父の）久守へ篤胤著述の本、幸便可差上候事」、天保四年二月三日条（在郷中）に「（竹川）本家、本かへし、内山田（久守の住所）に残り居分書付遣置、古史徴四の上、玉たすき一計《ばかり》帰り、玉の小柱（篤胤門人川崎重恭の著作）二冊残り」、天保一二年三月一五日条（在郷中）に「鬼神新論かり来、写候積り也」、安政五年九月一九日条（在郷中）に「大川与左衛門来書、返事遣、古道大意二冊、玉の御柱二冊かし遣ス」とある。『古道大意』は嘉永元年（一八四八）刊行のもの[5]なので、竹斎の関心は全く衰えてはいない。射和文庫の中にも「勝五郎再生記聞」「古今妖魅考」「三大考弁々」「出定笑語」などの篤胤著作が残存[6]しているし、また一族・縁戚間の繰り返される貸借の事態にも留意すべきであろう。

佐藤信淵との関係も若い竹斎が創り出したのではなく、それ以前からのものである。竹口家江戸店支配人の中西素六が佐藤信淵の門弟であることが確実となるのは文政一〇年なので、遅くともこの年からは信淵の医者としての力量は竹口・竹川両家に知られていたはずである。[7]年不詳だが本家当主の竹川政寿は信淵に次のような書状をつけて『郭註《かくちゆう》（晋の郭象《かくしよう》の注が入っている）荘子《そうじ》』一〇巻を戻している。[8]

炎熱甚御座候処、益御安泰と奉大悦候、然は郭註荘子、入御覧置候処、少々見度《みたき》事有之、人間《ひとま》無之所、一巻かりに上候様、悴に申付候処、皆々取に上り申候、拝見の上則不残《のこらず》今日又差上候、寛々御とめ置御覧可被成候（中略）、螳螂《とうろう》の王車にむかふといふことを題に歌よめと被望候故、よみても本文為念《ねんのため》に見たく候故、申上候也、其歌は

あやうしや車にむかふかまきりのひちをいからしほこる世の人

いかりつつ車にあたるかまきりのおのれほこれる人は危うし（中略）十二日

尚薬数の儀、皆次郎より伺候、手元書留には落も可有之に付伺也、私と皆次郎の分、御書付可被下候、以上

文中の皆次郎は文政六年生まれの政寿次男、竹斎と同じく数え一一歳で江戸店見習いとすれば、天保四年以後のもの、本家の父子共に信淵がホーム・ドクターなのである。歌の題に出されたので、「荘子」天地篇第十二の「螳螂の臂《ひ》を怒《はげ》まして以て車轍《しやてつ》に当る」云々を確認したくなり、信淵に貸していた「荘子」を一時次男に取りにいかせたことがわかる。竹川本家当主も中々の教養ある豪商なのである。

竹口・竹川本家が信淵と親密な関係にあり、中西素六が彼の「経世済民」の学問としての経済学の門人であることから、信淵の著作が竹口・竹川両家の間に読まれるようになるのは当然のこととなるだろう。竹斎日記での信淵著作初登場は天保六年三月二七日条[9]（在郷中）の「経済要略四冊帰ル」である。

本書は信淵経済学のエッセンス、竹斎の第一に学んで然るべき書籍である。同年閏七月江戸に赴くが、着府直後の八月一二日条には「勢州より紙包、（中略）経済要略四来」とあり、同書の勉強を江戸でもつづけていたことがわかる。この時に信淵とは始めて会ったようで、九月三日条に「元海（＝信淵）に薩摩経緯記一冊、多々（ママ）新願書一冊かり」とある。「多田新願書」の内容は不明だが、多田屋新兵衛は平田篤胤有力門人として「天満宮御伝記略」（文政三年一〇月刊）の出版資金を提供した下総出身の商人(10)、同時に中西素六と並ぶ信淵の愛弟子であり、江戸十里四方追放となっている信淵家族の住居を世話するなど、天保八年一一月に病死するまで、信淵を庇護しつづけている義理堅く篤実な人物でもあった(11)。竹斎はこの時期体を悪くしていて、九月一一日には「佐藤元海老入来、診察相頼」と往診を受けており、彼および彼の長男で医師の昇庵から薬をもらっていることが、九月四日、六日、一四日、一〇月二日の各条から明らかである。医者としての力量に感心し、その会話から更に彼の経済学を学ぶ意欲が昂っていったのである。九月一一日条には「六種耕種法三の巻一冊、外に堤防要記等秘書三冊借る」、一〇月九日条には「佐藤の本農政全書、（堤防）溝洫志《こうきょくし》三冊、解体書一冊返す、経済要録一三四五六七、礼蔵へ廻し置、是より返す、告志篇同断」とある。次弟の竹口礼蔵信義もこの時期在府しており、共に信淵の経済学を熱心に学習していたことがわかると共に、水戸藩主徳川斉昭の著書「告志篇」を信淵を介して読んでもいるのである。信淵に返すとあっても、退去先の足立郡鹿手袋《しかてぶくろ》村ではなく、息子昇庵宅宛だと考えられるが、一〇月八日条には、「多々新より借り本、山相秘録図とも三巻、坑場法律二冊、紀州経緯記一冊、土性弁一冊」とあり、高弟多田屋新兵衛が所持していた信淵諸著作も貪欲に読んでいる。新兵衛の店は京橋新堀町、竹斎が任せられていた荒物店も同じ町内、そして大川西岸の南新堀町から永代橋を渡れば竹口直兄の味噌店である。目と鼻の先で新兵衛・竹斎、そして直兄・礼蔵父子はたがいに交流していたのであった。

この年は一〇月二〇日に射和村に戻っているが、翌天保七年一月二八日、次弟の竹口信義に向け、「農政要録為写可給《うつさせたもうべき》旨、恭存《かたじけなく》候、草木六種耕種法承知仕候、御尋合、草稿出来候はば為写度《うつさせたく》候」との書状を送っている。信淵経済学を兄弟共、必死で修得しようとしていることがよくわかる。

この年は、六月から一〇月六日まで江戸店勤めとなったが、江戸を去る前日の五日の日記に「佐藤父子入来、薬夫々受取」とあり、健康についても信淵に世話されている。

竹斎は単に個人的な興味で信淵経済学に接近したのではない。天保期に入ると日本社会の変容は容易ならざる事態になってきた。天保四年八月八日、二五歳の多感な青年期、江戸店への中山道を経ての出立とその旅行は、飢饉の中の人民の動きを学ぶ実地教育の場となった。八月一一日の中津川宿では、六日の町内一五軒の「ぶちこわし」と「手鎖人十五、六人」、一三日の宮の越では「難渋の者は三、四日も不食など有之由、弱者は動も不出来故也」、一五日の塩尻では「此辺相体《（総体）》稲実不入」、一七日の日記の条には、本庄では「米穀高直に付、わる者二十人前俳諧《（ママ）（徘徊）》、おし込・切落し等至て騒々敷趣」と、そして江戸着直後の九月二六日には「播州辺一揆一万人計、大乱」と日記に書きつけている。しかも事態は農村部のみならず、江戸でも全く同様、一〇月四日には店中から「隠徳施し」が出願され、出入の者へは米三斗の切手を、町内難渋の者六二軒には五〇〇文宛を施すこととなる。この危機的状況は翌天保五年六月の米価値下りまで一年間つづくのである。

社会と人民の気質が変化してきた。天保六年四月、美濃高須輪中《わじゅう》の百姓は水門の請負不正に怒り大一揆をおこすが、竹斎は日記閏七月一六日の条にその詳細を聞き、「当四月頃百八里御一揆、万寿の大助宅を始其余百軒計こぼち候由（中略）、笠松御代官、万寿にて具足・鎗などおられ、ほうほうにげ候由」とその大規模さを驚きを以て記録するが、この年から三ヶ年、また飢饉が日本全体を襲うのである。竹斎在府中の天保七年七月下旬には、自村射和村でも樋上卯兵衛宅他が「ぶちこわし」にされる事態に至り、三河の大一揆の報を日記につけるのは帰郷途中の同年一〇月一二日の条においてである。

凶作と飢饉、年貢収入の減少は、疲弊しきった藩財政をもろに直撃することとなる。射和村は志摩国鳥羽三万石の藩領域である。天保七年二月から四月、竹斎は関西に出向いているが、これは鳥羽藩から借財整理を依頼されたこともかかわっていた。農村をいかにたて直し、凶作にも堪える体質を創り出させるのか、年貢の収奪と御用金賦課では再建不可能に陥った藩財政をどのように建て直させるのか、この切実な課題が、解決手段としての信淵経済学を学ばさせる原動力となるのである。

二　用水池築造・浜宿開墾・鳥羽藩財政再建策

伊勢商人の拠点は出身村にあって江戸や大坂にあるのではない。自村や近隣村落との協調関係無しに豪商としての繁栄はあり得ない。本店・支店の主だった使用人と支配人も郷里の者から調達されるのである。竹斎は天保七年（一八三六）一〇月一六日に江戸から射和村に帰着した以降、天保一一年五月に出府するまで、あしかけ五年間も郷里にとどまっているが、これは体が悪かったというよりは、自村の体制づくりに専念したからだと考えられる。竹川家の繁栄は射和村との良好な関係が大前提となるからである。

まず射和村の窮民を麦の収穫まで食べさせなくてはならない。天保八年一月二四日には村内「小方の者」より竹川三家を始め相応に暮らしている人々よりの「小前御救」が出願され、同月晦日、難渋人三六九人に対し一人五升ずつの玄米が配られた。ただしその後の彼等の現金収入を如何に保証するのか、竹斎は射和村庄屋、本家長男の政孝及び国分家と前年一二月に協議、「下々かせぎ等も出来かたく、米高直に付難義たるべく候間、(用水)池普請いたし候はば、大勢稼にも相成、立行可申」と、資金の醵出方、開発地の所有権問題及び用水池築造で第一に必要となる測量師の依頼等を相談、つづいて紀州普請方渡会《わたらい》郡宮古《みやこ》村郷士乙部才助と下役同郡矢野村奥野才之右衛門の測量数値から費用を算出して工事にとりかからせ、翌天保九年五月に「上の池」工事を竣工させている。竹斎は工事計画中の天保八年四月二日、信淵に計画書を添えて書状を出し、「池凡積《およそづもり》の事思召候はば可被仰下事」と助言を仰ぐとともに、用水池完成後の田畑開発を見通してのことだろう、「六種耕作法拝借いたしたく候事」と農業技術を積極的に学ぶ姿勢を示している。竹斎の自村たて直し作業が社会情勢との厳しい緊迫関係のもとに遂行されていったことは、この年の日記の二月・三月の条に大塩平八郎の乱が、八月の条に越後柏崎生田万の乱が詳しく記録されていることからも伺うことが出来るだろう。

信淵の経済学が各方面から強く求められるのは、このような状況下(12)においてであった。天保八年には田原藩に招かれて巡回し、藩士に耕種法・農村行政方法を講じているし、翌九年には沼津藩に招かれ、「領分五万石順(巡)村、一村一村石高・田畑発廃・地性・役人の私曲・代官家中の風儀等くわしく取調出来、豆州駿州三州領共密に取調出来」(閏四月九日条)た上、参宮がてら、四男祐三を伴って同年閏四月九日に射和の竹斎を訪問した。翌日竹斎は用水池に案内し、信淵の意見を書き留めている。池を見ながら彼は水田耕作に付き自説の「一二三四の法」を語っているが、それは一歩は土、二歩は耕法、三歩は水、四歩は照日というものである。一一日には信淵は相可の西村家を訪問しているので、西村家とも江戸で深く交わっていたと思われる。信淵の出立は四月一二日、参宮のため南下する。

竹口直兄も信淵の信奉者、このような社会状況の中で確実な土地所有をおこなおうと、帰府直後の信淵を伴い上総に開墾地候補地を探すべく、五月五日、養子の礼蔵信義・竹口家支配人中西素六と共に深川から海路上総に赴き、同国久保田村の台地浜宿に土地を選定、[13] 翌一〇年には素六が現地に赴き、七反歩の松山を伐り開いて信淵理論に基づく開墾事業に着手するのであった。[14] 竹斎もこの事業に甚大な関心を寄せていた。開墾指導中の素六が弘化二年（一八四五）九月一三日、七六歳で現地で没するや、竹斎は建碑を考え、嘉永二年（一八四九）九月二七日、次弟の竹口喜左衛門信義（天保一一年家督相続）が、江戸への出立のため暇乞に射和に来た時、「素六碑の事申置」と注意を促し、江戸からの信義書状への一一月二二日付返書中、「素六碑の事、得其意候」と、おそらく文案依頼の件を承諾し、[15] 嘉永四年二月二二日付の喜左衛門への返書には「素六碑の文中尋、返事」とある。この後、現地に和文の素六顕彰碑が建てられることとなるのである。[16]

話を少し前に戻そう。中西素六が開墾指導のため現地入りした天保一〇年は信淵にとって災厄の年となった。信淵が期待を寄せていた開明派幕府代官江川英龍と対立していた大目付鳥居耀蔵は開明派知識人を一網打尽とすべく蛮社の獄を羅織《らしょく》、同年五月一四日、渡辺崋山の捕縛につづき続々と尚歯会の面々を捕えていった。偶然江戸にいた信淵は門弟塩谷宕陰《しおのやとういん》の急報により竹口直兄の南茅場町邸内に逃げこみ、五七日間ここにかくれ、その後も居を変え、事態が終息し、これ以上波及しないことを見定めた年末まで身を潜めたのである(17)。

信淵は丹波国綾部の大名九鬼隆都《くきたかひろ》に依頼され綾部藩立直し案策定のため、天保一一年三月二六日江戸を出立、四月一六日に竹斎宅に顔を出したあと、中万村の竹口家に赴き、竹斎は翌一七日中万村にて信淵に餞別を送ると共に本家よりの菓子と餞別二朱を渡している。信淵は竹川・竹口両家の外にも、知己である相可村の西村家、多気郡金剛坂《こんごうざか》村の森島専蔵家、更に神宮の門人御師達を尋ねた上で、四月二九日綾部に着き、七郷六八村を巡廻、社倉法の仕組みをつくると共に再建策を起草する。

竹斎は四年ぶり、天保一一年五月に江戸に出るが、八月三〇日佐藤昇庵が来訪した折、ロウ引き水腹巻を頼んでおり、九月一九日には昇庵が依頼された信淵著「西洋列国史略」二冊を竹斎の許に持参、彼は本書を借用する。この一九日に信淵は綾部から丹後を巡って京都に出、小石玄瑞《こいしげんずい》や新宮凉庭《しんぐうりようてい》を訪った後、江戸の隠れ家に帰宅、竹斎は二四日に信淵に面会、綾部の地の「救民講」を成立させたとの話を聴くと共に、綾部藩領の「仕法一同より願書に至る迄」見せてもらっている。射和村の将来計画の課題とピッタリ合致するからである。この年は一〇月三日に江戸を立つが、九月二六日には信淵が再度来訪、出立前日の一〇月二日には昇庵が送別の挨拶に来る。

それにしても数年前から悪化の一途を辿っていた鳥羽藩財政は窮迫の極に達し、竹川三家に天保一一年に巨額の金策を依頼、竹川家は諸方にかけあい、竹斎も協力すべく、天保一二年の四～六月大坂に出、鴻池屋に相談に赴くが、先方より断られている。尚この際、信淵は大坂に滞在しており(18)、竹斎と鴻池屋との間を斡旋している。思うに信淵は以前鴻池善右衛門の阿波での新田開発を指導しており、この時もその種の話がつづいていたものか。竹斎はこの三月二二日、大坂に滞在している信淵に対し、「水道穴岩切」の技術に関し質問すると共に、「御著述出来候はば為写遣《うつさせつかわし》可被下」とたのんでいる。

この天保一二年時の竹斎は多忙を極めている。六月下旬金策不成立のまま大坂から帰郷、八月末に射和村を出立、九月一〇日に江戸に着くが、「御召」により麹町の鳥羽藩上屋敷に本家当主竹川政寿に同行して出頭するのが同月二二日、藩主より「勝手方の儀可然頼む」との御意ののち、藩重役一同より二万両の調進を依頼され、「相考御返答可申上」とひとまずこの場を退いたが、竹斎は同月二七日再び上屋敷に赴き、二万両調進依頼を断るのである。家老の稲垣舎人は、「此後いかがとの事、仕法も立候はば骨折呉候様」「愚存（竹斎の考えを指す）も候はば認呉候様」と藩内体制の改革を約束、それを受け竹斎は翌二八日竹川本家当主政寿名で「愚存書」を提出する。則ち、それまでの「（倹約を旨とした）御改革仕法」が藩内人事の変動により相崩れ、「扨々残念の至」、昨年来大庄屋共から六〇〇〇金、且私から二万金、鳥羽表にて仰付けられ、「重々不及力旨《ちからにおよばざるむね》奉申上候」え共、大坂へ出足を命ぜられ、同地で三〇〇〇両、彦三郎（竹斎のこと）名の請印で借用、伊勢の地で三〇〇〇両、計六〇〇〇両の公金を藩では御借入れとなっている。これ以上の御借入は「前の御役人方御帰役、節倹第一の御政事に相成」らなければ不可能と、この「愚存書」と共に、佐藤信淵の宇和島藩侯宛「責難録《せきなんろく》」をも稲垣舎人に提出する。人事改革と藩政革新なしには、これ以上一銭たりとも協力出来ず、との線を明確にするためには、「綱領」を文章化する以外に方法は無い。そこで竹斎は信淵に相談をもちかける。日記によれば一〇月三日のことである。二日後の五日、信淵が再来した時、竹斎は「鳥羽経緯記」草稿を完成させて信淵に渡し、この線での佐藤信淵意見書作成を依頼、七日息子の昇庵に竹斎のもとに地図を求めさせた信淵は同日自ら来訪して内容について意見を交換、一〇日には竹斎が信淵隠宅を訪れて相談、一八日「鳥羽経緯記」を完成させた信淵は竹斎店に持参するのである。「鳥羽経緯記」入手即出立である。翌一九日に竹斎は江戸を立ち、一一月一日に射和に着、同月二二日には鳥羽に赴いて、一足先に帰国していた稲垣舎人に「鳥羽領経緯記」(19)を提出すると同時に、信淵の「薩藩経緯記」を貸与している。また改革派で財政担当の大川某には信淵の「農政要録」「三銃要法論」を貸与し、以前に貸していた「経済要録」第一巻を返してもらっている。「改革無しの協力無し」との立場を崩さない竹斎は翌天保一三年二月六日に再度鳥羽に赴いて大川と仕法建てを相談、大川は「何分御手支に付御物成・御借財共御任被成度、依て仕法相立呉候はば、いかやふとも粉骨砕身可致」と頼み込んでいる。結局八月に入り竹川家は鳥羽公金を引き受けることになるが、それを可能としたのは、この年三月から展開された厳峻な天保改革による大緊縮政策であった。日記の三月一八日条には「江戸追々御改革、両替や・米屋・質屋に至迄株崩候、依て米油金銀とも相庭なし」と記されている。というよりは、鳥羽藩を始めとする諸藩の極度の窮迫が水野忠邦の天保改革を必然化させたものと見るべきなのであろう。竹斎日記を見る限り、水野完全失脚に至るまで、水野への期待はつづいている。

では竹斎・信淵合作の「鳥羽領経緯記」の内容をここでかいま見ておこう。

三　「鳥羽領経緯記」

「鳥羽領経緯記」は、先に見たように、竹斎・信淵共著のものだが、著者名を佐藤信淵としたのは、激烈な鳥羽藩政批判を表面に出しているためである。藩収入が一万五〇〇〇両であるならば、国元経費六〇〇〇両、江戸「御暮料」四〇〇〇両、忠勤を励む諸役人への褒美金一〇〇〇両、残高四〇〇〇両は非常時御備金として積み立てておくべきなのである。然るに賄方役人、己が奢侈を好むの心よりして君侯に驕奢を勧め、法外の財用を費し、国家の貧窮を顧ず、領内の百姓より「漁奪《とりうばい》」て己等が暮を豊にするの弊を成し、君侯に無道なる暗主との悪評を負わせている。従来の奸佞なる諸役人を悉皆限除し、かわって「鳥羽の御連枝稲垣舎人主は極めて忠誠なる仁」と聞く、この仁出でて君侯を補佐し、厳しく奢侈を警《いましめ》て倹素を修めれば、国の富盛疑いない。

具体的な人名を掲げて抜本的藩政改革の必要性を説くが、この厳しい体制改革提言は鳥羽藩執政部のみならず、郷村支配体制にも向けられている。鳥羽藩領は志摩五六ヶ村、伊勢一七ヶ村から成り立っているが、勢州領支配は以前二人の大庄屋が勤めていたところ、ここ四、五十年は度会郡中郡《なかごおり》村の森九十郎一人が大庄屋となっており、息子九兵衛ともども百姓に権柄づくの態度で臨み、先年自分の勢州旅行の際にも両人種々私曲を働くとの噂を耳にした。郷村支配の長たる代官は百姓の願事・届事ありて訴え出るも手代共に取次がせ、直接百姓の訴えを聞こうともしない。小役人の身分にして「天降《あまくだり》たる神の如し」。地方諸役人が九十郎のような奸悪なる者を大庄屋として使いつづけているのは、急に金が必要となった時、村々が不承知にも拘らず、勝手に郷印を揃え諸方の名目金を借用出来る立場にあるからだ。九十郎を罷免して村々の禍いを除去し、相互監視機能を働かすため、大庄屋を二人体制に戻すべきである。

信淵が体系化し、竹斎が奉じた佐藤経済学の眼目は日本一国内の国内分業形成論である。収税を強化する以前の百姓富裕政策がそこに据えられる。勢州領で実行すべき方策として森九十郎の罷免、大庄屋二人体制復活の他に二つ提言されている。

第一は勢州上郷四ヶ村は極上品の米を産出しているが、水田を木綿畑に転換する方が三倍の利得がある。「水田と雖ども水を泄して乾《かわか》すべき処は稲を植るを休て綿を作らしむべし」。饑饉のための備蓄米は購入して蓄積すべきである。

第二は上郷には富民が多いので、彼等に元資を出資させて土地に適した物産を興させるべきである。ただし射和の軽粉（伊勢おしろい）は需用以上に焼出してしまい、逆に損失を出しており、生産量の調整が必要となっている。

志摩国でおこなうべきは第一に物産開発である。志州の地味・気候、豊富な魚肥の存在からして、この地はサトウキビ栽培に適している。「培養法を懇到にするときは夥しき沙糖を出し、後には広大な物産となるべし」。志摩のかつお節は製法が疎放のため品質が悪いので阿波や土佐より技術者を雇って製法を学ばせなければならない。更に志摩は内海が多く塩田化が可能だが、製塩には大量の燃料が必要となるので、柴そだの不足な里は、対岸わずか三四里の三州田原領から安価に購入するとよい。

第二は海運の全国的要衝地である地の利を活かさなければならない。大坂・北国・中国・九州から関東に向かう廻船も、東海道及び奥筋より大坂に通行する諸船も皆必ず志州の港に寄り、薪水を調え、順風を待たなければならない。海運の便要に拠り、上下勉強して諸種の物産を会聚し、四方に通商して互市交易の利潤を獲得出来るはずである。そして信淵は提言をこう結ぶ。「斯の如き海路の枢軸にして万貨輻湊するの要津に君として財用の足ざるに困窮するとは何ぞ思はざるの甚しきや、尚書曰、(20)

維狂吉思作聖《これきょうもよくおもわばせいとなり》、維聖弗思作狂《これせいもおもわざればきょうとなる》と、鳥羽の君臣は嗟狂《ああきょう》なる哉《かな》」。鳥羽の藩主・藩士を「狂」とまでにいい切るのは一介の野人佐藤信淵だが、口に出さずとも、その心を共に分かちあうのが竹斎だったのである。

四　竹斎の信淵著作蒐集

竹斎の佐藤信淵と彼の学問への傾到は、これまでの記述の中でも語ってきたことだが、著作蒐集の動きにしぼり、この実態を彼の日記から見てみよう。

天保八年（一八三七）五～八月頃の書入れには「経国篇」第四・「天柱記」二を葛園（西村本家三郎右衛門家当主の号か）に「貸し」とあり、この本は既に入手済みだったことがわかる。また七月一八日には江戸の弟竹口信義・国分信親両名に、本家当主が佐藤に金を貸しているので六部耕作法執筆を催促して写し取ってくれるように、と依頼し、併せて漁村維持法・培養録・審験録・土性弁の名前もあげている。更に九月一二日付でも江戸の新宅竹川政恕に「佐藤へ（六部）耕作法御催促可被下候」と、執筆督促をせかせている。この急ぎようは自ら栽培を試みるための農業技術書としていたためだと思われる。

同年九月九日の条には金剛坂村の森島専蔵から「坤元記《こんげんき》」は返ってきたが、「三銃用法論」のみ戻らずとあり、翌天保九年二月五日の条には、森島より先日「三銃用法論」が返ったが、「経済要略」は明日返り、「薩藩経緯記」「天柱記」「大銃論」は「貸し」と記されている。

天保一一年九月一九日（在江戸）の条には、前述したように佐藤昇庵が「西洋列国史略」を持参、竹斎はそれを借用している。

天保一二年七月は竹斎はまだ射和村にいたが、そこで新宅の竹川彦兵衛（政恕）と、所蔵している信淵著作を目録化している。署名を列挙してみると、「堤防溝恤志」「経済要録」「経国編」「山相秘録」「鉱石焼伝」「金銀銅玉見様并別取法」「秀地山」「坑場法律」「開国要論」「西説製済秘録」「天然大銃論」「三銃用法論」「開物編」「一隊転戦法」「天柱記」「坤元録」「経済要録」「培養秘録」「農政本論」「耕種法論」「気候真倹録」「貢献録」「一家言」「水中松明」「天然流儀砲術極秘」「漁民維持法」「十国秘事」「西洋列国史略」「薩藩経緯記」「七草分解」「深秘」「草木墨漆」等の書名が挙げられている。

天保一三年三月四日（在国）の条には「（江戸の）竹口より経済要録三巻来、写出来候分也」とあって、その後しばらく記事が見えないが、弘化二年（一八四五）七月八日（在国）の条には、江戸の信淵に対し「丙丁炯戒録《へいていけいかいろく》忝存候、金三百疋礼」とあり、また江戸店の使用人幹部新右衛門に「書状へ添、三百疋遣呉候様申遣」ともあって、竹斎は信淵宛礼状に三〇〇疋を添え、新右衛門に届けさせているのである。

弘化三年二月三日の条には「佐藤著述の本箱、一箱の儘竹口へ遣ス」とあり、信淵著作物は特別の箱にまとめていたと思われる。

ただし蒐集はこれで終了した訳では無く、弘化四年五月八日の条では、江戸の竹口信義に「元海の本、図とも着」と書籍安着を報じており、また一〇月八日の条には江戸の国分信親に「佐藤え頼候書、延引の事」と執筆督促を依頼する。

佐藤信淵は嘉永三年（一八五〇）一月六日、八二歳で没するが、そののちも竹斎は依然として蒐集に努めており、嘉永四年八月から一一月の出府時の際には、九月四日、昇庵から信淵本三冊を入手、同月一二日、昇庵から「鎔造化育論」三冊を借用しているのである。

五　海防への危機感

天保から嘉永期は今日から見ても内憂外患という表現がピッタリとあてはまる時期となった。天保期の二度の大饑饉の中で人民の動向は従来とは異質の重みを増し、その中でアヘン戦争での清国大敗が報じられることとなる。佐藤信淵自身が一八世紀末から一九世紀初頭の対露危機の中で軍事・外交に思いをめぐらした知識人、あやうく捕縛されかかった天保一〇年（一八三九）の蛮社の獄も、外交問題のサロンが発端となった事件であり、当然竹斎も竹口信義も信淵の口から関係する話を聞いているはずであり、蒐集しつづける信淵著作の中にも「三銃用法論」「天然大銃論」「西洋列国史略」など、関連書籍が入っている。しかし一八四〇年代の国際政治問題は対露危機段階よりも一段と深刻さを倍化させてきた。天保一三年一〇月一三日の条には、「春巳来広東寧波福建辺、イキリスと戦《あら》そふ、ホンヘン筒にて唐、大勢の死人、手に余り、近辺せめとられ候由、蘭人より風説書立上《かきたてあげる》也、江戸も諸大名へ海防手当被仰出、且定府大名へも不時御手当被仰出候節の心得等被仰出候」と、情勢をきちんと掌握している。天保一四年には、「井上主水（医者、翌年四月緒方洪庵塾に入門）よりホンヘン筒図来、下に台有」（5／13）、「四海武備取ニ遣ス」（6／8）、「山際松次郎、長崎より帰府（松阪に帰着の意）、今夕新宅へ来ル、（同人話に）高島は近頃勢故、武器など多、且是迄追々高島引立にて及出世候人物共私慾有之、旁被召捕候由」（10／11・10／12）と対外関係・軍事への目配りが増えていく。高島秋帆の投獄は一〇月二日のことである。この山際家は松阪の長崎糸割符方商人、新宅当主彦兵衛政恕の叔母が山際家に嫁しているなど、両家は縁戚なのである。

弘化元年（一八四四）の三月二六日条には「西洋阿蘭人、頃日東武より（大坂に）着、カヒタン大兵にて高サ六尺四五寸、人体是迄来候ものより違候由、通辞致候言語も中には聞入兼候事有之由、人はイキリス人也と専沙汰しける」とあり、イギリス人に対する警戒意識が露骨に出ているが、この年は蘭人江戸参府は無く、流言の出処不明、しかし翌二七日条にも「西洋人来、イキリスと申取沙汰の事」とある。

周知のように、この年の七月二日、オランダ国王の開国勧告国書を持参したオランダ国軍艦が長崎に入港するが、直ちに射和村の竹斎の許にその報はもたらされ、同月七日付で弟の在江戸竹口喜左衛門信義に宛て「西国騒動風説の処、此間おらんだ入船、本国より商船にあらぬ仕立船差出し、御政事御国益の事共に付言上可致由、入津近々可有之、カヒタン申出候て市中へ不相驚様に御ふれも出申候、何を申参り候哉、イキリス人にはあらす哉と被存候」と報じている。ここでもイギリス人が出てくる。また同じ書状の中で喜左衛門が報じてくれた徳川斉昭隠居・謹慎処分と水野忠邦老中再勤のニュースに礼を述べ、かつ「今の大名は金かなき故腰も不定、兵粮無き故足不立と同様、此上いかやふ六ケ敷事出来候とも、ヘイヘイと存候、御政事可改なと申事もいかか、（忠邦は）前御主意ヲ貫候様可相成、英勇幾度阿党の為、退《しりぞ》かれ候とも、初志可変事無之筈、変し候はば英傑にあらず存候」と、この危難の時期における諸大名の頼り無さへの不満不安と水野への強い期待を語っている。同月一八日、京都の竹川家別宅に宛てた書状にも「江戸水侯御再勤、全驚居申候、別傑の御方と存候」と同様の感慨を洩らしているのである。

弘化二年四月二日には右の京都別宅に「房州へ来候船、弥《いよいよ》浦賀ニ入候由、アメリカ船鯨取船の由、南部阿波漂流人、浦賀において御受取にて済候由」と、三月一一日のマンハッタン号浦賀入港・漂流民送還のニュースを報じている。江戸からの報を転じたものだが、その素早さには感心させられる。

年を追うごとに異国船の来航は頻繁になる。世界史的必然である。弘化三年になると、六月一四日、開国を求めてのビッドル司令長官率いるアメリカ軍艦浦賀来航の報が届く。「浦賀アメリカ入船、長五十間、幅十七八間、七百人乗、一艘は小ぶり百五十人乗り、右支那交易通使願相務、帰りがけ立寄り、支那の如く願度由、然所通商御聞届無之、薪水、願に寄被遣候由、川越様、忍《おし》様御固大騒の由、尤是ハ先二十日後、志摩より遠江沖にて東行いたし候二艘の様子也」と自己の居住地域伊勢・志摩と結びつけて竹斎はとらえている。

またこの年四月、英仏両国艦船琉球来航の事実は七月の日記の各処に記されている。その内江戸竹川本家当主の連絡への礼状は同月二二日に記録されている。「浦賀異船御届・琉球御届等御遣被下、難有存候、右琉球大守御届と浦賀三度メ御届、三郎兵衛様より小浜へ来書、拝見仕候、心得にさつまより御出、且浦賀両度の御届、始て拝見仕候、当方様子追て申上候」とあり、竹斎の個人的関心というよりは竹川一族とその関係者相互の情報交換が常になされていたことが明らかである。経済は外交問題と不可分なのである。八月五日、「長崎薬種目利野田甚三郎と云に逢、アンケリア船入津の事共承」とあるが、この年六月に長崎に入港したのはフランス艦、しかし前年七月、イギリス船が長崎に来航しており、その折の様子を聞いたとも考えられる。

朝鮮では一八世紀末よりカトリック教が浸透し始め、一八〇一年・一八三九年には朝鮮政府による大弾圧がおこなわれ、四六年長崎に寄港したフランス東洋艦隊はその後朝鮮に赴き弾圧を糾弾、四七年三月には前年書翰の回答を求めて朝鮮に赴いており、またこの四七年一〇月には広東で中国人農民とイギリス人との間で衝突死傷事件が発生、朝鮮・清国の国際問題は日本にも伝播し、弘化四年一一月二二日条には「朝鮮・漢(広)東、未《いまだ》ホコホコは無之事」とある。日本が経験し始めたことは東アジア全体の動きなのである。

嘉永元年（一八四八）の竹斎日記は、この東アジアでの異変と日本近海での異船の動きがかさなって記録される。「対州より注進、去月中旬の間、沖中へ異船三四十間位の船二十艘計通行、夜の分は不相分、其内朝鮮に六艘留り候由、何事も通達有之所、此度は一切朝鮮より対州へ無沙汰由、尤国中鼎の沸如くと云、釜山浦詰役人より注進、江戸へ早打、此上旬迄に三度に及、乍去未朝鮮より□兵の沙汰も無之由」（4／22、在大坂）、「朝鮮も済候歟、無沙汰候」（5／15、在大坂）、「北国異船出没の事、知行地其後無沙汰候、海岸にて初にゐらき目に逢度《あわせたき》ものにて候、清英の儀、何とも風説無之候」（6／2、在大坂）、「此度イキリス、西国にて大騒の由、殊にイキリス、隠岐の島を打取申候由、九州は船軍の備にて大騒の様子」「津軽の方にて五六艘」「佐渡島えも着仕候由、紀州沖へも見へ候由、長崎にて廻米を奪取申候」「イキノ嶋えも打掛り候由申来候」「去月中溝口侯廻米三千俵、佐渡と越後の間にて奪取、逃行候由、所々軍艦出没いたし候由、清英戦争又々相発、海辺の国々大分被打取候由」（6／6、在大坂）とある如きものである。

嘉永二年閏四月一二日の条に「長崎へアメリカ衆合仕、少々軍船来、漂流人受取帰り候由」、同月二二日の条に「長崎へイギリス入津、九人揚《あが》り屋《や》の者御引渡有之候趣」とあるのは、アメリカ軍艦プレブル号の漂流民受領入港の件だが、ペリー来航の一因となった漂流民虐待の噂は彼等が伝播することになる。他方五月二日の条に「浦賀に□尼利亜船入津、水貰《みずもらい》出帆、夫に付魯船数艘来候由、其後下田へ入津いたし、御固無之故、上陸いたし所々見物いたし候由、定て測量と申《もうし》て、天度地度等をはかり候事と存候、是は地図改正船かと被存候、左候はば、のぼりの印違候ものにて候、右入船に付、島羽へ注進有之」「江戸イキリスの事、島羽用意の事」とあるのは、閏四月、漂流民音吉を通訳として浦賀・下田に来航したイギリス軍艦マリナー号のことであり、沿海測量が目的と、その狙いをしっかりと理解し、併せて志州海防の課題と結びつけて対処を考えている。

嘉永三年の四月二六日条に「異船御手当益厳重、乍去《さりながら》砲台の備も無之事、有事《ゆうじ》は危事《あやうきこと》にて候」とあって、前年からの幕府・諸藩の海防手当着手に関する記述なのだが、本格的砲台がなにも築造されてはいないと竹斎が判断するだけの知識を彼はこの時までに蓄積していたのである。

嘉永四年は、めずらしく英米仏露艦船の来航は無く、関連記事は見当らないが、翌嘉永五年五月八日の条に「異国船伊藤（東）へ見へ候由、此辺も紀州の熊のへ先月十九日一艘相見へ候に付、紀州より当国迄触《ふれ》出《いで》、地士《ぢし》等用意御達有之候事」、翌九日の条に「下田への内、のふき村より届、二十二日午刻異船二艘、東へ通り候由、房総追々届出候由、紀州二十九日に通り候船也、広東とアメリカ通船と存候」とあるのは、六月下旬、下田に漂流民を送り届けたロシア軍艦メンシコフ号のことかとも思われるが、既に広東・カルフォルニア航路のことを知っているのは流石全国的視野を有する豪商だった故だろう。そしてこの知識が海防論と表裏一体であったことは、七月八日の条の「異船の事に付愚意」を江戸の弟竹口信義にも送ったこと、同月一七日の条の「鱗太、大砲打手に被頼候由、大悦と存候」との信義宛返状からも明白である。この鱗太は勝麟太郎のこと、海防への危機感は貪慾な海外情報・軍事知識への欲求を竹斎に産み出させ、諸大名の窮迫と無為無策は幕府への期待を増大させていった。一介の野人佐藤信淵への信頼は、異数の才能を有し幅広い視野をもった幕臣軍事技術者勝麟太郎への期待に、そのまま引き継がれていくのである。

　アヘン戦争期からペリー来航期までの竹斎の軍事・外交知識の土台に信淵の発想と著作があったことは、「坤輿図識に付候様の大図、西洋（列国）史略のやふと云」（弘化四年5／8）と佐藤の世界史を前提として物を考え、「佐藤砲車の事承り、（国分）勘次郎に可承候」（嘉永元年2／25）、「水陸戦法録」（鳥羽藩へ貸与する書名の一つ、安政元年1／19）とあるように戦術と砲術の基本を信淵の軍事論に学ぼうとしていることからも明らかだが、最新情報と最新技術はそれでは間に合わないことも竹斎は理解していた。「（貸していた）辺海武備取に遣す」（天保一四年6／8）、「三日市帯刀へ返し　新訂万国図一箱、ゑぞ志一、漂民台覧記一、蝦夷拾遺二、魯西亜渡船記二、無人島記一、蝦夷図略記一」（同年閏9／21）、「坤輿図識、羽倉（外記）著書五部、手に入候はば遣可給《つかわしたまうべく》、宇田川訳書、何ぞ遣可給事」（弘化三年6／23）、「江戸より測量の本五冊来」（同年10／14）、「坤輿図識補四冊、国分勘次郎（信親）より来、受取」（弘化四年3／22）、「軍学小試十四両二十三冊の由、代に恐、止可申事、羽倉著書、家君へ可被遣由《つかわさるべきよし》」（同年10／25）、「大熕雛形　代聞きに遣」（同年11／8）、「通艦評并蒸気船図解とも請取候事」（同年12／18）、「遠西観象図説は随分鮮説と存候」（嘉永元年4／22）、「西洋兵学小識合冊十二冊、十三巻もの差上る」（嘉永二年5／6）、「足代（弘訓）へ辺海分界図説七冊かし」（同年9／14）、「本朝俚語、清朝談、犯境事略、羽倉海防書、遠山海防書、海防道歌、海防惑問、海外新話、阿片風説、三才正図、夢物語」（書名書付、嘉永五年9／12）などといった日記記載からも明瞭となる。

上述したように佐藤信淵の死去が嘉永三年の一月、他方勝麟太郎の噂を江戸の竹口喜左衛門から伝えられたのは嘉永元年四月二日のことである。弟宛の書状の中で、「箱館の人并御旗本砲術家御逢、明年は下り可申、逢申度候《あいもうしたく》」と書いている。箱館の人とは勝の最初のパトロンとなった同地豪商渋田利右衛門、しかし嘉永二年には出府しておらず、嘉永三年五月一一日、江戸の竹口喜左衛門（伊勢喜）の店で始めて勝と会っている。同日の条に「勝麟太郎、いせ喜へ入来、参り逢」というのがそれである。よほど話が合い、また気が合ったのだろう、八月一二日には「勝麟太郎殿へ廻り逢、そば出る、蝦夷弓矢借り来る」と勝から物を借りる間柄となっていた。この年は五月より八月まで竹斎は在府、翌嘉永四年は八月から一〇月まで在府するが、一〇月一二日、一三日、一八日、二一日と四回もつづけて会っており、一八日には勝の家での面会であり、本を二冊借用、一冊は翌日に返却している。竹斎も弟の喜左衛門も、不遇の勝の溢れるばかりの対外危機に対しての海防論を聞かされたであろう。幕臣にはかくの如き俊英がいたのか、との感慨があったからこそ、嘉永五年七月、勝が大砲打手に依頼されたと聞き、弟とともに喜びの声をあげたのである。

六　ペリー来航と「護国論」前後編

嘉永六年（一八五三）六月三日よりのペリー艦隊江戸湾来航の第一報は日記を見るかぎり、江戸九日発、一四日射和着の「早状」である。竹斎は嘉永六・七両年は出府しておらず、郷里において同年六月末までに「護国論」を完成、勝を始め諸方に写を送っている。翌年そのつづきを書き上げるので、結果的には「護国論前編」「護国論後編」と区別されることとなる。本書は竹斎が佐藤経済学・軍事論を土台として、如何にこの国家的危機に日本を対処させようとしたのかを考察するのに恰好の著作であり、その後の諸論はこのヴァリエーションとなる。

「前編」[21]は幕府が従来通りの拒絶策を堅持するとの見通しの上に論理が組み立てられている。米国に許せば英露にも通商を認めねばならなくなり、「交易の貨物不足に及び、不足するときは或は金銀銅を以て易《か》ゆべし、是国脈を衰弱せしむる基」[22]となる。「交易を願ふ共、許し難きの旨を諭《さと》し、彼強て訴るときは、厳に打払ふ共、何の患か有らん」[23]。

ただし竹斎の西洋軍事技術知識は決して生半可なものではない。当時の諸々の空虚な対抗戦術は、「吾詭道《きどう》を以て待つに、彼又詭道を以て是に対せずして、黙々として誰か捕はれにつかん、又容易に炮辺に人を寄せ火薬箱を顕露に出し置くもの有らんや」[24]と、すべて一蹴される。

また戦うべき主体の大名・武士のあり方は厳しく批判される。上下一致し治国の要器たる砲術を研究する時は、数年を経ずして夷狄を威伏すべきも、現今の諸大名は「安佚淫楽《あんいついんらく》して婦人女子のあひたに酒宴飽食」[25]し、「天禄を素餐し不慮の禍ある時は狼狽して手足を措所《おくところ》を知らず」、しかも大名のもと、兵を指揮すべき「大夫」クラスは、「唯尊大の言行を以て己が任とし、身は陪臣たれば公辺の勤労無く」「鳥無き里の蝙蝠、歩卒を見ること土芥《どかい》の如きを如何せん」[26]。

このような状態で交戦となればどうなるのか。「万一無謀の蛮夷沿海の地を乱妨すとも、諸民、我が公船を憑《たのみ》て安堵の思ある時は令せずとも沈静にして、諸侯も大軍奔走の憂を免《まぬが》れん」も、この幕府軍艦の備無き時は、富商大戸に借金しようとするだろうが、「宿債無きの侯稀なれば」、商戸貸すことを拒み、然る時は「領下の百姓町人に過分の用金を取立て、宿債は棄捐《きえん》すべし」、「斯の如き時は領下の農商愈困窮し、上を恨むこと深き時は奸凶其虚に乗じ、一人田畝に呼で万人之に応じ、制すべからずにも至るべし(27)」。

竹斎の長年の経験からする大名・諸藩への暗い近未来図は、彼をして「御公儀」＝幕府の能動的活動に強く期待させることになる。

ただし、通商拒絶・日米交戦の事態に対しては竹斎に名案がある訳では無い。大名・家老への彼の批判は客観的には、そのまま眼前の幕府にも当てはまるものである。竹斎の「夷船焚焼」策は、第一に防水導火線を用いての敵艦船底に密かに付着させた水雷による爆破策なのであり、第二に「亡友佐藤元海創製する処の自走火船(28)」を駆使する敵艦火攻め策でしか無い。

西洋列強軍事力へのリアルな認識と、現時点でのあやうい防備策との深淵なギャップを竹斎が内心如何に妥協させようとしていたかは、この「護国論」からは伺うことは出来ない。彼のオリジナリティーは、むしろ今後の防禦体制づくりへの具体的提案にこそある。

第一に、彼は品川から深川にかけての台場建設による江戸防備策をとらず、浦賀近くの鶴崎と松根島に至る一里の海上に中央水脈一〇町のみを開き、その航行水路の東西五～六町は小船だけが通航しうる浅瀬とし、それ以外の東西二〇町には長堤を築いて砲台を建設、また松根島より笠島を経て安房国本名に至る海上二里も岩石を以て海底を埋めて二～三ヒロの浅瀬とし、漁舟など小舟のみが通れる海面とする「長堤建設」案を提起する。

第二に、砲台は軍艦との連携行動によってのみその威力が発揮しうるとし、軍艦三〇隻、蒸気急飛船三隻をオランダから購入、江戸防禦の要衝たる浦賀には軍艦五隻と急飛船三隻を配備、残りは江戸に五隻、島羽と石巻に計五隻、大坂に五隻、下関と長崎に計五隻、新潟と松前に計五隻を配置して日本周海の防備と有事の際の相互支援に宛て、その内の江戸の五隻は小笠原諸島までを防衛線にくみ込む。

軍艦及び軍艦に備える大砲その他の武器購入資金六十余万両は幕府の出資を要しない。諸国豪富の船持人から年利四分で調達、従来とは異なり、難船の恐れの無い堅牢な軍艦を以て海運業を営み、年間六万両の販売利益（その他運賃収入年間二万三〇〇〇両）のうち、二万四〇〇〇両を利子支払いに宛て、残高を一〇ヶ年四分利で積立て四三万四〇〇両とする。これと運賃収入を合わせたものを、武器弾薬購入・常平倉運営・蝦夷地開拓資金に宛てることとすると提案するのである。

本論の特徴を二つ指摘しておこう。「亡友佐藤元海、阿州にて鋳《い》る所の鉄筒は薬持の所二度鋳として中間に煉鉄箍《たが》を入れしと云へり」[29]ともあるように、前出の指摘と併せ二度までも信淵に言及している如く、信淵が対露危機の文化年間より、死の前年の嘉永二年、アヘン戦争という新事態を踏まえて著した「存華挫狄論」[30]までの軍事論を踏まえての海防論になっていることである。三〇隻の幕府軍艦の沿海配備構想も、信淵が「経済要略」等で説く三台六府制（教化台・神事台・太政台・農事府・開物府・製造府・融通府・陸軍府・水軍府）の「水軍府」論が前提になっている。幕藩体制の再編維持の課題が幕府の統一国家化、そこへの諸藩の再編入という方向性において見通されているのである。建艦資金捻出方法・運輸営業論に関しても、信淵の榷貨法《かくかほう》（官営専売と経済統制論）が下敷きとなっている。

特徴の第二は、当時盛んに唱えられていた農兵取立て論への厳しい批判である。「後々兵器足り進退機変の熟する時は、万一諸侯領下、事の変有る時、今の世の土一揆とたがひ、是を治むる事難からんか」「苛政等にて民心安からぬ気に乗じ、是が魁の凶奸出て、擾乱生《しょうず》ること有るは、其害の大成を見ること有らんか」(31)。竹斎の念頭には天保期の巨大な続発した百姓一揆がある。人民の武装化は領主支配に更なる危機をもたらす。幕府の統一国家化への過程で、この危険は幕府御用商人たる竹斎にとっては回避すべきものなのである。

日米和親条約が締結され、下田と箱館において米船欠乏品供給という線で将来が見通せる段階になった嘉永七年閏七月、竹斎は「護国論」の続きを執筆する。通商拒絶の線は最早存在せず、通商への可能性が見えてきた段階での積極的拡大提言なのである。それは米露二国に対する下田他一港での幕府管理貿易推進案である。交易を許可するメドは一年間一〇〇隻の商船来航、一〇〇万両規模の取引きとする。米露在留商人地区は三〇〇〇人の旗本・御家人の二、三男によって厳重に警戒され、「囚獄に居るに等しい」状態に置く。管理貿易なので、交易の利潤はすべて幕府収入となり、幕府はこの収入を以て軍備を充実させると共に、年に一〇隻ずつの軍艦を造っていく。この軍艦が開港場に運び込む貨物を始め国内海運を担い、更に蝦夷地と小笠原諸島の開拓に当る。海防手当は江戸湾のみではなく、京都を守るべく摂津及び若狭にも施していく。

この管理貿易を起動力として、国内の産業を対外貿易に堪える商品生産体制に変えていくべきだ、と竹斎はいうのである。具体的には、米、酒（特に焼酎）、みそ・醬油、茶、養蚕、和紙、漆器、焼物、石炭、雑貨が挙げられているが、その生産技術は信淵が彼の農書で説いたものが下敷となっている。

この「護国論後編」は、前編と同一思想で新段階に即応させたものだが、諸藩における軍事改革は全くといっていいほど言及されず、交易所警衛部隊への参加による軍事訓練が目立つ程度である。「諸侯には大砲を製造する憂をまぬかれ、家来は二ヶ所守衛の士に加はる時は五十俵の俸を給り、其上大砲習練に聊失費無く、忽精熟の士を多く得へし、百姓は夫役課金の苛政無きのみならず、利を得る事多(32)」くならん、とするのが竹斎の願望、巨額の累積債務の軽減への努力以上に竹斎は諸大名への期待は更に無かった。

この嘉永七年二月、四六歳になった年に、竹斎は家督を長男の信兵衛政悌に譲り、当主名彦三郎を名乗らせる。この引継ぎ式の際、竹斎が長男にいい渡したのは、この年より軌道に乗せた公共図書館「射和文庫」と、またこの年に出発させた「射和社倉」の存続と発展の二件であった。

竹斎は、公共の図書館こそが、地域のレヴェルを向上させ、地域の地力をつけさせる機関ととらえていた。「何卒万巻の書を積み、後来好書生のため、随意に読ませ候はば、数十百年の内にはかなりの人物も出で可申、左候はば、聊御報国にも成るべく哉(33)」と考えていたのである。地域の部厚い知的蓄積こそが日本全体発展の土台だとの国家論を彼はもっていた。

「射和社倉」に関しては、彼は「論書大意(34)」を執筆しているが、そこで、この計画を建てたのは「十とせ許《ばかり》さきなり(35)」と述べている如く、天保飢饉時の苦い体験が出発点となっていた。「飢饉の年にあへば金はあれど米なきにおどろきて、饑人を救ふ事も心とせず、貧人に乞はれて止《やむ》を得ず施《ほどこし》などするはなげかはしき事ならずや」とは、彼自身が郷里射和村と江戸店の両処において直接体験せざるを得なかった事態であり、この対処が機能しなかった場合には、たちまち打毀しが勃発することも親しく見分したことであった。

危機に至らぬ前の措置として、竹斎はこの年までに一〇〇俵の米を社倉設立のために蓄積していた。彼はこれを元手に、今後自家は勿論のこと、竹川本家・竹川分家、親戚の井上・富山・山本・中邑・国分・中丸の各家が毎年決まった額の米を寄贈していけば、四〇年で一二二〇俵になると計算をたて、自分が死んでも彦三郎がこの方針を堅持すれば、竹川家は存続するだろうと諭すのである。「(御恵は)己になくば子孫にあるべし、子孫にあらば、わが子孫を豊にせんとおもふ事、ひとり叶ふべし」「陰徳といへば金銀米銭を施すとのみおもふもの多し、金銀を施すよりも人をそだててよき人となすを第一とし、己が好悪を捨ててまづしきものを救ふことと(36)」すべし。これが竹斎の社会論なのである。己個人というよりは家の永続が主眼であり、家の永続は地域の安定と発展、そして家と地域との協調的関係をあくまでも維持しつづけること、射和文庫も射和社倉もこの人生哲学の具体化なのである。長男への家督譲りの際、彼が彦三郎に与えた歌は、その精神が込められていた。

うみの子の千代の栄を思ふには
　人をめぐみの外なかりけり(37)

＊　　＊

日米和親条約締結後、幕府がまず図らなければならなかったのは、伊勢神宮及び京都・大坂の海防策立案であった。目付大久保忠寛が勝麟太郎等を伴い、百六、七十人という多人数で伊勢見分に来たのは安政二年(一八五五)二月上旬、竹斎は弟竹口喜左衛門と共に山田に出迎え、二月七日には深夜「夜八ツ半迄寝ながら」勝と海防策を語り合っている。そこでは「鉄船御取寄の事」「三四十艘も(注文を)

被仰出候節、蘭人笑倒《わらいたおれ》いたし候事」などが話題となっている。大坂に同伴してくれとの勝の依頼に病身を理由に謝絶、かわりに神宮防衛策を早急に執筆して大坂に送ることを約束する竹斎は、幕府革新のホープ、自身が心より信頼する勝麟太郎に、三〇〇年以前にきたえた黄金梨地に螺鈿蒔絵の名刀を次の歌を添えて贈ったのである。

　　まつろはぬえみしかともをきりはふり
　　　皇国の稜威を世にてらさなむ
　　えみしらをきりはふるへきますらをに
　　　きりはふるへき太刀たてまつる[38]

竹斎は勝への約束を忠実に果した。「神境攘夷八重垣」を二月二四日に勝宛に発送している。この神宮防衛策では宇治・山田両町の禰宜・権禰宜・御師達を防衛隊として組織することが主張されているが、神領の農兵組織計画には一切言及されず、また神宮防衛には志摩国での防禦戦が第一に必要となると述べられているものの、弱小三万石島羽藩を転封させ、強藩に志摩一国の防衛を委ねるべきだとの案には強硬に反対している。「当時諸侯富貴は稀にて、倉廩空虚の侯多く、予備砲銃怠るも有由、さる貧困の侯、国替を被命時は、五七万石の侯にして当時三五万両の失費有て、忽負債と成り、其上如何ぞ砲銃の備に可及哉、砲銃の備は漸く整とも、新任の諸侯、領民親附なす(マヽ)事故、恩戴なき故、事に臨、機に後るる事も多かるへく、機に後るる時は大侯たりとも何の詮かあらん[39]」。他方島羽藩は近時軍備に努めており、「船鉄の予備も不少」、「武備におゐては恐らくは五七万石の侯も不及所[40]」、転封ではなく、新たに三〜五万石の土地を島羽藩の預り地とした方がいい、と提案する。しかし島羽藩が亀島(神島)・答志島《とうしじま》に築造していた砲台が外艦来襲の際には「無益の事」との判断を、勝と深夜まで語り合った時、竹斎は彼の口から聞かされてもいたのである。

七　開港より攘夷期の竹斎

官営対外交易の可能性を見据えて竹斎が万古焼《ばんこやき》を射和で試みはじめるのが安政二年（一八五五）、他方で清国情勢へも鋭敏に目を向けつづける。この年九月九日には江戸に着し、早速勝の処へ顔を出すが、勝は長崎海軍操練所の監督役として出立した直後であった。一八五六年一〇月に発生した広東のアロー号事件が発端となり、清英間に緊張が高まっていることも察知しており、江戸の喜左衛門宛の安政四年八月一五日付書状では、「彼（林）則徐、咸豊王と気が合、甚強由」と報じ、伊勢見分時に面会した時より知遇を受けた大久保忠寛宛の同日付書状にも、「清も国王の憤を発候故、郷勇迄死戦に成候姿、太平は一旦は皆清国の如き姿に落入るべき事と被存候」と、外圧に抗する闘争を評価する見解をも述べていた。

ただし、竹斎は「護国論後編」以降は官営交易を媒介とした国内産業振興策を基本方針としていたので、忠寛への通信には、「米夷も登城に可相成由、左候はば魯英共同様に可相成、左候へば、御渡の品物の儀、御法度如何相成可申哉、何卒富国強兵の御政を仰候事」と忠寛への期待を表明すると共に、焼物もやっているが、清国の例を見ると交易品は茶にしくもの無しと自分の商人としての意見を語っている。翌安政五年一二月、弟の喜左衛門が佐藤信淵の長男昇庵の求めに応じ、信淵著作の内、信淵経済学の大綱を要領よくまとめた木活字本「経済要略」刊行費用として四〇両を貸したのも、この竹川・竹口一族の発想に基づくものだったからである。(41)

しかしながら、このハリス登城後の事態の急展開と幕府始って以来の朝幕関係の悪化は、竹斎の予想した範囲を大きく逸脱していった。

事態の変調が日記に現れるのが安政四年一二月二四日のこと、そこには「米夷応接書見申候、いろいろ申立、心苦敷事共の事」とあり、ハリスの老中堀田正睦《ほったまさよし》への申立とその要求が竹斎のそれを遙かに越えたものになっていることへの途惑いがにじみ出ている。

朝幕の対立が三千数百万の日本人すべてが知ることになるのが、安政五年三月二〇日、条約勅許せずとの勅答よりのこと、伊勢の射和は江戸よりも京都情勢の入手が早く、しかも竹川家には京都に藤井家という別家が存在しているのである。竹斎は四月一五日付で長崎の勝麟太郎宛に、「京都風説書面類写」を送っているし、また江戸店からの「江戸もやふ」も、更にその他いろいろの情報も勝に「申遣」わしているのである。事態は予想不可能となってきた。

五月八日付で江戸の弟竹口喜左衛門に、「京都一条追々申進候、英断、下田三港の外御許容無く候、又水府老公上書、其外鍋島・仙台、いづれも英断有之、右にては米夷の応接、天下安危の境、深く思うべき所にて候事」と、場合によっては開戦の事態もありうるか、と危惧、直後に届いた喜左衛門の江戸状の一二日付返書には、「二十四日、井伊様御大老の由承り、二十五日惣出仕の由、定て様子御聞候はば可被仰下候、御大老は一橋公西城御成、御代替りの御支度と被存候、堀田公上機嫌の由、(中略)戦争も難計に付、諸侯手を締、町家も暗に其意有故、右いつれも決候上は一変と存候、今は両端の中央と存候」と、和戦いずれとも決し難いとの情勢判断を告げている。また直弼大老就任を一橋慶喜の将軍家定継嗣決定の前提かと推察していることも興味深い。

朝幕間の軋轢の中、米艦江戸湾に進入との報を得た直後の七月八日、京都の藤井家に竹斎は、「江戸外夷一件、騒敷風説、困《こまっ》たもの、諸商人は必至と存候、是より応接如何、八月過候はば和戦も相定り可申と存候、実に安危の境目にて候、（中略）闢邪小言《へきじゃしょうげん》、何卒一覧願敷候、絶板に候はば為写度《うつさせたき》ものにて候」と伝えている。竹斎も幕府が調印か拒絶か判断出来ない。それにしても、竹斎好みでもない朱子学一辺倒の攘夷論者大橋訥庵《おおはしとつあん》の著作に何故この時期関心をいだいたのか。

これには理由があった。江戸店に勤めている息子の竹川彦三郎並びに竹川本家当主彦左衛門宛に、六月一一日付で松阪三井家の三井則右衛門高匡が『闢邪小言』に関し、「此頃御地佐野長の養子にて佐藤一斎門大橋順蔵と申儒者、闢邪小言と申蘭学を説破いたし候書相著《あらわし》、天下一統評ばん宜よしにて、早速友人ともより手に入、一覧申候処、大に弊説と暗合仕候事多、愉快の書に御坐候、右に付、右の闢邪小言を杉山とか杉谷とか申蘭医、弁候書又出候よし承申候、何卒急々一覧申度候間、御序に御聞合被下、もはや売物に書林へ出申候はば、一部急々御さし送被下度、尚右闢邪小言も一部御調《ととのえ》、御さし為登《のぼせ》被下度奉願上候」[42]と書き送っているのである。対外緊張が強まる中で、強硬論がもてはやされるのは今も昔も同様である。

竹斎が幕府の方向性を確認するのは、七月五日、不時登城を理由とした有志大名処罰によってである。「尾州毛利（ママ）越前御隠居、水戸隠居御蟄居、五日被仰渡候由、其外御老中新大勢に成候由、アメ（ママ）約条御調印に成候由、大変化、（中略）列侯御隠居にては、彦根も和平同轍と存候事、京へ上書の方、皆おし込と存候、軍すき引込と存候」。ここで竹斎は直弼を調印派・開戦回避派と認識、対立派を「軍《いくさ》ずき」と性格づけする。彼の交易による国内産業発展の方針が幕府によって保証されたことになるからである。

ただし朝幕対立は激化する一方である。七月二一日の京都書状には「江戸御条約定りに付、言上に付逆鱗、御三家の内一人、老中一人、被御呼登《およびのぼられ》と申事」とあり、しかも「軍好の御方々且老公は京都へ内奏の事抔にも被伺候、阿波様も尾州様（も）内奏説有之候」（喜左衛門宛7／22）という、幕府と諸大名との対立の構造も浮びあがってくる。

対外強硬の立場は日本の安全を脅かし、かといって外圧に屈することは幕府の国家的威信を傷つける。このジレンマを竹斎はどのように打開しようとするのか。

この時点での彼の考えは、七月二二日付の京都の茶の師匠千宗室宛の書状によく現れている。彼は対外強硬を主張する張紙などは、「高山彦九郎如き人物が虚大を吐き、人を驚愕せしめ」んがためのもの、しかし主上逆鱗は「恐入候事」、「清国の覆轍に落ちざる様と申処、実に深く可考《かんがうべし》」、しかし「此考と臆病と一つに流れ候所、難分《わかちがたき》事にて候」。来るべき交易に如何に主体的に対処するのか、その方策と実践が無い限り、臆病が避戦論となり、日本の萎縮と屈辱を招くだけだ、竹斎の「開国論」は通り一遍の開国論にはなっていない。「富国強兵と参らずては、終に大成《なる》国恥を可引出、必城下の盟に及候《およびそうらわん》半かと被存候、先富国の方、急務と被存候」。

このジレンマは、当然のこと竹斎一人のものではなかった。多くの幕臣達も共有するジレンマだったのである。伊勢神宮防衛をその本務とする山田奉行の渡辺肥後守孝綱（在職は安政五年二月～安政六年九月、三四〇〇石の旗本）に竹斎は五年一二月三日に会っている。渡辺はその席で竹斎の神宮守衛策をほめた上で、「当今の時世、何がよきやら、下にて思様とも、上にて用候事難出来筋も」あらん、「伊勢守衛も（竹斎の建議より）四年、今に御沙汰無之程の事」「上にては御了簡も可有之なれども、一向わからぬ事、交易に成候共、貨物は無く、先方望は金銀銅鉄等国家有用の品、持来候品は更に有用の品無之、翫弄無用の品、（中略）武備も不整事など、如何可被成哉、更に上の事故不訳《わからず》」と、率直に心情を竹斎の前にぶちまけている。竹斎は話を承るのみで何の意見も述べなかったが、「右様の大意故、先《まず》は打払の方得意の様子也」との評を日記に付すのである。

幕府の強硬姿勢と安政大獄の展開は、幕府方針を支持する竹斎をも不安にさせる。「江戸風聞、久世御役御免、岡崎（マヽ）様・土浦何か御沙汰出候よし」（安政五年11／14）、「（江戸）御地、水戸様浪人被召捕、恐入候事」（12／17）、「三日夜（松阪の）世古（延世）喜兵衛御召捕、二十人計来候由、急に上り（揚屋）や出来、夜に入、家内は別業へ、みせは戸締居る由」（安政六年5／7）と彼は日記に書きつける。

安政大獄という恐怖政治を展開しながらの安政六年六月よりの三港開港、しかも竹斎の構想した幕府管理貿易ではなく完全な自由貿易、第一の商品になったのは日本の金貨、大量の流出はたちまち物貨上昇をひきおこす。江戸にいる弟の竹口喜左衛門も、このままで幕府は持つのか、一方で伊勢茶の横浜からの輸出に全力を投入しつつも、兄に疑念を洩らすのである。

兄の竹斎は七月二八日状で弟を諫めている。世人は幕府を批判するが、「上の平和を被為好《このませらるる》は（清朝と）同轍に候得共」、清国は郡県、日本は封建、「夷の為に当今蔑如《べつじよ》の国辱」を蒙っているが、封建制度のため、清国のように国全体が彼の制を受けるまでには至っていない、また「徳川家も武威未だ地に堕ちざる事故、命保《たも》ち難しと申は余り案じ過にあらずや」「当今を色々申候へ共、享保頃徂徠の説、又寛政前後の世の形勢、文化の夷風説等に及《およぶ》迄、当今より甚敷と被存候故、又今を昔にいたし候へば、文政の世の中も出《いで》可申事也、一張一弛《いっちょういっし》は古今同轍成《なる》ものにて候」。

江戸の喜左衛門は射和の兄に開港直後からの物貨騰貴、大獄での水戸藩重役の取調べ、七月二七日発生した横浜での露国海軍士官・水兵の殺傷事件を報ずるが、兄は物貨に関しては楽観論に立つ。八月二一日付の返状で竹斎は、「金銀始一切外夷持行、我国の品、倍にも三倍にも騰貴候はば賀す可き也、此昇価にて我国人の困《くる》しみは十年也、後は日本が倍に成《なる》、楽しみ也」と断言する。物貨上昇により国内の生産が増大する、と見通した上での彼の「確信」である。大獄の主目標水戸藩処罰に関しては困惑するほかない。幕府と御三家の関係は対立すべきではないからである。「水戸一条の事、いづれ被召捕《めしとられ》候人に候はば器量の人と被存候間、（中略）何卒右本道相立、穏に収り候様可被申《もうさるべく》祈念の外無之候」。

露人殺傷事件に関しては微妙な発言となっている。今のままの幕府の対処は、先に見た如く国内的には怯懦《きょうだ》と思われるのは必定、この流れを幕府は反転させなければならないのである。「眼前、夷の処薄氷は尤、（中略）（しかし）天下を以《もって》考候へば、兵端は武士、夷を切候より発候はば却てよし、武士は切ものと外夷心得候はば、先は平等の和平に可成《なるべし》、是戦を以《もって》和を儀（議）する也、是迄の如くにては、全城下の盟、国恥故、夷に蔑如さるる也、今度高輪にて薩人、夷を切る抔、至極難有事、両所共魯夷に候はば、先魯は事穏に可成《なるべし》、魯平穏の後、又米夷を切候はば、又片付可申《もうすべし》、而後《しかるのち》英を切候はば、是又戦に不及《およばざる》様可成事也、（中略）先《まず》兵端は開き候はば、却て我国は堅固と成、富可申《とみもうすべき》事也」。この微妙な発想は、安政七年一月二三日条にも、「武士、夷を切、交易にて物価高は泰平の基《もとい》の事」と定式化されて記録されている。開港場での交易を盛んにする一方での幕府とサムライ階級の武力的強化は如何にして可能なのか。

この一月、竹斎や竹口喜左衛門が幕府革新の希望の星と期待しつづける勝麟太郎は咸臨丸で北太平洋往復航海の壮途に就く。竹斎は勝の出発に際し、歌を贈る。

病める身は家にあれどもわが魂《たま》と
太刀《たち》とは君にたぐひ（添えるの意）てぞゆく

ももとせはよもながらへじ命をば
惜しとなもひ（思）そますらをのな

また、「北門のいましめのみならず、海中に独立《ひとりたつ》る我国なれば、寇準《こうじゅん》にまされる人ならでは、誰か其任にあたらむ」と、勝を北宋の名宰相にして強敵遼国を大破した寇準に比し、

あしはせ（粛慎）の国かた見てしいにしへに
立帰りぬる今にやはあらぬ

と、幕権と日本の国威回復の望みを彼に託するのである[43]。

しかし、この年三月三日の桜田門外の変により、安政大獄下の政治的畏縮状態は一八〇度転換した。幕府の対外屈辱外交への批判は爆発的に昂揚していき、幕府も従来の強硬路線を継続する力を喪失、公武合体による公権力の回復を図らざるを得なくなる。しかも物貨の上昇は止まる処を知らず、更に交易によって輸出可能な生糸と茶とは異なり、外商が見向きもしない国内商品が多出してきた。世界資本主義市場に編入された瞬間から、鎖国下で形成・発展してきた国内分業体制が恐しい音をたてつつ再編過程に突入し始めたのである。つぶされる商品が続出する。交易中止の声も当然のこと、高まっていく。

事態は竹斎の予想とは別の方向に進行しつづける。彼は目をつぶっていた訳では無い。この年の日記一二月一一日条に「ひたち所々騒動、水戸藩横浜へ切込候事、京都御結納の事」、同月二一日条に「いきりす・ふらんす対州を望むと云、御老中にては是非無き事を感《かんじ》候様子故、堀おりへ殿、強《しいて》不宜旨申上《もうしあげ》しが、不取用故、十分申放《もうしはなし》、帰候て後切ぷく、（中略）笹山飛脚咄に、江戸は当冬にも戦争可起《おこるべき》よしを云」と記されている。

ただし、竹斎は諸藩の力を信用せず、幕府が自己の能動性を格段に展開させることにより、この危機から脱却すべきだと考え、この万延元年（一八六〇）九月、「老《おい》の雄誥《おたけび》」を執筆する。

その序文では攘夷論者を、「道に語るただうど（凡人）の、えみしのことは、今為し難きことを、我たけく（武）、したり顔にいいののしり、愚かなる世人を驚す事の片腹痛き、夢をも醒し、はた世の人の肝は猛くとも、君の憂ひ・民の歎き、国の疲れを引き出さば、何の善き事かあらん(44)」と厳しく批判して、この小冊子の趣旨を明らかにする。序文の末尾に和歌が数首詠まれているが、その内の一首を示しておこう。

ゆくすゑの事も思はでわれ猛く
　たわごといひて日を経《ふ》るやなぞ(45)

竹斎はこの小冊子で平田篤胤の名をこう出している。「平田篤胤の言し如く、我国人は神明の裔、外夷は天主なる者、土塊を以《もつて》造れる人の裔たる者、如何ぞ我神州の人心を廻らすに至るべけんや(46)」と、日本人の特出性を強調し、「此時に当て洋夷の横行を挫《くじか》ずんば、必ず禍あらん(47)」と断言するも、無謀な攘夷策は清国の覆轍を踏んで降伏するだけだと排斥、持論の「和親を以富国の基を建、富国を以て強兵の基とする(48)」論を、当該時点に適合させて説くのである。逆説的な「交易による物価騰貴は富国の基論」を駆使して国内産業振興論を述べるが、その方法は佐藤経済学に求めよと主張する。「亡友佐藤信淵、（中略）物産のことを始め開物開鉱培養法気候録を始め堤防溝洫録陣炮鋳等の書、其門人、又其家に蔵する所の書も乏からず」、「其人・其家に就て其法を得ば国を富さんこと易《やす》かるべし[49]」。

このように富国を図りつつ、直面する強兵の手段としては蝦夷地の開発による海軍建設策を提起する。年々智略英勇の士を抜擢して蝦夷地の小諸侯とさせ軍艦を建造、この軍艦を以て国産を運送すると共に、江戸・大坂等の要地を防衛、外国と闘う際は洋上の戦闘とし、その海軍の戦闘力を鍛えるためには諸外国に官営出貿易をおこない、諸港静謐ならば交販を事とし、擾乱の地では突戦・分取りを心掛け、「我国人をして当今真の元亀天正の人たらしむること、治国の事務たり[50]」と、外圧に屈折した心性を他国侵略によって解放すべきだとする、一九世紀的民族意識の一端が、ここに現れはじめることにもなっている。また竹斎は、この世界規模の官営出貿易の際には、開港場で販売不能の諸商品を売り捌けと、彼の国内分業論の補完を図ろうともしている。

しかしながら、竹斎の提案は即時に実践され、幕府主動での事態転換への手掛りが実現されねばならない性格のものであった。しかし現実には、孝明天皇の条約不勅許の意志は依然として堅く、文久元年（一八六一）対馬露艦占拠事件への幕府無能力は天下周知のこととなり、疲弊した諸藩に対しての統一体の国家を担保する幕府という竹斎的図式どころでは無く、この文久元年には、航海遠略策の朝廷入説を雄藩たる長州に幕閣が依頼する事態にまで至り、文久二年一月一五日の坂下門外の変により、有能なる老中首座安藤信正が失脚するや、幕政の舵を執れる譜代大名が存在しなくなってしまった。雄藩の国事周旋と草莽志士の時代に突入する。

竹斎が最も予想出来なかった事態の到来は、彼の五〜六月の日記からもよく理解される。「京都にて二十四五日頃のろし上げ、禁裏へ西国大名より願、交易止めか天下の政事を宮へ御もどしに成か両様願、水戸公始大諸侯より上京願、関白家へ押詰候風説、（中略）交易止候説にて茶大下落の由」（5／5）、「京都騒動の事、交易止めと云風説」（5／8）、「（京都別家の）藤井へ、京騒一件来書、得其意、尚津風説・我等愚意荒々申遣」（6／2）、「江戸風説書、勅諭写、其外津到来もの」（6／3）、「夷人さわぎ、京が誠の日本の主たる事尤大慶、島津和泉浪人一件、堂上御ふれ」（6／7）、「京都来状、隠居毛利侯并（長井）雅楽上書、長月夜話、春日社御鏡破落奏状、島津三郎上聞勅答、薩州御屋敷届書」（6／14）等々とつづいていくのである。

この段階になっても、竹斎の政治の枠組みは幕府主軸で構成されつづけていた。この五月、一昨年九月著述「老の雄誥《おいおたけび》」の当該時期のヴァリエーション「賤雄誥《しずがおたけび》」を書かざるを得ない所以である。彼はいう、「たとえ大国司にもせよ、慶長中公武御決議の法則を乱し、越俎《えつそ》の律にもとり、直に国事を奏聞ありて勅命を奉る等、随意の所業あるは、実に泰平を保護することを得んや、諸侯直ちに奏聞ありて、天朝より四方に号令あらせられば、後に又応仁以来諸侯の割拠の形勢に至らん事を思ふへし(51)」「薩州にもせよ、余の侯家にもせよ、慶元の際、東照宮の寛仁により其堵を安んじ、三百年泰平に統を継玉ふにも、天恩は申迄も無く、徳川家の恩も亦深重なり、然るを当今国家は言迄も無く、徳川家の安危に拘る国家の大事、越俎して騒々敷き挙動あらんか(52)」「征伐、草野の身より出るは名分の紊《みだ》れとも言べく、目前に善と見ゆるとも、後に政教の乱れにもならば畏べき事なり(53)」。「老の雄誥」にいったように、「鎖国して夷と戦はんの議」は止め、「憤発の英気を漏ら」さすべきだ。「手近き支那の一揆流賊（太平天国の乱を指す）を征し、夫に乾没《かんぼつ》（強いて取られる意）せし処を恢復せしむべし、左すれば支那に日本府を建んこと容易なり[54]」「高貴英断の君を選び、強兵航海の大都督として、士民を論ぜず義勇の輩を召し、其局に入れ禄を賜ひ、此内より抜擢して後北海道に侯に封じ、毛夷を開拓し、韃靼地を我版図に帰化せしめ、支那に至りては流賊を征伐し、江南に我日本府を開き、暗に外夷の侮慢《ぶまん》を挫《くじ》くにあらん[55]」。

しかしながら、勅使大原重徳の江戸下向と幕府の朝旨遵奉、そして破約攘夷への方向が明らかとなる六月以降は、「老の雄誥」「賤雄誥」の論理による時務策は姿を消す。それどころではない。条約破棄によって発生する対外戦争への対処が焦眉の課題となるからである。竹斎は六月、「君君論」を執筆して自説を展開する。

第一に天皇の地位の上昇を図らねばならない。天皇陵の修復、氏子改めの実施、国学復興などが提起される。

第二に、諸侯は各国に在城、諸士は各村に土着させ[56]、「即今入港の夷船を掃攘の令在せられば、各侯沿海守備は是等（列強連合しての対日攻撃）をも深く思ひ廻らし度《たし》[57]」。

第三に、人民の労苦を軽減し、かつ人民の力量を結集する必要がある。助郷は人民を疲弊させるので、上洛・参勤は蒸気船にておこなわせるべきである。このことは日本の海軍力形成の手段ともなる。また「今の急務、長刀などと唱る国害なる敢死の士、又浪士と称る英勇を集め国家の用と為」すべきである。「壮歳貴顕の君を選み、大将と立て、此局中に羅網せられば、廟堂には俊傑に富み、軍局に敢死の士集るる時は一切の憂止むに至[58]」らん。

第四に、露国の蚕食の恐れある蝦夷地を、海内の英士を選んで侯に封じ、戦艦を以て開拓すべきである。

興味深いのは、この「君君論」の中で始めて信淵の「混同秘策」への言及がなされたことである(59)。「混同議とも書けるは、佐藤椿園が世に在し時、天が下を混同せんことを物語りしことありしか、此翁の言の同じ意《こころ》にわたれる」が故なり、と竹斎は説明している。軍部ファシズム期は、この書によって侵略主義が鼓吹されたが、竹斎の言によれば、「此策は翁も他に漏るるを畏れ、子孫に遺すの外、類稿を止めざるは、幕政盛なる時は鎖国を固守し些々《いささか》海外事情を言ひ地理等を論ずる者は忽厳責を蒙り、軽きも生涯禁固或は遠島に放逐せらるるが故なり」(60)。信淵が生涯他見を恐れた書物が、後年彼の思想の結晶だと評価され、彼の生前の活動もすべてこのプリズムを通して解釈されるようになる。書物にも数奇な運命があるものである。

おわりに

これ以降、竹斎と信淵のかかわりについては、彼の著作や日記には目新しいものは出てこない。ただし勝との関係では、「日記」の文久三年（一八六三）三月一五日条が中々に面白い。奉勅攘夷期の真最中、竹斎は孝明天皇の賀茂社行幸を一一日に拝した後、江戸と大坂を軍艦で往復していた軍艦奉行並勝麟太郎と大坂で対面する。「日記」の記述中、勝の発言を紹介しよう。「一橋公は才も有、乍併《しかしながら》因循の体有、工遅（拙の反対が工）の方、春岳公、才学は無之、乍併速拙の方、随分可為事方《ことをなすべきかた》、蒸気船にて（京へ）上《のぼ》りの間、一夜論談、漸《ようやく》我説、腹に入《いり》し如し、小笠原図書頭は随分事可為人《ことなすべきひと》、尤《もっとも》冷飯より右迄出候事故、事情にも通じたる人、乍併臆病成所《なるところ》有之故、大事は如何可有之哉、当時の処、議論は無用と成、天下の事、勇武の外なし、世人皆彼を不知、況《いわん》や己が事は尚《なお》不知、薩長が徒、放言すと雖《いえども》、何一つ役に不立、又公辺の人も如右《みぎのごとし》、我等労する功無し、将軍は百姓に成《なる》がよし、天子は我国主也、各丹精を尽、国を護《ご》するがよし、官位も録（禄）も此場に至《いたり》、役には不立《たたず》、将軍百姓と成、志立時《こころざしたてるとき》は又法も立べし、左すれば又助《たすけ》るもの有、家や系統にて世の治る道なし、我等も死士五百人は可集、（中略）近時天下の形勢を動かせしは武夫《もののふ》也、武ならでは天下の事は不成《ならず》、議論は無用」。

外圧に対する国内の抵抗の空前のたかまり、これを抑圧するのではなく、あくまでも天皇を根軸に樹てつつ幕府が如何にそれを御し、幕府がイニシアチブをにぎりつつ外圧に抗しうる国内体制を創出していくほか手段はない、そのためには幕府自体、将軍が百姓となることによって諸大名もそうさせていくほどの大変革を遂行出来なければならない、との決意を勝は披瀝する。彼のいう「死士」とは坂本龍馬の如き「暴客」、幕閣の目から見ればすべて叛逆人、この強力なエネルギーを幕府が己の側に引きつけ、包含するようにならなければ、幕府の命運は無い。ただし、この考えは、幕閣・幕臣・諸大名・尊攘激派といったこの時点での政治諸勢力・諸集団と日々接触し、議論し、軍艦に乗せ、更に列強の軍事的圧迫をその最前線で体験する中で初めて獲得しうるものであった。

なるほど、五月二日、竹斎は「五月十日攘夷相定と云事如何、箱・長開、横計《ばかり》閉候事、各国え申遣」しの上の応接か、と、三ヶ月後の八・一八クーデター以降現実となってくる本州のみ鎖港、箱館・長崎は開港という、彼の構想を復活させうる半鎖半開状況の可能性を既に念頭におくだけの先の見通しは有していたものの、勝のような幕府・雄藩連合変革政権への展望も、まして況んや雄藩による幕府打倒への予想ももつことはなかった。彼の基本的立場は、奉勅攘夷が幕府の唯一の選択肢とならざるを得なくなった文久二年一一月段階においてすら、七日付喜左衛門宛書状に述べているように、「諸侯、京に出候共、何の功も無之、未《いま》だ徳川家の軍威不滅事《ふめつのこと》、既に頃日、上《かみ》より帰り候もの申候、（中略）今迄は調子締り、公辺も御手不行届に候へ共、追々御調御廻り候へば、外様《とざま》の勝手には不成事《ならざる》、三百年来泰平の御規則、忽可崩《くずすべき》事は難出《できがたく》候事」という処に据えられていた。

しかし幕末の激動は竹斎の見通しは勿論、勝の狙った構想をも破砕し、知行高・身分制・封建的軍役という三位一体の堅い拘束衣をそれぞれの仕方で打ちくだいた薩長二大雄藩の軍事同盟による倒幕と王政復古を実現した。新政府は幕府為替方竹川家の巨額の対幕貸付金をすべて棄捐してしまい、竹川一族に新時代への必死の適応を強いることとなる。また竹斎が設立した公共のための射和文庫に対しても、その書籍の献納を拒み、書籍売却費の献納を要求する。幕末期、竹斎と竹川一族が構想した地域の公共性と国家との関係のさせ方は、そのままの形では新政府は考えようとはしなかったのである。ただし竹斎の構想した、貧窮する地域からの年貢・夫役と御用金の調達ではなく、その地域を豊かにし、その人民を富ませることによってのみ国は強くなるのであり、個々の富有者の富の蓄積は、彼等が生活するその地域の人々との協調と人々の生活の向上の中でのみ保障されるものだ、との経済哲学は、それはそれなりの成果を生み出しもした。明治九年（一八七六）一二月、強権的な地租改正の強行と文明開化政策の強要は、幕末維新期の中での空前の巨大一揆「伊勢暴動」を勃発させ、民衆の反感をかっていた豪農・豪商と地主達はことごとく打毀しに遭っていったが、竹斎と竹川一族は、その難を逸がれることが出来たのである。

注

第一部第一章

(1) 島崎正樹の家督前の通称は禎三郎、諱は重寛、文久二年八月家督後は吉左衛門を襲名、明治五年に重寛を正樹と改名するが、叙述上正樹で統一しておく。

(2) 『島崎藤村全集』別巻六九一頁。

(3) 「松が枝」は『島崎藤村全集』別巻に納められており、叙述中の島崎正樹の歌は、特に断らない限り、ここよりとったものである。

(4) 間讓嗣所蔵史料、宮地正人科研報告書（二〇〇三年三月）『「夜明け前」の世界の歴史学的解明―幕末期中津川国学者史料の収集と公開―』（以下『報告書』と略記する）第八八五号史料。

(5) 前田克巳編『土衛《ひじもり》（市岡殷政の号）遺草』（一九八七年、非売品）一九六頁。

(6) 間讓嗣所蔵史料、『報告書』第一七号史料。

(7) 『報告書』二〇六頁、「大黒屋日記」中津川関係記事は二〇一～二四五頁に掲載しておいた。以下、特に注記しない事実はこの典拠にもとづいている。

(8) 間讓嗣所蔵史料、『報告書』第一六号史料。

(9) 同右、『報告書』第八九〇号史料。

(10) 同右、『報告書』第九〇九号史料、題は「春懐旧」である。

(11) 国立歴史民俗博物館所蔵「平田家資料」冊子二―三（安政三～七年）「金銀入覚帳」によれば、安政六年一〇月七日に靖庵が入門、束脩一分と書物代三朱七二文を納めており、同月一九日に間秀矩が一分を納めて入門した。以下

「平田家資料」と略記する。
(12) 間譲嗣所蔵史料、『報告書』第四六号史料。
(13) 岩村町浅見専一郎所蔵史料、文久元年二月一五日付浅見与一右衛門宛島崎吉左衛門書状、『報告書』第八四号史料。
(14) 文意がはっきりしないところがあるが、気吹舎では横浜交易へ従事する人々はよろしくない意向であることを公表した、と解釈しておく。
(15) 正式には「童蒙入学門」、安政四年四月に刊行された気吹舎の教科書。ここではその中の一句を引用している。
(16) 市岡文彦所蔵史料、『報告書』第八〇号史料。
(17) 間譲嗣所蔵史料、『報告書』第一三五号史料。
(18) 同右、『報告書』第一二八号史料、なお『報告書』では文久二年かと推定しておいたが、「平田家資料」により、八郎九郎の息子が江戸の気吹舎を訪問したのが安政五年五月であることが判明したので、年を訂正しておく。
(19) 「平田家資料」、冊子二―四(万延元～文久三年)「金銀入覚帳」による。
(20) 平田家門人帳では肥田九郎兵衛父子の入門が三月二二日となっていることから確定した。
(21) 田口慶昭所蔵の三浦秀浪宛平田大角書状による。『報告書』第一六六号史料。
(22) 間譲嗣所蔵史料、『報告書』第一六二号史料。
(23) 「平田家資料」、冊子二―五(元治元～慶応元年)「金銀入覚帳」による。
(24) 市岡文彦所蔵史料、『報告書』第二九五号史料。
(25) 同右、『報告書』風説留目録第五冊第一九号史料。
(26) 間譲嗣所蔵史料、『報告書』第三七二号史料。
(27) 「平田家資料」、盛胤五―一四。
(28) 同右、冊子一―二六、(明治二～四年)「平田延胤日記」明治二年二月一日の条。

(29) 個人所蔵史料、『報告書』第七四〇号史料。
(30) 個人所蔵史料、『報告書』第七四四号史料。
(31) 同右。
(32) 個人所蔵史料、『報告書』第七四七号史料。
(33) 間讓嗣所蔵史料、『報告書』第七五二号史料。
(34) 個人所蔵史料、『報告書』第八〇六号史料。
(35) 個人所蔵史料、『報告書』第八〇九号史料。
(36) 市岡文彦所蔵史料、『報告書』第八一四号史料。

第一部第二章

(1) 講演当日（二〇〇四年八月二一日）には利用しなかったが、高森町歴史民俗資料館所蔵の「片桐家文書」も、本論の中で使用していることを、前もって断っておく。
(2) 間讓嗣所蔵史料、『報告書』第五〇六号史料。
(3) 「平田家資料」冊子一—二二。
(4) 市村咸人『伊那尊王思想史』（一九二九年、下伊那郡国民精神作興会）二三〇頁。
(5) 間讓嗣所蔵史料、『報告書』第四三号史料。
(6) 東京大学図書館所蔵田中芳男旧蔵「捃拾帳」第三冊所収史料。
(7) 同右。
(8) 注(4)附録四七頁。
(9) 岩崎の住所に関しては注(4)一七一頁参照のこと。

(10)「平田家資料」、書簡一九―二―三九。
(11)間譲嗣所蔵史料、『報告書』第四六号史料。
(12)市岡文彦所蔵史料、『報告書』第五〇号史料。
(13)同右、『報告書』第五二号史料。
(14)高森町歴史民俗資料館所蔵片桐家文書、国学第三三四(特四)号文書。
(15)注(3)に同じ。
(16)「平田家資料」、書簡一六―二八。
(17)「片桐家文書」、国学第二〇八―六(特五五―六)号文書。
(18)同右、国学第二二〇(特一〇―五)号文書。
(19)「平田家資料」、書簡八―五二―二六。
(20)「片桐家文書」、国学第二〇八―五(特一〇―二四)号文書。
(21)同右、国学二二二号文書。
(22)間譲嗣所蔵史料、『報告書』第九八号史料。
(23)「片桐家文書」、国学第二〇九―四(特一〇―二九)号文書。
(24)市岡文彦所蔵史料、『報告書』第一一六号史料。
(25)注(4)二〇九~二一〇頁。
(26)市岡文彦所蔵史料、『報告書』第一六五号史料。
(27)市岡文彦所蔵史料、『報告書』第二九四号史料。
(28)市岡文彦所蔵史料、『報告書』第三一四号史料。
(29)市岡文彦所蔵史料、『報告書』第三二四号史料。

(30) 市岡文彦所蔵史料、『報告書』第三〇五号史料。
(31) 滋賀大学経済学部附属史料館所蔵「西川吉介文書」、学芸二―七「乙丑十月新聞」。またこの情況は中津川でも同様だった。文久三年八月、山村家よりの御用金要求を間秀矩は拒否、「愚民小民とは乍申、銘々御百姓共の義、乍恐御地頭様御預の御百姓にて、元より御民は忝くも大君の御民に候得ば、私の驕奢のために金銀米銭貪被遊候ては神慮如何可有之哉、（中略）（しかし）実以御親征御助援の御為に候はば、此度の御用途は勿論、連々乱世相成候とも尽身力御奉公可仕」と言い切っている。領主と領民が逆転しはじめるのである（『国立歴史民俗博物館研究報告』第一二二号、二〇〇五年、一九六～一九七頁）。
(32) 注(31)と同じ。
(33) 市岡文彦所蔵史料、『報告書』第三四二号史料。
(34) 同右、『報告書』第四六四号史料。
(35) 注(4)附録五七頁。
(36) 「平田家資料」、書簡一八―三―八。
(37) 間譲嗣所蔵史料、『報告書』第五一九号史料。
(38) 「平田家資料」、書簡一八―一―一二。
(39) 同右、書簡一八―一―七―一。
(40) 市岡文彦所蔵史料、『報告書』風説留目録第七冊第一七一号史料。
(41) 同右、『報告書』風説留目録第七冊第一九八号史料。
(42) 同右、『報告書』風説留目録第七冊第二二四号史料。
(43) 同右、『報告書』風説留目録第七冊第二三〇号史料。
(44) 現地調査による。

(45) 間譲嗣所蔵史料、『報告書』第六五五号史料。
(46) 市岡文彦所蔵史料、『報告書』風説留目録第八冊第三九号史料。

第一部第三章

(1) 「大黒屋日記」は活字化されていないので中津川に関する記事のみを『報告書』の中で「大黒屋日記中津川関係記事書抜」として示しておいた。
(2) 大島栄子『商人たちの明治維新』(花伝社、一九九八年)には一七五頁に慶応二年、山村甚兵衛家に中津川の豪商達が献金させられた額が示されているが、それによると、菅井嘉兵衛二二五〇両、間杢右衛門一四五〇両、高木伝兵衛一〇五〇両、間半兵衛二五〇両、市岡長右衛門(本陣)二〇〇両となっている。
(3) 個人蔵。中津川市中山道歴史資料館に写真帳があり、閲覧可能である。
(4) 菅井深恵所蔵史料。右資料館に写真帳があり、閲覧可能である。「わた久」とあるは中津川の商人綿屋久兵衛を指す。他は不明。
(5) 古橋懐古館所蔵史料、『報告書』第四九号史料。ここで計算された利潤が結局一〇〇〇両の欠損になった事情の一端は、注(4)史料中、「(万延元年)閏三月八日、糸代金不足に付、桐洞(武儀郡内の村名)へさし入質品」の記述より明らかである。桐洞の生糸商から入手した生糸の代金として菅井嘉兵衛は六点の貸金証文を相手に差入れており、その内の二点、計一〇〇四両の証文は戻ってきたが、四点、計一一〇〇両分の証文は相手の生糸商に渡っている。少なくとも、この分だけ損失となったのである。
(6) そこでは土岐の桐井万三郎や岩村の長谷川九郎兵衛への支払いとともに、「岩村様五百両」とあるように、古金回収・売買には藩が深くかかわっていた。苗木藩士と思われる佐々木某にも一〇〇両の借り、利足六両となっている。
(7) 間譲嗣所蔵史料、『報告書』第六四号史料。

(8)　同右、『報告書』第七三号史料。
(9)　同右、『報告書』第七七号史料。
(10)　「市岡家資料目録」第三九〇号は、明治元年一月現在の贄川宿での気吹舎既入門者（小沢文太郎他四名）が「右御入門済之者共分」、市川久蔵他四名が「右御入門相願度分」と区分された一〇名の名前書付である。小沢文太郎等との交流は一貫してつづいているのである。
(11)　間譲嗣所蔵史料、『報告書』第六一号史料。
(12)　同右、『報告書』第五六号史料。
(13)　同右、『報告書』第五九号史料。
(14)　同右、『報告書』第六八号史料。
(15)　同右、『報告書』第七一号史料。
(16)　同右、『報告書』第五〇号史料。
(17)　同右、『報告書』第五二号史料。
(18)　同右、『報告書』第五八号史料。
(19)　『中津川市史　中巻　別編』（一九七九年）一〇一〇～一〇三七頁。
(20)　間譲嗣所蔵史料、『報告書』第一三五号史料。
(21)　注(2)一三〇頁。
(22)　間譲嗣所蔵史料、『報告書』第二〇二号史料。
(23)　同右、『報告書』第二五四号史料。
(24)　同右、『報告書』第二六六号史料。

第一部第四章

(1) 間譲嗣所蔵史料、『報告書』第九三号史料。
(2) 同右、『報告書』第一一三号史料。
(3) 市岡文彦所蔵史料、『報告書』風説留目録第二冊第六〇～六六号史料。
(4) 間譲嗣所蔵史料、『報告書』第一一五号史料。
(5) 市岡文彦所蔵史料、『報告書』風説留目録第二冊第五七号史料。
(6) 間譲嗣所蔵史料、『報告書』第一一七号史料。
(7) 同右、『報告書』第一二三号史料。
(8) 市岡文彦所蔵史料、『報告書』風説留目録第二冊第六七号史料。

第一部第五章

(1) 間譲嗣所蔵史料、『報告書』第四一号史料。
(2) 昭和六三年五月、岐阜郷土出版社発行、ただし東山道彦というペンネームで刊行されている。
(3) 同右、四四五～四四六頁。
(4) 古橋懐古館所蔵史料、『報告書』第一八号史料。
(5) 『報告書』一二六頁を参照のこと。
(6) 古橋懐古館所蔵史料、『報告書』第一九号史料。
(7) 菅井深恵所蔵史料、『報告書』第二一号史料。
(8) 古橋懐古館所蔵、『報告書』第一二六号史料。
(9) 間譲嗣所蔵史料、『報告書』第一二七号史料。

(10) 同右、『報告書』第一三二号史料。

(11) 同右、『報告書』第一三四号史料、なお、この全文は次のようなものである。

朝のうちも雪のふる折から、御地ハさそかしと思ひはかり（量）まいらせ候、まつまつ皆々様、寒気の御さわりのふいらせ候やとよろこほひまいらせ候、扨私事も相替らす暮し候へハ、さよふ思召被下へく候、とかく京も何やかや申ことのみにて、そう〳〵敷ことにそんしまいらせ候、み心付の御大名様かたハ、いろ〳〵御しんはひ（心配）のようにうけ給ハり候、誠ニ〳〵めつらしきこと、たんと御座候、また此度の下りの人たちより、たん〳〵御たつね御聞被成へくとそんし候、私より申上るよりハこま〳〵（細々）に候、またいろ〳〵書付も御めにかけ候よふと申、うつし候よふすなれハ、いまた外にも、あまた、うれしきことも、又かなしき御事も沢山ニ候へとも、中々申尽しかたふ、其内山半様（間秀矩を指す）にても御いらせ候ハヽ、こま〳〵とわかり候御人と存候、平田門中の者たんと参り候へとも、外の人えはない〳〵こと大く候、またよふ〳〵にはわかりかね候、ます〳〵あらましを御聞被成へく候、御家内様かたへよろ敷つたへも、たんと御申聞せ被下へく候、仰のとふり、（以下本文引用文が入る）、又々よき御たよりに申上候、めて度かしこ

しも月廿七日　　　　たせより

肥田の君の御元に

おつかとの

のである。

(12) 間譲嗣所蔵史料、『報告書』第一三三号史料、なお、多勢子は半兵衛に一二月一九日にも、次のような書状を送るのである。

立残る寒を、まつ〳〵何ことものふいらせのよし、万々御めて度御うれしくそんしまいらせ候、次まし私事も替りのふ、ふら〳〵とあるき、うれしき御ことのみうけ給はり、猶又此比ハ、平田先生御上京ニて、十二日御着にて、誠ニ〳〵思ひよらす先生にもうかかひ、もはや此上無よろこひに候、私も三日に大坂え参り、師岡君と二人

りにて十二日ニ京へかへり、日に〳〵先生へ参り候、何とそ〳〵御まへ様もはやふ御いらせられ候よふ御待申上候、先生は正月十日比ニハ御かへりの仰られ候、さよふ思召被成へく候、大坂えハ唐船少々見へ候よふ、十三日には、たしか（確）のうはさも聞候へとも、其後ハいま（未）た大ことも無と申候ことに候、此ころのおもしろきこと、仁にも申へくもあらす、只々同門うちの心のたのしみ、御まへ様にも御しらせ申度候、誠に今事の便りはいそきのよし、ひ田氏市岡氏へも文遣し度候へとも、あまり〳〵いそきゆへ、御まへ様より御申上頼上候、まつはよふのみあら〳〵めて度かしこ

十二月十九日　　　　　　　　たせ

羽間御氏の御元に

（13）間譲嗣所蔵史料、『報告書』第一四四号史料。

（14）同右、『報告書』第一四五号史料、なお多勢子は同日、肥田九郎兵衛・市岡殷政両名宛に次のような書状を送っている。

としのかはりては、何事もおはしますらむと、万々ことほき申上奉りぬ、扨都の春のうれしさのまほし尽せぬ御事になん、うれしき中にも、又立そふ物は、よの中の御大名かた、あまたのほり給ふても、扨いつそや仰のとふり、江戸風の人はかり、いつれも〳〵誠ニ大君を思ふ人はなく、いととむねくるしきよにこそと、心あるとちハ春の心もなく、うめきくらしぬ、只々長州様はかりハ、ゆう士（勇士）たちも外の人もよろこひ候へとも、近日御立と相成候、それに付ても、みやこのふうそく（風俗）、よふ思召おもひやり給ひてよ、いかにせん、うへ無なりけり、よきはなく、あしきは残るよの中のさか、いろ〳〵よきなき人と心安ふ成、春の日のうかれかほなるみやこにも、うきはのかれぬうき無成けり、歌の会にもそこ〳〵より、日に〳〵さそはれ候へとも、あまり〳〵おもしろからす、只の歌よみのみなれは、とやこふとのかれ居侍りぬ、うれしきハ、みや様方へまうのほりけることと、平田大人の御もとに参るは、心さやかに候、三条様姉かこうし様御帰りの後ハ、何ともうハさも無、ま

つ〱くつ〱とあつまの風を御引のよしニ候、いろ〱申上ることは日々のことにて、申上つき（尽）す候へハ、又々申上候、御はんし御らん、ねき奉りぬ

むつましつき十九日夜　　たせ

ひ た 様

いち岡 様

いま御わらひのこと御座候、しき婦め折々たつね参り、私に越殿楽のことのふをひ〱ならひくれよと、日々に参りせめられ、いやと申ても聞いれす、もとよりしらぬわさとことはり申候へとも、只一ことおしへたへとせめられ、あまりきのとくゆへ参り、少々おそはり候、大はらひ〱、ゆう士ともはら立候、まつはあら〱かしこ

(15) 市岡文彦所蔵史料、『報告書』第一五〇号史料。また、岩崎長世は文久三年一月二三日付の多勢子宛書状で自分の見通しが間違っていたことを次のように述べ後悔している。

いそき一筆申上存候、日ましにあたたかに相成候へとも、いよ〱御機嫌よう御くらし、めて度□□□存候、此ほと承候へハ、せの君にも、御むかへなから立出玉ふよし承候、慶ひ上存候、せんもしにて差上候一札御らん下され候ものと存上候、誠に将軍家御官位御じたい、軍艦御上洛等、更に御武威かかやき、有難き御事ニ候、かへす〱よき折から御出立、めつらしき所を御らん御浦山しく、昨年は御出立のみきり、御ととめ申上候ハ、今更心おそかりしと後悔いたし候、長世も飛たちぬへくおもひ居候へとも、何歟むつかしく、そなたの空のみ御安居、まい度〱御面倒、此書状さつそく師家へ御ととけのほと願上候（後略）

以上は市村咸人『松尾多勢子』（一九四〇年、山村書院）一六八〜一六九頁からの引用である。ただし、市村氏は、この書状の年を誤って明治元年としている。

(16) 間和夫所蔵文書の内「永代日記」文久三年の条にあり、『報告書』第一四号史料。

(17) この間のことは、市村咸人『松尾多勢子』（一九四〇年、山村書院）に詳しい。

(18) 間孔太郎編『間半兵衛秀矩集』(一九七六年、非売品)所収文久三年紀行「はるのにしき」及び『市岡家資料目録』第一一九〇号「紫陽伴野日録」(馬島靖庵在伴野村滞在日記)の記載による。
(19) 『報告書』二二八頁を参照のこと。
(20) 田崎哲郎『三河地方知識人史料』(二〇〇二年、岩田書店)二八一頁にある。また同一のものがかなり言葉をかえて、京都大学図書館所蔵風説留「乞食袋」(維新コ―一)第三四巻に記録されている。その記録者は在京者である。明治元年の記録なので、間半兵衛が同年上京して国事周旋をおこなう中で流布したものと考えられる。『報告書』第二九九号史料。
(21) 市岡文彦所蔵史料、『報告書』第四二七号史料。
(22) 間譲嗣所蔵史料、『報告書』第一〇九号史料。
(23) 同右、『報告書』第一〇八号史料。
(24) 同右、『報告香』第一二八号史料、ただし目録作成時には、この書状を文久二年かと推定したが、「平田延胤」日記に、この書状中に言及されている八郎九郎の子息の平田家訪問が安政五年五月のことと判明したので、年を安政五年と確定する。
(25) 間譲嗣所蔵史料、『報告書』第九三九号史料。
(26) 同右、『報告書』第四五四号の久保田鎌吉宛浜口真鴨書状(慶応二年一〇月付)にこの件が詳しく記されている。
(27) 同右、『報告書』第三八五号史料。
(28) 同右、『報告書』第三九一号史料。
(29) 同右、『報告書』第四九七号史料。
(30) 同右、『報告書』第五〇三号史料。
(31) 市岡文彦所蔵史料、『報告書』風説留目録第六冊第七二号史料。

第一部第六章

（1）文部省維新史料編纂事務局発行『維新史』第四巻（一九四一年一二月）四六八〜四六九頁。
（2）『日本史史料　4　近代』（一九九七年七月、岩波書店）宮地解説部分、六九頁。
（3）青山説に関しては、三谷博「研究展望」（『日本史研究』第四七八号、二〇〇二年六月号）も参照されたい。
（4）『日本歴史』第六四七号（二〇〇二年四月号）掲載。
（5）市岡文彦所蔵史料、『報告書』第三六四号史料、左にその全文を示す。

　尚々近藤同所人々追々出牢、伝言御座候、此頃玉襷・宮比神差入候

月迫撫御多用被為在御揃御安泰奉賀候、然ハ御本陣間君御滞留中御噺申上候矢野周旋、水藩大こし・ましこ両人、大宰府より一昨廿四日帰京、一泊物語之次第左ニ
十月十三日、筑前黒崎へ着、桜屋東四郎と申方ニ三日滞留、此人極正義、大こし（大越）・ましこ（猿）両人を五卿えの御使と見請、形勢事とも不包噺かけ候より、右両人も打明し被談事候処、諸侯奸多、用心専一申事、桜屋の助より万事都合能事沢山、五卿大宰府御越の砌、桜屋ニ御泊り、東四郎実名直顕歌献

　きかまほし大内山の鶯の
　　心つくしにもらす初音を

三条卿御返し
　九重の春にもれたる鶯ハ
　　世のことをのみなけきこそなけ

東久世卿同断
　今ハ世のこころつくしになきぬなり
　　大内山の春の黄鳥

扨大宰府へ十一月七日着、泉屋権右衛門方ニ廿日迄滞留、五条殿よりの御状も有、矢野の策入尊覧度、旁是非五卿方へ御目通り致度と種々手をつくし心底被致候得とも、肥後久留米筑前柳川の奸物、無油断気ヲ付致居候故、御目通り難成、漸三条卿御家来山岡英之進と申仁に逢、五条殿よりの御状渡し、矢野の策をも噺候所、早速五卿へ取次呉、御内意等も承、無事ニ大宰府を立、十一月廿二日、桜屋迄帰り、又此所ニ二日滞留、夫より広島舟ニ乗、馬関へ十一月廿五日着、差宿豊後屋漸五郎方ニ十四五日滞留、応接《セツ》桂小五郎、五卿の御内意、矢野の策を述候所、大ニ被悦、兼て其儀心掛居候得とも、当時の形勢、其場不至、併思召の程言上可申旨、引請呉候よし、就ては水両人より、君候へ御目通り被願候得とも、慎中の事故、他藩面会此義難成由、桂小五郎殿始月代ひけ迄も其侭長くのはし被居候趣、十三四日過て、上使鈴木宗之助と申仁被参、国事の為尽力の程、大膳父子ニおゐても満足被致候、乍去当今の時形故、速ニ用候場合ニも不至、何れ春ニまかり候ハヽ、其時のもやうニより早々可取興との御沙汰、鈴木の噺ニハ、此頃麦と応接最中、小倉へハ肥後より三千人計出張、今日ニも戦相始り候も難計、何分右の次第、不悪と被申候よし、扨馬関滞留中面会の人々

里見次郎　（筑）太田太郎　（筑）藤村六郎　（同）藤四郎　対州の脱走人四人　（土）田中健之助　（さつ）黒田了助

右何れも人物のよし

右黒田ハ脱走人ニてハ無之、さつ国の一人、さいこふ（西郷）某と申人、先頃より上京、右さいこふより内意を請、此頃馬関へ被参滞留の由、黒田氏被申候ニハ、当時の折柄、水を脱し国事ニ尽力被成候段、赤心見届候間、不包打明し可申、右さいこふよりの内意と申ハ、長と心を一ッにして、さつ皇師ニ起り、会一橋を踏つふすへし、本圀寺ハ定て橋ニ付へし、左候ハヽ是も同様、それを機会として、防長二ヶ国より起り、其頃迄麦滞在なれハ、是も乗取手筈、高杉・桂両人のみ深事を計り被居候、近々桂氏ハ弊藩の舟ニ乗、内々上京、其上万事策略ヲほどこし候間、各方両人上京被致候ハヽ、さいこふの宅ニて潜伏被致、尽力可被致との噺、極内々の事候得とも相違

無之様子、今一両日の内ニハ、さつ屋敷へ水の両人潜伏被致候手続、其上慥成事糺し、弥と申節ハ早々為知可被呉約束、聢と致置候、冬ハ事有間敷様子ニ候得とも、春ハ何時大事発し候も難計、此段取急ギ為御知申上候、早春御上京可然と奉存候、

右さいこふと申人の義ハ、是迄兼々聞及居候、定て西川ニても御噂御座候事と奉存候、先年三郎奸を助候砌ハ、嶋流しニなり候人ニて、三ヶ年も嶋ニ被居候よし、其後改名、大島三右衛門と被申候、此外岩下某を始、当時京坂ニ凡三千人、大小筒沢山用意有之候、万一右策はつれ候節は、日枝へ

御――座を奉写、其所ニて屯――と申事、倭武士の清き心、春花とともに開可申事、楽悦致居候、又対州、一頃は正議さかんの所、此頃ハ奸さかん、正議近頃三百人も切捨候様子、右の内二十人長へ迯込、其内四人ニ被逢候事ニ候、右対州ハ第一の地故、奸有てハ攘夷の砌、異人足たまりに可致、左候てハ甚々難儀ニ候間、是非とも対州一国の奸ハ早々打きため度、右ハ京留主居青木清之助大奸ニて、殿下始会橋へ取り入、種々奸を助候故、先右青木を加天誅候ハヽ、国元の奸策を失へし、其時をはつさす手を入、奸をことことく打はらひ可申策略、青木天誅の手引は筑前博多町の町人石倉屋宇兵衛、極正義者、四五万の身代の所、道の為ニことことく遣、地頭より召捕え押入候を程能ぬけ、長へ迯込馬関滞留、此人ニも逢ひ候、近々川原町三条上ル所へ被登候約定、近々面白時節ニ相成可申間、早々御上京奉待候、いろいろ申上度事沢山御座候得とも、月迫多用、飛脚立を急待居候ニ付、右件如此御座候、落字悪文御はんし可被下候、実ニ申上度事は山程御座候得とも、大略如此

一宗匠へ申上候、若御上京なれハ、此度ハ決て御迯可被成間敷候

十二月廿六日　　邦　則拝

御本陣
宗　匠
間　君

御同志中
并苗木
御同志中
　伊那えハ一寸申遣し候
尚々
一（さつ）岩下某取急キ関東へ被下候、定て
かす宮様の周旋かと存居候
一麦追々上師、其上帰国とも噂いたし候得とも、中々帰府ハ難成よし
一さつ藩多分登り候ニ付、会大ニ気を付居候よし
一当十一月頃里見備前へ出し候上書、後便写入尊覧へく候、

(6) 市岡文彦所蔵史料、『報告書』風説留目録第五冊第一号史料。
(7) 同右、『報告書』風説留目録第五冊第二、三、四、五号史料。
(8) 同右、『報告書』風説留目録第五冊第九号史料。
(9) 以下の日程は、市岡文彦所蔵史料、『報告書』風説留目録第五冊第一三号史料による。
(10) 市岡文彦所蔵史料、『報告書』風説留目録第五冊第五八号史料、なお、この史料は西川吉介風説留（滋賀大経済学部附属図書館所蔵）「慶応二丙寅正月新聞」（学芸三〇）の中に、「正月一六日間一太郎持参佐々乃屋去冬滞京中巷説伝聞記の内抜粋書」に、ほぼ同一の形で記録されている。
(11) 坂本の動きが幕府側にもつかまれていたことは、肥後藩京都留守居上田久兵衛の日記中慶応元年一二月三日の条に、「坂下良馬潜匿の一条、薩の謀略等（板倉勝静と小笠原長行の両閣老が）密々下問」（宮地正人編解説『幕末京都の政局と朝廷』二〇〇二年三月、名著刊行会、三三一頁）とあることからも判明する。これが翌年一月二三日の寺田屋事

件に発展するのである。

(12) 薩長合体の情報を一二月一一日付で中津川国学者に報知した人物がいる。「薩と長と和解の事相違無之よし、専長の尻を押候と申西藩の見込也、三千俵ツツ薩え年々送る筈相成たると申事もあるよし」と彼は述べている。坂本の薩兵粮米長州提供交渉のことまでキチンとつかんでいる。どこで入手するのだろうか。『報告書』風説留目録第五冊第一〇〇号史料。

(13) 五卿付の土方久元の『回天実記』(一九〇〇年五月、東京通信社)の一一月一九日の条には、「昨日水戸藩士大越伊豫之助、益子友之丞、微行を以当地へ罷越、色々密談承之」とある。ただし「友の丞」は「孝之助」の誤りである。両名とも水戸藩本圀寺党のメンバーで、共に「神官」となっている。

(14) 市岡文彦所蔵史料、『報告書』風説留目録第五冊第七二号史料。

(15) 益子が一二月二六日付手紙にあるように、藩邸に潜入出来たか、あるいは出入りを許可されただけかの判断はつきかねる。西川吉介風説留「丙寅二月新聞」(学芸三二)中の「原遊斎帰国の説来話」(二月一七日)では、次のように語られているからである。即ち、

一益子孝之助、変名竹原秀太郎、去冬長へ下向の後、屢薩邸へ入る。大島氏と殊に懇親、何事も無腹蔵示談す、秀太郎、本圀寺隊脱走に付ては、今日にも本藩の士に見顕わされ候ては、必す刑を不可免、貴邸へ暫時潜伏の儀を頼入たるか、大島答、其儀尤容易なるか、元来水藩の不義、我等を初め一藩挙て快らす、不平千万なるか、其許の正議は尤感するに余あり、然共貴兄の正議を京地滞在の藩士尽く布告すると云事を出来ず、万一麁暴の書生輩、委細の儀をしらず、闇殺などの事有之ては相成不申、依之不得止断を申入候所なりと云。

なお、長崎公園内にある北島の記念碑によれば、彼は大宰府に行く以前に、既に本圀寺から脱走している。

(16) 市岡文彦所蔵史料、『報告書』第三七一号史料。

(17) 同右、『報告書』第三七五号史料。

(18) 西川吉介風説留「慶応二丙寅正月新聞」(学芸三〇)。

(19) 西川吉介風説留「丙寅二月新聞」(学芸三一)。

(20) この点に関しての著者の見解は注(11)の著者編著の解説に述べておいたので、詳細を知りたい方は同書を見てほしい。

(21) 『朝彦親王日記 一』(日本史籍協会叢書、一九二九年)、四〇六頁。

(22) 同右、四〇八頁。

(23) 同右、四〇九頁。

(24) 『大久保利通文書 二』(日本史籍協会叢書、一九二七年)、三一一頁。

(25) この争いは坂本龍馬の耳にも入っており、彼は慶応元年一〇月三日付の池内蔵太宛手紙の中で「将軍廿一日参内、其朝大久保尹宮(中川宮)に論じ、同日二条殿に論じ、非義の勅下り候時は薩は不奉と迄論じ上げたり」と報じている(宮地佐一郎『龍馬の手紙』一九八四年、旺文社文庫、一〇四頁)。

(26) 『鹿児島県史料 玉里島津家史料 四』(一九九五年、鹿児島県)三九五〜三九六頁。

(27) 市岡・間が一一月滞京する中で聞込んだ情報もそれを裏付けている。西川吉介風説留「乙丑十一月新聞」(学芸二八)には、「市岡間滞京中伝聞当今宮中の形勢」と題して、次のように記されている。

即ち、

一当今宮中の形勢、伝奏、議奏も用立す、国事掛も有れ共無か如く、万事は殿下と一橋と御取極有之、諸卿へ御披露のみと云、且中川宮、主上の叡慮に叶ひ内覧の宣下も有之、察すへしと云

一主上、長を始め西下の諸卿を讎敵の如く悪み居給ふ由

(28) 注(26)と同一史料集、第四巻五〇七頁、ただし史料は原史料と校合し、手を加えている。

(29) 早川勇聞取、『史談会速記録』第二輯(一八九二年九月一〇日)所収。

(30) 市岡文彦所蔵史料、『報告書』風説留目録第五冊第七八号史料。
(31) 同右、『報告書』風説留目録第五冊第五冊第一四号史料。
(32) 同右、『報告書』風説留目録第五冊第五冊第七六号史料。
(33) 注(26)と同一史料集、第四巻六一二～六一八頁。
(34) 間譲嗣所蔵史料、慶応元年三月一四日付間半兵衛宛平田大角書状、『報告書』第三一八号史料。
(35) 市岡文彦所蔵史料、『報告書』風説留目録第一〇冊第三四号史料。
(36) 「酒泉直滞京日記」(日本史籍協会叢書『維新日乗纂輯三』所収、一九二六年)二〇三頁。
(37) 同右、二一三頁。
(38) 小林義忠編『幕末の志士　初代高山県知事梅村速水の生涯』(一九九七年、梅村速水顕彰会)は、このグループの軌跡を調べる上で不可欠の良書である。
(39) 市岡文彦所蔵史料、『報告書』風説留目録第四冊第一六五号史料。また西川吉介風説留「甲子十一月新聞紙」(学芸一五)には、矢野玄道の元治元年一〇月付白川伯宛建白書に、賛同者として水戸藩の大越伊豫之助・宮田斎、江州人喜田善兵衛の名が記されてあり、池村・西川グループへの彼等の接近は、元治元年段階に始まっていることがわかる。
(40) 市岡文彦所蔵史料、『報告書』第三四七号史料。
(41) 注(9)と同一のもの。
(42) 西川吉介風説留「乙丑十一月新聞」(学芸二八)中の「市岡正蔵間半兵衛両人滞京中新聞の風説伝聞」の一部である。
(43) 西川吉介風説留「乙丑十一月新聞」(学芸二八)に市岡・間両名の建白書が写され、その末尾に建白の方法が記されている。
(44) 古橋懐古館所蔵史料、『報告書』第三六六号史料。

(45) 竹山靖玄「忘れられた草莽の志士「城多董」」、幕末維新論集12『明治維新の人物像』(二〇〇〇年、吉川弘文館)所収、一二九頁。
(46) 大越も益子と同時期かそれ以前に本圀寺を脱走していたと思われる。慶応二年段階では、岩倉へ書状を差出しているなど、「柳の図子党」のメンバーとなっている。『報告書』風説留目録第六冊第五二〇号史料によれば、慶応三年七月中旬、大越は四条宿所において、本圀寺党により斬殺された。なお、慶応元年一一月、市岡・間の面会した本圀寺党の内、その後の消息がわかっているものを記すと、掛札勇之助は、慶応三年八月、鷲尾隆聚の義挙グループに加盟、維新後は宮内省に勤めている。綿引留蔵と小室左門は慶応四年正月、赤報隊に加入して活動したが、同月二七日、新政府の手によって四日市で斬首された。

第一部第八章

(1) 阪本是丸『角田忠行翁小伝』(熱田神宮宮庁、一九八九年)一四八頁。
(2) 『白川家門人帳』(清文堂、一九七二年)二八九頁。
(3) 『国立歴史民俗博物館研究報告』第一二八集(二〇〇六年)三五八・三六〇頁。
(4) 原市蔵『夜明け前の人原信好』(私家版、一九八四年)二三三頁。
(5) 市岡文彦所蔵史料、『報告書』第五一一号史料。
(6) 同右、第五一四号史料。
(7) 同右、『報告書』風説留目録第七冊第九・一五号史料。
(8) 国立歴史民俗博物館企画展示図録『明治維新と平田国学』(二〇〇四年)五九頁。
(9) 間譲嗣所蔵史料、『報告書』第五二二号史料。
(10) 古橋懐古館所蔵史料、『報告書』第五二三号史料。

(11)　市岡文彦所蔵史料、『報告書』風説留目録第七冊第四二号史料。
(12)　同右、『報告書』風説留目録第七冊第四〇・四一号史料。
(13)　『中津川市史　下　近代編Ⅰ』(二〇〇六年)一〇頁。
(14)　間譲嗣所蔵史料、『報告書』第五四六号史料。
(15)　市村咸人『伊那尊王思想史』(一九二九年)四〇〇頁。
(16)　アン・ウォルソール『たをやめと明治維新』(ぺりかん社、二〇〇五年)二五四～二七三頁。
(17)　間秀矩滞京中の日記は『間半兵衛秀矩集』(私家版、一九七六年)所収「戊辰日記」に詳しい。
(18)　市岡文彦所蔵史料、『報告書』風説留目録第七冊第二一五号史料。
(19)　同右、『報告書』風説留目録第八冊第一一六号史料。
(20)　注(2)二八七頁。
(21)　前島正弼神葬祭史料には(a)文久二年三月、一代神職となり「一人別人別帳」になった旨正弼届(下伊那教育会所蔵「大久保家文書」三四―二四)、(b)文久二年七月正弼遺言状(飯田市美術博物館所蔵「前島家文書」四三五九号)、(c)元治元年四月四日付前島正弼神霊献供名簿(同右「前島家文書」四三七六号)があり、流れが判明する。間譲嗣所蔵史料の中に元治元年三月晦日死没の正弼霊祭祝詞がある。
(22)　倉澤秀夫『敬神崇祖　第一集　倉澤義随家五代の歴史』(私家版、二〇〇二年)一三五～一三九頁。
(23)　市岡文彦所蔵史料、『報告書』風説留目録第七冊第一八三号史料、原信好の願書は注(4)八一～八三頁にあるが、ほとんど同一の文面である。
(24)　市岡文彦所蔵史料、『報告書』風説留目録第七冊第一八二号史料。
(25)　注(17)一五六頁。
(26)　注(17)一五八頁。

(27)注(15)二七六～二七七頁。
(28)注(17)一六一頁。
(29)市岡文彦所蔵史料、『報告書』風説留目録第七冊第二〇〇号史料。
(30)同右、第七冊第六〇号史料。
(31)注(22)四六頁。また関連する史料として西澤朱実編『相楽総三・赤報隊史料集』(マツノ書店、二〇〇八年)四四八頁を見られたい。
(32)市岡文彦所蔵史料、『報告書』第五三一号史料。
(33)同右、第五三〇号史料。
(34)注(17)一四九頁。
(35)注(31)『相楽総三・赤報隊史料集』四四七頁。また吉田麻子『知の共鳴―平田篤胤をめぐる書物の社会史』(ぺりかん社、二〇一二年)三一〇～三一四頁。
(36)注(31)『相楽総三・赤報隊史料集』二五六頁。
(37)市岡文彦所蔵史料、『報告書』風説留目録第七冊第七〇号史料、また注(22)四九頁。
(38)注(31)『相楽総三・赤報隊史料集』一五四頁。
(39)西澤朱実編纂「赤報隊・薩邸浪士隊関係人名録」(私家版)一九二頁。
(40)注(17)一五八頁。
(41)間譲嗣所蔵史料。書状中の小木曽については高木俊輔『明治維新と豪農―古橋暉皃の生涯』(吉川弘文館、二〇一一年)一二五～一二六頁を見られたい。
(42)間譲嗣所蔵史料、『報告書』第五四六号史料。
(43)古橋懐古館所蔵史料、『報告書』第五五四号史料。

(44) 市岡文彦所蔵史料、『報告書』風説留目録第七冊第一八一号史料。
(45) 間譲嗣所蔵史料。
(46) 市岡文彦所蔵史料、『報告書』風説留目録第七冊第二六五・二六六号史料。
(47) 注(31)『相楽総三・赤報隊史料集』一一九〜一二四頁。
(48) 岩立将史「赤報隊「魁塚」と丸山久成」(『地方史研究』第三五七号、二〇一二年六月）所収。
(49) 注(15)三六二頁。
(50) 古橋懐古館所蔵史料。
(51) 同右。
(52) 「市岡家資料目録」第六二一号。
(53) 間譲嗣所蔵史料、『報告書』第六三二号史料。
(54) 仁科吉介「木曽山林事件に関する新資料」(『街道の歴史と文化』第九号、二〇〇五年）による。
(55) 同右。
(56) 『南木曽町誌　通史編』（一九八二年）五五〇頁。
(57) 『南木曽町誌　資料編』（一九八二年）五一二頁。
(58) 八王子郷土資料館所蔵落合直芳寄贈文書第一三号史料。
(59) 市岡文彦所蔵史料、『報告書』風説留目録第八冊第一二三号史料。
(60) 同右、『報告書』風説留目録第八冊第八二号史料。
(61) 用拙武居彪『岐蘇古今沿革志』（発光堂、一九一五年）四六八頁。
(62) 有泉貞夫『私の郷土史・日本近現代史拾遺』（山梨ふるさと文庫、二〇一二年）三〇頁。民衆によりそう国学者として、郷里に帰った青島は、松方デフレ下の明治一七年、「大なゐのふるとはなしにゆくりなく、つぶるる家の多きころかな」、「わらくつも薪もうれぬすへなさを、隣の翁がかたりては泣く」、「かかる世のさまをはじめて見つるかな、六十路にあまる老の身にして」など、二〇首を作っている（五〇～五二頁）。

(63) 千村代官飯田荒町市岡家に関しては飯田市美術博物館図録『江戸時代の好奇心―信州飯田・市岡家の本草学と多彩な教養』（二〇〇四年）が詳細である。

(64) 市岡正彦所蔵史料、『報告書』第六四〇号史料によれば、稲雄は明治三年三月一五日、「神社方史生長租税方兼勤」となる。

(65) 上条宏之「今村真幸小論―国学者から日本社会党員への道」、『和歌森太郎先生還暦記念　明治国家の展開と民衆生活』（弘文堂、一九七五年）二〇四頁。

(66) 市岡正彦所蔵史料、『報告書』風説留目録第八冊第一二四号史料。

(67) 注(41)『明治維新と豪農』一三五頁。伊那県の濃厚な平田国学的色彩は、明治二年六月、伊那県御用達に京都の池村久兵衛を任命していることからも明らかとなる（『長野県史　近代史料編　二』一九八〇年、四〇六頁）。

(68) 市岡正彦所蔵史料、『報告書』風説留目録第八冊第一一九号史料。

(69) 同右、『報告書』風説留目録第八冊第七五号史料。

(70) 同右、『報告書』風説留目録第八冊第八〇号史料。

(71) 第七五号史料では、久々利に出兵要請の使者として急派されたのは笠松県官員今村豊三郎の息子「六（禄）七郎」であった。父と笠松に同居していたのである。

(72) 市岡正彦所蔵史料、『報告書』風説留目録第八冊第九六号史料。

(73) 中村文『信濃国の明治維新』（名著刊行会、二〇一一年）一一一～一一八頁。

(74) 市岡正彦所蔵史料、『報告書』風説留目録第八冊第九五号史料。

(75) 同右、『報告書』第六三〇号史料。岡村の履歴は注(15)人物略志一二頁にある。

(76)同右、『報告書』風説留目録第八冊第八九号史料。
(77)同右、『報告書』風説留目録第八冊第一一一号史料。
(78)同右、『報告書』風説留目録第八冊第一一四号史料。
(79)「太政類典」第一編一九四巻第二七に経緯が纏められている。
(80)信州内での商社の展開は注(73)一三〇～一六八頁に詳しい。
(81)間譲嗣所蔵史料、『報告書』第四二一号史料。
(82)「村雲蔵太日記」は東白川村史研究会機関紙『四方山』第一〇〇号（一九九七年四月）より一一七号（一九九七年一〇月）に翻刻されている。
(83)『国立歴史民族博物館研究報告』第一四六集（二〇〇九年）三六一頁。
(84)苗木遠山史料館千早保之氏の研究ノート「林久世のこと」による。
(85)東山道彦『恵那山をめぐる歴史と伝説』（岐阜郷土出版社、一九八八年）所収「苗木藩次官日記」明治三年八月二九日の条（三七〇頁）には林に「弘道方骨折に付上下苗字帯刀差免候」旨が達せされたとあり、また同年九月一六日の条（三七五頁）には「出定笑語を旦那寺へ是迄の礼に送るとて当町皇道方にて相調へ帰村の由」と記されているので、「弘道方」とは平田国学普及の「皇道方」と同意義となる。
(86)下伊那教育会所蔵市村咸人文庫三―一四二、北原稲雄宛、明治五年八月二〇日付平田銕胤書状写による。
(87)後藤時男『苗木藩政史研究』（中津川市、一九六八年）二二〇頁。
(88)同右、二二四頁。
(89)同右、二二〇頁。
(90)注(82)慶応四年閏四月頃の条にある。
(91)注(87)二二三頁。

(92) 注(85)三六一頁。
(93) 苗木遠山史料館千早保之氏の研究ノート「京都の青山助松（胤通）」による。
(94) 注(82)明治二年八月頃の条。
(95) 注(87)二四六頁。
(96) 注(87)二五九頁。
(97) 市岡文彦所蔵史料、『報告書』風説留目録第八冊第一三四号史料。
(98) 注(82)明治元年一二月の条。
(99) 注(87)二六三頁。
(100) 注(82)明治三年一〇月の条。
(101) 注(87)二七〇～二七九頁。
(102) 注(87)二六七頁。
(103) 廃藩後の政府との応答は「太政類典」第四篇第一巻第五五による。
(104) 中津川市中山道歴史資料館寄託「安保家史料」第三八五号「庚午聞書」による。
(105) 注(87)二八六頁。
(106) 『木曽福島町史』第二巻（一九八二年）三五頁。
(107) 注(73)九五頁。
(108) 注(63)一〇〇頁。
(109) 市岡文彦所蔵史料、『報告書』風説留目録第七冊第二三四号史料。
(110) 同右、『報告書』風説留目録第八冊第一八八号史料。
(111) 高須藩が本藩に合併されるのは明治三年一二月二三日のことである。

(112) 注(16)三〇三頁。
(113) 注(22)五二頁及び八五～八六頁。
(114) 間秀矩の明治二年五月七日より一二月二六日の動静は注(17)に収められている「東行日記」に詳しい。また明治二年五月末より一〇月四日までの松尾多勢子の動静は『下伊那郡誌資料』第六輯に所収されている「東行の日き」（歴史図書社より一九七七年、同資料全七輯が上中下三巻で復刻、第六輯は中巻に収められた）にうかがえる。
(115) 市岡文彦所蔵史料、『報告書』第五九七号史料。
(116) 同右、『報告書』風説留目録第八冊第六七号史料。
(117) 同右、『報告書』風説留目録第八冊第六二号史料。
(118) 千村・山村両家家中の気吹舎入門はこの直臣化運動と連動しているのである。千村家中でみれば櫛田伝兵衛（道古）と市岡男也が明治元年一〇月（共に多勢子の紹介）、ついで東京滞在中の多勢子紹介で水谷忠之丞・神谷道香が明治二年七月、水谷紹介で太田逸作・加藤鏤一郎・西山熊雄が明治二年一一月に入門する。山村家では明治元年一二月に千村喜又、明治二年二月に横山右衛門太、在京中の多勢子紹介で二年八月に山村家の若殿靫負（良貴）・宮地半一郎・大脇丈太郎・白洲文吾・礒野閏二郎の五名が入門している。
(119) 間譲嗣所蔵史料、『報告書』第六〇二・六〇三号史料。
(120) 市岡文彦所蔵史料、『報告書』第六一二号史料。
(121) 注(22)五二頁。
(122) 注(2)五二一頁。
(123) 間譲嗣所蔵史料、『報告書』第五九八号史料。
(124) 市岡文彦所蔵史料、『報告書』風説留目録第八冊第一〇五号史料。
(125) 同右、『報告書』第六〇〇号史料及び風説留目録第八冊第二〇四号史料。

(126) 同右、『報告書』風説留目録第八冊第一三〇号史料。
(127) 同右、『報告書』風説留目録第八冊第一七八号史料。
(128) 同右、『報告書』風説留目録第八冊第一七九・一八〇号史料。
(129) 個人所蔵書状。
(130) 市岡文彦所蔵史料、『報告書』風説留目録第八冊第一七六号史料。
(131) 同右、『報告書』風説留目録第八冊第一七五号史料。
(132) 同右、『報告書』風説留目録第八冊第一八八号史料。
(133) 同右、『報告書』風説留目録第八冊第一六四号史料。
(134) 市岡殷政の出郷から帰郷までの動静は「市岡家資料目録」第一三二四号「庚午日記」に詳細である。
(135) 「献芹詹語」は岩波書店刊「日本思想大系51」の『国学運動の思想』（一九七一年）に所収されている。
(136) 東京に到着するのは、角田が一月一二日、矢野が二月二二日、玉松が三月二四日のことである。『国立歴史民俗博物館研究報告』第一二二集（二〇〇五年）八九・一〇二頁及び伊藤武雄『復古の碩師玉松操』下（一九二七年、金雞）四一頁を見られたい。
(137) 市岡文彦所蔵史料、『報告書』風説留目録第八冊第一八五号史料。
(138) 同右、『報告書』風説留目録第八冊第一九〇号史料。
(139) 同右、『報告書』風説留目録第八冊第二〇九号史料。
(140) 同右、『報告書』風説留目録第八冊第一八一号史料。越智通敏『矢野玄道の本教学—その生涯と思想』（錦正社、一九七一年）一〇一〜一〇二頁には「東京弾正台建白」要約が掲載され、この建言は、明治二年二月、天皇東京再幸以前に矢野が岩倉の諮問に答えたものとしている。岩倉宛矢野意見書ということは十分にありうるが、弾正台は明治二年五月の発足、内容的にも明治三年のものが含まれ、ここでは明治三年七月かと成立時期を推測しておく。

(141) 安永純子「資料紹介「矢野玄道門人誓詞」について」(『(愛媛県歴史文化博物館)研究紀要』第一三号、二〇〇八年)を見られたい。
(142) 『国立歴史民俗博物館研究報告』第一二八集(二〇〇六年)四七八頁。
(143) 注(142)四五九頁。
(144) 注(142)四二九頁。
(145) 注(142)四四三頁。
(146) 注(50)に同じ。
(147) 注(142)四七〇頁。
(148) 注(142)四八四頁。
(149) 『長野県史　近代史料編　一』(一九八〇年)四五八頁。
(150) 注(73)一七四頁。
(151) 注(134)の六月二〇日条。
(152) 大野正茂『高須藩人物略誌』(私家版、一九九四年)六三頁。
(153) 注(79)に依る。
(154) 注(73)一七四～一七五頁。
(155) 間議嗣所蔵史料、『報告書』第六七二号史料。
(156) 古橋懐古館所蔵史料。
(157) 注(73)一一八～一二九頁。
(158) 市岡文彦所蔵史料、『報告書』風説留目録第八冊第二二六号史料。
(159) 今村直樹「明治四年の藩議院と議員の活動」(荒武賢一朗・渡辺尚志編『近世後期大名家の領政機構』岩田書院、

二〇一一年、所収）二四六頁。
(160) 注(106)三五～四二頁。
(161) 『可児市史　第三巻　通史編　近・現代』（二〇一〇年）二九頁。
(162) 市岡文彦所蔵史料、『報告書』風説留目録第八冊第二二四号史料。
(163) 落合直亮は伊那県商社事件では罷免されておらず、依然として大参事であり、三月二二日に国事犯事件で徳島藩に預けられ、大参事を免せられるのは、注(58)の史料では明治四年四月一四日のことである。
(164) 間譲嗣所蔵史料、『報告書』第七〇四号史料。
(165) 注(4)第一九六頁。
(166) 市岡文彦所蔵史料、『報告書』風説留目録第九冊第三八号史料。
(167) 同右、『報告書』風説留目録第九冊三九号史料。
(168) 同右、『報告書』風説留目録第九冊四〇号史料。
(169) 市岡文彦所蔵史料、『報告書』第七〇六号史料。
(170) 間譲嗣所蔵史料、『報告書』第七〇八号史料。
(171) 『岩倉具視関係文書』第八巻（一九三五年、日本史籍協会）四三二～四三九頁に池村久兵衛嫌疑一件が収められている。
(172) 注(103)の史料による。
(173) 『南木曽町誌　資料編』（一九八二年）五一三～五一四頁。
(174) 注(56)五五一頁。
(175) 注(17)一八八～一九一頁。
(176) 注(134)の当該日の条。

(177)『国立歴史民俗博物館研究報告』第一二二集（二〇〇五年）二一二頁。
(178)間譲嗣所蔵史料、『報告書』第六七六号史料。
(179)間譲嗣所蔵史料。
(180)市岡文彦所蔵史料、『報告書』風説留目録第九冊第八三号史料。
(181)注(152)四八頁。
(182)苗木町銅像建立委員編『男爵青山胤通先生（略伝）』（故男爵青山博士銅像建立委員会、一九三八年）一四頁。注(186)に引いた書状の中では、「青山三男助松と申をもらい置候へ共、未幼年十四歳、此節洋学為致居候」（三四九頁）と鉄胤は述べている。
(183)羽田野敬雄研究会編『幕末三河国神主記録―羽田野敬雄『萬歳書留控』』（清文堂出版、一九九四年）四九八頁。
(184)注(2)二八九頁。
(185)林登美人「舘松千足先生の碑《いしぶみ》―頌徳碑・筆子塚・歌碑」（『伊那』二〇〇九年九月）三四頁。
(186)田﨑哲郎編『三河地方知識人史料』（岩田書院、二〇〇三年）三五三頁。
(187)間譲嗣所蔵史料。
(188)『国立歴史民俗博物館研究報告』第一四六集（二〇〇九年）三七〇頁。
(189)間譲嗣所蔵史料、『報告書』第七三七号史料に同封する。
(190)間譲嗣所蔵史料。
(191)市岡文彦所蔵史料、『報告書』第七五三号史料。
(192)間譲嗣所蔵史料、『報告書』第七五五号史料。
(193)同右、『報告書』第七四五号史料。
(194)同右、『報告書』第七七三号史料。

(195) 「市岡家資料目録」第一四五六「己卯詠草」。
(196) 同右、第一四六六「乙酉詠草」。
(197) 古橋懐古館所蔵史料。
(198) 芳賀登『草莽の精神』（塙新書、一九七〇年）一六三頁。
(199) 注(22)一四三頁。
(200) 市岡文彦所蔵史料、『報告書』風説留目録第九冊第一二二号史料。
(201) 下伊那教育会所蔵「市村文庫」三―一四二。
(202) 市岡文彦所蔵史料、『報告書』風説留目録第九冊第一三八号史料。
(203) 注(140)七八頁。
(204) 宮和田保編『宮和田光胤一代記』（私家版、二〇〇八年）三〇頁。
(205) 下伊那教育会所蔵「市村文庫」三―一七〇―三「角田忠行履歴略」による。
(206) 本書三二頁に言及している。
(207) 『宮村史　通史編』第二巻（二〇〇四年）三〇〇～三〇六頁。
(208) 注(1)六一頁。
(209) 『国立歴史民俗博物館研究報告』第一二八集（二〇〇六年）三六五頁。
(210) この際の川口祝詞は間譲嗣所蔵史料の中に存する。
(211) 明治九年一月二五日付北原稲雄宛平田銕胤書状（下伊那教育会所蔵「市村文庫」三―一四二）及び『国学者伝記集成　続編』（名著刊行会復刻版、一九七八年）二九七頁。
(212) 注(186)三五五頁。
(213) 市岡文彦所蔵史料、『報告書』風説留目録第九冊第四三号史料。

(214) この霊社建造に関しては多くの鋏胤書状が語っているが、一例として『報告書』第七六一号史料を見られたい。
(215) 間譲嗣所蔵史料、『報告書』第七八九号史料。
(216) 市岡文彦所蔵史料、『報告書』第七九〇号史料。
(217) 田口廣昭所蔵史料、『報告書』第七九七号史料。
(218) 明治九年三月一日付北原稲雄宛平田鋏胤書状（下伊那教育会所蔵「市村文庫」三―一四二）。
(219) 注(186)三五九頁。
(220) 市岡文彦所蔵史料、『報告書』第八〇〇号史料。
(221) 「市岡家資料目録」第一四五六号。
(222) 同右、第一四六〇号。
(223) 瀬沼茂樹『評伝島崎藤村』（筑摩書房、一九八一年）三七頁。
(224) 市岡文彦所蔵史料、『報告書』風説留目録第九冊第七一号史料。
(225) 今村善興「座光寺の国学三兄弟」（『伊那』二〇〇二年二月号）一六頁。
(226) 『長野県史　近代史料編　第一巻』（一九八〇年）八五三～八五四頁。
(227) 『明治建白書集成』第三巻（筑摩書房、一九八六年）二九三～二九四頁。
(228) 間譲嗣所蔵史料。
(229) 注(152)四五頁。
(230) 市岡文彦所蔵史料、『報告書』風説留目録第九冊第一四四号史料。
(231) 「市岡家資料目録」第一四六一号。
(232) 同右、第一四六六号。
(233) 正樹の父親は息子のことを、一五頁の如く、聖人気質で心中真直と正しく見ぬいている。

(234)『長野県史　通史編　近代1』（一九八八年）二一九～二二〇頁。
(235)注(56)五七二～五七四頁。
(236)市岡文彦所蔵史料、『報告書』第七四二号史料。
(237)「間杢右衛門日記」コピーは中津川市中山道歴史資料館で閲覧可能である。
(238)市岡文彦所蔵史料、『報告書』第七八五号史料。
(239)明治一〇年代の開産社の動向については、大久保久彦「近代における信州平田門人の展開―倉沢清也と勧業活動を中心に」（『愛大史学』第九号、二〇〇〇年）による。
(240)鈴木三蔵の軌跡については、苗木城跡苗木遠山史料館友の会編『至誠公共の先駆鈴木三蔵の足跡』（二〇一二年）による。
(241)勝野正彦所蔵史料、『報告書』第八六四号（勝野吉兵衛履歴書）及び第八六八号（勝野七兵衛履歴書）によって勝野製糸のことをここに叙述する。
(242)大迫輝通「自由民権期の岐阜県蚕糸業」（岐阜経済大学地域経済研究所『地域経済』第五集、一九八五年、所収）八三頁。
(243)『御嵩町史　通史編下』（一九九〇年）三七一～三七六頁。
(244)注(239)三二頁。
(245)注(22)五四頁。
(246)遠山史料館千早保之氏の研究ノート「苗木学校夜明け前」による。
(247)注(185)による。
(248)注(4)一三一頁。
(249)間譲嗣所蔵史料、『報告書』第六五七号史料。